CADERNOS DE LANZAROTE

Obras do autor publicadas pela Companhia das Letras

Alabardas, alabardas, espingardas, espingardas
O ano da morte de Ricardo Reis
O ano de 1993
A bagagem do viajante
O caderno
Cadernos de Lanzarote
Cadernos de Lanzarote II
Caim
A caverna
Claraboia
Com o mar por meio – Uma amizade em cartas
O conto do ilha desconhecida
Don Giovanni ou O dissoluto absolvido
Ensaio sabre a cegueira
Ensaio sobre a lucidez
O Evangelho segundo Jesus Cristo
História do cerco de Lisboa
O homem duplicado
In Nomine Dei
As intermitências do morte
A jangada de pedra
O lagarto
Levantado do chão
Uma luz inesperada
A maior flor do mundo
Manual de pintura e caligrafia
Memorial do convento
Objeto quase
As palavras de Saramago (org. Fernando Gómez Aguilera)
As pequenas memórias
Que farei com este livro?
O silêncio da água
Todos os nomes
Viagem a Portugal
A viagem do elefante

JOSÉ SARAMAGO

CADERNOS DE LANZAROTE

2ª edição

PRÊMIO NOBEL
COMPANHIA DAS LETRAS

Copyright © 1994 by Herdeiros de José Saramago
e Fundação José Saramago

Capa:
Adaptada de *Silvadesigners*,
autorizada por *Porto Editora S.A.*
e Fundação José Saramago

Caligrafia da capa:
Leyla Perrone-Moisés

Revisão:
Ana Maria Barbosa
Carmen T. S. Costa

A editora manteve a grafia vigente em Portugal, observando as Regras do Acordo Ortográfico da Língua Portuguesa de 1990.

Dados Internacionais de Catalogação na Publicação (CIP)
(Câmara Brasileira do Livro, SP, Brasil)

Saramago, José, 1922-2010
 Cadernos de Lanzarote / José Saramago. — 2ª ed. — São Paulo : Companhia das Letras, 2023.

 ISBN 978-65-5921-174-6

 1. Escritores portugueses — Diários 2. Saramago, José, 1922-
 -2010 — Diários I. Título.

23-142075 CDD-869.803

Índice para catálogo sistemático:

1. Diários : Literatura portuguesa 869.803

Inajara Pires de Souza – Bibliotecária – CRB PR-001652/O

Todos os direitos desta edição reservados à
EDITORA SCHWARCZ S.A.
Rua Bandeira Paulista, 702, cj. 32
04532-002 — São Paulo — SP
Telefone: (11) 3707-3500
www.companhiadasletras.com.br
www.blogdacompanhia.com.br
facebook.com/companhiadasletras
instagram.com/companhiadasletras
twitter.com/cialetras

DIÁRIO I

A Pilar

Eu sou eu e a minha circunstância.
Ortega y Gasset

  Este livro, que vida havendo e saúde não faltando terá continuação, é um diário. Gente maliciosa vê-lo-á como um exercício de narcisismo a frio, e não serei eu quem vá negar a parte de verdade que haja no sumário juízo, se o mesmo tenho pensado algumas vezes perante outros exemplos, ilustres esses, desta forma particular de comprazimento próprio que é o diário. Escrever um diário é como olhar-se num espelho de confiança, adestrado a transformar em beleza a simples boa aparência ou, no pior dos casos, a tornar suportável a máxima fealdade. Ninguém escreve um diário para dizer quem é. Por outras palavras, um diário é um romance com uma só personagem. Por outras palavras ainda, e finais, a questão central sempre suscitada por este tipo de escritos é, assim creio, a da sinceridade.
  Porquê então estes cadernos, se no limiar deles já se estão propondo suspeitas e justificando desconfianças? Um dia escrevi que tudo é autobiografia, que a vida de cada um de nós a estamos contando em tudo quanto fazemos e dizemos,

nos gestos, na maneira como nos sentamos, como andamos e olhamos, como viramos a cabeça ou apanhamos um objeto do chão. Queria eu dizer então que, vivendo rodeados de sinais, nós próprios somos um sistema de sinais. Ora, trazido pelas circunstâncias a viver longe, tornado de algum modo invisível aos olhos de quantos se habituaram a ver-me e a encontrar-me onde me viam, senti (sempre começamos por sentir, depois é que passamos ao raciocínio) a necessidade de juntar aos sinais que me identificam um certo olhar sobre mim mesmo. O olhar do espelho. Sujeito-me portanto ao risco de insinceridade por buscar o seu contrário.

Seja como for, que os leitores se tranquilizem: este Narciso que hoje se contempla na água desfará amanhã com a sua própria mão a imagem que o contempla.

Ilha de Lanzarote, fevereiro de 1994.

15 de abril de 1993

Em janeiro, ainda a casa estava em acabamento, meus cunhados María e Javier, com a participação simbólica mas interessada de Luís e Juan José, trouxeram-me de Arrecife um caderno de papel reciclado. Achavam eles que eu devia escrever sobre os meus dias de Lanzarote, ideia, aliás, que coincidia com a que já me andava na cabeça. A oferta trazia porém uma condição: que eu não me esquecesse, de vez em quando, de mencionar-lhes os nomes e os feitos... As primeiras palavras que escrevo são portanto para eles. Quanto às seguintes, terão de fazer alguma coisa por isso. O caderno fica guardado. Comecei a escrever o conto do capitão do porto e do diretor da alfândega. A ideia andava comigo há uns cinco ou seis anos, desde o encontro de escritores que por essa altura se realizou em Ponta Delgada, com o Urbano, o João de Melo, o Francisco José Viegas, o Luís Coelho. De lá estavam Emanuel Félix, Emanuel Jorge Botelho, José Martins Garcia e Daniel de Sá. O caso parece ter sucedido mesmo (pelo menos assim me foi dito pela Ângela Almeida), e surpreende-me que ninguém, tanto quanto sei, lhe tenha pegado, até hoje. Veremos o que serei capaz de fazer com ele: ainda vou no primeiro parágrafo. A história parece fácil de contar, daquelas que se despacham em duas frases, mas a simplicidade é enganosa: não se trata de uma reflexão sobre um *eu* e um *outro*, mas da demonstração, anedótica neste caso, de que o *outro* é, afinal, o *próprio*. A anedota acabará por mudar-se em tragédia, mas a tragédia será, ela mesma, cómica. O José Luís Judas não dá sinal de vida. Os recados ficam no gravador, e resposta, nenhuma. E não sei se, rematado o projeto em nada, como prevejo, o meu sentimento final virá a ser de decepção ou de alívio. De facto, escrever para a televisão uma história de D. João II não foi coisa que alguma vez me tivesse entusiasmado, mas a remuneração do trabalho, nos termos e condições que propus e que, em princípio, foram aceites, ter--me-ia livrado de preocupações materiais, e não apenas para os tempos mais próximos. Depois de tudo, e perante o silêncio do Judas, receio bem que triunfe o meu ceticismo habitual, ficando a perder aquele que o tem, eu.

Em *Schopenhauer y los años salvajes de la filosofía* de Rüdiger Safranski encontro uma frase que gostaria de ter escrito: "O homem é o mais perfeito dos animais domésticos"... O autor dela (se outro não a disse antes) foi um professor da Universidade de Göttingen, de nome Blumenbach. Uma outra frase, magnífica, mas esta de Schleiermacher, que eu teria posto como abertura do *Evangelho*, sem mais: "O que tem religião não é o que crê numa Escritura Sagrada, mas o que não precisa dela e seria, ele próprio, capaz de fazê-la" (Tradução de tradução).

A arte não avança, move-se.

16 de abril

Deu-se o que previa. Respondendo à carta em que me desligava do júri do Prémio Stendhal, escreve-me Dorio Mutti a rogar-me (a palavra não é exagerada) que continue. Alega que não encontra ninguém para me substituir, que sem mim o Prémio perderá muita da sua importância e da sua credibilidade, que partilha das minhas preocupações quanto à Europa e, finalmente, que o Prémio Stendhal precisa de pessoas que estejam acima de todas as suspeitas. Imagine-se: eu, acima de todas as suspeitas... Tudo isto confirma o que algumas vezes tenho pensado: que Portugal e, pelos vistos, agora também a Europa, devem andar muito mal de gente, para que esta simples pessoa que no fim de contas sou, sem nunca o ter querido e sem o justificar, possa estar a fazer figura de importante e indispensável... Sendo o ego o que sabemos, o mais certo será continuar eu no júri.

17 de abril

Carta de agradecimento a uma professora de filosofia, e seus alunos, da Escola Secundária do Padrão da Légua, em Matosinhos, por um trabalho feito sobre o artigo "Contra a tolerância", que saiu há tempos no *Público*. O divertido é terem-me posto a dialogar com Kant, o que, sendo um abuso intelectual de que estou inocente, pode compreender-se e aceitar-se, se pensarmos que o dito Kant, ao longo da sua vida, teve necessidade de dialogar com muitíssima gente, alguma sublime, outra não tanto, a maior parte assim-assim, e todos esses poderiam dizer: "Kant falou comigo...". Graças ao Padrão da Légua, falei eu com Kant.

Vieram visitar-nos Jaime Salazar Sampaio e Raquel, sua mulher. A ela não a conhecia, a ele pouco, por isso a conversa foi difícil ao princípio. Não se falou de literatura, e ainda bem. Há muito tempo que não leio nada dele, e não queria recorrer às antiguidades que aí tenho: de poesia, *Em rodagem*, 1949 (que é o seu primeiro livro), e *Poemas propostos*, 1954; de teatro, *Os visigodos e outras peças*, 1968, e *A batalha naval*, de 1970. O tema perfeito — Lanzarote — estava, por assim dizer, à mão de semear, e graças a ele fizeram-se as despesas da conversa. Sinal da idade que tenho é esta preocupação nova de buscar na cara dos outros os estragos que suponho ainda não terem marcado a minha: quando voltei a casa, depois de os acompanhar à estrada que vai para Yaiza, fui ver em que ano nasceu o Salazar Sampaio: 1925. Pois não há dúvida: para os poucos anos que tem, o Jaime está um bocado estragado.

18 de abril

O filme não teve o favor de uma direção de primeira classe (quem é Walerian Borowczyk?), não contou com atores de cartaz (nem um único nome conhecido), a produção (França--Alemanha-Itália), se tinha dinheiro, não o gastou aqui — e, contudo, esta *Lulu* de 1979, tosca, ingénua, quase primitiva (intencionalmente?), híbrida de um expressionismo mal recuperado e de um erotismo que não se decide ou a si mesmo se limita, chega a ser, muitas vezes, perturbadora. A ostensiva nudez de Lulu, apesar de total e exibida sem disfarce, torna-se, a meu ver, demonstração de uma pureza recôndita, essencial, que vai resistir a todas as degradações e a que a morte dará o amargo sabor de uma perda irremediável: Lulu apareceu no mundo, mas o mundo não a reconheceu, usou-a como usaria outra qualquer. Não li nunca o teatro de Wedekind, e à ópera de Alban Berg só a conheço (e mal) de disco, mas este filme de Borowczyk fez-me perceber que Lulu, bem mais do que um mero símbolo do fascínio sexual da mulher, é uma representação angustiante da inacessibilidade irredutível do ser.

19 de abril

Judas falou finalmente. Que amanhã será fixada a data da assinatura do contrato. Que. E que. Não fui capaz de lhe dizer quanto me entristece que tenha aceitado candidatar-se nas listas do PS. Durou pouco o luto.

20 de abril

Esta manhã, quando acordei, veio-me à ideia o *Ensaio sobre a cegueira*, e durante uns minutos tudo me pareceu claro — exceto que do tema possa vir a sair alguma vez um romance, no sentido mais ou menos consensual da palavra e do objeto. Por exemplo: como meter no relato personagens que durem o dilatadíssimo lapso de tempo narrativo de que vou necessitar? Quantos anos serão precisos para que se encontrem substituídas, por outras, todas as pessoas vivas num momento dado? Um século, digamos que um pouco mais, creio que será bastante. Mas, neste meu *Ensaio*, todos os videntes terão de ser substituídos por cegos, e estes, todos, outra vez, por videntes... As pessoas, todas elas, vão começar por nascer cegas, viverão e morrerão cegas, a seguir virão outras que serão sãs da vista e assim vão permanecer até à morte. Quanto tempo requer isto? Penso que poderia utilizar, adaptando-o a esta época, o modelo "clássico" do "conto filosófico", inserindo nele, para servir as diferentes situações, personagens temporárias, rapidamente substituíveis por outras no caso de não apresentarem consistência suficiente para uma duração maior na história que estiver a ser contada.

21 de abril

Chegou uma cópia da segunda edição de *In Nomine Dei*. Mais cinco mil exemplares, que se vão juntar aos dez mil da edição inicial. Pergunto: que se passa, para que uma peça de teatro atraia tanta gente? Já não é só o romance que interessa aos leitores? Terá isto que ver, apenas, com a simples fidelidade de quem se habituou a ler-me? Ou será que, neste tempo de violência e frivolidade, as "questões grandes" continuam a roer a alma, ou o espírito, ou a inteligência ("moer o juízo" é uma expressão com muito mais força) daqueles que não querem conformar-se? Se assim é, espero que venham a sentir-se bem servidos com o *Ensaio sobre a cegueira*...

22 de abril

Como é que um jornalista aprende a entrevistar? O método antigo deve ter sido o da "tarimba", a experiência ajudada por um jeito natural para a "falinha mansa". Agora imagino que haverá aulas de psicologia aplicada, quem sabe mesmo se de hipnotismo, pois doutro modo não encontro explicação para o que se passou hoje com uma das *chicas* que vieram fazer uma reportagem sobre Lanzarote: as perguntas feitas por esta Elena Butragueño foram do mais simples, do mais direto, género "que é que pensa disto", e contudo dei por mim a falar da minha relação com Lanzarote em termos totalmente novos, dizendo coisas em que até esse momento não havia pensado nunca, porventura nem todas elas sinceras, e que me surgiam como pensamentos, ideias, considerações que fossem, simultaneamente, meus e alheios. No que se pode chamar uma sessão de *dribbling* mental, pareceu-me muito mais eficaz esta Elena do que o seu homónimo Emilio, com a bola, no campo...

23 de abril

Terminado "O conto burocrático do capitão do porto e do diretor da alfândega". Tirando a questão, relativamente insignificante, de saber se o que escrevi é de facto um conto, creio haver posto na história muito mais do que a anedota original prometia. Interessante foi ter repetido, em relato de espírito tão diferente, aquele jogo do mostrar e do esconder que usei nas primeiras páginas do "Centauro", falando, alternadamente, de homem e de cavalo para demorar a informação de que, afinal, era de um único ser que se tratava — o centauro. Neste caso do "Conto burocrático", o *outro* era, simplesmente, o *mesmo*.

Graças às tão louvadas e tão caluniadas tecnologias, agora o inefável fax (por que é que não dizemos, à moda antiga, fac--símile?), pude ler, hoje mesmo, o artigo que o Eduardo Prado

Coelho publicou hoje no *Público*. A inteligência deste homem — irritante, às vezes, graças a uma espécie de clareza de visão e de exposição (agressivas pela eficácia, mas nunca pedantes) que é capaz de nos fazer parecer tudo óbvio desde o princípio, quando o que nos teria dado prazer seria ver compartilhadas por ele as dificuldades do nosso próprio entendimento — soube ler, como ninguém o fez até agora, *In Nomine Dei*. Estimam-se aqui os louvores, aliás, como é norma sua, sempre discretos ("um texto que equaciona com meios poderosamente pedagógicos todos os problemas da estrutura religiosa do pensamento", "numa dessas fórmulas envolventes e certeiras de que Saramago tem o segredo", "uma contribuição preciosa para aqueles que consideram fundamental a defesa da sociedade civil contra os fanatismos e fantasmas dos fantásticos"), mas o que Prado Coelho diz de mais importante, e que, sem ambiguidades, põe o dedo na ferida que eu pretendi mostrar e desbridar com esta peça, condensa-se em duas perguntas finais: "Como conciliar o princípio da crença com o princípio da tolerância? Seremos nós capazes de viver em crença, para sermos um pouco mais que coisa nenhuma, e aceitarmos a pluralidade inconciliável das crenças?". Ora, se o meu livro foi capaz de suscitar em Prado Coelho estas interrogações, dou-me por satisfeito. Fica demonstrado — e que me seja perdoada a presunção — que algumas interpelações fundamentais também podem ser feitas do lado *de cá*. Não deixo, contudo, de pensar que foi preciso eu ter escrito alguns milhares de páginas e, depois delas, estas de *In Nomine Dei* para que o nosso "conselheiro cultural" (conselheiro em todos os sentidos, não só no diplomático) se dispusesse a olhar com alguma atenção um texto meu.

24 de abril

Passeio com Elena Butragueño e Glória González, que é a das fotos. Javier, pacientíssimo, foi de condutor e guia. Visitámos uma mulher chamada Dorotea, anciã de 94 anos, antiga oleira de obra grossa, uma espécie de Rosa Ramalho mais rústica. Já não trabalha, mas a dinastia (a avó dela já estava nesta arte) continua na pessoa de um genro, que, assinando com o seu próprio nome as peças que faz, também usa, algumas vezes, o nome da sogra... Entre os objetos que produzem, geralmente utilitários (embora seja duvidoso, nesta era do plástico triunfante, que alguém vá utilizar formas tão primitivas e pesadas), há duas figuras humanas, uma de homem, outra de mulher, nuas, com os órgãos sexuais ostensivamente modelados, e a que chamam os Noivos. Parece (mas talvez seja belo de mais para ser verdadeiro) que os noivos *conejeros*, dantes, trocavam um com o outro estas figuras, a noiva dava ao noivo a efígie feminina, o noivo à noiva a efígie masculina, era como se estivessem a dizer: "Este é o meu corpo, aqui o tens, é teu". Comprámo-los, estão ali, diante de mim, ao lado de uma pequena estante de mesa, provavelmente do século XVIII, que exibe uma figurinha feita de madeiras embutidas representando o Cordeiro de Deus: "Este é o meu Corpo, tomai-o...". Por ideia de Pilar (como poderia não ser?), oferecemos a Glória e Elena dois gomis, do mesmo tipo daquele que já tínhamos comprado, há tempos, no Mirador del Río, e, para nós, também, um jarro de boca baixa e larga que ainda tem cinzas dentro, vestígios do lume em que foi cozido. Estes artesãos não usam forno, as peças são cozidas ao ar livre, sobre grelhas de ferro. Quando Elena perguntou à velha Dorotea se gostava de ver por ali os turistas, ela respondeu que sim, tanto fazia entendê-los como não... O passeio terminou com uma rápida passagem por El Golfo, mas antes tínhamos estado com uma personagem estranhíssima, um Enrique Díaz de Bethancourt, descendente, ao que se diz e ele confirma, da antiga família fundadora, no princípio do século XV. Vive numa *finca* meio abandonada, entre sujidade, trapos velhos, lixo por toda a parte, como um anacoreta descuidado dos primores do corpo, salvo a barba, bem aparada, num estilo entre o profeta e o sátiro. Por trás da casa, na encosta, há uma nespereira cujos frutos devem ser dos mais doces do mundo. No fundo duma cova, agachada sobre a terra negra como um enorme animal escondido, a árvore suga das artérias secas dos vulcões os depósitos alquímicos com que elabora a substância última da doçura. Punha-se o Sol quando regressámos de El Golfo. Uma enorme nuvem cor de fogo quase tocava o alto de uma montanha que refulgia da mesma cor. Era como se o céu não fosse mais do que um espelho e as imagens dele só pudessem ser as da Terra.

25 de abril

Carmélia telefonou de manhã, aos gritos: "25 de Abril, sempre! 25 de Abril, sempre!". Lembrei-me daquela outra chamada, há 19 anos, no meio da noite, quando uma das filhas do Augusto Costa Dias me avisou de que a revolução estava na rua. Agora, o entusiasmo de Carmélia, um entusiasmo de sobrevivente, deixou-me lamentavelmente frio. Depois falámos do andamento da ópera: que Corghi desistiu dos bailados (ótimo), que também renunciou ao Liszt (ótimo), mas que ainda arranjou maneira de o fazer aparecer no final (paciência), aproveitando a circunstância de haver um órgão no palco do teatro de Münster. Segundo parece, confirma-se o interesse do Teatro Alla Scala em participar na produção.

26 de abril

Entrevista a Plínio Fraga, da *Folha de S.Paulo*. Uma das questões era que Antônio Houaiss, aqui há tempos, teria apostado em dois nomes para o Prémio Nobel deste ano: João Cabral de Melo Neto e este servidor. Pedia-se-me que comentasse a declaração de Houaiss e eu lembrei a Plínio o que Graham Greene respondeu a um jornalista que lhe perguntou o que pensava ele da atribuição do Prémio Nobel a François Mauriac. Foi esta a frase histórica: "O Nobel honrar-me-ia a mim, ao passo que Mauriac honra o Nobel". Aí tem, disse, eu sou o Graham Greene desta história, e João Cabral o Mauriac. Mas, em seguida, esgotada a minha capacidade de abnegação e modéstia, e também para não aparecer aos olhos dos leitores da *Folha* como um sujeitinho hipócrita, acrescentei, desta maneira me sangrando em saúde: "Em todo o caso, parecer-me-ia justo que o primeiro Nobel de literatura para a língua portuguesa fosse dado a um português, porque, na verdade, vai para novecentos anos que estamos à espera dele, enquanto vocês nem sequer dois séculos de esperanças frustradas levam...".

28 de abril

Giovanni Pontiero convida-me a ir a Manchester e a Liverpool, no outono, e também a Edimburgo, para dar umas conferências. Diz ele que "vão receber uma verba do Governo Português para promover várias atividades de caráter cultural" e que "desejam iniciar o programa com uma conferência e a presença de uma figura de peso no mundo luso-brasileiro". Embora não esteja claramente dito, parece ficar entendido que a tal figura, para uso imediato, sou eu... Ah, pátria, pátria, que irónica é a vida! Aquele inefável Governo, todo ele, vai dar urros quando lhe chegar a notícia de que está a gastar o seu dinheiro com esta execrada pessoa.

29 de abril

A propósito da publicação em França do seu *Requiem*, Antonio Tabucchi dá uma entrevista a *Le Monde*. Em certa altura, o entrevistador, René de Ceccaty, informa os seus leitores de que Tabucchi é o principal introdutor da literatura portuguesa em Itália, asserção que não pretendo discutir, mas que, desde logo, seria bastante mais exata se, onde se diz é, se tivesse dito foi. O que sobretudo me interessa aqui é o que vem a seguir, posto no francês próprio para que não se percam nem o sabor nem o rigor: "Toutefois, si l'on évoque José Saramago, Tabucchi prend un air absent et détourne le regard. Manifestement, c'est vers une autre littérature que ses affinités le dirigent".

Porque René de Ceccatty passou de imediato a outro tema, porque, por distração ou delicadeza, não perguntou a Tabucchi a razão profunda daquele "ar ausente" e daquele "desvio do olhar", devo ter perdido a grande ocasião de conhecer, enfim, os motivos da hostilidade maldisfarçada e da evidente frieza que Tabucchi manifesta sempre que tem de falar de mim ou comigo. Acontece na minha presença, posso imaginar, a partir de agora, como será na ausência. Disse que perdi a ocasião, mas talvez não seja assim. Toda a entrevista se desenrola no campo da relação vivencial e intelectual de Tabucchi com Pessoa, e foi justamente isto, este discurso fechado, este ritornelo obsessivo, que, num repente, me pôs a funcionar a intuição: Antonio Tabucchi não me perdoará nunca ter escrito *O ano da morte de Ricardo Reis*. Herdeiro, ele, como faz questão de se mostrar, de Pessoa, tanto no físico quanto no mental, viu aparecer nas mãos de outrem aquilo que teria sido a coroa da sua vida, se se tivesse lembrado a horas e tivesse a vontade necessária: narrar, em verdadeiro romance, o regresso e a morte de Ricardo Reis, ser Reis e ser Pessoa, por um tempo, humildemente — e depois retirar-se, porque o mundo é vasto de mais para andarmos cá a contar sempre as mesmas histórias. Admito que a verdade possa não coincidir, ponto por ponto, com estas presunções minhas, mas reconheça-se, ao menos, que se trata de uma boa hipótese de trabalho... Como se já não fosse suficiente carrego ter de levar às costas a inveja dos portugueses, sai-me agora ao caminho este italiano que eu tinha por amigo, com um arzinho falsamente ausente, desviando os olhos, a fingir que não me vê.

Quando *Blimunda* foi representada em Lisboa, escrevi umas poucas linhas para o programa, texto esse a que dei um título: "O destino de um nome". Agora, duas cartas recentes, uma de minha filha, outra de minha neta, fizeram-me voltar a refletir nisto dos nomes das pessoas e respectivos destinos. Contei já como e porquê me chamo eu Saramago: que Saramago não era apelido de família, mas sim alcunha; que indo o meu pai a declarar no registo civil o nascimento do filho, aconteceu que o empregado (chamava-se ele Silvino) estava bêbado; que, por sua própria iniciativa, e sem que meu pai se apercebesse da fraude, acrescentou Saramago ao simples nome que eu devia levar, que era José de Sousa; que, por esta maneira, graças a um desígnio dos fados, se preparou o nome com que assino os meus livros. Sorte minha, e grande sorte, foi não ter eu nascido em qualquer das famílias de Azinhaga que, naquele tempo e por muitos anos mais, ostentavam as arrasadoras e obscenas alcunhas de Pichatada, Curroto e Caralhana... Entrei na vida com este nome de Saramago sem que a família o suspeitasse, e foi mais tarde, quando para me matricular na instrução primária tive de apresentar uma certidão de nascimento, que o antigo segredo se descobriu, com grande indignação de meu pai, que detestava a alcunha. Mas o pior foi que, chamando-se meu pai José de Sousa, a Lei quis saber como tinha ele um filho cujo nome completo era José de Sousa Saramago. Assim intimado, e para que tudo ficasse no próprio, no são e no honesto, meu pai não teve mais remédio que fazer, ele, um novo registo do seu nome, pelo qual passou a chamar-se também José de Sousa Saramago, como o filho. Tendo sobrevivido a tantos acasos, baldões e desdéns, havia de parecer a qualquer um que a velha alcunha, convertida em apelido duas vezes registado e homologado, iria gozar de uma vida longa nas vidas das gerações. Não será assim. Violante se chama a minha filha, Ana a minha neta, e ambas se assinam Matos, o apelido do marido e pai. Adeus, pois, Saramago.

30 de abril

Pergunto-me se estarei a sonhar: a maioria social-democrata da Assembleia Municipal de Mafra votou contra uma proposta da CDU para que me fosse atribuída a medalha de ouro do Concelho, alegando que "estraguei o nome de Mafra" e que o *Memorial do convento* é "um livro reprovável a todos os títulos". Um outro motivo, não menos principal, terá sido que "não convinha" distinguir um escritor comunista. Quer dizer: tolera-se (com dificuldade) que existam comunistas, consente-se (porque não é possível evitá-lo) que alguns desses comunistas sejam escritores, mas eles que não se lembrem de escrever o *Memorial do convento*, mesmo que em dois séculos e meio de iluministas e árcades, de românticos e realistas não se tenha achado ninguém para o fazer. Peço, portanto, aos habitantes de Mafra, que, até às próximas eleições locais, considerem esse livro como não existente, uma vez que, por uma razão ou por outra (por não serem dignos dele, ou por ser indigna deles a decisão tomada), não o merecem. Depois, contados os votos, corrigido ou não pelas urnas o atentado que agora foi cometido, contra a inteligência, mais do que contra mim, logo verei se devo restituir a Mafra o *Memorial* que lhe ofereci há onze anos, ou retirar o seu nome do mapa de Portugal que ainda conservo dentro do coração.

1 de maio

Há muitos e muitos anos, antes de 1830, Victor Hugo passou por uma pequena aldeia do País Basco chamada Hernani. Gostou do nome, ao ponto de ter batizado com ele a tragédia que naquele ano se estreou em Paris, no Théâtre Français. Agora, em Hernani, a viúva de Gabriel Celaya, durante um ato de homenagem ao poeta, foi insultada e agredida com tomates e ovos por jovens politicamente ligados a Herri Batasuna, segundo informação da imprensa, que acrescenta ter-se a pobre Amparitxu Gastón abraçado, soluçando, ao busto de Celaya, que ali se inaugurava. Claro está que o primeiro episódio nada tem que ver com o segundo, entrou aqui por simples associação de ideias. Também por associação de ideias, embora não corra eu o risco, sem dúvida terrível, de virem a ser instaladas efígies da minha pessoa onde quer que seja, dou por conselho a Pilar que não caia nunca em ir a Mafra. Não terá nenhum busto a que abraçar-se, e, além dos tomates e dos ovos, bem poderia acontecer que a Juventude Social-Democrata se lembrasse de lhe atirar umas quantas pedras do convento. Tenho a pena suspensa por quinze dias. José Luís Judas acaba de comunicar-nos que deu à RTP prazo até ao dia 15 deste mês para responder, definitivamente, se sim ou não quer o *D. João II*. Se respondem que sim, condenam-me e absolvem-me, se respondem que, não, absolvem-me e condenam-me. Não é uma charada judicial, é uma demonstração, por assim dizer, matemática.

2 de maio

Como será possível acreditar num Deus criador do Universo, se o mesmo Deus criou a espécie humana? Por outras palavras, a existência do homem, precisamente, é o que prova a inexistência de Deus.

3 de maio

No meu tempo de escola primária, algumas crédulas e ingénuas pessoas, a quem dávamos o respeitoso nome de mestres, ensinaram-me que o homem, além de ser um animal racional, era, também, por graça particular de Deus, o único que de tal fortuna se podia gabar. Ora, sendo as primeiras lições aquelas que mais perduram no nosso espírito, ainda que, muitas vezes, ao longo da vida, julguemos tê-las esquecido, vivi durante muitos anos aferrado à crença de que, apesar de umas tantas contrariedades e contradições, esta espécie de que faço parte usava a cabeça como aposento e escritório da razão. Certo era que o pintor Goya, surdo e sábio, me protestava que é no sono dela que se engendram os monstros, mas eu argumentava que, não podendo ser negado o surgimento dessas avantesmas, tal só acontecia quando a razão, pobrezinha, cansada da obrigação de ser razonable, se deixava vencer pela fadiga e mergulhava no esquecimento de si própria. Chegado agora a estes dias, os meus e os do mundo, vejo-me diante de duas probabilidades: ou a razão, no homem, não faz senão dormir e engendrar monstros, ou o homem, sendo indubitavelmente um animal entre os animais, é, também indubitavelmente, o mais irracional de todos eles. Vou-me inclinando cada vez mais para a segunda hipótese, não por ser eu morbidamente propenso a filosofias pessimistas, mas porque o espetáculo do mundo é, em minha fraca opinião, e de todos os pontos de vista, uma demonstração explícita e evidente do que chamo a irracionalidade humana. Vemos o abismo, está aí diante dos olhos, e contudo avançamos para ele como uma multidão de *lemings* suicidas, com a capital diferença de que, de caminho, nos vamos entretendo a trucidar-nos uns aos outros.

4 de maio

Conferência de Alfredo Bryce Echenique em Arrecife. O lugar do ato foi o auditório da Sociedade Democracia, fundada em 1858 por gente de trabalho, operários e pescadores. Tanto quanto pude concluir da breve explicação que me foi dada por um dos diretores, as suas origens tiveram raiz maçónica. A Sociedade foi obrigada a mudar de nome durante o franquismo — passou-se a chamar-lhe Mercantil — porque, segundo consta da ata onde a mudança ficou registada, a denominação de origem ia contra os princípios do Movimento Nacional... A conferência — "A dificuldade de ser latino-americano" —, trabalho académico, e não literário, segundo as palavras iniciais de Bryce Echenique, foi interessante de seguir, sobretudo enquanto relação e interpretação dos factos históricos, sociais e culturais decorrentes dos Descobrimentos, mas, na sua parte final, apresentou-se como uma demonstração daquela mesma "dificuldade", quando o conferencista manifestou a convicção de que os meios de comunicação de massa e a abertura a uma modernidade veiculada pelo Norte (entenda-se: Estados Unidos) estão servindo para a formação e consolidação de uma identidade latino-americana geral e comum, portanto uniformizadora e supranacional. Curioso é que, não tendo Alfredo feito antes qualquer tentativa para integrar o Brasil colonial e pós-independência no quadro das transformações sociais, económicas e políticas da "restante" América, foi com o Brasil que ele exemplificou essa suposta nova identidade: o urbanismo e a arquitetura de Lúcio Costa e Oscar Niemeyer (pela luminosidade e pela transparência, pelo uso de formas abertas) aparecem-lhe como expressões plásticas próprias da América Latina, sem determinantes exteriores. Independentemente duma reflexão (não possível aqui, nem por quem isto escreve) sobre a pertinência de tal afirmação, quer dizer, saber até que ponto aquele urbanismo e aquela arquitetura serão, de facto, em termos de identidade cultural, uma expressão latino-americana, parece-me manifestar-se aqui, uma vez mais, a complexa e dramática relação que os intelectuais do outro lado do Atlântico mantêm, ainda hoje, com a Europa. Na sua maioria filhos espirituais dela, pelo menos até esta última geração, tentam despejá-la na razão direta da sua própria dificuldade em se reconhecer como latino-americanos. Afirmar que a obra de um Lúcio Costa e de um Oscar Niemeyer (cuja importância aqui não se discute) é, por definição, finalmente latino-americana, é uma maneira, entre tantas, de dizer algo muito diferente: "Não queremos ter nada que ver com a Europa, a ela devemos a nossa dificuldade de ser" — mesmo que o passo seguinte seja cair, e não só culturalmente, nos braços dos Estados Unidos. O mais provável, vendo bem as coisas, é que a América Latina não alcance nunca a ser América Latina...

5 de maio

Andava eu buscando no dicionário de José Pedro Machado informação sobre uma certa palavra, quando, do fundo da memória, aparentemente sem motivo, me surgiu uma outra, e com ela uma frase inteira, não ouvida desde há muitos anos —

"alanzoar", "que estás tu aí a alanzoar?" —, que minha mãe me dizia nas vezes que me ouvia protestar contra uma ordem sua, ou quando, posto de castigo, me desforrava resmungando baixinho contra a desaforada autoridade materna. Nem então, nem depois, fui procurar no dicionário o significado do termo. Mas hoje, quando as palavras portuguesas — talvez por estar vivendo tão fora delas, nesta ilha de Lanzarote — me aparecem como se acabassem de ser criadas no mesmo instante em que as leio, ou as digo, ou as evoco, deixei a palavra de que precisava para o meu trabalho e fui-me a satisfazer a curiosidade: saber, de segura ciência, que "alanzoar" era aquele que eu, menino e moço empiricamente andava praticando. Encontrei "tagarelar, falar muito, falar com bazófia, mentir, resmungar, murmurar da vida alheia, pregar moral, repreender, ralhar, impor normas morais, rosnar entredentes, murmurar, falar baixo criticando" — o suficiente para descobrir, depois de tantos anos, que minha mãe, apesar de analfabeta, sabia muito de língua portuguesa... Depois, pondo-me a pensar, achei, por causa daquele "falar com bazófia", que talvez "alanzoar" não fosse mais do que uma corruptela de "alardear", palavra trabalhosa de dizer, com esse volteio de língua demasiado difícil para o povo simples de Azinhaga. Não era: "alardear" vem de "alarde", e "alarde" (tudo isto são sabedorias de José Pedro Machado, não minhas) vem do árabe "*al+ardh*". Apesar do revés, perseverei e fui-me ao *Dicionário etimológico* do mesmo Machado, com a tranquila certeza de que iria encontrar, desenrolada e explicada, nesse próprio lugar, a genealogia do intrigante vocábulo. Pois não encontrei, não senhor. O que o *Etimológico* diz, com desarmante laconismo, é o seguinte: "Alanzoar, *v.* De *alão*, raça de cães". Afinal, seriam os meus protestos e resmungos, aos ouvidos de minha mãe, apenas como aquele monótono, contínuo e obsessivo ladrar que realmente nos daria vontade de dizer: "Que estás tu, cão, para aí a alanzoar?". Pode ser. O pior é que lá na aldeia, do tempo em que nela vivi, não recordo rasto, sombra ou lembrança de um só alão que fosse, essa espécie de cão de fila dos pesados, de molosso doutras geografias. Na Azinhaga, e já é fazer-lhe favor, o que havia era uns perdigueiros sem casta, uns sabujos sem faro, uns rafeiros sem porte — todos eles muito competentes de alanzoar, sem dúvida, mas não tanto nem tão bem que pudessem ter dado o nome à palavra.

O encenador da ópera (um alemão de quem nada sei por enquanto, nem sequer o nome) propôs que se eliminassem do final do primeiro e terceiro atos as projeções que Azio Corghi havia ideado e que representariam, respectivamente, os Quatro Cavaleiros do Apocalipse (Knipperdollinck, Rothmann, Matthys e Van Leiden) e as Quatro Mulheres da Esperança (Mãe, Divara, Hille e Else). Azio queria saber a minha opinião. Ora, como a ideia das projeções, por redundante, nunca me tinha satisfeito, é fácil imaginar com que calor aplaudi a proposta. A saída do Liszt, primeiro, a exclusão dos bailados, depois, e a retirada, agora, das duas projeções, permitirão, espero, que o episódio histórico que no palco se narrará manifeste, sem superfluidades nem adornos retóricos, a sua brutalidade original e a tragédia duma demência.

6 de maio

Maridos e mulheres de Woody Allen. A mesma história, os mesmos diálogos, os mesmos perdidos e achados, a mesma infalível previsibilidade. Uma câmara trémula, instável, como um vídeo de família, constantemente atrasada em relação ao princípio do plano, logo correndo para agarrar o tempo, dividida entre a ansiedade de registar integralmente o momento, antes de o deixar ir-se, e o impossível desejo de tornar atrás, à procura do gesto, do olhar, da palavra que ficaram por captar e sem os quais, agora, parece falto de coerência e de sentido o que se está contando. Estes homens e estas mulheres de Woody Allen, sempre idênticos nos encontros e desencontros das suas vidas, fizeram-me pensar nos átomos de Epicuro. Imersos no mesmo vazio, caindo, caindo sempre, mas subitamente derivando na direção de outros átomos, de outros homens e mulheres, tocando-

-os ao de leve ou a eles se reunindo, e depois outra vez livres, soltos, solitários — ou caindo juntos, simplesmente... Horas demasiado lentas, dias demasiado rápidos.

Leio *El porvenir es largo*, a autobiografia de Althusser, impiedosa e descarnada, como só a poderia ter escrito quem, como ele, havendo passado pela experiência de *um nada* psiquiátrico, se preparasse, lucidamente, para a entrada na morte, no *nada absoluto*, depois de uma vida durante muito tempo assombrada pela consciência angustiante de *ser nada*. Leio e, inevitavelmente, sou levado a pensar no meu *Livro das tentações*, sempre anunciado e sempre adiado: que não será um livro de memórias, respondo eu, quando me perguntam acerca dele, mas sim, como declarei ao José Manuel Mendes, na entrevista à *Setembro*, um livro do qual eu possa vir a dizer: "Esta é a memória que eu tenho de mim próprio". A questão, então, estará em saber se me contentarei com devanear aprazivelmente pela superfície lisa da memória aparente ou se, como Althusser fez, serei capaz de remover e varrer essa camada neutra, composta de reordenamentos de imagens e de sensações, de condescendências e desculpas, de distorções, intencionais ou involuntárias, para cavar fundo e continuar cavando, até à medula oculta dos factos e dos atos. Provavelmente, a maior de todas as tentações, hoje, é a de calar-me.

7 de maio

Sobre a memória: "A memória é um espelho velho, com falhas no estanho e sombras paradas: há uma nuvem sobre a testa, um borrão no lugar da boca, o vazio onde os olhos deviam estar. Mudamos de posição, ladeamos a cabeça, procuramos, por meio de justaposições ou de lateralizações sucessivas dos pontos de vista, recompor uma imagem que nos seja possível reconhecer como ainda nossa, encadeável com esta que hoje temos, quase já de ontem. A memória é também uma estátua de argila. O vento passa e leva-lhe, pouco a pouco, partículas, grãos, cristais. A chuva amolece as feições, faz descair os membros, reduz o pescoço. Em cada minuto, o que era deixou de ser, e da estátua não restaria mais do que um vulto informe, uma pasta primária, se também em cada minuto não fôssemos restaurando, de memória, a memória. A estátua vai manter-se de pé, não é a mesma, mas não é outra, como o ser vivo é, em cada momento, outro e o mesmo. Por isso deveríamos perguntar-nos quem, de nós, ou em nós, tem memória, e que memória é ela. Mais ainda: pergunto-me que inquietante memória é a que às vezes me toma de ser eu a memória que tem hoje alguém que já fui, como se ao presente fosse finalmente possível ser memória de alguém que tivesse sido". (Excerto, com modificações, de um texto que publiquei algures, não sei quando. Ah, esta memória.)

8 de maio

Jorge Amado escrevendo do Brasil: "Aqui o sufoco é grande, problemas imensos, atraso político inacreditável, a vida do povo dá pena, um horror". Diz-me que até ao fim do mês estará na Bahia, que passará por Lisboa antes de seguir para Paris. Esta vida de Jorge e Zélia parece do mais fácil e ameno, uma temporada aqui, uma temporada ali, viagens pelo meio, em toda a parte amigos à espera, prémios, aplausos, admiradores — que mais podem estes dois desejar? Desejam um Brasil feliz e não o têm. Trabalharam, esperaram, confiaram durante toda a vida, mas o tempo deixou-os para trás, e, à medida que vai ele passando, é como se a própria pátria, aos poucos, se fosse perdendo, também ela, numa irrecuperável distância. Em Paris, em Roma, em Madrid, em Londres, no fim do mundo, Jorge Amado recordará o Brasil e, no seu coração, em vez daquela lenitiva mágoa dos ingénuos, que é a saudade, sentirá a dor terrível de perguntar-se: "Que posso eu fazer pela minha terra?" — e encontrar como resposta: "Nada". Porque a pátria, Brasil, Portugal, qualquer, é só de alguns, nunca de todos, e os povos servem os donos dela crendo que a servem a ela. No longo e sempre acrescentado rol das alienações, esta é, provavelmente, a maior.

9 de maio

Subi ontem a Montaña Blanca. O alpinista do conto tinha razão: não há nenhum motivo sério para subir às montanhas, salvo o facto de elas estarem *ali*. Desde que nos instalámos em Lanzarote que eu andava a dizer a Pilar que havia de subir todos estes montes que temos por trás da casa, e ontem, para começar, fui-me atrever com o mais alto deles. É certo que são apenas seiscentos metros acima do nível do mar, e, na vertical, a partir do sopé, serão aí uns quatrocentos, ou nem isso, mas este Hillary já não é criança nenhuma, embora ainda muito capaz de suprir pela vontade o que lhe for faltando de forças, pois em verdade não creio que sejam tantos os que, com esta idade, se arriscassem, sozinhos, a uma ascensão que requer, pelo menos, umas pernas firmes e um coração que não desista. A descida, feita pela parte da montanha que dá para San Bartolomé, foi trabalhosa, bem mais perigosa do que a subida, pois o risco de resvalar era constante. Quando, enfim, cheguei ao vale e à estrada que vai para Tías, as tais firmes pernas minhas, com os músculos endurecidos por um esforço para que não tinham sido preparados, mais pareciam trambolhos que pernas. Ainda tive de caminhar uns quatro quilómetros para chegar a casa. Entre ir e volver, tinham-se passado três horas. Lembro-me de haver pensado, enquanto subia: "Se caio e aqui me mato, acabou-se, não farei mais livros". Não liguei ao aviso. A única coisa realmente importante que tinha para fazer naquele momento, era chegar lá acima.

10 de maio

Um dia perdido. Aborrecimento, indolência, ideias negras, fastio da vida. Silêncios tensos, explosões de súbita irritação, sempre contra o alvo mais fácil: Juan José. Esta estúpida espera parece não ter fim, e só me faltam cinco dias para conhecer a decisão final da RTP: sim ou não ao *D. João II*. Faz-me mal estar sem trabalhar. O que faço é agitar-me, pois não é verdadeiro trabalho este pegar em papéis e largá-los, estas cartas que escrevo, nem todas necessárias, estas leituras inquietas que me levam do livro de Althusser a um ensaio de Javier Sábada, *Dios y sus máscaras*, felizmente mais do que interessante. Gostaria de deitar-me hoje e amanhã acordar no dia 15 para poder lançar-me a um trabalho: ou esse *D. João II* em que já não acredito, se alguma vez acreditei, ou o *Ensaio sobre a cegueira*. Mas não vale a pena iludir-me. Durante um mês não terei condições para fazer seja o que for de sério, no sentido, digo, de disciplinado, de contínuo: a partir de 21 ou 22 estaremos em Madrid, para a "Semana de Autor", onde, por alguns dias, me põem na berlinda, depois, a 28, uma passagem rápida por Badajoz, para um colóquio, e, finalmente, até 13 de junho, as feiras do livro pátrias, em Lisboa e no Porto, pelo menos. Quem espera, desespera, diz o dito, e eu ainda tenho um mês inteiro para esperar, desesperar e dizê-lo.

Penso que não é nada de excluir que esta súbita derrapagem psicológica, real, custosa de aguentar nos modos com que se apresentou, haja sido agravada pelo forte abalo físico causado pelas proezas alpestres que descrevi: mais do que as dores musculares com que já contava, o que trago comigo é a insólita sensação de ter os dois fémures partidos à altura do meio da coxa, e, ainda por cima, como se os topos dos ossos, bamboleantes, ameaçassem desencaixar-se a todo o momento...

11 de maio

Não acordei no dia 15, mas movo as pernas muito melhor. Os fémures tornaram à sua íntegra e aprumada natureza, e portanto deixei de caminhar como se precisasse de muletas e tentasse andar sem elas. De manhã fomos às compras ao *pueblo*. A

Montaña Blanca estava ali, parda, alta, seca, com o seu rebuço de rochas esburacadas, e eu disse, contente como um rapazinho a quem tivessem dado o brinquedo desejado: "Aquela já a conheço". Resposta de Pilar: "Pois já, e uma vez que quiseste começar pela mais alta, agora não precisas subir mais nenhuma". Capaz a andaluza de ter razão: está claro que o Hillary, o outro, o autêntico, depois de ter posto o pé no coruto do Everest, não se rebaixaria a vir a Lanzarote para subir a Montaña Blanca...

Javier trouxe-me do correio de Arrecife mais um pacote de livros provenientes de Lisboa: abro-o, e ele é o João de Barros, ele é o Damião de Góis, ele é o Rui de Pina, ele é o Zurara, e o *Príncipe perfeito* de Oliveira Martins, e a *História da sociedade em Portugal no século XV* de Costa Lobo, e os *Itinerários* de Veríssimo Serrão, e até (nunca se sabe) o *Reinado trágico* de João Grave... Jamais um livro meu, desses que a gente apressada chama "romances históricos", teve o favor do apoio estratégico e tático de tão grossa e variada artilharia. Muito me temo, porém, que desta vez tudo termine em pólvora seca, ou em espirro de mijarete, para dizê-lo menos respeitosamente.

12 de maio

Carta de Cuba, escrita a lápis, de um jovem poeta, Almelio Calderón, que conheci em Mollina (Málaga), no encontro que reuniu, à sombra do tema "Literatura e transformação social", oitenta escritores "novos" e uma dúzia de escritores "velhos": "Aquí en Cuba se lee mucho, a veces se publican obras que no satisfacen los deseos de los lectores. Nuestra política editorial es muy lenta, llevamos años de atraso en cuantos a las obras universales. En estes momentos hay una gran crisis con el papel (no hay), casi todas las editoriales se encuentran paradas, se están editando una especies de 'plaquet' que no satisfacen las demandas. [...] Aqui se están viviendo momentos historicos, muy únicos, muy importantes, muy intensos que espero que la

historia sepa recibirlo en sus páginas. [...] Aqui le mando toda mi esperanza y mi fe hacia ustedes."
Notícia de Lisboa: Cavaco Silva convidou Zita Seabra, pessoalmente, dizem-me, a ocupar o lugar de António Pedro de Vasconcelos no Secretariado para o Audiovisual. Depois de o vermos e sofrermos no Governo durante estes anos, parecia que já deveríamos saber tudo a respeito de Cavaco: as suas maldades e as suas bondades, os seus tiques e manias, a esperteza e a estupidez, a cartilha económica e a ignorância literária. Santo engano o nosso. Ainda nos faltava conhecer até que ponto ele era capaz de demonstrar o seu desprezo por alguém. Fê-lo agora. Salvo se... Salvo se eu estou enganado, e tudo isto, sendo farsa, é a sério. Caso em que não teremos mais remédio que desprezá-los nós. A ambos.

14 de maio

De Bernard Genton leio um ensaio cujo título — *Une Europe littéraire?* — me traz à lembrança, irresistivelmente, aquele outro não menos inefável tema — *La littérature portugaise est-elle europenne?* — sobre que, por imposição leviana da organização do "Carrefour", fui obrigado a discorrer em Estrasburgo, há alguns anos. Digo "imposição" porque a criança me foi posta tal qual assim nos braços, e "leviana" porque os organizadores não tiveram antes a delicadeza elementar de me perguntar o que pensava eu do assunto. A resposta mais própria teria sido virar-lhes as costas e bater com a porta, mas, ali, com a Europa toda a olhar para mim, que remédio tinha eu senão digerir a irritação e defender a reputação da pátria, europeia, sim senhores, quer pela literatura quer pela emigração...
Parece ser cisma incurável de franceses isto de lerem depressa e mal e entenderem ainda pior, sobretudo quando o uso e a tradição não os ensinaram a mostrar respeito pelo que têm diante do nariz. A determinada altura, escreve este senhor Genton: "Les oeuvres directement inspirées par la construction européenne sont encore rares. Dans son *Radeau de pierre*, le Portugais José

Saramago détache son pays du continent que menace de l'anéantir par intégration, et imagine un Portugal flottant, à la dérive dans l'Atlantique...". Excetuando o facto de a *Jangada* não ter sido, nem direta nem indiretamente, inspirada pela construção europeia, excetuando a circunstância de não ser apenas Portugal que se separa da Europa, mas toda a Península, excetuando ainda que não há deriva nenhuma, mas sim uma navegação sempre firmemente orientada para o Atlântico Sul, onde, enfim, a ibérica ilha *se detém* — todo o resto está certo...

Chegámos ao termo do prazo que Judas tinha dado à Televisão (é sexta-feira, o fim de semana começa), e, como se não sobrassem motivos para crer que se perderam as esperanças, ainda hoje estive a trabalhar na recolha e coordenação de dados para um trabalho que provavelmente não chegará a ser feito, pelo menos, por mim, pois em verdade não é de excluir a hipótese de que, com a proposta da série na mão, a RTP procure alguém mais ao gosto de quem manda em Portugal. A minha ideia (uma espécie de ovo de Colombo, uma nova demonstração de que algo pode ser esquecido precisamente por ser tão óbvio: lembremo-nos do convento de Mafra, que esperou duzentos e cinquenta anos) seria utilizar a feitura do *Retábulo de S. Vicente*, que se situa em cheio na época, como uma das chaves da narrativa. No essencial, propor-me-ia retomar as teses do Dagoberto Markl, que me parecem as mais coerentes e estimulantes. Contra a iconografia oficial, neste malogrado *D. João II*, o homem do chapeirão iria ser D. Duarte, e o infante D. Henrique o cavaleiro de joelho em terra que aparece no chamado "painel do arcebispo"... E o rosto do santo seria retocado, depois de 1491, para ficar como retrato do infante D. Afonso...

15 de maio

Verifico, com discreta mas justificada satisfação, que se mantêm em estado de bom funcionamento, para não dizer que me parecem de todo intactos, os dons de imaginação e engenho com que vim ao mundo, graças aos quais pude chegar aonde felizmente cheguei. Agora, de modo súbito, porém não inesperado, tendo em conta os antecedentes, vejo abrirem-se diante de mim perspectivas novas, possibilidades de novos triunfos, não mais limitados a esta fatigante trivialidade de escrever e publicar. O caso conta-se em rápidas palavras. Quando foi preciso decidir como deveria ser revestida uma parte importante do chão da casa, escolhi umas lájeas de cor castanho-escura, de superfície brilhante e irregular, que no catálogo do fabricante italiano se apresentavam com o prestigioso e evocativo nome de Brunelleschi. Há que dizer que o fornecedor aplaudiu o gosto. Vieram os ladrilhos (atenção: os espanhóis chamam *ladrillo* ao que nós chamamos tijolo) e procedeu-se ao seu assentamento. Porém, por um erro que até há poucos dias parecia não ter remedeio, a argamassa saiu mais clara do que convinha, donde resultou que a indiscutível beleza das minhas lájeas se viu afetada pelo quase branco e obsessivo quadriculado formado pelas juntas. A família não pareceu importar-se muito, que, enfim, diziam, não era assim tão mau, embora Pilar, a sós comigo, reconhecesse que Brunelleschi, realmente, não merecia aquele tratamento. Acrescendo que o meu olho esquerdo, por defeito da mácula, tende a ver duas imagens onde só uma existe, pode-se imaginar que chão tenho andado a pisar. Mas bem certo é que nunca se proclamará demasiado que a necessidade aguça o engenho. Depois de mil e uma perguntas a outros tantos supostos entendidos sobre como poderiam ser decentemente escurecidas as agressivas juntas, respondidas todas elas, as perguntas, ora com um pungente encolher de ombros, ora com uma perentória declaração de impossibilidade, foi um simples escritor, ainda por cima nunca ouvido em tais matérias, que teve a fortuna, e por que não o merecimento, de encontrar a solução: o chá. Sim, o chá. Tomava eu, numa destas manhãs, o meu pequeno-almoço habitual, composto de torradas, sumo de laranja, chá e iogurte, quando de repente, com a evidência deslumbrante da pura genialidade, compreendi que a solução estava no chá. Como a vida, no entanto, ensina a ser prudente, e o mundo dos inventores está cheio de frustrações imerecidas, resolvi fazer secretamente a primeira experiência, e num canto do escritório, temendo a cada instante ser surpreendido pelo risonho ceticismo de Pilar, verti numas poucas juntas o chá que de propósito deixara ficar. O resultado foi esplêndido. Agora, como um operário escrupuloso que não olha a penas nem a sacrifícios, de joelhos no chão, indiferente ao ridículo, faço avançar em cada dia este trabalho duas vezes louvável: o de melhorar a aparência da casa e, graças ao chá, dar a Brunelleschi a moldura que merece. A família não sabe bem como comportar-se: gostaria, creio, de aplaudir o feito, mas ainda não se conformou com isto de um mero escritor de livros se permitir mais ideias que as literárias...

17 de maio

Por incrível que possa parecer, fomos ontem à praia pela primeira vez desde que nos instalámos aqui. Temos apanhado algum sol na açoteia da casa, conscienciosamente besuntados de óleos protetores e sem mais testemunhas que as aves do céu e os anjos do Senhor, mas a verdade é que uma hora de exposição nestas condições não chega a valer nem dez minutos ao pé do mar. Pensei que iríamos a Famara, mas havia que recolher em Playa Blanca a Juan José, que estivera acampado na ilha de Lobos durante o fim de semana. Depois, se tudo corresse como estava previsto, passaríamos o resto do dia na praia de Papagayo. Por causa duma confusão, e consequente perda de tempo, sobre o lugar onde deveríamos encontrar-nos, acabámos por ficar ali mesmo, na praia do Flamingo, com o que, finalmente, se poderá dizer, de alguma forma, ter-se cumprido o programa, uma vez que permanecemos no domínio da ornitologia tropical...

"A terra é pequena, e a gente que nela vive também não é grande." Esta feroz e dolorosa frase de Alexandre Herculano veio-me uma vez mais à memória enquanto lia uma notícia sobre o colóquio de filósofos realizado no Porto para assinalar o meio século de publicação de *O problema da filosofia portuguesa* de

Álvaro Ribeiro. Não estive lá, não posso fazer juízos sobre a excelência do evento, e, de resto, a chamada "filosofia portuguesa" deixa-me totalmente frio, o que não me impede de reconhecer que alguns velhos escritos de José Marinho souberam, ocasionalmente, vencer uma indiferença que o tempo, por outro lado, só veio a reforçar. Mas eu, escusado será dizê-lo, de filosofias não entendo nada, nem sequer das portuguesas, que devem ser das mais fáceis... A certa altura, conta o *Público*, armou-se uma violentíssima guerra verbal por causa de Nietzsche e da "viva repulsa" que, no dizer de Orlando Vitorino, o alemão causava a Álvaro Ribeiro... Birras de filósofos, imagino. No fragor dos insultos houve quem se lembrasse, com a melhor das intenções, suponho, de invocar a lição de tolerância do mais recente romance (!) de Saramago, *In Nomine Dei*. Parece que uns poucos dos presentes aplaudiram, mas um congressista juvenil, Gonçalo Magalhães Colaço (dos Magalhães Colaços?), indignado, alegou "nunca poder Saramago ser brandido como exemplo de tolerância". Este moço ainda terá de brandir muito, ainda terá de comer muito pão e muito sal, e andar por muito congresso, antes de perceber (se perceberá alguma vez) que mundo de tolerância se poderia construir com esta minha intolerância... Gonçalo não sabe de que fala, só leu os insultos do *Diabo*, e essa é a sua filosofia.

18 de maio

Assim são as coisas. Ainda há dez dias eu aqui escrevia umas linhas acerca de Jorge Amado, e acabo de saber que teve um enfarte. Fiz o que estava ao meu alcance, mandei-lhe duas palavras de ânimo: "Uma torre dessas não cai assim", disse — e espero que não caia mesmo. Morre-se sempre demasiado cedo, ainda que seja aos oitenta anos. Mas o Jorge escapará desta, tenho a certeza. Agora, com a convalescença e o obrigado repouso, não poderá fazer a viagem a Paris que tinha aprazada para o princípio de junho (encontrar-nos-íamos em Lisboa, na passagem). Se não puder ser antes, voltaremos a estar juntos em Roma, no Prémio da União Latina.

Ornejam os Laras, os Lopes e os Cavacos do Governo de Portugal, escoicinham os assemblários social-democratas de Mafra, e uma mulher da Venezuela escreve-me esta comovedora carta: "Gracias por el pan de sus palabras. Acabo de terminar su *Evangelio* que apesar de ser según Jesúcristo prefiero llamarle según José. Como, con cuales palabras, una mujer lectora de toda su obra traducida puede tratar de agradecerle cada una de sus palabras? Seria como agradecer la dulce miel a las abejas y el aceite y el vino y las estrellas. Imposible. Nos regale todavía sus palabras, nos llene todavía de un poco de vida; ignoro si su fatiga tendrá una recompensa, pero '... y esta luna, como un pan hecho de luz' [do *Evangelho*] queda para siempre". Nada é para sempre, dizemos, mas há momentos que parecem ficar suspensos, pairando sobre o fluir inexorável do tempo. Esta carta, estes dizeres, esta recompensa.

19 de maio

Ray-Güde informa-me de que recebeu da Polónia resenhas acerca do *Evangelho* e que este se encontra na lista das obras de maior venda. Lamenta não ser capaz de me traduzir as opiniões da imprensa polaca, mas vai adiantando que o escritor Andrzej Szczypiorski, o mais importante dos autores polacos publicados pela mesma editora, gostou muito do livro... Ouvindo isto, ponho-me a imaginar o que mais gostaria de fazer nesta altura da vida (sem ter de perder nada do que tenho, claro está), e simplesmente descubro que seria perfeito poder reunir em um só lugar, sem diferença de países, de raças, de credos e de línguas, todos quantos me leem, e passar o resto dos meus dias a conversar com eles.

Ainda sobre a carta de Jorge Amado. Penso que o mal dos povos, o mal de nós todos, é só aparecermos à luz do dia no carnaval, seja o propriamente dito, seja a revolução. Talvez a solução se encontrasse numa boa e irremovível palavra de ordem: povo que desceu à rua, da rua não sai mais. Porque a luta foi sempre entre duas paciências: a do povo e a do poder. A paciência do povo é infinita, e negativa por não ser mais do que isso, ao passo que a paciência do poder, sendo igualmente infinita, apresenta a "positividade" de saber esperar e preparar os regressos quando o poder, acidentalmente, foi derrotado. Veja-se, para não ir mais longe, o caso recente de Portugal.

20 de maio

O "Sim" da Dinamarca encontrou-me desinteressado. Não o recebi como uma derrota, e a vitória, na verdade, não sei a quem pertence nem para que vai servir. Quando os Europeus assistem de braços cruzados, impotentes ou indiferentes, à carnificina balcânica, que significado pode ter este "Sim"? E o "Não", que significaria, se tivesse sido esse o resultado? A culta Europa, a civilizada e democrática Europa tem, nos seus tecidos profundos, um tumor que pode ser mortal, e gasta o tempo em trabalhos de cosmética, de maquilhagem, como uma velha cortesã que ainda alimentasse a esperança de alguém a pôr por conta.

Notícias de José Luís Judas: um fax da Televisão, assinado por Ricardo Nogueira, que diz acreditar que a RTP tomará posição quanto ao *Príncipe perfeito* no princípio da próxima semana. Veremos se e veremos qual. Interessante, mais do que isto, que já vai sendo caldo requentado, é o modo como Judas se refere à inefável Zita Seabra: "Como já deves saber a nossa ex-camarada Zita Seabra é a nova comissária para o audiovisual". Diz "ex-camarada" e esquece-se de que ele também o é. Lembra-me a minha mãe, que chamava velhotas às amigas e conhecidas que tinham a idade dela, os mesmos setenta ou oitenta anos. Há razões que a razão não conhece, e se eu entendia exatamente o que minha mãe queria dizer na sua, como não entenderia agora o que Judas diz?

21 de maio

A Madrid, para a "Semana de Autor". No avião leio o *Expresso* chegado esta manhã e encontro recolhida uma curiosíssima declaração de Carlos Queirós, o selecionador nacional de futebol, que novamente me fez pensar em como andam desconcertadas as opiniões neste mundo e no difícil que será chegar a acordo sobre as questões fundamentais quando logo nas outras, mínimas, nos vemos desencontrados. Disse ao *Diabo* o nosso especialista em táticas dentro das quatro linhas: "As pessoas que não são capazes de perceber a beleza do futebol ou do jogo são exatamente as mesmas que não são capazes de ler o Astérix nem percebem a beleza que existe nuns Beatles. Esses são os intelectuais. São capazes de estar em casa a ver um filme de cowboys e a ouvir os Bee Gees. Se tocarem à campainha, mudam para Tchaikovsky e pegam num livro do Saramago". Não duvido que o estimável Carlos Queirós saiba muitíssimo de futebol, mas de intelectuais parece saber bem pouco, e sendo certo que eu próprio não me posso gabar de os conhecer de raiz (vivi a maior parte da minha vida entre gente mecânica ou assimilada), creio dispor hoje de algumas luzes sobre os usos e costumes dessa nata em que, emprestadamente, também eu nado ou sobrenado. Intelectuais conheço eu que se regalam com os filmes de cowboys, que adoram os Beatles e aborrecem os Bee Gees, e, no que se refere ao autor do *Evangelho segundo Jesus Cristo*, soube eu de fonte seguríssima que sempre foi fanático do Astérix e que jogou ténis em tempos que já lá vão. E também soube que não ficou nada satisfeito ao ver-se acasalado com o Tchaikovsky, que não é músico das suas predileções nem de nenhum dos intelectuais que conhece...

No aeroporto de Madrid esperava-nos Julián Soriano, que conhecemos desde Mollina, em fevereiro, por ocasião do Foro Joven, aonde ele, como responsável pelas atividades culturais do Instituto de Cooperação Iberoamericana, foi convidar-me para a "Semana de Autor". Trazia consigo um exemplar do livro *Racismo y xenofobia*, editado pela Fundação Rich, em que colaborei. No caminho para o hotel noto que o meu texto aparece em português, levando em apêndice a respectiva tradução. Estranho a novidade, mas deixo logo de estranhar ao saber que a sugestão foi de Pilar, e uma sugestão de Pilar tem, como sabemos, força de lei... Ainda bem não estou instalado já me esperam, para entrevistar-me, jornalistas de três jornais, e, atendendo ao programa que Soriano me entregou à chegada, é apenas o princípio de uma longa série que irá continuar nos próximos dias, até ao último. Mal acaba a terceira conversa corremos a um concerto de Maria João Pires. Regalo-me com os aplausos como se fossem coisa minha. Conheci a Maria João há muitos anos, aí pelos finais dos anos 60, e nunca mais voltei a encontrá-la. No intervalo, guiados por Mário Quartin Graça, fomos cumprimentá-la ao camarim, e aí, da boca de uma mulher que tem acumulado arte e triunfos, ouço, em resposta aos meus agradecimentos e felicitações, estas palavras completamente inesperadas: "Mas olhe que os livros é que são aquilo de que mais gosto...".

22 de maio

Xanana Gusmão foi condenado a prisão perpétua. Portugal não sabe que fazer com este homem. Começámos por considerá-lo como uma espécie de *pharmacos*, um espelho das nossas culpas e também um pequeno remorso particular, levadeiro, tranquilizador da nossa indiferença e cobardia. Depois veio a prisão e o desmoronamento de uma personalidade que críamos, nós, abúlicos, nós, débeis, talhada numa só peça. O resistente exemplar tornara-se em reles traidor. Agora, iniquamente julgado e condenado, é mais do que certo que vai dar-se princípio a um daqueles "processos de beatificação" tão caros à suavíssima alma portuguesa, sempre pronta a desculpar as responsabilidades alheias esperando que dessa maneira lhe sejam perdoadas as suas... Xanana Gusmão, de quem, no fundo, ninguém quer saber, vai servir para isto.

23 de maio

Bastou-me esperar com paciência, e aí está: Eduardo Lourenço fez hoje 70 anos, apanhou-me. Jantámos juntos: Annie e Eduardo, Luciana, Pilar e eu. O restaurante chama-se El Callejón, também nomeado Rincon de Hemingway, cujas lembranças (fotos, nada mais que fotos) se mostram dentro. Espero que o Hemingway tenha tido a sorte de comer melhor do que nós: estes restaurantes que se gabam das celebridades que um dia por lá passaram, geralmente servem mal. Divertimo-nos como garotos em férias. Alguma má-língua risonha. Em certa altura, já encerrando o capítulo, falou-se de Manuel de Oliveira, de Agustina e do *Vale Abraão*, essa variação nortenha sobre o tema Bovary, e foi então que eu arranquei com uma intuição de génio, a que só faltam agora demonstração e provas: que a Gouvarinho teria sido, para o Eça, a caricatura burlesca e lisboeta de Emma Bovary. A mim, parece-me o caso claro como água: Bovary, Gouvarinho — não vos soa ao mesmo?

24 de maio

Segunda-feira, começou a "Semana". O tema de hoje, diretamente de Ricardo Reis, foi "Es sabio quien se contenta con el espectáculo del mundo?". Moderou Basilio Losada, meu constante amigo e tradutor, e fizeram comunicações Miguel García Posada, Javier Alfaya e Julio Manuel de la Rosa. Público muito numeroso e interessado. A conclusão só podia ser uma: não pode ser sábio quem com o espetáculo do mundo se contente. Excelentes as participações de todos. Ajudei à festa como podia e saí satisfeito. Esta gente gosta de mim.

25 de maio

Almoço com Gabriel García Márquez, que nos mandou recado, apesar de estar meio incógnito em Madrid. Quase três horas à mesa, uma conversa que parecia não querer acabar. Falou-se de tudo: das eleições espanholas, da situação social e política portuguesa, do estado do mundo, de livros e de editores, de Paz e Vargas Llosa etc. Mercedes e Pilar estiveram de acordo em pertencer ao Departamento dos Rancores, deixando aos respectivos maridos o papel simpático e superior de quem está "acima disso". García Márquez contou um episódio divertido relacionado com a passagem a filme do seu conto "La Santa". Como se sabe, no fim da história o pai da menina morta diz-lhe que se levante e ande, e ela nem anda nem se levanta. Mas a García Márquez, que andava às voltas com o guião, não o satisfazia esse final, até que veio a encontrar a solução: no filme a menina ressuscitaria mesmo. Telefonou então ao realizador (salvo erro, Ruy Guerra) para informá-lo do que tinha decidido, e encontrou-se com um silêncio reticente, logo substituído por uma oposição firme. Que não, que não podia ser, uma coisa era fazer voar uma mulher embrulhada em adejantes lençóis, outra ressuscitar um corpo há tempos falecido, mesmo havendo já indícios milagreiros, como não cheirar mal e não ter peso. Resposta de García Márquez: "Pois é, vocês, estalinistas, não acreditam na realidade". Outro silêncio, porém diferente, do outro lado da linha. Enfim, a voz ouviu-se: "De acordo". E a menina ressuscitou.

 Segundo dia da "Semana". Tema: "El escritor como lector del tiempo y medidor de la Historia". Moderou César Antonio Molina e participaram Angel Crespo, Carlos Reis (que hoje mesmo chegou de Portugal) e Juan Rivera. A este não o conhecia. Menos público, interesse igual. Eduardo Lourenço surpreende-se com o conhecimento que estes espanhóis mostram ter dos meus livros. Quase lhe digo que é uma boa compensação para a relativa indiferença da crítica e da ensaística portuguesa, que, ressalvadas as exceções conhecidas, não tem conseguido acertar os seus passos de dança com a minha música. Para muita gente maior e menor, a minha existência no quadro da literatura portuguesa atual continua a ser uma coisa incompreensível e custosa de roer, de modo que andam a comportar-se como se ainda alimentassem a esperança de que, por artes prestidigitativas, eu venha a desaparecer um dia destes, desfeito em pó, fumo ou nevoeiro, levando comigo os livros que escrevi e deixando tudo como estava antes.

26 de maio

Enchente para a mesa-redonda de hoje: "Reivindicación del compromiso: derechos y deberes del escritor", sinal, talvez, de que está chegando ao fim aquela recidivante opinião, nestes últimos tempos soberana, de que os escritores só têm de estar comprometidos com a sua obra, ideia, aliás, ainda ardorosamente defendida por uma boa porção dos jovens escritores que em fevereiro se reuniram em Mollina com uns quantos veteranos de vistas mais ou menos antiquadas nessa matéria e de que aqui resolvo deixar constância: Jorge Amado, Augusto Roa Bastos, Ana María Matute, Abel Posse, Lasse Söderberg, Tariq Ali, Wole Soyinka, Mario Benedetti, Juan Goytisolo, Edwar al-Kharrat, Juan José Arreola e quem isto está escrevendo. Sem perceberem a contradição em que caíam, esses mesmos jovens escritores achavam que a literatura é capaz de mudar o mundo, ideia essa em que não abundavam, ou frontalmente negavam, na sua grande maioria, os velhos, por sua vez divididos entre um tão radical ceticismo e a afirmação ética de um compromisso simultaneamente intelectual e cívico. Estas inquietações tornaram a vir à tona da "Semana". Moderou o debate Raúl del Pozo e participaram Felipe Mellizo, José Luis Sampedro e Raúl Guerra Garrido. Não creio ser exagerado qualificando de entusiasta a reação do público que enchia a sala.

27 de maio

Terminou a "Semana" — "Os modos e os fins" foi o tema —, e terminou com um cheirinho de santidade no ar. Assustado com o que ali estava a acontecer, decidi descartar-me para o lado da ironia, falando do escândalo de ver-me "beatificado" contra vontade, que a isso me pareciam determinados Fernando Morán, que *não moderou* o debate, antes *ajudou à missa*, Luciana Stegagno Picchio e Eduardo Lourenço, magníficos de lucidez, sensibilidade e brio, cada um no seu estilo próprio, Luciana como uma flecha apontada em linha reta ao alvo, numa trajetória tensíssima, Eduardo, como sempre, gozando com as suas próprias hesitações e volteios, e subitamente, reunindo num feixe só as diversas linhas de rumo do discurso, e aí temos o pensamento ganhando uma intensidade estremecedora, quase insuportável para espíritos paisanos. Devo a todos quantos participaram na "Semana", a todos quantos trabalharam na organização, uma das alegrias mais autênticas da minha vida. Que ela me tenha sido oferecida por Espanha, só vem confirmar o meu direito à ibericidade.

28 de maio

De automóvel para Badajoz. Feira do Livro, autógrafos. Conferência no auditório do *ayuntamiento*. Casa cheia. Uma má notícia que nos deixou preocupados: Julio Anguita teve um enfarte. É um sério golpe para a campanha de Izquierda Unida.

29 de maio

De automóvel a Lisboa. Depois do almoço, Feira do Livro. Recebido como o filho pródigo pelo pessoal da Caminho (Zeferino, Vítor Branco, Esmeralda, Rita, Paula). Mais de uma hora a autografar ininterruptamente, apenas levantando a cabeça para ver a cara do leitor e perguntar-lhe o nome.

30 de maio

Feira do Livro. O mesmo assédio, a mesma amizade.

31 de maio

De comboio ao Porto. Na carruagem deparamos com Chico Buarque, que ali vai dar um recital. As nossas datas, sabemo-lo logo, estarão desencontradas, não será possível ir ouvi-lo. Mas, à noite, o Chico, acompanhado do Sérgio Godinho, aparece-me no Palácio de Cristal, onde a Feira agora se instalou, para dar-me um abraço. Nada o obrigava, não lhe faltariam coisas mais interessantes para fazer, e foi ali para me abraçar...

1 de junho

Mesa-redonda na Feira, com Inês Pedrosa, Mário Cláudio e José Manuel Mendes. Um tema assaz extravagante, mas que acabou por levar a um debate animado: "Devem os escritores ser boas pessoas?". Que sim, que não, que talvez, que não é com bons sentimentos que se faz boa literatura, que os sentimentos maus, por seu lado, não parecem ser condição suficiente. Mas era visível uma inclinação geral para desdenhar da bondade, como atributo bastante fora de uso, tropeço na vida prática, obstáculo ao triunfo pessoal e coletivo e, sobretudo, debilidade indigna de um homem (ou mulher) que se preze de moderno. Foi então que resolvi meter um grãozinho de areia na desenvolta e lubrificada engrenagem do consenso, sugerindo que, existindo e atuando de facto, a bondade seria talvez, neste mundo, a mais inquietante de todas as coisas... Deu-me prazer verificar que o público ficou inquieto. Suponho que os meus colegas também, embora não tivessem achado necessário reconhecê-lo.

2 de junho

Regresso a Lisboa. José Augusto Seabra, que, como nós, entrou em Vila Nova de Gaia, conta um caso que vem mostrar-me que tudo quanto não aconteceu até hoje, incluindo o absurdo e o que parecia impossível, terá forçosamente de acontecer um dia. É questão de ter paciência e esperar: mais tarde ou mais cedo se apropinquará a hora eleita, mais cedo ou mais tarde virá ao mundo a personagem predestinada. Por exemplo, quando Pedro Santana Lopes nasceu não se podia saber o que aquilo ia dar, mas o tempo e as circunstâncias o revelaram depois com abundância, senão excesso, de pormenores. Porém, ainda não sabíamos tudo. Eis o caso: quando José Augusto Seabra esteve de embaixador junto da Unesco, entre os vários atos que promoveu, relacionados com a cultura portuguesa, organizou também um encontro sobre António Nobre, para o qual foram convidados, entre outra gente, alguns lusistas franceses. Todos juntos ouviram, incrédulos, assombrados, a leitura do telegrama que pressurosamente o nosso conhecido secretário de Estado da Cultura tinha enviado. Dizia mais ou menos assim o papel: "Em nome do Governo Português e em meu nome pessoal associo-me à justa homenagem prestada ao poeta da Arrábida". Na verdade, este é o único Lopes do mundo com jeito natural e ignorância adquirida suficientes para ir pela vida confundindo o António Nobre com o Sebastião da Gama... Ou seria o frei Agostinho da Cruz?

3 de junho

Universidade Nova. Os temas do costume: a história como ficção, a ficção como história, e ainda o tempo como um imenso ecrã onde todos os acontecimentos se vão inscrevendo, todas as imagens, todas as palavras, o homem de Auschwitz ao lado do homem de Cro-Magnon, Inácio de Loyola ao lado de Francisco de Assis, o negreiro ao lado do escravo, a sombra ao lado da substância, e, em lhe chegando o tempo, este que escreve ao lado do seu avô Jerónimo. Como também vai sendo costume, foi muito louvada a minha sinceridade, mas, creio que pela primeira vez, esta insistência e esta unanimidade fizeram-me pensar se realmente existirá isso a que damos o nome de sinceridade, se a sinceridade não será apenas a última das máscaras que usamos, e, justamente por última ser, aquela que afinal mais esconde.

Recital de Paco Ibáñez. Enquanto o ouvia, dizia comigo mesmo: "Este homem parece-me bom, mas sê-lo-á, de facto?". Não é que a pergunta resultasse de uma atitude de desconfiança sistemática de que o Paco tivesse de ser, naquele momento, objeto inocente, mas por causa desta preocupação em que ando, de querer saber o que se encontra por trás dos atos que se veem e das palavras que se ouvem. O público aplaudiu o cantor e aplaudiu-se a si próprio: todos tínhamos sido, no nosso tempo, mais ou menos resistentes, restos de um passado carregado de esperança, os mesmos que fomos e, contudo, tão diferentes, cabeças brancas ou calvas no lugar das cabeleiras ao vento de antanho, como disse Pilar, rugas onde a pele havia sido lisa, dúvidas em vez de certezas. Porém, o que são estas coisas, durante duas horas, por obra duma voz que os anos corroeram mas a que não roubaram a expressão, por obra dumas poesias e dumas músicas, os sonhos pareceram tornar-se outra vez possíveis, como realidades, não como sonhos.

4 de junho

Na Feira aparece uma pessoa a comprar todos os meus livros. Põe-nos todos diante de mim para que os autografe, os grossos e os finos, os caros e os baratos, trinta e tal contos de papel, conforme vim a saber depois, e o que me desconcerta é que o homem não é um convertido recente ao "saramaguismo", um adepto de fresca data, um neófito disposto às mais loucas ousadias, pelo contrário, fala do que de mim leu com à-vontade e discernimento. Resolvo-me a perguntar-lhe a razão da ruinosa compra, e ele responde simplesmente, com um sorriso onde aflorou uma rápida amargura: "Tinha-os todos, mas ficaram na outra casa". Compreendi. E depois de ele se ir embora, ajoujado sob a carga, pus-me a pensar na importância dos divórcios na multiplicação das bibliotecas...

De duas, uma: ou eu sofro de mania de perseguição, ou de facto anda uma matilha de sabujos a ladrar-me às canelas e a morder quando pode. Estava, posto em sossego, na Feira, a assinar os meus livrinhos quando se me chega o Armando Caldas que, passado um bocado, começa a contar uma história. Que ele e o seu grupo de teatro — o Intervalo — participaram na organização da homenagem ao Manuel Ferreira, essa mesma para a qual, a pedido da Orlanda Amarílis, escrevi um pequeno texto. Que, como tudo custa dinheiro, e cada vez mais, pediu à Secretaria de Estado da Cultura um subsídio, cujo, milagre dos milagres, foi concedido. Mil contos, melhor que nada. Crendo ser de boa diplomacia, o Caldas lembrou-se de colocar uma cereja no bolo, isto é, pedir também ao Santana Lopes uma declaração para ser lida na homenagem, sem pensar que o dito Lopes poderia, por sua vez, lembrar-se de lhe pedir a lista das pessoas que igualmente tinham sido convidadas a escrever. Vinte e quatro horas depois de comunicados os nomes — Maria Velho da Costa, António Alçada Baptista, Urbano Tavares Rodrigues e o criado de vocências — recebia o desolado Caldas a notícia de que o subsídio tinha sido cancelado. Causa? Não foi dita. Parece que mais tarde a Secretaria de Estado quis emendar a mão, prometendo 300 contos, mas aí o Armando Caldas encheu-se de brios e mandou-os passear. Com dinheiros arranjados aqui e ali, a homenagem não deixaria de se fazer. E agora a pergunta: o que foi que levou o Lopes a cancelar o subsídio e a não escrever a declaração? Receio de chamar ao Manuel Ferreira o escritor da Terra Nova, que também é ilha? Ou, como é mais provável, nojo de misturar-se com os declarantes, de aparecer ao lado de um deles? E qual, se é este o caso? Fátima? Não creio. Alçada? Tão-pouco. Urbano? Duvido. Eu? Sendo o Lopes aquele bom católico que conhecemos, o confessor deve saber...

Andava há que tempos a dizer que o D. João II estava morto e ninguém me queria crer. Agora não houve mais remédio que enterrá-lo, a ele e ao cheiro que já deitava: o Judas admitiu, enfim, que a Televisão não fará nada comigo. Como para mim não era novidade, fiquei calmo como estava antes. E, no fundo, com uma enorme sensação de alívio.

6 de junho

Uma leitora na Feira: "Quando li o *Levantado do chão* disse comigo: este escritor é diferente dos outros". Acertou em cheio. Não disse "melhor que os outros", disse "diferente", e não imagina a que ponto lhe fiquei grato. Saiba que entre os muitos milhares de palavras que até hoje se escreveram a meu respeito, nunca tinha encontrado essa. Diferente. Tem razão, diferente. E a mais não aspiro.

8 de junho

Sorridente, cordialíssimo, Tabucchi abraça-me. Estamos na Feira, cada um de nós, pelos altifalantes, sabia da presença do outro, mas foi ele quem me veio procurar. Vejo-me a reagir como se tivesse sido apanhado em falta (a falta seria o que aqui escrevi acerca dele...), mas respondo no mesmo tom às suas expansões. Tudo parece mais ou menos falso, mais ou menos hipócrita. Será? Saberá ele que me magoou? Qual dos Tabucchi é o verdadeiro? Este, ou o outro? Talvez ambos, talvez nenhum dos dois, talvez nos tenhamos perdido de vez neste mar de equívocos e de desconfianças...

9 de junho

De manhã, Escola Secundária de Gil Vicente. Duas horas a falar, de pé. Creio que os alunos ficaram satisfeitos, mas não posso impedir-me de suspeitar que, no fundo, nada disto — livros, escritores — lhes interessa muito. O programa manda, faça-se o que diz o programa, mas os gostos destes moços estão noutro lado. Foi-me perguntado (nunca falha) que conselho daria eu a um jovem aspirante a escritor, e eu respondi como sempre: não ter pressa (como se eu não a tivesse tido nunca) e não perder tempo (como se eu não o tivesse perdido jamais). E ler, ler, ler, ler...

Fim da tarde, a caminho de Beja, para um colóquio na Biblioteca Municipal. Boas instalações, o setor dos livros para crianças excelente: não se percebe como daqui irão sair futuros indiferentes à leitura. Durante a sessão saiu-me um professor de filosofia (pobre filosofia!) católico integrista, discípulo do falecido monsenhor Lefèvre. Furibundo, declarou-se intolerante em relação a mim (o tema do colóquio era, precisamente, a intolerância), e tudo por causa do *Evangelho*. Ainda. Protestava a criatura contra a conceção de Jesus como eu a descrevi, carnalíssima, ofendendo o dogma da virgindade de Maria, e eu respondi-lhe que se era verdade ter Jesus nascido como pura luz, então o Filho de Deus não podia ter tido umbigo, uma vez que não precisou de cordão umbilical nem de placenta, e quanto ao útero da mãe, se ela o tinha, não deve ter precisado de comportar-se biologicamente como tal. Quis ripostar, mas aí resolvi ser tão intolerante como ele e recusei-me a ouvi-lo. Cheguei a casa exausto. Vale a pena?

14 de junho

Regresso a Lanzarote. Faz hoje sete anos que conheci Pilar. Entro em casa com alegria.

15 de junho

O rio de correio que desaguava na Rua dos Ferreiros começa a desviar um braço para aqui. Encontrei de tudo: duas teses (uma de Adriana Martins, em Coimbra — *História e ficção: Um diálogo* —, outra de Roberto Mulinacci, em Florença — *Il discorso religioso nel romanzo saramaghiano*), livros, jornais, cartas. E, destas, duas que me deixaram comovido e confuso. Comovido por expressarem, uma e outra, de diferente maneira, uma espécie de veneração encaminhada tanto à obra como à pessoa que a escreveu, e confuso porque essa expressão ultrapassa, largamente, quer no conteúdo quer na forma, o que é comum em cartas de leitores, neste caso também escritores. Uma das cartas vem das Honduras, de Leonel Alvarado, que mal me recordo de ter conhecido em Mollina, a outra veio de Manuel Sorto, um salvadorenho que vive em Bayonne. (Fui agora procurar entre os livros e os originais que alguns dos jovens do Foro me ofereceram em Mollina, e encontrei, além de um poema inédito de Alvarado — *El reino de la zarza* —, um ensaio seu — *Sombras de hombres* — com dedicatória a Pilar. Na contracapa há um retrato dele: fez-se-me luz na memória.) Este caderno não é o espelho da Rainha Má da *Branca de Neve*, não tem a obrigação de dizer-me que sou, de facto, a estupenda pessoa que por vezes se quer ver em mim, e por isso deixarei as palavras de Manuel Sorto e de Leonel Alvarado lá onde estão. Aqui só me permito consignar, não um qualquer sinal de autocomplacência, mas o sentimento de avassaladora responsabilidade que cartas destas fazem nascer e crescer em mim. Que direi, por exemplo, duma outra carta, enviada a Lisboa, do diretor-geral do Instituto de Cooperação Iberoamericana, Javier Jiménez-Ugarte, que escreve, a propósito do que se passou na "Semana de Autor": "Aunque sólo sea con carácter paradójico, y quizás sacrílego, querria afirmar para terminar que 'si Saramago existe, existe Dios'". Que se passa? Esta gente endoideceu toda, ou eu sou realmente isso que andam dizendo, *bueno, en el buen sentido de la palabra*, como escreveu Antonio Machado? Será pois verdade o que disse no Porto, que, existindo e atuando, "a bondade seria a coisa mais inquietante do mundo"? Quem me acode? Quem me ajudará a explicar-me a mim mesmo?

16 de junho

Comprámos hoje a parcela de terreno que está em frente da casa, do lado do mar. Fiz o que estava ao nosso alcance para proteger a vista que tínhamos aqui quando construímos a casa. Agora só espero que o dono da parcela seguinte não levante lá uma torre para viver. Já nos sobeja esse misto de castelo e mesquita com que o mouro Rachid nos veio tapar a vista de Puerto del Carmen. Em quem nunca teve nada, como é o meu caso, dá muito que pensar este zelo de proprietário novel que não suporta vizinhanças.

17 de junho

Nisto de computadores, a regra de ouro, acabo de aprender, é não avançar um passo sem ter a certeza de poder voltar atrás. Por imprudência minha, foi-se-me o ícone WRITE, impedindo-me o acesso ao que escrevi. Faz-me impressão saber que existe, não sei onde, algo que me pertence e a que não posso chegar... Nem sequer sei onde está a porta que lá me levaria.

18 de junho

Recuperado (com alguns pequenos arranjos) de uma entrevista dada a um jornalista francês e nunca publicada: "Um livro aparece a público com o nome da pessoa que o escreveu, mas essa pessoa, o autor que assina o livro, é, e não poderia nunca deixar de ser, a par duma personalidade e duma originalidade que o distinguem dos mais, o *lugar organizador* de complexíssimas inter-relações linguísticas, históricas, culturais, ideológicas, quer das que são suas contemporâneas quer das que o precederam, umas e outras conjugando-se, harmónica ou conflitivamente, para nele definir o que chamarei *uma pertença*. Entendida a questão assim, e assumidas as consequências todas do que acabo de dizer, o primeiro 'protagonista' de Proust, por muito singular que pareça, é a França, e só depois dela, não obstante terem 'principiado' muito antes, é que vêm o Mundo e a Europa".

19 de junho

Carta de Jorge Amado. Que está bem, em plena recuperação do enfarte. No entanto, não poderá assistir à reunião de 29 deste mês, em Paris, da Academia Universal das Culturas, onde iria apresentar as candidaturas de Oscar Niemeyer, Ernesto Sabato, eu próprio, e também de Jack Lang, agora que ele deixou de ser ministro. Passou, por isso, a sua representação a Yashar Kemal, aquele mesmo romancista turco (as voltas que a vida vai dando) que eu publiquei há muitos anos, quando trabalhava na Editorial Estúdios Cor... Na verdade, ignoro se há outros portugueses candidatos, ou mesmo se algum já teria sido feito "académico" antes. No que a mim se refere, a ideia foi do Jorge, mas, para falar francamente, não dou muito pelo acolhimento da magna assembleia. Se, porém, os caprichos do voto, ao contrário do que prevejo, se virarem benévolos para mim, terei de começar, por minha vez, a influir no sentido de virem a entrar em tão universal academia aqueles portugueses que de facto o mereciam: um Eduardo Lourenço, um José Mattoso, um Siza Vieira, um Pomar, um Óscar Lopes, um Mariano Gago...

21 de junho

Clara Ferreira Alves chegou ontem, veio para a entrevista que tínhamos combinado, sobre a Europa. O que já viu de Lanzarote tem-na deslumbrada. Levámo-la à Montanha do Fogo, a excursão obrigatória que nunca ninguém fará como desejaria, isto é, só. Hoje percebi que a praga turística seria mais suportável se esta gente, que já não pode trajar como os antigos exploradores, de caqui e chapéu de cortiça, não gostasse tanto de andar vestida com estas camisas e estes calções, berrantes de cor, estapafúrdios de desenho, capazes de ofender a mais agredida e resignada já das paisagens. Todos, sem excepção, fulminavam as montanhas com as câmaras de vídeo e as máquinas fotográficas, mas isto pode-se compreender, porque bem sabemos como a memória é esquecediça e com que frequência, quando invocada, começa a dizer uma coisa por outra. Enquanto íamos percorrendo os caminhos labirínticos do parque e se sucediam os vales e as encostas cobertas de cinzas, as caldeiras escancaradas como goelas no interior das quais imagino que o silêncio terá a espessura do próprio tempo, eu perguntava a mim mesmo por que teriam vindo aqui estes homens e estas mulheres, na sua maior parte grosseiros de palavras e de modos, e se amanhã, depois de terem visto o que viram, notarão alguma mudança na sua maneira de ser e de pensar. Porém, mais tarde, na Fundação César Manrique, lendo um poema magnífico de Rafael Alberti sobre Lanzarote, senti que me tornava um pouco menos intolerante para com a grotesca vestimenta do geral dos turistas e muito menos convicto quanto à lógica da dedução que me tinha levado das camisas às mentalidades: como toda a gente sabe, não há, em todo o mundo, camisas mais disparatadas que as de Alberti, e se ele, tendo vestida uma camisa dessas, escreveu um poema assim, então... Deixo as reticências caladas e em suspenso, que só para isso é que servem, e volto ao autocarro da Montanha do Fogo, para lançar uma pergunta que tinha ficado por fazer: que sentiram aquelas pessoas quando lhes foi contada a história de um homem — Hilário se chamava — que durante cinquenta anos viveu no alto de Timanfaya tendo como única companhia um camelo? Que fibra do corpo, que tecido do espírito estremeceram nelas quando ouviram como Hilário plantou lá no alto uma figueira e como a árvore nunca pôde dar fruto porque a sua flor não podia alimentar-se da chama?

Dificuldade resolvida. Não é preciso que as personagens do *Ensaio sobre a cegueira* tenham de ir nascendo cegas, uma após outra, até substituírem, por completo, as que têm visão: podem cegar em qualquer momento. Desta maneira fica encurtado o tempo narrativo.

22 de junho

Acabei a entrevista exausto. E com a desconfiança de não ter valido a pena vir Clara de tão longe para levar daqui este caldo requentado de umas quantas repetidas opiniões, talvez sensatas, talvez inteligentes (não digo sempre, digo que alguma vez), mas de cuja consistência e adequação à realidade atual eu próprio já vou duvidando. O meu ceticismo sobre a Europa comunitária não se modificou, porém não consigo deixar de pensar que a Europa de hoje já deverá ter pouquíssimo que ver com aquela outra Europa que imaginei conhecer e de que me tenho permitido falar. O mais certo é existirem nela dificuldades infinitamente mais graves do que aquelas que um simples escritor (este) seria capaz de nomear. Como é que se pode, por exemplo, acreditar na boa-fé de Delors, que agora, na cimeira de Copenhague, se saiu com um apelo à solidariedade dos povos europeus para a resolução do problema do desemprego? Foi a falta de solidariedade que fez na Europa 18 milhões de desempregados, ou são eles tão-somente o efeito mais visível da crise de um sistema para o qual as pessoas não passam de produtores a todo o momento dispensáveis e de consumidores obrigados a consumir mais do que necessitam? A Europa, estimulada a viver na irresponsabilidade, é um comboio disparado, sem freios, onde uns passageiros se divertem e os restantes sonham com isso. Ao longo da linha vão-se sucedendo os sinais de alarme, mas nenhum dos condutores pergunta aos outros e a si mesmo: "Aonde vamos?".

25 de junho

Terminada a conferência que vou levar a Vigo, ao Encontro sobre Torrente Ballester. Hesitei entre escrever algo novo ou aproveitar o prefácio da tradução francesa da *Saga/fuga*, mais tarde também publicado na edição portuguesa. Tinha pena de deixar para trás duas ou três ideias não de todo banais, principalmente essa (a que, tanto quanto sei, ninguém se atrevera até hoje) de que Alonso Quijano não enlouqueceu, antes, e muito mais simplesmente, tomou a decisão (Rimbaud: *La vraie vie est ailleurs*) de ser outra pessoa, de viver uma vida diferente (o prefácio foi publicado com um título que não deixa dúvidas: "Alguém que não seja eu, um lugar que não seja este"), como se tivesse dito à família: "Vou à rua comprar cigarros" — e desaparece. Ponderadas vantagens e desvantagens, o texto que lerei em Vigo é o resultado duma leitura nova do prefácio, reescrito, melhorado na forma, desenvolvido em alguns pontos, mas assentando sempre na relação entre Quijano e Quijote, entre Pessoa e os heterónimos, entre José Bastida e os seus quatro complementares: Bastid, Bastide, Bastideira e Bastidoff. Tornando, também, explícito o que no prefácio mal se aflora: que a *Saga/fuga* é um tecido complexíssimo de planos cruzados, de interações de toda a ordem, ou, como digo agora, tudo, na *Saga/fuga*, está ligado a tudo, exatamente como um corpo vivo, um sistema biológico, o esqueleto unido aos circuitos sanguíneos, o cérebro à espinal medula, a química digestiva à química assimilatória, o coração aos pulmões, o ato ao pensamento. Se a *Saga/fuga* contém em si a sua própria metáfora, creio poder encontrá-la na "Homenagem tubular", essa construção triplamente irradiante, tão capaz de voltar-se para dentro de si mesma e ocupar todos os espaços vazios deixados pela sucessão dos seus devires, como de prolongar-se pelos dois infinitos, o infinito superior e o infinito inferior, até alcançar, como diz a personagem que a inventou, tanto o Trono do Altíssimo como os domínios de Satã. Assim, ligada por todos os nervos e veias que há no corpo humano, céu e inferno agarrados por mão esquerda e mão direita, me aparece a *Saga/fuga*, leitura do universo.

27 de junho

Fim de semana em Fuerteventura. Mais árido, mais agreste do que esta ilha de Lanzarote, em cuja paisagem, se repararmos bem, é possível reconhecer alguma coisa de teatral, uma maquinaria de rompimentos e bambolinas que distrai o olhar e faz viajar o espírito, como se estivéssemos diante de um ciclorama em movimento. Fuerteventura é todo secura e brutidade, ao passo que Lanzarote, mesmo quando nos parece inquietante, ameaçador, mostra um certo ar de doçura feminina, o mesmo que, apesar de tudo, teria Lady Macbeth enquanto dormia. As montanhas de Lanzarote estão nuas, as de Fuerteventura foram esfoladas. E se, em Lanzarote, excetuando as Montanhas do Fogo por serem parque nacional, as povoações se sucedem umas às outras, em Fuerteventura, que é três vezes maior, pode--se andar quilómetros e quilómetros sem encontrar vivalma, nem casas, nem sinais de cultivo. Fuerteventura dá a ideia de ser uma terra muito velha que chegou aos seus últimos dias. Os alemães estão por toda a parte, são pesados, maciços, ocupam, como coisa sua, os hotéis, as urbanizações turísticas, os restaurantes, as piscinas, as ruas. Habituaram-se a comportar-se como donos da ilha desde a Segunda Guerra Mundial, quando Fuerteventura esteve para ser base de submarinos da Alemanha, se outro tivesse sido o desfecho da batalha de El Alamein. Diz-se que, depois do fim da guerra, vieram cá esconder-se uns quantos nazis importantes. E que compraram, pelo preço da uva mijona, terras que são como latifúndios. Foi o tempo em que à entrada dos estabelecimentos propriedade de alemães se colocava um cartaz redigido nestes termos: "Proibida a entrada a cães e a canários". Os canários em questão não eram as aves, que provavelmente estariam dentro animando os teutónicos ouvidos, mas os próprios habitantes das Canárias, por esta maneira (ironias do destino) emparceirados aos cães que deram o nome ao arquipélago. Ao longo da costa ainda se veem casamatas arruinadas, ninhos de metralhadoras. Estão ali desde a guerra civil. Desde há muito mais tempo, talvez desde o século XV ou XVI, encontra--se, ao sul da capital, num aldeamento turístico chamado El Castillo, uma fortaleza atarracada, em forma de tronco de cone, de pedras negras, singularmente evocadora. Sobranceira ao mar, rodeiam-na as instalações de um clube de férias, com piscinas de diferentes tamanhos e feitios e uma coisa de plástico verde, a que se dá o nome de relva artificial. Por cima da porta, um cartaz avisa que só estão autorizados a entrar os possuidores do cartão do clube. Pobre torre. Ali, com as bombardas apontadas ao mar, e os piratas que atacaram pela retaguarda...

Entrevista do padre Vítor Melícias ao *DN*. Pergunta do jornalista: "Já leu o último livro de Saramago, *In Nomine Dei?*". Resposta: "Não. Mas, segundo julgo, é sobre o comportamento desumano para com outros homens com motivações ideológicas, nacionalistas, partidárias ou religiosas. Todas as injustiças que se façam em nome de um deus ou seja do que for têm efeitos negativos. Nesse sentido, o livro é sempre positivo". Nova pergunta do jornalista: "E *O Evangelho segundo Jesus Cristo?*". Resposta: "Li metade e não tive paciência para ler o resto. Está bem escrito, o Saramago é um excelente escritor, só que os bons escritores podem fazê-lo bem, mas nem sempre escrevem o bom". Não vou deter-me no exame da diferença entre *fazê-lo bem* e *fazê-lo bom*, que daria pano para mangas. O que sobretudo me impressiona é a cândida declaração do padre Melícias de que não teve paciência para ir além de metade do *Evangelho*. Não teve paciência porque a narrativa o estivesse enfastiando? Impossível. A um padre o *Evangelho* pode indignar, enfurecer, pode mesmo, no melhor dos casos, levá-lo a rezar pelo autor. Enfastiá-lo, nunca. Mas está escrito que o padre Melícias perdeu a paciência, o que significa, conforme mo está dizendo aqui o dicionário de José Pedro Machado, que ao digno sacerdote, ao chegar à página 222, lhe faltou subitamente a "virtude que faz suportar os males, as contrariedades, os infortúnios etc., com moderação, com resignação e sem murmúrios ou queixas". Espero que o grave desfalecimento tenha sido momentâneo, e que o padre Melícias, aliviado das 223 páginas que ficaram por ler, haja recuperado prontamente a paciência, virtude cristã por excelência, se em matéria de virtudes uma pode ser mais excelente que as outras. Em todo o caso, a recuperação não deve ter sido completa, uma vez que não chegou para levá-lo a ler *In Nomine Dei*. Ou muito me engano, ou anda aqui um gato que se escaldou e agora tem medo da água fria... E pensar eu que este padre Melícias ainda é dos melhores...

29 de junho

A Lisboa, para gravar uma entrevista com Carlos Cruz. A hospedeira de bordo passa com os jornais, peço-lhe dois ou três para me ir entretendo durante a viagem (não gosto de ler livros nos aviões) e vou correndo os olhos pelas notícias, que, sendo de ontem, já me parecem tão velhas como o mundo. De repente, fico parado diante de uma fotografia que enche a página quase toda. Só alguns minutos depois, quando saí da espécie de estupor em que caíra, reparei que se tratava de um anúncio da Amnistia Internacional. A fotografia mostrava dois rapazes chineses (adivinha-se a presença de um terceiro, que não se vê) ajoelhados, com as mãos atadas atrás das costas. De pé, por trás deles, fletindo o joelho, três soldados que devem ter mais ou menos a mesma idade, cravam-lhes literalmente as bocas das espingardas à altura do coração. Não se trata de encenação, a fotografia tem uma realidade aterradora. Em poucos segundos os rapazes estarão mortos, esfacelados de lado a lado, com o coração desfeito. O texto diz que há na China milhares de presos políticos, que devemos fazer alguma coisa para os salvar. Deixo de olhar, penso que isto é banal, que todos os dias nos põem diante dos olhos imagens que em nada ficam a dever a esta (para não falar nas torturas e mortes fingidas que as televisões servem a domicílio), e chego a uma conclusão: que todos esses horrores, repetidos, cansativamente vistos e revistos em variações máximas e mínimas, se anulam uns aos outros, como um disco de cores, rodopiando, se vai aproximando, pouco a pouco, do branco. Como evitar que fiquemos, nós, também, imersos numa outra espécie de brancura, que é a ausência do sentir, a incapacidade de reagir, a indiferença, o alheamento? Talvez escolhendo deliberadamente uma destas imagens, uma só, e depois não permitir que nada nos distraia dela, tê-la ali sempre, diante dos olhos, impedindo-a de se esconder por trás de outros quaisquer horrores, que teria sido a maneira melhor de perder a memória de todos. Para mim, fico com esta fotografia dos três chineses que vão morrer (que já estão mortos) rebentados por três chineses a quem, simplesmente, alguém que não aparece na imagem, disse: "Matem-nos".

30 de junho

Fernando Venâncio escreve no *Jornal de Letras* um artigo — "O homem que ouviu desabar o mundo" — sobre o Vergílio Ferreira, a propósito da *Conta-corrente*. E em certa altura diz: "Afirmei, um dia, levianamente, que a ascensão de Saramago se mantivera invisível ao diarista Vergílio. Hoje, dou-me conta que, sob a referência inofensiva, sob o próprio silêncio, é essa partida do destino um dos motores do sofrimento. Vergílio Ferreira jamais perdoará isso aos fados. (E quem, no seu lugar, perdoaria? Na nossa história literária são casos excepcionais as boas-vindas. Deu-as António Vieira a Manuel Bernardes, soube-as dar Filinto a Bocage. Não há memória de muitas mais.) Mas as autênticas contas de Vergílio com o seu tempo, se englobam essa desgraça cósmica que lhe calhou, são bem mais vastas e mais cruéis. Os considerandos poderão ser complicados, mas a tese é límpida: os parvos ainda não perceberam que o romance acabou. Não que Vergílio o saiba de observação, porque ele escassamente lê. "A obra dos outros, mesmo de muito alteados no panegírico, *não me interessa absolutamente nada*" (p. 73, sublinhado original). Há pior: "De vez em quando uma página ou outra de um autor entusiasma-me e vexa-me mesmo por me entusiasmar" (ib.). Não comento. Digo apenas que Vergílio Ferreira, no fundo, não faz mal a ninguém. Dói-lhe e morde onde lhe dói para que lhe doa ainda mais, e isso talvez seja uma forma de grandeza.

2 de julho

O Prémio Camões, rotativo como uma mula tirando água à nora, estava obrigado, este ano, a calhar a um escritor brasileiro. O contemplado foi Rachel de Queiroz, e outra vez ficou de fora

Jorge Amado, o que prova como são infatigáveis os ódios velhos. Sobre a rotatividade e a comparação com a mula, não é por desdém, falso ou verdadeiro, que elas aqui são chamadas: de mais sei eu que não serei nunca citado na hora das deliberações. O que me choca é a falta de sentido diplomático dos responsáveis desta honraria de escassa fortuna: dividem as literaturas de língua portuguesa, em grosso, por Portugal, Brasil e PALOPS (no inferno esteja quem tal sigla inventou), sem se darem ao incómodo de reparar que os países africanos são cinco e que, portanto, a rotação, para merecer o nome e ser equilibrada em oportunidades, teria de levar sete anos a dar a volta completa... Se Rachel de Queiroz ganhou este ano pela literatura brasileira, e Vergílio Ferreira, há dois anos, pela portuguesa, José Craveirinha, antes, teve de arcar com a representação dos PALOPS todos, o que, podendo ter sido uma honra para ele, me cheira a paternalismo neocolonialista do lado de quem o prémio atribui, isto é, os Estados português e brasileiro. Dir-se-á que sofro demasiado do mal de escrúpulos. Talvez sim. Em todo o caso, muito gostaria de saber o que pensarão disto os escritores africanos. (A propósito, que me lembrei agora mesmo: que diabo se passa com o dinheiro do prémio da APE, a que renunciei? Sempre foram enviados livros nesse valor para África? Continuam as conversações entre a APE, a SPA e o PEN para encontrar a "fórmula"? E, de reflexão em reflexão, uma suspeita me ocorre neste momento: aquela minha decisão, na altura tão louvada, não desprenderá, também ela, apesar da honrada sinceridade com que foi tomada, o mesmo nauseabundo cheiro?)

3 de julho

Carta de Manuel Fraga Iribarne, presidente da Xunta de Galicia, a convidar-me a participar no 60º Congresso Internacional do PEN, em Santiago de Compostela, entre 6 e 12 de setembro: que "a minha voz não somente engrandeceria o sucesso, mas também ajudaria a pôr de manifesto que Santiago continua a ser lugar de encontro de grandes personalidades". Política a quanto obrigas... Do PEN Clube da Galiza já me tinha chegado convite igual, e eu disse que não poderia aceitar por causa da operação à catarata, marcada, entretanto, quando estive em Lisboa, para os dias 15 ou 16. Não sei que decida. Os dias do Congresso serão exatamente entre a Festa do Avante! e a operação: valerá a pena fazer a viagem? Aguentarei eu uma semana de palração, recepções, comezainas e hipocrisias?

4 de julho

Deus, definitivamente, não existe. E se existe é, rematadamente, um imbecil. Porque só um imbecil desse calibre se teria lembrado de criar a espécie humana como ela tem sido, é — e continuará a ser. Agora mesmo, aqui na vizinha ilha de Hierro, quatro populações engalfinharam-se à pancada porque todas elas se achavam com direito a levar às costas um pedaço de pau a que chamam Virgen de los Reyes. E em Sivas (Turquia) uma pandilha de criminosos de "direito religioso", chamados integristas islâmicos, incendiaram o hotel onde vivia Aziz Nesin, editor de alguns capítulos dos *Versos satânicos* no jornal de esquerda *Aydinlik*. Da façanha dos diletos filhos de Alá resultaram 40 mortos e 60 feridos. Nesin foi salvo pelos bombeiros, esses abnegados "soldados da paz", que depois quiseram emendar a mão e linchá-lo quando o reconheceram. A intervenção de um polícia salvou a vida ao homem. Estes dois casos, tão parecidos na sua substância, acabaram de decidir-me a ir ao Congresso do PEN Clube. E, assim, eis-me a fazer o que nunca imaginei: escrever uma carta a Manuel Fraga Iribarne...

6 de julho

Maria do Sameiro Pedro envia-me a gravação da lição pública que deu no âmbito de um curso de mestrado em literatura portuguesa contemporânea da Faculdade de Letras de Lisboa, sobre o *Manual de pintura e caligrafia*. Pede-me que lhe dê opinião, e isso vai-me custar torturas, pois qualquer maria-do-sameiro deste mundo sabe infinitamente mais do que eu a respeito dessas questões de análise e interpretação de textos, para que me faltam a técnica e a linguagem. Canso-me a insistir que não passo de um prático da escrita, mas as universidades acham-me graça quando lá vou e lhes levo umas quantas ideias simples, bastante pedestres, que pelos vistos soam a coisa nova, como se as estivesse dizendo Candide. Também me escreveu, por intermédio da editora, um professor da Escola Secundária de Mogadouro, a viver no lugar de Brunhosinho, que me trata por Excelentíssimo Senhor Doutor, a mim que nasci na Azinhaga. Chama-se Jacinto Manuel Galvão, frequentou o curso de Doutorado da Universidade de Salamanca, e agora pensa em fazer uma tese sobre a minha "obra" (como nunca me habituarei a pronunciar esta palavra com naturalidade, meto-a entre aspas) para o que gostaria de trocar algumas impressões comigo. Diz que vive longe de Lisboa, mas terá o maior prazer em fazer a viagem. Vamos a ver como se resolve o problema: ele parece não saber quão longe vivo, também eu, de Lisboa...

E uma terceira carta recebi, vinda de Badajoz, de alguém que assina Mario Ede Velasco de Abreu Alves. Sobretudo por causa dos apelidos portugueses, lembro-me de lhe ter autografado alguns livros quando ali estive, na Feira do Livro. Não por comprazimento, mas arriscando a acusação de falta de pudor intelectual, tenho transcrito, uma ou outra vez, para este caderno, excertos de cartas que recebo. Recaio hoje na mesma debilidade, resistindo à tentação fortíssima de copiar a carta inteira, quatro extraordinárias páginas que me deixaram sem respiração. Fique o último parágrafo como amostra:

"Ahora sé que estaba equivocado; no me invade ya la angustia de haber perdido de mi memoria ese Saramago que no conferenciaba, que no firmaba autógrafos o estampaba sellos, como quiera llamar-se: sí lo sé, porque el me presentó a Blimunda y me hizo viajar en Dos Caballos — que no en el dos caballos — por la península, o en el Aparato Volador de Bartolomeu Lourenço por el cielo de Mafra, el que me acompanó varias veces por la escalera del Bragança, el que me guinó el ojo azul de las estirpes alentejanas — condenadas ellas también no a cien, sino a mil anos de prostración, que es una situación que abarca la soledad, pero en peor postura; o el que me sorprendió primeramente con el final del mar y el principio de la tierra y, finalmente, con el mar acabado y la tierra esperanzada, em medio de lo cual Lidia y Ricardo jugaban al escondite con Pessoa; el que, en fin, me describió tan poligónicamente el grabado de Durero como incisiva y velozmente sus particulares fotos de Portugal, cuyas imágenes me son tan conocidas — éstas portuguesas, aunque también aquéllas del cráneo, del Gólgota —, que de familiares casi todas ellas, se transforman en ocasiones con el breve pie que las glosaba. Sí, lo estaba, porque aquél portugués que me fascinó no subió al estrado, ni firmó mis libros, ni pronunció una sola palabra: él, como mi Proust, como nuestro Cervantes, como mis ciudades y mis amores más queridos, no se ha movido de mi biblioteca: está, vigilante, en mis estantes y en mi mesilla de noche."

 Com grande sigilo, telefona-me Giovanni Pontiero para me dizer que me vai ser atribuído o prémio do jornal inglês *The Independent*, para o qual, desde há um ano, estavam a ser selecionados romances estrangeiros traduzidos em inglês, um cada dois meses. O primeiro, em agosto do ano passado, foi *O ano da morte de Ricardo Reis*, que, ao que parece, primeiro acabará por ser. A notícia é boa e, de todas as possíveis, a menos previsível, para não dizer inesperada de todo. Um prémio de Inglaterra a um livro de um escritor português é algo a que nenhuma imaginação se atreveria, mesmo em estado de delírio. Curioso, mais uma vez, é eu ter de forçar-me para mostrar alguma satisfação. Pilar diz que vou tendo "pele de elefante", mas, na verdade, não creio que se trate disso. É antes a sensação estranha de que estes vítores não se dirigem a mim, mas a outra pessoa que, sendo eu, ao mesmo tempo o não é.

Quando ontem, com sigilo igual, me disseram de Lisboa que são muitas as probabilidades de que o Prémio Vida Literária, da APE, venha este ano para mim, também tive de esporear o rocinante para que ele se resolvesse a cabriolar um pouco. E, mesmo assim, o que eu entretanto estava pensando era na decepção daqueles que se creem com direito a recebê-lo, decerto com motivos suficientes e em sua opinião mais do que eu. E também pensava no cortejo de invejas, de intrigas e de maledicências que este prémio, confirmando-se a informação, me vai custar. São-me difíceis estas alegrias, e ainda por cima pago-as com um insuportável mal-estar. Giovanni Pontiero torna a dizer-me: "Nem uma palavra, José" — e ele não suspeita o que para mim vai significar esse silêncio que me é imposto em nome das conveniências publicitárias: durante alguns dias, o prémio do *Independent* (o outro também, se vier) será só meu, não andará aí aos baldões pelas ruas, agredido pelos rancores, cuspido pelas invejas, ofendido pelos despeitos. Estaremos, nesses dias, ele e eu, limpos e inocentes.

Um dia cheio, a transbordar.

7 de julho

A notícia de que o Prémio Juan Rulfo foi para Eliseo Diego deixou-me contente. Conheço Eliseo desde há alguns anos, porém não somos amigos, e, na verdade, não sei por que diabo de timidez, sua ou minha, nunca trocámos mais do que meia dúzia de palavras formais nas vezes que estive em Cuba. Não é portanto a amizade que se sente lisonjeada. O que sucede é que tenho por Eliseo Diego uma admiração que começou logo no primeiro dia em que li poemas seus e que, depois, com o tempo, não fez mais que crescer. Considero-o um dos grandes poetas deste século, e disse-o dentro e fora de Cuba, sempre que a ocasião se apresentou. Se os prémios, além de darem dinheiro, fazem justiça, deste se pode dizer que já estava a tardar. E que a Maria Alzira Seixo fizesse parte do júri, que eu a tivesse animado a aceitar o convite que lhe fizeram — são outros motivos mais do meu contentamento. Provavelmente, ninguém reparou que entre os votos a favor de Eliseo havia um que não se sabia donde vinha. A revelação aqui fica: era meu.

8 de julho

Ontem, de mansinho, insinuei a Giovanni a hipótese de não ir a Londres. Hoje chegou um fax arrasador: o rol dos atos previstos é de tal modo que não tenho mais remédio. Ainda assim, o que muito me divertiu na longa lista dos compromissos que me esperam foi a informação de que "o pessoal da Embaixada Portuguesa está convidado". Ora, o mínimo que se poderá dizer desse "pessoal" é que não se vê que tenha feito grandes coisas em benefício da cultura portuguesa, lá nas britânicas terras onde nos representa (ou rejeitam essas terras as urtigas lusitanas?). Enfim, esta viagem oferece-me, a par do resto, uma ocasião excelente para, sem abrir a boca, dar ao conselheiro cultural Eugénio Lisboa a resposta à pergunta que me consta ele ter feito, ainda não há muito tempo, a Alexander Fernandes, que foi ou continua a ser professor da Universidade de Estocolmo: "O que é que o Saramago tem andado a fazer depois dos poemas que escreveu?". Quando em Londres nos encontrarmos, Eugénio Lisboa não conseguirá fugir a ler nos meus olhos aquilo que durante todos estes anos não quis saber: "Andei a ganhar o prémio do *Independent*, senhor conselheiro...".

10 de julho

Nos *Poemas possíveis*, que foi publicado em 1966, aparecem uns versos — "Poema a boca fechada" — escritos ainda nos anos 40 e conservados até àquela altura por uma espécie de superstição que me impediu de lhes dar o destino sofrido por tantos outros: não o cesto dos papéis, pois a tanto não chegavam os meus luxos domésticos, mas, simplesmente, o caixote do lixo. Desse poema, as únicas palavras aproveitáveis, ou, para dizê-lo doutro modo, aquelas que o puseram a salvo da tentação destruidora, são as seguintes: "Que quem se cala quanto me calei/ não poderá morrer sem dizer tudo". Sobre o dia em que elas foram escritas passaram quase cinquenta anos, e se é certo lembrar-me ainda de como era o meu silêncio de então, já não sou capaz de recordar (se o sabia) que *tudo* era aquele que me iria impedir de morrer enquanto o não dissesse. Hoje já sei que tenho de contentar-me com a esperança de ter dito *alguma coisa*.

12 de julho

Últimas notícias da Academia Universal das Culturas. Que os nomes de Ernesto Sabato e meu serão propostos ao plenário, mas não o de Oscar Niemeyer. A razão da exclusão, diz-me Jorge Amado, é ter sido entendido que o Brasil já se encontra representado na Academia — por Amado. Onde é que se viu tamanho disparate? Quererá isto dizer que, supondo que a mim me aprovam, Portugal não poderá vir a ter outro representante? Além de ser claríssimo que este pobre não tem merecimentos nem arcaboiço para aguentar sozinho a carga, vão ficar de fora nomes portugueses como os que aqui já deixei escritos? A Academia é por méritos, ou por quotas?

13 de julho

"Sinceramente o felicitamos", diz-me numa carta Eugénio Lisboa. O plural não é majestático, como à primeira vista poderia parecer. Eugénio Lisboa fala em nome da embaixada, felicita-me em nome dela e, agora em nome do ministro conselheiro, convida-me para um almoço, ou um jantar, ou uma recepção. E tudo, felicitação e convite, por eu ter ganho o prémio do *Independent*. Provavelmente, não aceitarei. Respondi a dizer que ainda não tenho informações sobre o programa (o que, aliás, é verdade), mas que, fosse como fosse, a minha estada em Londres seria curta. Daria alguma coisa para estar na cabeça de Lisboa, a assistir ao desfilar dos seus desconcertados pensamentos, a pergunta para que nunca encontrará resposta: "Como foi isto possível?".

14 de julho

Em Vigo. Gonzalo Torrente Ballester não tem assistido às sessões do congresso sobre a sua obra. Está na sua casa de La Romana, a convalescer da pneumonia que o levou ao hospital. Espera-se que possa aparecer num dia destes. Ficamos, Pilar e eu, no Hotel de Las Tres Luces, onde me dizem que se pensa em dar o nome de Torrente ao quarto em que costuma alojar-se quando tem de ficar na cidade. São pequenas homenagens, com tanto de respeito e sinceridade como de interesse comercial. Mas não será daqui que virá mal ao mundo.

15 de julho

Zeferino, que veio de Lisboa para estar com Torrente e aproveitar do passeio, traz-me o *Público* de hoje, onde vem a notícia da minha "candidatura" ao prémio do *Independent*, e a informação de que sou um dos favoritos. Por enquanto, só isto, embora a notícia tenha sido redigida de modo a sugerir alguma coisa mais... Fiquei finalmente a saber quem foram os meus competidores: nem mais nem menos que Günter Grass, Ivan Klíma, Ismail Kadaré e Juan Goytisolo... A estas horas, na pátria, não faltará quem ande a repetir, noutros tons, aquela pergunta que imaginei para Eugénio Lisboa: "Como é que o gajo conseguiu?". Dou-lhes alguma razão. Eu próprio, a falar verdade, tenho certa dificuldade em perceber como foi possível que este lusíada da infantaria ombreasse e, por esta vez, passasse à frente de cavaleiros tão excelentes.

À entrada do auditório, umas mocinhas da Universidade encarregam-se da venda dos livros de Torrente. Escolho uma meia dúzia deles e fico à espera de que me façam as contas e digam quanto tenho de pagar. Seis livros, seis parcelas de uma soma simples, nenhuma delas com mais de quatro dígitos. A primeira tentativa falhou, a segunda não foi melhor. Eu olhava, assombrado, o modo como a rapariga ia somando, dizia sete mais seis, treze, e vai um, escrevia 3 na soma, 1 ao lado, e prosseguia, adicionando por escrito os que iam aos que estavam, como, nos velhos tempos, um estudante da primeira classe antes de aprender a usar a memória. Uma colega explicou-me com um sorriso meio envergonhado: "É que falta a máquina". Diante daquela florida e ignorante juventude, senti-me, de súbito, infinitamente sábio em aritméticas: pedi o papel e o lápis, e, com um ar de triunfo condescendente, rematei a soma num instante, mentalmente. As pobres pequenas ficaram esmagadas, confusas, como se, tendo-lhes faltado os fósforos no meio da selva, lhes tivesse aparecido um selvagem com dois pauzinhos secos e a arte de fazer lume sem calculadora.

16 de julho

Quando li os *Cuadernos* de Torrente, imaginei La Romana como uma espécie de Subiaco galego, um ermitério meio enterrado numa cova húmida, entre musgos milenários e nevoeiros de Elsinor, onde o escritor, como outro agrilhoado Prometeu, estaria lutando contra o abutre da solidão e do reumatismo. A culpa tinha-a Torrente, que, página sim, página não, irritadamente se queixava do seu destino e da má ideia que havia tido de recolher-se à Ramalhosa, que esse é o nome da aldeia. Afinal, La Romana é, em casa, o que de mais normal se pode encontrar, burguesmente geminada, discreta, rodeada de buganvílias e, pelo menos nestes dias de verão, um aprazível lugar para viver, sem mais brumas do que aquelas, vaporosas, graças às quais se pode, ainda hoje, ver dançar as fadas. Encontrámos Gonzalo emagrecido, pálido, torcido o corpo mais que de costume, menos forte a voz, mas com a tranquila e íntima certeza de que tudo não passa de um mau bocado, como outros que viveu antes, e de que não tardará a deitar mãos ao trabalho. À tarde, no auditório, amparado por dois dos filhos, aplaudem-no em lágrimas. Eu li a minha breve conferência e comovi-me como toda a gente.

18 de julho

No Escorial, para o encontro sobre "o futuro da edição na Europa", assunto que está, obviamente, fora do alcance de quem, em conhecimento direto da matéria, se ficou nos ingénuos anos 60, quando o preço de capa dos livros ainda era fixado a olho pelos editores, dez escudos por cada cem páginas, com frações de cinco escudos quando necessário, e o resto na mesma conformidade, menos que artesanal. Estarei aqui dois dias para ajudar com as minhas fracas luzes a doce ilusão cultural a que se reduzem os cursos de verão. O programa da Complutense parece uma bíblia, o índice dos conferencistas de distintos graus ocupa mais de trinta páginas, a duas colunas. Duvido que os resultados venham a estar à altura dos dinheiros gastos.

19 de julho

A gente conversa, diverte-se, conta histórias, atura anedotas. E, uma vez ou outra, consegue dizer ou ouvir coisas com um grau suficiente de inteligência. Foi o caso do texto de Juan José Millás, por ele lido na mesa-redonda de hoje, irónico, corrosivo, sobre as vacas e os escritores na Europa... Também algumas ideias interessantes, temperadas de um saudável pessimismo, na intervenção do representante da Gallimard, Jean-Marie Laclavetine, em contraste com o quase beatífico otimismo de Peter Mayer, presidente da Penguin Books, a quem os negócios devem estar a correr muito bem para tanto desdenhar da crise.

20 de julho

Outra mesa-redonda, pessimamente orientada por um moderador que em cada quatro palavras metia duas citações. Participei também, a pedido de Juan Cruz, e o facto há-de ter parecido estranho ao dito moderador, tanto assim que fui anunciado nos seguintes termos: "Fulano já esteve ontem numa mesa-redonda, mas vamos ouvir o que terá para nos dizer...". Respondi-lhe que tinha fôlego para entrar até em trinta mesas-redondas seguidas, e que quando as ideias novas me faltassem, trataria, pelo menos, de fazer com que as velhas parecessem renovadas. O público achou graça, suponho que por ver em mim o vingador do enfado que lhe estava causando o dicionário de frases célebres. Uma delas tinha sido aquela, calistíssima, do "navegar é preciso, viver não é preciso", que até já deu canção, e que, segundo ele, Antonio Machado glosou em "viver para ver". Claro que toda a gente se mostrou de acordo com a sentença machadiana, mas só até ao momento em que eu me atrevi a dizer que Antonio Machado se havia equivocado, como equivocado estivera Júlio César, o presumível autor do primeiro dito, pois o que é preciso é viver — para poder navegar. A plateia gostou. Depois da mesa-redonda, um colóquio sobre o *Ricardo Reis* e o *Evangelho*. Todo o mundo contente.

21 de julho

Regresso a casa exausto de pouco dormir e muito falar. Mal acabo de entrar sai-me da máquina do fax uma carta do Zeferino: que a TSF deu esta manhã a notícia do prémio. A fonte da informação teria sido Londres, com pedido de reserva até ao dia 29, que a TSF, claro está, não respeitou... (Menos mal que não foi por inconfidência de nenhuma das pouquíssimas pessoas a quem eu, sob juramento, havia revelado o segredo.) Não tardou muito que tivesse de responder, pelo telefone, a um jornalista da TSF, que pretendia à viva força arrancar-me uma declaração: "Não me foi feita qualquer comunicação oficial, portanto nada tenho a dizer". Ainda tentou chegar por outro caminho ao que lhe interessava, querendo que eu lhe dissesse quais haviam sido os meus pensamentos e emoções quando da publicação do *Ricardo Reis*, em 1984. Respondi-lhe que uma palavra minha, qualquer que fosse, nesta altura, só serviria para aumentar a confusão, e nisto ficámos, eu a defender uma mentira de que não sou responsável, ele a fazer de conta que acreditava em mim. Assim vai a vida. Uma hora depois sei que Mário Soares, em declaração à TSF, se havia congratulado com a notícia, acrescentando que este prémio deveria ser entendido como a "reparação de uma injustiça". Foi pena que o jornalista não se tivesse lembrado de perguntar ao presidente a que injustiça se referia ele: à censura ao *Evangelho*, no ano passado? Ou aos desdéns dos senhores membros do júri da APE, em 1985?...

22 de julho

Já chega de prémios e de histórias de prémios. Agora vem a Maria Alzira e diz-me, palavra por palavra, sobre o Prémio Juan Rulfo, aquele que foi atribuído a Eliseo Diego: "... que eras o grande favorito, que não ganhaste por pouco, e sobretudo porque apareceu lá um membro do júri tirado a papel químico do Rafael Conte do Prémio de Literatura Europeia, só que além disso era mal-educado e não tinha pejo em insultar algum membro do júri que se opusesse às suas investidas venezuelanas". Jamais imaginaria eu que o nome de José Saramago pudesse ter sido jogado nos debates, de um prémio tão distante, lá onde os meus leitores não devem ser muitos, salvo se Seix-Barral não me anda a dar as contas certas das vendas na América Hispânica.

Pois não, não chega de prémios... Ao fim do dia, telefona-me José Manuel Mendes para me dizer que o Prémio Vida Literária, praticamente, já é meu, e até talvez por unanimidade de votos dos diretores da APE, que são nove. Quarta-feira se saberá. E esta, hem? Que boas estrelas estarão cobrindo os céus de Lanzarote? A vida, esta vida que inapelavelmente, pétala a pétala, vai desfolhando o tempo, parece, nestes meus dias, ter parado no bem-me-quer...

24 de julho

O prazer profundo, inefável, que é andar por estes campos desertos e varridos pela ventania, subir uma encosta difícil e olhar lá de cima a paisagem negra, escalvada, despir a camisa para sentir diretamente na pele a agitação furiosa do ar, e depois compreender que não se pode fazer mais nada, as ervas secas, rente ao chão, estremecem, as nuvens roçam por um instante os cumes dos montes e afastam-se em direção ao mar, e o espírito entra numa espécie de transe, cresce, dilata-se, não tarda que estale de felicidade. Que mais resta, então, senão chorar?

26 de julho

Graça Almeida Rodrigues, a conselheira cultural na Embaixada de Portugal em Washington, escreve-me para agradecer as informações que, eu, sim, agradecido, lhe havia dado acerca das entidades, tanto de Itália como de Portugal, com quem a National Gallery of Art terá de entender-se para obter material sobre a *Blimunda*, incluindo um vídeo do espetáculo (o do Teatro de S. Carlos é melhor que o de Milão), tudo destinado à exposição sobre a Arte do Barroco em Portugal que ali se vai realizar não sei quando. Espero bem que a direção da National Gallery, na altura própria, me faça o favor de convidar à inauguração o sr. Cavaco e o sr. Lopes para que eles experimentem o gosto de me encontrarem onde de todo não me esperam, podendo até vir a acontecer, se não é esperar demasiado da minha boa estrela, que o sr. Cavaco, vistas as dificuldades assiduamente manifestadas na leitura e compreensão do português, se deixe persuadir pela edição norte-americana do *Memorial*, que lá vai estar à venda... Assim seja.

27 de julho

Amanhã, lá seguimos para Londres, ao prémio do *Independent*. A embaixada insistiu em assinalar o evento com um almocinho, e eu, bom rapaz, não tive a coragem de dizer-lhes as duas verdades que a atitude de Eugénio Lisboa para comigo anda a merecer. Ao que parece, se compreendi bem umas meias-palavras de Pontiero, a embaixada pôs de lado os seus bons propósitos primeiros de providenciar o pagamento das passagens, e é o próprio *The Independent*, pelos vistos, quem chama a si o encargo. Tentarei deslindar a meada, a não ser que a intriga, que adivinho de coturno baixo, venha a enojar-me tanto que eu prefira nem saber. O pior é que, mais tarde ou mais cedo, sempre há alguém para contar-me estas historiazinhas miseráveis...

Encontram-se em Lanzarote, desde ontem, dois jornalistas da SIC para entrevistar-me. Estiveram aqui em casa e gostaram, depois levei-os a Timanfaya e ficaram deslumbrados. O resto já é arquiconhecido: as sempiternas perguntas, as sempiternas respostas. Começo a sentir-me como um disco rachado, um daqueles 78 rotações do tempo da maria-cachucha, repetindo infatigavelmente (ou já cansado?) os mesmos três ou quatro compassos da mesma velha canção.

1 de agosto

Convém não perder a cabeça: *The Independent* não é a Inglaterra e a Inglaterra não é o Reino Unido. No entanto (ah, como estas ressalvas, em regra tão restritivas, conseguem ser, às vezes, confortadoras e generosas...), o acolhimento não podia ter sido mais expansivo, a simpatia mais cordial, a admiração mais demonstrativa, a ponto de ser lícito duvidar, tão grande estava a ser a minha perplexidade, se seriam ingleses de verdade aqueles escritores, aqueles editores, aqueles jornalistas. Desconfio que o próprio pessoal da embaixada — Seixas da Costa, Lisboa e Knopfli —, a par das suas próprias e mais ou menos sinceras razões para festejar o premiado compatriota, se deixou levar pela corrente, deixando para o rescaldo do dia seguinte a análise do inaudito facto e das reações a ele, tanto as manifestas como as ocultas.

A entrega do prémio ao autor e ao tradutor (comoveu-me a alegria de Giovanni Pontiero) fez-se na Academia Italiana, em Kensington, no mais insólito e desconcertante cenário que seria possível imaginar, ainda que eu desconfie que nenhuma imaginação se atreveria a ir tão longe: uma exposição de sustedores (muitas dezenas, talvez duas ou três centenas), desde aqueles que só a celebridade dos seios que ampararam algum dia (caso de Brigitte Bardot ou de Anita Ekberg) distinguia do comum, até às formas mais desvairadas, agressivas, estapafúrdias, hilariantes, humorísticas, ameaçadoras, sadomasoquistas — arame farpado, torneiras, globos oculares, globos terrestres, bandeiras, armários, buzinas, plumas, facas, martelos, mãos, cabeças de animais etc. etc.—, um não acabar de disparates, interrompidos lá de vez em quando por um desenho subitamente poético, um contorno suave, um movimento de carícia terna. Devo confessar que temi. Vi os chocarreiros da nossa praça afiando a língua diante da inesperada pitança, oferecida de bandeja (é o termo) ao seu talento de maldizentes e de escarnecedores, mas depois, olhando em redor a delirante exposição, murmurei com os meus botões: "Já estive em piores companhias" — e em um minuto retomei o meu natural, tranquilo como se estivesse rodeado pela minha própria biblioteca, e não por tantas "encadernações" daquilo que mais vale seja mostrado como um livro aberto.

A cerimónia (se assim tenho de chamar-lhe) decorreu com simplicidade e boa disposição. Terminada ela, fomos jantar a um restaurante perto. Havia gente do júri (Doris Lessing, Michael Wood, Gabriel Josipovici), do *Independent* (Robert Winder, também jurado, Isabel Hilton, Pippa Baker), da editora Harvill (Christopher Maclehose e a mulher), e uns tantos mais que não cheguei a identificar. Com o vinho e a animação, as vozes subiram como se estivéssemos num bar de Sevilha. Doris Lessing queria falar russo comigo, depois com Pilar, e perante a nossa ignorância, acenava a cabeça e sorria (tem um sorriso magnífico), como se quisesse consolar-nos: "Deixem lá, não tem importância...".

O almoço do dia seguinte foi com o pessoal da embaixada. Conversou-se, todos muito à vontade, como se nunca tivéssemos feito outra coisa na vida, e eu falei mais do que é meu costume. Estava também a Paula Rego, feliz por ter acabado de comprar um atelier, o primeiro para seu uso exclusivo, o que, sendo ela quem é, me pareceu impossível. Mas o melhor da festa foi, em certa altura, ter-se chegado ao pé de mim um empregado do restaurante, português, que me disse da pena que sentia por não ter ali nenhum dos meus livros, ele que é meu leitor e meu admirador... O pessoal da Embaixada ficou fulminado, de garfo no ar, a meio caminho entre o prato e a boca: se o restaurante tivesse sido escolhido por mim, não me livraria da suspeita de ter combinado previamente o episódio, a fim de me tornar mais importante do que sou aos olhos da pátria, dando como testemunhas dessa acrescentada grandeza, imagine-se, os nossos próprios e imparciais representantes diplomáticos...

Em Londres me achava eu, no hotel, ao princípio da tarde de 29, quando chegou o fax de Zeferino, a dizer que a Lusa estava a difundir a notícia de que me havia sido atribuído, pela

APE, o Prémio Vida Literária. Pilar lera-o primeiro, e eu soube-o antes de o ler, pela alegria dos seus olhos.

2 de agosto

Escrevi as primeiras linhas do *Ensaio sobre a cegueira*.
Um telegrama de Mário Soares, a felicitar-me pelos prémios, datado de 29 e enviado para aqui, só hoje me foi entregue... Já tínhamos, Pilar e eu, estranhado o silêncio do presidente, tão fora do que é o seu procedimento habitual nestes casos. Carimbado em Arrecife naquela mesma data, o telegrama levou quatro dias a percorrer os onze quilómetros de boa estrada que nos separam.

3 de agosto

Duas passagens da carta de agradecimento a Mário Soares. A primeira: "Se bem repararmos, os agradecimentos podem ser tão formais e indiferentes como são, não raras vezes, as felicitações, pura obrigação protocolar ou social, nada mais. Sei, de ciência certíssima, que as palavras que teve a delicadeza de escrever-me não sofrem dessa banalização, e gostaria que soubesse que o meu reconhecimento e a minha gratidão não lhes ficam atrás em sinceridade, e levam com eles, por acrescento, um pequeno mundo de sentimentos que talvez um dia eu venha a tentar destrinçar: o da minha complexa relação com um homem chamado Mário Soares...". A segunda passagem: "Andava há já duas semanas para lhe agradecer o seu livro *Intervenções 7*, mas as viagens que tive de fazer entretanto foram-me obrigando a adiar o que também nunca seria uma simples formalidade. Por duas razões: a primeira, para sorrir consigo daquela nossa troca de cartas que com tanto humor recorda na entrevista que deu ao Baptista-Bastos; a segunda, para felicitá-lo pela inteligência do seu Prefácio, excelente relacionação das contradições deste confuso tempo e análise lúcida dos problemas criados pelas 'gerações perdidas' que se despedem com o milénio — e que são as nossas. Apenas achei em falta, se me permite que lho diga, uma denúncia frontal daquele fator que, pelo menos aos meus olhos, se apresenta como o grande obstáculo a uma existência humana social e eticamente digna: o poder financeiro mundial, esse que, precisamente por não ter ideologia, veio a perder todo o sentido de humanidade".

Um crítico brasileiro, Alberto Guzik, escrevendo sobre *In Nomine Dei*, diz que eu, sendo, como romancista, "notável, único", não pareço ter noção das exigências específicas do teatro, e que, para levar ao palco uma peça como esta, seria necessário o talento de um Peter Brook. Antes, para expressar da maneira mais viva as suas dúvidas sobre a especificidade teatral da peça, tinha dito que ela lembra mais a estrutura de um libreto de ópera e que é mais poema dramático que teatro... A confusão é manifesta. Se *In Nomine Dei* não é teatro, nem Peter Brook a salvaria, e certamente menos ainda (com o devido respeito) os brasileiros Antunes Filho e Gabriel Villela, um "sintético", outro "barroco", como sugeriu e classificou o crítico. O que Alberto Guzik se esqueceu de dizer é que a possibilidade da representação da minha peça depende menos de encontrar-se para ela um encenador genial do que, simplesmente, acharem-se os atores capazes de enfrentar-se com um texto com a densidade conceptual deste...

4 de agosto

Para *Letras & Letras* escrevi um artigo sobre o José Manuel Mendes, do qual passo para aqui uma parte: "Quem lê poesia, lê para quê? Para encontrar, ou para encontrar-se? Quando o leitor assoma à entrada do poema, é para conhecê-lo, ou para reconhecer-se nele? Pretende que a leitura seja uma viagem de descobridor pelo mundo do poeta, como tantas vezes se tem dito, ou, mesmo sem o querer confessar, suspeita que ela não será mais do que um simples pisar novo das suas próprias e conhecidas veredas? Não serão o poeta e o leitor como dois mapas de estradas de países ou regiões diferentes que, ao sobrepor-se, um e outro tornados transparência pela leitura, se limitam a coincidir algumas vezes em troços mais ou menos longos de caminho, deixando inacessíveis e secretos espaços de comunicação por onde apenas circularão, sem companhia, o poeta no seu poema, o leitor na sua leitura? Mais brevemente: que com-preendemos nós, de facto, quando procuramos a-preender a palavra e o espírito poéticos?

"É corrente dizer-se que nenhuma palavra é poética por si mesma, e que são as outras palavras, quer as próximas quer as distantes, que, sob intenção, mas igualmente de modo inesperado, podem torná-la poética. Significa isto que, a par do exercício voluntarista da elaboração do poema, durante o qual não raro se buscam a frio efeitos novos ou se tenta disfarçar a presença excessiva dos antigos, existe também, e essa será a melhor sorte de quem escreve, um aparecer, um situar-se natural de palavras, atraídas umas pelas outras como as diferentes toalhas de água, provindas de ondas e energias diferentes, se alargam, fluindo e refluindo, na areia lisa da praia. Não é difícil, em qualquer página escrita, seja de poesia seja de prosa, encontrar sinais destas duas presenças: a expressão lograda que resultou de um uso consciente e metódico dos recursos duma sabedoria poética oficinal, e a expressão não menos lograda do que, não tendo, como é óbvio, no seu fazer-se ou achar-se feito, abdicado daqueles recursos, se viu surpreendido por uma súbita e feliz composição formal, como um cristal de neve reuniu, na perfeição da sua estrela, umas quantas moléculas de água — e só essas."

6 de agosto

Morreu o Armindo Rodrigues. A última vez que o vi foi no Hospital de Santa Maria, não recordo há quantos meses. Já era quase o fantasma do homem robusto que eu conhecera, mas a força da mão que durante todo o tempo que ali estive prendeu a minha, estava ainda intacta. Quando me viu entrar no quarto voltou a cabeça para o outro lado, como se pudesse evitar que eu me apercebesse de que não tinha podido reter as lágrimas. Era uma sombra, digo, mas os seus olhos claros conservavam a reta firmeza de sempre. Depois, para minha vergonha, não tornei a lá ir. Dava a mim mesmo a desculpa do costume: que me doía ser testemunha da decrepitude a que chegara um homem que havia sido, até aos últimos anos da sua vida, a própria imagem da inteireza moral e da coragem física. No fundo, um vulgar caso de cobardia perante o sofrimento alheio. Ou deverei dizer, simplesmente, egoísmo? Ainda vou continuar por cá algum tempo, até que chegue a minha vez de saber quantos dos meus amigos de hoje desertarão por os seus corações, tão sensíveis quanto o meu, não poderem suportar ver-me num estado que... Etc. etc. etc. ...

Quando há catorze anos organizei uma antologia dos poemas do Armindo Rodrigues, a que dei o título algo insólito de *O poeta perguntador*, coloquei no final, como teria feito se de livro meu se tratasse, a "Elegia por antecipação à minha morte tranquila". Aqui a deixo hoje, com um voto que já não servirá para nada: que o amigo que eu abandonei tenha podido morrer como desejou:

> *Vem, morte, quando vieres.*
> *Onde as leis são vis, ou tontas,*
> *não és tu que me amedrontas.*
> *Troquei por penas prazeres.*
> *Troquei por confiança afrontas.*
> *Tenho sempre as contas prontas.*
> *Vem, morte, quando quiseres.*

7 de agosto

Parabéns de Jorge Amado e Zélia pelos prémios. Que outros virão, ainda maiores, acrescentam, aludindo ao que consta ter sido dito por Torrente Ballester — que um destes dias me chega aí um telefonema de Estocolmo... Se esta gente acredita realmente no que diz, por que tenho eu tanta dificuldade em acreditar? Alguma vez se viu, um Nobel depois de outro Nobel? Viver com Pilar e telefonarem-me de Estocolmo? Será o impossível possível?

8 de agosto

O correio trouxe-me há dias as *Actas del Congreso Internacional "Antonio Machado hacia Europa"*, que em fevereiro de 1990 se realizou em Turim e de que foram diretor-geral e secretário-geral, respectivamente, Pablo Luis Avila e Giancarlo Depretis. Lembro-me de ter discutido acesamente com eles o mote do congresso — "Antonio Machado hacia Europa" —, que me parecia uma cedência mais à pouco feliz moda de então, que era relacionar tudo com Europa. Convidado a participar, levei comigo um pequeno texto — "Acerca de um 'apunte' de Juan de Mairena" —, mais glosa que comunicação, que, pela sua extensão, teria, ao menos, a vantagem de ocupar por pouco tempo a fatigada atenção dos congressistas. Pois não foi assim. Acontecera que, por esses dias, tinha rebentado em Espanha o escândalo do irmão de Alfonso Guerra, e o diabo do meu papel parecia feito de propósito para atiçar a fogueira, como de encomenda. Os jornais espanhóis deram notícia do que, noutras circunstâncias, passaria *sin pena ni gloria*, e eu tive mesmo de dar entrevistas, nas quais me atrevi a afirmar que Antonio Machado, se fosse vivo, teria condenado o procedimento dos irmãos Guerra, como facilmente se concluía do *apunte* que eu glosava. Três anos passaram, Juan Guerra está a ser julgado, a corrupção política em Espanha tornou-se numa questão nacional — e eu não resisto à tentação de copiar para aqui essas páginas que escrevi. O texto abria com uma citação de Juan de Mairena, que era, evidentemente, o melhor da história. Quanto ao que me pertence, só digo que não retiro nem uma vírgula aos comentários que fiz. Segue a transcrição:

"(*Sobre la politica y la juventud.*)

"*La politica, señores — sigue hablando Mairena —, es una actividad importantisima... Yo no os aconsejaré nunca el apoliticismo, sino, en último término, el desdeño de la politica mala, que hacen trepadores o cucañistas, sin otro propósito que el de obter ganancia y colocar parientes. Vosotros debéis hacer politica, aunque otra cosa os digan los que pretenden hacerla sin vosotros, y, naturalmente, contra vosotros. Sólo me atrevo a aconsejaros que la hagáis a cara descubierta; en el peor caso con máscara politica, sin disfraz de otra cosa; por ejemplo: de literatura, de filosofia, de religión. Porque de otro modo contribuiréis a degradar actividades tan excelentes, por lo menos, como la politica, y a enturbiar la politica de tal suerte que ya no pudamos nunca entendermos.*

"*Y a quien os eche en cara vuestros pocos años bien podéis responderle que la politica no ha de ser, necesariamente, cosa de viejos. Hay movimientos politicos que tienen su punto de arranque en justificada rebelión de menores contra la inepcia de los sedicientes padres de la patria. Esta politica, vista desde el barullo juvenil, puede parecer demasiado revolucionaria, siendo, en el fondo, perfectamente conservadora. Hasta las madres — hay algo más conservador que una madre? — pudieran aconsejarle con estas o parecidas palabras: 'Toma el volante, niño, porque estoy viendo que tu papá nos vá a estrellar a todos — de una vez — en la cuneta del camino'.*

"A citação foi longa, mas toda necessária. Quando Antonio Machado isto escreveu, em um qualquer daqueles remotos anos de 1934 a 1936, tinha, das suas próprias idades de homem, bastante experiência vivida e aprendida para falar de novos e de velhos com o misto de ceticismo e de ilusão que podemos reconhecer nesta página atualíssima de Juan de Mairena. Sessenta anos chegam para começar a entender certos mecanismos do mundo, mesmo quando se viva fora das suas vantagens e servidões, como é regra geral entre os poetas, e o foi neste em particular. Considerem-se, por outro lado, as circunstâncias da vida pública da Espanha de então — crise económica, conflito institucional, instabilidade política, agitação social —, e acharemos definido o quadro ideológico propício àquelas manifestações de enfado e desencanto que se diz serem características da velhice, mas que, não raro, exprimem muito mais a profunda mágoa, civicamente experimentada, de ter de assistir ao derruir, já não direi dos sonhos ideais, mas das simples esperanças duma vida justa. No horizonte de Espanha perfilava-se o espectro da guerra civil, a Europa e o Mundo contavam as armas e os homens.

"Apesar de tudo, Juan de Mairena ainda quer apresentar-se como confiante aos nossos olhos. Divide salomonicamente a política em boa e má, e, tendo condenado com severidade os políticos da política má, que são, no seu juízo, e não por coincidência, os velhos, apela aos jovens para que se decidam eles a fazer a política boa, aquela que definitivamente irá ser, supõe-se, portadora da salvação da pátria e da felicidade dos cidadãos. É verdade que, sendo Juan de Mairena um irónico, é de bom conselho lê-lo sempre duas vezes, não tanto para descobrir nas suas palavras segundos e terceiros sentidos, mas para destrinçar as sutilezas do tom, entender as mudanças do registo estilístico, seguir o desenho eloquente do sorriso. É que, de súbito, a leitura de um texto como este provoca uma vontade irresistível de perguntar-nos se Juan de Mairena acredita, de facto, no que acabou de escrever. Não me refiro, claro está, ao sarcasmo desdenhoso com que trata os oportunistas — esses *trepadores o cucañistas* para quem o exercício político não passa de um meio de ganhar dinheiro e colocar parentes, a pretexto de serviço público —, mas é duvidoso que Mairena não tivesse presente, ao refletir nestas questões, a própria vida do seu criador Antonio Machado, que, quando jovem, sem dúvida haveria esperado do mundo bem mais e bem melhor do que aquilo que o mesmo mundo, com a indomável força dos factos, agora lhe estava impondo. Trinta anos depois, seria a vez de os jovens de 68, de um modo aparentemente revolucionário, se negarem a aceitar e repetir os caminhos que lhes tinham sido preparados pelos pais — esses mesmos (falo de gerações, não de países ou de povos) de quem Juan de Mairena, neste seu *apunte*, parecia esperar tantas e tão diferentes ações. Hoje, e não creio que haja exageração criticista neste juízo, pais e filhos de todo o mundo, unidos, estão finalmente de acordo sobre os objetivos úteis da política, no plano dos aproveitamentos pessoais que ela sempre facilitou, mas que atualmente exalta: *obter ganancia y colocar parientes*.

"Embora de comportamento cético, desenganado por cinismo indulgente, filósofo de costela talvez estoica (porém, se o sabemos ler, ingénuo e simples de seu natural), Juan de Mairena imaginava ser possível fazer política de cara descoberta, ou, se alguma máscara tivesse o político de usar, que ela fosse, precisamente, a máscara política. Ora, nós sabemos, e surpreende-me que o não soubesse ele então, que ninguém usa nunca a sua própria máscara, e que a política necessita, não apenas de uma máscara, mas de todas, trocando de cara, de figura e de ademanes conforme as necessidades táticas e estratégicas, e chegando mesmo ao ponto, nos casos reconhecidamente geniais, de usar mais que um disfarce ao mesmo tempo, o que, como é óbvio, não significa que se reconheça de igual maneira em cada um deles. A mais elementar lição da História aí está para dizer-nos que a máscara foi religiosa mil vezes, que em alguns casos se adornou com visagens filosóficas, e nestes modernos tempos nossos já se vai tornando escandaloso ver com que frequência a política se aproveita da literatura. E nem é preciso falar do espetáculo da comunicação de massas: que indignadas e sarcásticas páginas escreveria hoje Juan de Mairena se pudesse ver como é utilizado, na maior parte dos casos, esse poderoso meio de informação e cultura que é, ou deveria ser, em princípio, a televisão.

"Espero que não se veja nestas reflexões, de explícita tinta pessimista, o dissolvente propósito de persuadir a juventude a virar costas à política. Não perfilho a filosofia de vida de um Ricardo Reis, o heterónimo de Fernando Pessoa a quem me atrevi a dar uma vida suplementar e que um dia escreveu: 'Sábio é o que se contenta com o espetáculo do mundo'. Bem pelo contrário. O que eu desejaria, sim, era que esses esperançosos jovens viessem a praticar, chegando a velhos, uma política tão boa como a que Juan de Mairena parece disposto a esperar deles a partir do momento em que, ainda novíssimos, e tendo afastado do volante o pai senil e irresponsável, nos conduzissem no direito rumo pela estrada, levando com eles a nossa gratidão infinita e o justificado orgulho de todas as mães do mundo. Ora, também neste ponto parece ter-se enganado Juan de Mairena: os jovens, hoje, conduzem os seus próprios carros, geralmente em direção aos seus próprios e mesmos desastres.

"*Sin embargo...*

"*No toméis, sin embargo, al pie de la letra lo que os digo. En general, los viejos sabemos, por viejos, muchas cosas que vosotros, por jóvenes, ignoráis. Y algunas dellas — todo hay que decirlo — os convendría no aprender-las nunca. Otras, sin embargo etc. etcétera.*

"Afinal, Juan de Mairena não guardava extremas ilusões sobre o aproveitamento que os seus alunos eram capazes de extrair das lições de retórica e poética que lhes ia propinando. Este outro *apunte*, com o seu irónico remate — etc. etcétera —, repõe no seu lugar aquela saudável dose de ceticismo que consiste em esperar que cumpra cada um com o seu dever — ontem, hoje, amanhã, na juventude e na velhice, até ao fim —, para então, feitas as contas, termos uma ideia mais ou menos clara do que somos e do que andámos a fazer. Em verdade, há razões para pensar que Juan de Mairena, ao contrário do que de si mesmo disse, ou Antonio Machado disse por ele, foi o menos apócrifo dos professores..."

10 de agosto

A entrevista do *Expresso* saiu equilibrada, mas o mérito deve-se a Clara, que foi capaz de organizar aquelas dispersas e mal alinhavadas ideias que eu, penosamente, fui espremendo da cabeça e vertendo para o gravador, num dia que tinha nascido, todo ele, para o silêncio. Assim são as coisas: agora releio estas frases, reconheço-as minhas, encontro apropriadamente formulados pensamentos que são meus, e tudo me parece, afinal, bastante razoado e razoável. Donde concluo que, nestas alturas, estamos, em grande parte, nas mãos do jornalista. Queira ele, por profissionalmente mau, ou humanamente de mau caráter, deixar em situação lastimável o seu entrevistado, e poderá consegui-lo pela simples e escrupulosa observação daquilo que é, por outro lado, mais do que dever elementar, a própria condição da sua profissão, deontologicamente falando: o respeito da fidelidade... Como dizia eu, assim são as coisas. Assim vão, digo agora, as contradições deste mundo...

11 de agosto

Temos um cão em casa, vindo não se sabe donde. Apareceu assim, sem mais, como se andasse à procura de donos e finalmente os tivesse encontrado. Não tem maneiras de vadio, é novinho e nota-se que foi bem ensinado lá onde viveu antes. Assomou à porta da cozinha quando almoçávamos, sem entrar, olhando apenas. Luís disse: "Está ali um cão". Movia levemente a cabeça a um lado e a outro, como só sabem fazê-lo os cães: um verdadeiro tratado de sedução disfarçada de humildade. Não sou entendido em bichos caninos, sobretudo se pertencem a raças menos comuns, mas este tem todo o ar de ser cruzamento de cão-d'água e fox terrier. Se não aparecer por aí o legítimo dono (outra hipótese é que o animal tenha sido abandonado, como acontece tantas vezes neste tempo de férias), vamos ter de levá-lo ao veterinário para que o examine, vacine e classifique. E há que dar-lhe um nome: já sugeri Pepe, que, como se sabe, é diminutivo espanhol de José... Amanhã será lavado e espulgado. Ladra baixinho, por enquanto, como quem não quer incomodar, mas parece ter ideias claras quanto às suas intenções: a minha casa é esta, daqui não saio.

13 de agosto

Continuo a trabalhar no *Ensaio sobre a cegueira*. Após um princípio hesitante, sem norte nem estilo, à procura das palavras como o pior dos aprendizes, as coisas parecem querer melhorar. Como aconteceu em todos os meus romances anteriores, de cada vez que pego neste, tenho de voltar à primeira linha, releio e emendo, emendo e releio, com uma exigência intratável que se modera na continuação. É por isto que o primeiro capítulo de um livro é sempre aquele que me ocupa mais tempo. Enquanto essas poucas páginas iniciais não me satisfizerem, sou incapaz de continuar. Tomo como um bom sinal a repetição desta cisma. Ah, se as pessoas soubessem o trabalho que me deu a página de abertura do *Ricardo Reis*, o primeiro parágrafo do *Memorial*, quanto eu tive de penar por causa do que veio a tornar-se em segundo capítulo da *História do cerco*, antes de perceber que teria de principiar com um diálogo entre o Raimundo Silva e o historiador... E um outro segundo capítulo, o do *Evangelho*, aquela noite que ainda tinha muito para durar, aquela candeia, aquela frincha da porta...

15 de agosto

Decidi que não haverá nomes próprios no *Ensaio*, ninguém se chamará António ou Maria, Laura ou Francisco, Joaquim ou Joaquina. Estou consciente da enorme dificuldade que será conduzir uma narração sem a habitual, e até certo ponto inevitável, muleta dos nomes, mas justamente o que não quero é ter de levar pela mão essas sombras a que chamamos personagens, inventar-lhes vidas e preparar-lhes destinos. Prefiro, desta vez, que o livro seja povoado por sombras de sombras, que o leitor não saiba nunca de *quem* se trata, que quando *alguém* lhe apareça na narrativa se pergunte se é a primeira vez que tal sucede, se o cego da página cem será ou não o mesmo da página cinquenta, enfim, que entre, *de facto*, no mundo dos outros, esses a quem não conhecemos, nós todos.

16 de agosto

Tinha eu uns dezasseis ou dezassete anos quando verifiquei haver na minha cara (tirando todo o resto a que já me habituara) algo que irremediavelmente não quadrava com um certo padrão de perfeição masculina (não digo beleza, digo perfeição) que então me parecia encarnar-se num ator de cinema, o Ronald Colman, norte-americano (ou seria inglês?). Há que ter em conta que isto se passava aí pelos finais dos anos 30, na pré-história desta humanidade moderna, científica e desenvolvida que hoje somos, quando os velhos andam a imitar os novos, e os novos a si mesmos. Nesse tempo, a coisa mais normal do mundo era que um adolescente, olhando-se ao espelho, entristecesse por se ver diferente de um homem maduro, e muito longe de alguma vez vir a parecer-se com ele. A Ronald Colman, por exemplo, descaíam--lhe um tanto as pálpebras, o que lhe dava à cara uma interessante expressão de cansaço, talvez do último duelo à espada, da última noite de amor, ou da vida em geral... As minhas pálpebras, pelo contrário, colavam-se estupidamente aos globos oculares, e, por mais que eu as puxasse e repuxasse, tornavam sempre ao mesmo sítio, deixando-me com um ar de ser inacabado, surpreendido de existir, ainda à espera dos primeiros safanões da vida para começar a ganhar algum sentido de homem. De tudo isto me lembrei ontem, ao serão, enquanto via Ronald Colman a interpretar, com pouco talento e nenhum espírito, o papel de François Villon no filme *Se eu fora rei*, de Frank Lloyd. Com os meus débeis olhos o vi, e as minhas pálpebras descaídas...

17 de agosto

De cães, entender, nada. Nem cão-d'água nem fox terrier. Pepe é caniche, arraçado de não sei quê, e nesta incógnita mora ainda a minha derradeira esperança de acertar no que, com toda a propriedade, se poderia chamar aproximação, isto é, que um dos seus antepassados tenha cedido à tentação do desvio genético que explicaria as malhas pretas que tem no pelo, quando se sabe que os caniches puros têm o pelo de cor uniforme, branco, castanho ou preto. E o Pepe já não está na sua primeira juventude, tem quatro anos. A saúde, boa, veterinário *dixit*. Quanto à idade, acho que se engana. Um ano terá.

18 de agosto

Para o *ABC Cultural* escrevi, sobre Sarajevo, estas linhas que me foram pedidas:
"Paul Valéry disse, um dia: 'Nós, civilizações, sabemos agora que somos mortais'. Importa pouco, para o caso, averiguar qual fosse o *agora* de Valéry: talvez a Primeira Guerra Mundial, talvez a Segunda. Do que ninguém tem dúvida é que a civilização que temos sido, não só era mortal, como está morta. E não só está morta, como decidiu, nos seus últimos dias, demonstrar até que ponto foi inútil. A proclamação dessa inutilidade está a ser feita em Sarajevo (e em quantos Sarajevos mais?) perante a cobardia da Europa política, perante, também, o egoísmo dos povos da Europa, perante o silêncio (ressalvadas fiquem as exceções) daqueles que fazem do pensar ofício e ganha-pão. A Europa política ensinou aos povos da Europa o refinamento do egoísmo. Compete aos intelectuais europeus, regressando à rua, ao protesto e à ação, escrever ainda uma última linha honrada no epitáfio desta civilização. Deste imenso Sarajevo que somos."

19 de agosto

Em trinta anos que já levo de escritura (são exatamente trinta se os conto a partir da altura em que, sem suspeitar aonde isso me levaria, comecei a escrever *Os poemas possíveis*) nunca me tinha sucedido trabalhar em mais de um livro ao mesmo tempo. Para mim, era como lei sacrossanta que, enquanto não chegasse ao fim de um livro, não poderia nem deveria principiar o seguinte. Ora, eis que, de um momento para outro, talvez porque, em Lanzarote, cada novo dia me aparece como um imenso espaço em branco e o tempo como um caminho que por ele vai discorrendo lentamente, passo com toda a facilidade destes *Cadernos*, também destinados a serem livro, ao *Ensaio sobre a cegueira*, e deste ao *Livro das tentações*, embora, no último caso, se trate mais de registar, por enquanto sem grande preocupação de sucessão cronológica (porém, com um irresistível frenesim), casos e situações que, postos em movimento por uma potência memorizadora que me assombra por inesperada, se precipitam para mim como se irrompessem de um quarto escuro e fechado onde, antes, não tivessem podido reconhecer-se uns aos outros como passado de uma mesma pessoa, esta, e agora se descobrem, cada um deles, condição de outro, e, todos eles, de mim. E o mais assombroso é a nitidez com que, letra a letra, se estão reconstituindo na minha cabeça as palavras e os rostos, as paisagens e os ambientes, os nomes e os sons desse tempo longínquo que foi o da minha infância, da minha meninice, até à puberdade. Fosse eu supersticioso, e começaria a duvidar se uma tão súbita e radical mudança de uns procedimentos que pareciam irremovíveis, não seria, simplesmente, a naturalíssima consequência de um medo até agora mais ou menos inconsciente: o de já não ter tempo para escrever todos estes livros, um por um, sem pressas, como quem ainda tem por diante a vida toda.

20 de agosto

Uma hipótese: talvez esta necessidade imperiosa de organizar uma lembrança coerente do meu passado, dessa sempre, feliz ou infeliz, única infância, quando a esperança ainda estava intacta, ou, ao menos, a possibilidade de vir a tê-la, se tenha constituído, sem que eu o pensasse, como uma resposta vital para contrapor ao mundo medonho que estou a caminho de imaginar e descrever no *Ensaio sobre a cegueira*.

22 de agosto

Começo a compreender melhor a relação que a gente nova tem com os jogos de computador, e como é fácil ficar prisioneiro do teclado e do que vai acontecendo no ecrã. Nos últimos dois dias, pouco atraído pelo *Ensaio*, cheio de espinhos, que ainda vai no primeiro capítulo, dediquei-me a investigar um pouco mais uma máquina (chamo máquina ao computador...) que até agora só me tinha servido para escrever. E assim foi que me encontrei com os jogos incluídos no programa que nela foi instalado. Um deles exige muito da perspicácia e da paciência do jogador, que tem de escapar (se puder) de um campo de minas. O outro é o arquiconhecido *solitaire*. O campo de minas pede tempo e reflexão, não é coisa para rambos aventureiros. Ficou para outra ocasião. Mergulhei no solitário como quem regressa ao passado, pois há muitos anos já que o não jogava. Aqui acabaram-se as cartas, não podemos baralhá-las, distribuí-las, gozar esteticamente com a sua ordenação em cores e valores. O computador não tem mãos, manipula não sei o quê nem como, é velocíssimo, em menos de um segundo escolhe e apresenta as cartas. Com o esperto e ágil "rato", vou retirando do baralho, ao alto, à esquerda, as figuras de cartas que podem entrar, trocando as posições, e, como no antigo jogo, alterno os valores e as cores (neste meu computador tudo se passa entre o branco e o preto). Então, mais ainda que com as reais e efetivas cartas, o computador apodera-se do jogador, desafia-o, e quando o vence nunca se esquece de perguntar-lhe se quer continuar. A sua rapidez de execução provoca e estimula a nossa própria rapidez. Mas o mais divertido de tudo, e isso, sim, fez de mim uma criança deslumbrada, é quando se completa o solitário, reunidas as cartas conforme os naipes em quatro "montinhos". Enquanto jogamos, o computador vai-nos atribuindo uma certa cotação (oscilante no decorrer do jogo) em pontos e contando o tempo que gastamos, e no fim, se completámos o solitário, dá-nos um "bónus", representado por uma quantidade variável de cartas, que no meu caso, por quatro vezes, ultrapassaram os dois milhares. Tendo como ponto de partida, sucessivamente, todas as cartas do baralho, elas irrompem em arcos, às vezes de dois tramos apenas, às vezes de três, mas também de cinco, seis, sete, oito, de vão que se torna cada vez mais estreito, tal como sobre a água salta a pedra que contra ela foi atirada num ângulo quase raso. Confesso que, quando me enfrento com este novo *solitaire*, já não penso tanto na satisfação de concluir o jogo, mas na expectativa daqueles saltos magníficos que, desenhando arcos contínuos, se vão sobrepondo uns aos outros. E se luto para obter mais pontos em menos tempo, não é por causa de um resultado meramente aritmético, mas para gozar uma vez mais do espectáculo daqueles soberbos voos, daquelas fugazes arquiteturas. Quando tudo acaba e o ecrã escurece, sente-se uma certa tristeza.

23 de agosto

Mais duas cartas de leitores (poderei assim chamar-lhes?) que me intimam a salvar a alma antes que seja tarde. Um deles vai ao ponto de aconselhar-me leituras espirituais: San Juan de la Cruz e Santa Teresa de Jesus — que foram escritores, santos e acreditaram em Deus. Se Pilar fosse francesa, deduz-se da carta que o conselho seria ler um santo escritor francês, não imagino quem. O outro epistológrafo é mais patriota: conjura-me a que tome rápido conhecimento de um desses vários opúsculos com que, à custa do *Evangelho*, alguns cidadãos portugueses têm exercitado os seus apetites escriturais e a sua sabedoria teológica. Já não sei qual remata a carta dizendo que rezará por mim. Obrigado.

25 de agosto

Outro leitor me escreve, e este merece o título. Conta-me que viveu na China cinco anos e que, desde há um ano, estuda numa universidade norte-americana para doutorar-se em química. Declara-se grande admirador de Proust e pergunta-me se, tal como fez o autor do *Temps perdu*, deve utilizar a sua vida, rica de experiências, palavras suas, para escrever, pois ser escritor é o seu sonho. Digo-lhe que tenho sérias dúvidas de que *À la recherche du temps perdu* seja um livro autobiográfico, e, se o tivesse querido ser, concluiríamos que o autor não tinha ido além da intenção... O facto de Proust escrever sobre o meio familiar e social em que viveu, o facto de introduzir no livro o que parecem ser episódios da sua vida, mais ou menos transpostos, mas sobretudo reelaborados pela memória, não retira um átomo à evidência do caráter ficcional e ficcionante da narrativa. Proust, sendo o escritor que era, nunca se satisfaria com o que se encontra mais à mão, isso que levou o Alexandre O'Neill a recomendar-nos que não contássemos "a vidinha"... Proust não escreveu uma autobiografia, só foi à procura do tempo perdido, não com o fito de deixar lembrança de uma vida, mas para deixar constância de um tempo retido por uma memória.

Proust não está interessado nos factos, mas na memória deles.

Este mesmo leitor confessa-me que, por causa de uma grave depressão, chegou a tentar o suicídio, mas que hoje ama profundamente a vida. Respondi-lhe que não sei se a vida merece que a amem profundamente, que acredito mais que é o amor por nós próprios que nos faz amá-la, principalmente se uma outra vida (alguém a quem amemos e que nos ame) nos for ajudando a encontrar para a existência um sentido suficiente.

27 de agosto

O último número de um jornal de católicos progressistas, palavra esta que, nos tempos que correm, é mais ou menos sinónima de marginais, chamado *Fraternizar*, publica a carta de um pároco que pede sigilo sobre o seu nome e assina, simplesmente, Sacerdote em Portugal. O motivo é, e parece ser que não acabará tão cedo, o *Evangelho*. Este padre assistiu à entrevista que dei à Margarida Marante, achou que o entrevistado mostrara "clareza de ideias e delicadeza no modo de falar", que "denotava cultura e compreensão do mistério de Deus e do homem" — e foi ler o livro. E, tendo lido, escreveu a carta. Depois de produzir alguns comentários pertinentes (apesar de serem elogiosos...), diz que "Saramago não é herege, somente ousou dar voz aos sem voz, aos temerosos da Inquisição moderna, aos medrosos dos 'castigos' de Deus". E diz mais: "Ele [o autor] supõe — e nisto é riquíssimo — a visão dos não crentes sobre a Igreja, vista por dentro, mas desde fora. Ele é valioso porque traduz o pensamento dos que estão fora sobre o que é a Igreja. É a voz das pessoas que se sentem 'feridas' pelo comportamento de muitos membros da Igreja e também a condenação do comportamento da mesma, no sentido de sacrificar as pessoas às estruturas". A carta termina: "É a visão do mundo diante dos mistérios da Fé... Quem sabe se um sos (da própria dimensão subconsciente do autor que se nega a viver sem Deus, mas que não o consegue encontrar...) para a Igreja despertar à novidade e originalidade do pensamento que não ofende, mas pretende um pouco mais de respeitosa liberdade??!!".

Palavras, para quê? É um sacerdote em Portugal...

28 de agosto

Na parte da casa a que chamamos galeria temos uma planta grande que nasceram agora duas novas folhas. Não sei como se chama (e terei de averiguá-lo), se dá flor (suspeito que pertence à classe das criptogâmicas). O seu caráter ornamental vem-lhe precisamente das folhas, que são enormes, espalmadas, profundamente recortadas e com orifícios redondos, em geral elipsoides, no pouco que lhes resta de tecido contínuo. Nunca tinha pensado em como nasceriam, mas, se alguém mo tivesse perguntado antes, responderia que da raiz, primeiro lisas e inteiras, e, com a idade, tomando o aspecto que finalmente apresentam. Ora, não é assim. Nascem, claro está, da raiz, mas não separadamente das outras folhas. Cada folha nova desenvolve-se ao abrigo da cavidade que percorre, como um berço, todo o caule duma folha adulta, e, após um processo lento e contínuo de desenrolamento, que me fez lembrar a eclosão e a saída da borboleta de dentro do invólucro da crisálida aparece aos nossos olhos inteiramente formada, apenas um tanto mais pequena que a sua "ama de leite" e distinguindo-se do verde--escuro dela por um verde tenríssimo, quase translúcido. Evidentemente, qualquer jardineiro conhece estas banalidades, qualquer botânico as explicaria melhor, mas eu acabei de o saber — e portanto escrevo a minha carta de achamento.

29 de agosto

Pergunto-me se sonho. Desde há talvez um ano que uma senhora que vive na Suíça e diz ser editora duma revista científica andava a querer visitar-me em Lisboa, a pretexto do interesse que lhe merecia o meu trabalho. A ela e a um seu companheiro, físico de profissão. Por duas ou três vezes chegou a estar aprazado o encontro, mas sempre, por uma razão ou outra, acabou por ficar sem efeito. Apareceram hoje, enfim, aqui, em Lanzarote. Convidámo-los para almoçar, e logo de entrada ficámos a saber que não comiam carne de porco nem nada em que houvesse, misturados como fosse, carne e leite. Eram judeus. Verdadeiramente não sabíamos ao que vinham, que é que os tinha levado a fazer uma viagem destas, mas após o exórdio de uma discussão, que eu pretendi levar em tom de humor, sobre as presumíveis culpas dos suínos, as reais e as simbólicas, percebi que o tema central — oh, céus! — ia ser Deus. Durante mais de três horas, primeiro à mesa (levando o prato principal um pouco de carne de porco, foi preciso preparar-lhes à pressa uma massa *al pesto*), depois durante o café, sob o olhar consternado de Pilar, tive de dar com eles a volta ao universo e ao seu criador, terminando, vingativamente, por fazê-los estatelar no mundo e nas suas misérias, sem esquecer os palestinos. Dizem que os judeus amam a discussão pela discussão, e hoje sei que é assim: estas duas pessoas fizeram esta viagem e esta despesa (milhares de quilómetros, hotel, carro alugado), só para saberem (ele mais do que ela) o que eu penso de alguns assuntos, como se tal valesse a pena, e dispenso-me de jurar que não vale... Não saberia resumir o debate. Se o caos pode tornar-se mais caótico ainda, este o foi e nisso se tornou. Ele falou um inglês nada claro, eu o português que sei, ela traduziu graças ao pouco que pôde aprender em Coimbra, há anos, num curso para estrangeiros. Se algum de nós chegou a perceber alguma coisa do pensamento de algum dos outros, então Deus fez um milagre. Quando se foram embora, estava exausto. Pilar, fresca como uma rosa, e, no fundo, saudavelmente divertida com tudo quanto se passara, disse-me: "Por que não te vais deitar?". Fui direito à cama e dormi duas horas. Terei sonhado?

30 de agosto

Terminado o primeiro capítulo do *Ensaio*. Um mês para escrever quinze páginas... Mas Pilar, leitora emérita, diz que não me saí mal da empresa.

31 de agosto

Pál Ferenc, que ensina literatura portuguesa na Universidade de Budapeste, anuncia-me a publicação recente de *O ano da morte de Ricardo Reis* na Hungria. Elogia, ainda que com algumas reticências, a tradução de Ervin Székely e recorda que no "passado ano académico" (o último?) a minha visão da história portuguesa "teve um sucesso". Acrescenta, e isto é o mais importante, que "neste momento húngaro nós poderíamos aprender muito com o seu ideário e as suas obras e é por isso, além do valor artístico, que cada vez mais aprecio os seus romances". Gosto de o saber, mas dá-me vontade de dizer que seria mais proveitoso que estes moços se dirigissem a Deus em vez de rezarem no pequeno altar deste santo, ou, por outras palavras, lessem diretamente certos historiadores — os dos *Annales*, os da *Nouvelle Histoire*, o nosso

José Mattoso — em lugar de gastarem o seu tempo a desenredar a história que se encontre nos meus romances. Mas certamente haverá para o gosto deles uma razão: talvez porque dos historiadores só se espera que façam história, e eles, de uma maneira ou outra, sem surpresa, sempre a fazem, ao passo que o romancista, de quem se conta que não faça mais que a sua ficçãozinha de cada dia, acaba por surpreender, e pelos vistos muito, se guiou essa ficção pelos caminhos da história como se leva uma pequena lanterna de mão que vai iluminando os cantos e os recantos do tempo com simpatia indulgente e irónica compaixão.

1 de setembro

Jantámos em Puerto del Carmen com Margot e Yechezkel, que assim se chamam os nossos visitantes. Continuo sem perceber o porquê desta viagem. Yechezkel parece ter decidido que eu sou uma autoridade em temas bíblicos, e faz-me perguntas inimagináveis. Eu mantenho-me dentro dos limites da chamada cultura geral. O cherne de Los Marineros não merecia esta conversa, se não é antes verdade que a conversa é que não mereceu o cherne. Em certa altura, cheguei a insinuar-lhes que o que os judeus são, afinal, é ateus. Depois, tendo pensado melhor, auxiliadas as faculdades cerebrais pelo calor da discussão e pelos vapores do vinho branco El Grifo, cheguei a uma conclusão, ousada e, porventura, definitiva: a de que os judeus puseram a história do povo judeu no lugar de um Deus que não esperam vir a conhecer, e vivem contentes assim, tanto nos triunfos como nas desgraças, sem medos de inferno nem anseios de paraíso.

3 de setembro

Em Lisboa. De manhã na RDP para gravar um diálogo com o Vasco Graça Moura. O título do programa tem espírito, é bem achado: *Verdades e Outras Invenções*. A ideia da entrevistadora,

Cristina Ferreira, é simples e estimulante. Consiste em colocar frente a frente dois convidados que se presume terem opiniões diferentes, e quanto mais discordantes melhor, sobre questões relacionadas com as suas (também presumivelmente comuns) atividades. Neste caso, e ao contrário do que eu esperava, falou-se pouco de literatura, mas, conforme ao que previa, muitíssimo de política e das posturas ideológicas de cada um de nós. Vieram à baila o comunismo, a social-democracia, o mundo e o seu governo, o país e quem o governa. Outra vez o Lara, outra vez o *Diário de Notícias*, e também, já que estávamos com as mãos na massa, os edis de Mafra, enfim, os lugares seletos destes últimos meses. Mas algo de novo, inesperado e assombroso aconteceu: Vasco Graça Moura é de opinião que, bem-vistas as coisas, eu acabei por obter benefícios (materiais, claro está, dinheiro, livros vendidos) por virtude do procedimento do Governo no caso do Prémio Literário Europeu. Fiquei estupefato e consternado, mas, ainda assim, consegui manifestar o meu protesto em termos moderados. Desgraçadamente, o absurdo não ficou por aqui. A atitude do Vasco Graça Moura caiu de chapuz no escândalo quando afirmou, palavra por palavra e com toda a convicção, que também o Salman Rushdie veio a ser beneficiado com a condenação à morte: viu aumentadas as tiragens dos *Versículos satânicos*, tornou-se conhecido em todo o mundo... Não consigo entender. Graça Moura é um homem inteligente, culto, educado, mamou (como disse um autor que ele conhece melhor do que eu) do leite da bondade humana, e, apesar de tantos dotes naturais e tantos agraciamentos da cultura, é capaz de produzir, com o ar mais natural da vida, uma enormidade destas?

4 de setembro

Às vezes, entra-me a vontade de içar a bandeira branca, subir às ameias e dizer: "Rendo-me". Não que eu me veja como uma fortaleza, bem pelo contrário, mas sei, como se ela fosse ou nela estivesse, que me andam cercando dois cercos: um, já se sabe, é o dos ódios, invejas e mesquinhices que vou aguentando; o outro, que se vai sabendo, é o dos afetos de muitos que me leem, e esse é o que me derrota. Se este tempo da minha vida tivesse de levar um título, bem poderia ser o do filme de Pedro Almodóvar: *Que fiz eu para merecer isto?*. Dir-me-ão os mais simpáticos: "Bom, alguma coisa fizeste...". Mas isso, uns quantos livros, valerá tanto que mereça a quadra que me foi dedicada por um pastor de ovelhas (seiscentas parece que tem o rebanho) do Alentejo? Esta, lida ontem na Festa do Avante! e que reza assim:

Tem em conta a luz da mente.
Cada um é como é.
E não pode ser toda a gente
Aquilo que cada um é.

E, como se não fosse bastante, como se não transbordasse já, estava eu depois a assinar livros (três horas ininterruptas de dedicatórias...), aproximam-se duas pessoas, marido e mulher, que colocam diante de mim, com o livro que tinham comprado, um caderninho, um corta-papel e uma nota onde um e outro estavam explicados... O livrinho, feito de papel de sacas de cimento, havia sido escrito por Silvino Leitão Fernandes Costa no campo de concentração do Tarrafal e estava dedicado nestes termos: "Ofereço, ao camarada e amigo T., como prova de consideração". "T." era a abreviatura de Teixeira, apelido do homem que estava na minha frente, de seu nome completo José de Sousa Teixeira, preso também, como ele, no Tarrafal. Quanto ao corta-papel, fizera-o Hermínio Martins, ex-marinheiro de um dos barcos que se revoltaram em 8 de setembro de 1936. Foi ajudante de serralharia do Bento António Gonçalves e morreu antes do 25 de Abril, num sanatório da metrópole. Pensei que tudo isto estava simplesmente a ser-me mostrado, e, ao devolver o livro assinado, restituí também os objetos. Que não, disseram-me, que eram para mim, como lembrança e prova de amizade... Imagine-se como fiquei eu. Agradeci como pude, rodeado pelas dezenas de pessoas que esperavam a sua vez para me pedirem uma assinatura e, com palavras ou sem elas, dizerem que me querem bem.

O livrinho tem dois títulos e compõe-se de quatro partes. O primeiro título, na capa, é "O que será?...", o segundo título, na folha seguinte, anuncia "Coisas da vida e próprias dos homens". A primeira parte transcrevo-a hoje, as outras nos próximos dias (é o mínimo que posso fazer em sinal de gratidão e para que não se perca — se algum dia estes cadernos vierem a ser publicados — a lembrança de um conflito entre amigos e a sua algo extraordinária resolução). Atualizo a ortografia e a pontuação:

"Os livros são coisas preciosas tanto por aquilo que dizem como pelo esforço de raciocínio necessário para os fazer.

"Depois de feitos, servem de auxílio ao desenvolvimento cerebral do homem.

"Conclui-se, pois, que é nos livros onde nós aprendemos tudo quanto desejamos. Tudo depende daquilo que mais nos interessar.

"São ainda eles que trazem até nós, duma forma concreta e abreviada, toda a experiência vivida pelos nossos antepassados, da qual nos servimos e serviremos sempre para encarar o futuro.

"Quando possuímos um ou mais livros, significa isso que se encontram ao nosso dispor e certamente lê-los-emos tantas quantas vezes quisermos ou necessitarmos para a compreensão do sentido que encerram.

"Entretanto, mesmo àqueles que às vezes lemos, embora o seu conteúdo pouco nos interesse, — quer dizer, romances de 4.50 a dúzia, ou coisa semelhante, — alguma coisa nos fica gravada na mente, apesar disso.

"Todos nós sabemos que é verdade tal facto.

"Bem, mas já vai sendo tempo de mudar de 'disco'.

"O meu objetivo não é falar sobre livros. Nem sequer fazê-los ou ainda discutir.

"Até aqui, simplesmente, pretendo salientar o valor das coisas escritas.

"Porém, para melhor concretização, farei um paralelo entre a escrita e a palavra.

"Supõe que eu percebo de eletricidade a 'Potes' e estive durante duas horas a falar-te do assunto. De certo não poderias ter apreendido tudo quanto disse. Mas se escrevesse ficaria ao teu alcance o assunto e dar-lhe-ias as voltas que precisasses.

"Agora dirás tu:

" — Mas a que propósito vem isto, não me dizem?

"Depois acrescentarás:

"Sempre há cada maduro!...

"Que mal fiz eu?...

"Calma... o resto vai já a seguir."

5 de setembro

Segunda parte do livrinho de Silvino Costa:

"Antes de prosseguir, dir-te-ei mais coisas.

"Eu antigamente, e ainda hoje, costumava escrever os factos que se passavam comigo. Simplesmente nunca, que eu me recorde, os dei a ler a segundos. Não porque isso me custasse muito, ou contundisse com a minha maneira de ser. Talvez fosse por comodismo. No entanto, como vais ver já mudei um pouco, embora tenha em muita atenção os casos etc....

"De resto, tu sabes também como eu. Um indivíduo, só, nunca poderá analisar acertadamente o que faz ou escreve. Torna-se necessário, na maioria dos casos, recorrer à crítica. Bem entendido: a outros que estejam à altura de criticar com justiça.

"Ora, sendo assim, eu também desde já fico ao teu dispor para ouvir o que te aprouver acerca destas minhas simples linhas que visam simplesmente narrar um facto passado e ao mesmo tempo criticá-lo.

"Desde já, desejo que não me confundas com algum 'gaijo' que tem, ou pretende ter, aspirações à literatice. De resto tu verás.

"É muito natural encontrares erros tanto na construção como na forma de redigir e ainda ortográficos ou de pontuação.

Mas isso é fruto da preguiça a que me votei durante alguns tempos. Destes tenho eu pena, mas não lamento. O futuro, depois de analisar o passado, é o que interessa. Agora as literatices detesto-as.

"Além disso, eu elaborei este trabalho muito sozinho e fi-lo ao correr da pena.

"Por outro lado, não suponhas que te vou dar conselhos; não os necessitas.

"Somente farei isto: narrarei um facto e comentá-lo-ei com o que me apraz dizer.

"Ao narrá-lo, não suponhas que o faço ressentido. Não. Dei-me a este trabalho, simplesmente, para te dar a conhecer dum modo franco e claro o mau efeito que produzem certas ações que por vezes praticamos, mas isto todos, e que nos colocam num grau quase comparado ao dos animais irracionais.

"Claro está, tudo isto é natural. Todos somos homens. No entanto, muitas vezes esquecemo-nos de que possuímos raciocínio. E isto, é tão notório quanto é certo que o meio em que vivemos é já muito diferente daquele outro lá fora, embora ainda imperfeito."

Vimos ontem *El sol de membrillo* de Victor Erice. Lento, como é lenta toda a criação (Deus foi um caso excepcional), o filme é, todo ele, uma reflexão sobre a arte de compor, quer se trate de espaços, de volumes, de tempos, de cores, ou de palavras. A câmara rodeia o modelo (as folhas, os frutos), o pintor (mais o rosto do que as mãos), a ocupação metódica da superfície da tela e do papel. Não conhecia nada de Antonio Lopez, apenas o sabia ar-librista e quase naturalista, o que, para mim, não era precisamente uma recomendação... Mas, vendo-o no seu trabalho, fui-me tomando de um enorme respeito, o que, provavelmente, deverá ser o sentimento mais importante em toda a contemplação. Decidimos, Pilar e eu, que vamos plantar em Lanzarote dois marmeleiros. A um daremos o nome de Antonio Lopez, ao outro o de Victor Erice.

Em Santiago de Compostela para o Congresso do PEN Clube Internacional. Até agora não vi nenhum dos portugueses que o

programa menciona: Ana Hatherly, Matilde Rosa Araújo, Casimiro de Brito, Wanda Ramos. Tirando a Matilde, os mesmos de sempre, os "apoderados" do PEN... Camilo José Cela veio à sessão solene de abertura e pôs-se a andar. Torrente ainda não chegou, tal como Sabato. Mas já estivemos com Jorge e Zélia. Ele parece estar no caminho de uma boa recuperação.
Chove em Santiago.

7 de setembro

Terceira parte dos desabafos de Silvino Costa:
"Entrando, finalmente, no assunto.
"Tu estás lembrado, certamente, do caminho que deste à tábua. Queimaste-la, não é verdade?
" — Mas que tem este filho da puta que ver com a tábua?... Era dele?
"Lá vem outro a meter-se na minha vida!
"Oh cabrões! Deixai-me em paz!...
"Isto sou eu que suponho que dirás, no entanto desculpa o exagero.
"De resto, isto não vai nascer daqui nenhum julgamento. A coisa em si não tem importância, nem eu lha liguei como te poderá parecer.
"No entanto, continua a ler: esse caso passou-se quase se poderia dizer sem eu ter culpa diretamente. Vais ver.
"Para encadernar, ou brochar, necessitei duma tábua, utilizei para isso aquela onde a rapaziada se diverte a jogar o dominó. Mas a certa altura saí; e quando voltei continuei o meu trabalho. Passados instantes, já o mal estava feito, verifiquei que a tábua já não era a mesma. Tinham-ma então trocado, para jogar. Preguntei-lhes: esta tábua é de fulano? Responderam afirmativamente. E eu um pouco aborrecido disse-lhes: bonito serviço, seus cabrões! Agora vai haver discussão por causa disto, e vocês é que são os responsáveis!...
"Passados uns instantes, pensei no caso e, vi um remédio, a

tábua tem que ser aplainada e depois vai ao polidor e fica nova. Ele nem dará por isso. Descansei com esta solução.

"Porém depois tive que fazer e nunca mais me lembrou. Descansei de facto.

"Passados uns dias, — um ou dois, — tu dás com os riscos e se calhar estavas azedo e záz. Tábua para o lume.

"Eu não sabia.

"Ao entrar na barraca é que me puseram ao facto e até dum modo que me chocou.

"Claro, não acreditarás que eu sou tão sentimentalista que até tivesse chorado. Isso não. De resto em mim será mais fácil rebentar.

"Só com um violento ataque de nervos seria fácil soltarem-se-me as lágrimas.

"Mas neste caso, eu comovi-me por ver que a rapaziada me comunicava o caso com tristeza ou então talvez fosse um daqueles momentos em que não há vontade de rir. Mas não! Eles ficaram sentidos momentaneamente.

"Pois bem. Está o facto relatado. Agora vamos ao capítulo das conclusões.

"Eu, não te disse nada naquele momento por ver que estavas um tanto enervado e além disso, por já ter reconhecido e isto desde o princípio a minha abstração para não ver que a tábua era mais pequena.

"Tentei ensaiar novo processo de solução. Fui ter com um carpinteiro e levei-lhe um papel — que tu devias ter visto — com as dimensões da tábua, mais ou menos; mas o carpinteiro disse-me que sim e até hoje. Isto apesar de eu lhe dar a entender que tinha urgência.

"Tencionava pois dizer-te alguma coisa nessa altura. Mas até hoje não apareceu tal tábua, não quis esperar mais tempo.

"E agora repara, não terias feito melhor se guardasses a tábua? Primeiro, procuravas quem tinha sido o cavalheiro ou o sacana, e depois dizias-lhe: meu caro quero estes riscos tirados e para a outra vez mais respeito por aquilo que é dos outros. Eu então tinha que te dar razão e ia pô-la como nova.

"Assim não solucionaste nada. Agiste como uma faísca, repentinamente, e a ação é condenável.

"Claro está, o 'auto de fé' foi feito à tábua e intimamente não sei se a mim. Porém, como não ardi, foi a tábua que sofreu.

"Eu também já tive esse feitio se bem que dum modo diferente e com muito menos frequência. Mas recordo ainda, que quando fazia casos semelhantes era só em circunstâncias de não poder partir a cara ao causador do meu destrambelhamento de nervos.

"Mas repara a prisão tem-me modificado alguma coisa nesse aspecto se bem que de vez em quando sinta cá dentro a 'besta'.

"No entanto, hoje fico chatiado quando dou a perceber que estou enervado.

"E porquê?

"Porque sei que os nossos companheiros, isto é os nossos camaradas, perguntam logo a eles mesmos: 'que foi? que aconteceu?', 'ele hoje está arreliado?'.

"E isto, que poderá parecer bisbliotice não é.

"E tu sabes, também como eu, o que é.

"É uma realidade forçada, sabes.

"E para que, analisa:

"Aqui, no acampamento, encontram-se camaradas presos há 4, 5, 6, 7, 8, 9 anos portanto convivendo uns com os outros e resulta que existe uma familiaridade muito grande entre todos eles. Todos, bem entendido. Naquela parte, que é a maioria, que tem sabido portar-se com dignidade nas horas em que o 'Colete' aperta, sabendo unir-se às convicções que possui para com coragem suportar toda a casta de patifarias que certas bestas-feras que por aqui têm passado nos têm infligido.

"Por consequência, é bem claro. Não seremos perfeitos, mas possuímos já algo do que é necessário para mais nos aperfeiçoarmos.

"E agora diz-me: achas razoável, nós que somos jovens e que seremos amanhã os futuros homens, que estejamos a cultivar a neurastenia ou pelo menos a dar-lhe mais largas? Certamente que não!

"Claro, tudo depende da maneira de ser, dir-nos-ão. Mas repara se não andarmos já com predisposição para os atos repentinos creio que teremos tempos de ponderar.

"Quantas vezes dá vontade de dar largas à bílis, mas por outras razões muito mais justificáveis e homens muito mais durázios que nós se encolhem.

"Olha que não é com o medo. É porque se lembram de que somos camaradas.

"É certo, esta palavra camarada está muito generalizada. Mas nota, e tu sabes bem.

"O seu significado é qualquer coisa mais altivo e digno do que aquilo que certos sapateiros da política dizem ou ainda o que outros imbecilmente possam dizer.

"Por isso, meu caro, a vida e o papel que dentro dela temos que desempenhar, é muito mais importante do que estes pequenos azedumes de que por vezes somos vítimas.

"Não te preocupes com tais ninharias e faz quanto possível para te desviares desses momentos de descontrol, que o tempo de prisão nos ocasiona e em que deixamos de ver os nossos camaradas, para ver neles os homens vulgares, lá de fora, dos quais muito erradamente o Albino Forjaz de Sampaio faz considerações."

Dança pelo Ballet Galego Rey de Viana. Mistura de folclore e muitos dos tópicos mais cansados da dança clássica. O resultado não é brilhante, e algumas vezes chega a ser deprimente. A culpa não a têm os bailarinos, em geral, tanto quanto posso apreciar, com uma preparação técnica razoável. A culpa tem-na a incoerência do projeto artístico, agravada por uma invenção coreográfica que não vai além do elementar.

Chove em Santiago.

8 de setembro

Quarta e última parte do caderninho de Silvino Costa:

"Agora quase que sou obrigado a pedir-te desculpa, por te reconhecer que já sou muito extenso. É o que sucede a quem pouco conhece sobre redação.

"Cheguei, finalmente, às conclusões, como te havia dito. Estou convencido de que é melhor forma do que se te expressasse verbalmente.

"Tem o objetivo, além de falar de coisas que por todos nós passam, também de te dar a conhecer duma forma honesta e concreta a minha opinião. Acharás justa ou injusta.

"Segundo: serviu-me de exercício de redação. Embora eu não pretenda ser advogado ou coisa semelhante.

"Terceiro: dar-te-á a facilidade de concluíres concretamente o meu propósito e creio que não encontrarás, nele, aspectos destruitivos.

"Encontrarás, carência de bom português, na redação etc. Porém o assunto não é descabido nem pretensioso.

"E para finalizar, porque já é tempo, acrescentarei que nunca constituirá forma de proceder resolvermos os nossos assuntos, ainda os mais íntimos, pela brutalidade.

"Ninguém, melhor do que nós poderá dar-se conta dos seus delitos e corrigi-los. É uma questão de vontade e de disposição.

"Suponho ter sido claro e, além disso, não usar de formas imperativas que dessem origem a uma má interpretação do que me propus fazer.

"E, é tudo."

É tudo. Dir-se-á que é a história de uma insignificância. Mas haverá, num campo de concentração, insignificâncias?

No jantar oferecido pela Carmen Balcells, e em que estiveram presentes, além de nós, Jorge Amado e Zélia, Nélida Piñon, João Ubaldo Ribeiro e Berenice, Alfredo Conde e Mar, António Olinto e a mulher, e também Pilar Vazquez Cuesta, o Jorge, do outro lado da mesa, quis saber onde estarei por alturas de meados de outubro... Para o bom entendedor, até meia palavra sobra. Mas acreditará o Jorge, de facto, no que queria sugerir? Felizmente, ninguém se apercebeu nem da pergunta nem da resposta, em que fiz o possível por me mostrar desentendido.

Nestas viagens há sempre livros oferecidos pelas chamadas entidades oficiais. Desconfio de que esses livros só existem para isso, para serem oferecidos. A oferta vem normalmente acompanhada pelo cartão de visita do ofertante, com ou sem acrescentamento de palavras amáveis. Já me sucedeu receber livros com dois cartões, talvez três, mas com nove, como hoje, nunca. Este de agora chama-se *Santiago, camiño de Europa*, e deve de ser bonito. Está ainda por abrir. Quanto aos cartões, começando do menor para o maior, vieram das seguintes pessoas, a quem, evidentemente, agradeço: Salvador Domato Bua, secretário-geral do arcebispado, Iago Seara Morales, diretor-geral do Património Histórico e Documental, Félix de la Fuente Andres, vice-comissário, Fernando Lopez Alsina, vice-comissário, Serafín Moralejo, comissário-geral, Jaime Terceiro Lomba, presidente do Patronato da Fundación Caja de Madrid, Daniel Barata Quintas, conselheiro de Cultura e Juventude, António Maria Rouco Varela, arcebispo de Santiago de Compostela, e, finalmente, Manuel Fraga Iribarne, presidente da Junta de Galicia... Guardarei para sempre o cartão do arcebispo, que nem imagina em que mãos veio cair o nome da sua sagrada pessoa, com muita coerência impresso em cor violeta...
Chove em Santiago. Chove muito em Santiago.

9 de setembro

O grande acontecimento de hoje foi a chegada de Salman Rushdie, aquele escritor que, na opinião de Graça Moura, tirou vantagens substanciais da sua condenação à morte... Estivemos com ele meia hora, por trás da muralha da segurança. Rushdie pareceu-me um homem simples, sem sinal de sofisticação e vedetismo. Se já o era assim antes que Alá o tivesse fulminado, não sei. Agradeceu-me a carta que lhe escrevi há dois anos, citou passagens dela. Manifestou a sua esperança de que as dificuldades políticas e económicas com que o Irão se debate atualmente contribuam para a anulação da

sentença, mas insiste que a pressão da solidariedade internacional continua a ser tão necessária como nos primeiros dias. Sou menos otimista do que ele quanto às probabilidades de um desenlace feliz desta absurda história. Ainda que o governo e as autoridades religiosas do Irão anunciem o cancelamento da *"fatwa"*, Rushdie ficará sempre à mercê de um fanático desejoso de entrar no céu pela porta principal. Sem esquecer que os riscos de um atentado passarão a ser maiores a partir desse dia: despedida a segurança, Salman tornar-se-á mais vulnerável do que qualquer cidadão comum...
Continua a chover em Santiago.

10 de setembro

Contava-se que Rushdie falasse na assembleia do PEN Clube, e assim aconteceu. De improviso, à vontade, como quem nunca teve dúvidas sobre o fundo e as formas da questão. Foi aplaudidíssimo. Os delegados que depois pediram a palavra para perguntas também não deixaram dúvidas quanto à sua solidariedade pessoal e institucional. Mas a ironia trágica veio logo a seguir. Como se a situação de Rushdie não estivesse ali para servir-lhes de lição ou fosse uma mera hipótese académica, os escritores sérvios, bósnios e croatas presentes comportaram-se como inimigos mortais. Manda a verdade dizer, porém, que os provocadores foram os sérvios, quando pretenderam que passasse em silêncio uma proclamação de dois deles (não presentes em Santiago) apelando à morte de milhões de adversários. E depois dizem-me que exagero quando afirmo que o homem não tem remédio...
Colóquio com Torrente. O mano a mano correu como se esperava. Dissemos algumas coisas sérias, e, de caminho, divertimo-nos e divertimos a assistência que enchia o auditório do Hostal de los Reyes Catolicos. Torrente é adorado, mas eu pergunto-me se também o seria no caso de o seu romance *Os gozos e as sombras* não ter sido adaptado à televisão...
Chove em Santiago.

11 de setembro

Jantar de encerramento do congresso no Convento de S. Lourenço, onde, segundo os dizeres duma lápide, Carlos v estanciou algumas vezes. Com surpresa minha, tínhamos os nossos lugares na mesa de Fraga Iribarne. Estavam também Torrente e Fernanda, o presidente do PEN Clube Internacional, Ronald Harwood, e a mulher, uma Natacha alta e elegante, russa, mas só de lá ter nascido, e o reitor da Universidade da Corunha, com quem mantive uma longa conversação, tão variada que até meteu ténis... Depois disseram-me que pertence ao Opus Dei... Harwood, quando nos despedíamos, disse-me que Rushdie lhe havia falado do encontro que tive com ele. Curioso. Não pensei que fosse coisa para recordar...
Amanhã regressamos a Lisboa. Chove em Santiago. "Choveu" em Santiago do Chile há vinte anos.

13 de setembro

Um tal José Manuel escreveu em *O Dia* de 4 deste mês: "José Saramago divirta-se que a vida são dois dias. Resta-me a esperança de que, quando morrer, morra de vez. O seu cadáver não fará falta nenhuma, exceto às saprófitas da literatura que geralmente só servem para poluir a atmosfera cultural do país".
Este José Manuel sem apelidos de família, se pudesse, fazia "chover" em Lisboa.

14 de setembro

Amanhã, operação à catarata.

15 de setembro

Operação adiada para novembro. Os enfermeiros do Instituto

Gama Pinto, aborrecidos por terem sido obrigados a gozar as férias em agosto, resolveram, com notável unidade democrática, dar baixa por doença. Que os doentes propriamente ditos padeçam por causa destes pobres egoísmos corporativos, é indiferente aos denominados profissionais de enfermagem...

Leio com preocupação a notícia de que estarei em Estrasburgo entre 4 e 8 de novembro para a primeira sessão do Parlamento Internacional dos Escritores. Vejo agora que, na cabeça de Christian Salmon, a minha palavra de aceitação, há tempos, foi tomada como uma garantia de presença, hipótese em que eu nunca tinha pensado e a que agora não sei como fugir, tanto mais que ele agarrou no meu nome e pô-lo no "comité" que apadrinhou a ideia de fundar este parlamento. O único modo de satisfazer um compromisso que não tomei, seria fazer uma paragem em Estrasburgo depois de Münster, mas daí resultaria inevitavelmente um novo adiamento da operação, uma vez que terei de estar em Roma entre 17 e 19 para o Prémio da União Latina, com uma possível deslocação a Turim, antes ou depois. E no dia 27 partimos para Manchester, Edimburgo, Liverpool e Londres... Começa a parecer-me absurda esta maneira de viver.

17 de setembro

Frustrada a operação, pensei logo que poderia escapar-me para Lanzarote e ficar lá estes dias até à viagem que terei de fazer a Paris, no dia 28. Não pôde ser. Houve dificuldades de comunicação com a editora Seuil quando se tratou de alterar os bilhetes, e aqui estou eu, contrariado, irritável, aparentemente como uma criança a quem tivessem tirado o brinquedo preferido. Não é isto, porém. A verdade verdadeira, por muito que me custe reconhecê-lo, é não me sentir eu bem em Lisboa, como se ela não fosse a cidade que, melhor ou pior, via como minha. Esse é o problema: não a vejo, não a sinto.

Um súbito pensamento: será Lanzarote, nesta altura da vida,

a Azinhaga recuperada? As minhas deambulações inquietas pelos caminhos da ilha, com o seu quê de obsessivo, não serão repetições daquela ansiosa procura (de quê?) que me levava a percorrer por dentro as marachas do Almonda, os olivais desertos e silenciosos ao entardecer, o labirinto do Paul de Boquilobo?

24 de setembro

O computador esteve avariado durante estes dias. Não sei se por causa da falta, andei de humor intratável toda a semana. Sobretudo por me sentir incapaz de escrever doutra maneira. Hoje já pude adiantar a conferência para Tenerife. O trabalho não é nada sem as ferramentas.

26 de setembro

Almoço com Torrente Ballester. Estava Fernanda, sua mulher, também Zeferino, Vítor Branco e Filomena, e Rui Rocha, do *Expresso*. Depois viemos para casa, só com Zeferino, e ficámos a conversar até às dez da noite. A memória de Torrente não é, decerto, um poço sem fundo, decerto Fernanda já ouviu infinitas vezes as mesmas recordações, porém, nós, só agora iniciados, surpreendemo-nos a cada momento com a nitidez das evocações, a graça de um discurso que, pelo tom, pode, de vez em quando, parecer sentencioso, mas que, escutado com atenção, é, todo ele, um processo de autodesconstrução. Teve razão Jorge Luis Borges quando um dia disse, em Buenos Aires, a propósito de uma conferência de Torrente, feita de improviso: "Agora sei que uma conferência pode ser uma obra de arte".

27 de setembro

Com Torrente, apresentação da *Morte do decano* no Instituto Cervantes. Duzentas pessoas na sala, duzentos fervores.

Falei mais tempo do que devia e menos rigorosamente do que desejava. Ainda assim, duas ou três frases podem ter ficado na memória dos assistentes. Embora um poucochinho pelos cabelos, consegui introduzir aquela ideia minha, luminosa de tão óbvia que é, de que os mortos na guerra não servem para romances policiais porque ninguém está interessado em saber quem os matou e porquê...

29 de setembro

Em Paris, para o lançamento do *Evangelho*, a entender segundo os modelos franceses: umas quantas entrevistas para a imprensa e para a rádio, neste caso um pouco mais, que veio a ser a gravação de um programa de televisão com o esperançoso nome de *Jamais Sans Mon Livre*. Estiveram comigo três outros autores, franceses todos eles, e todos a propósito de livros que mais ou menos têm que ver com Jesus. Um deles, André Frossard — já eu conhecia de ler *Dieu en questions*. Aparentemente é um velhinho simpático (poucos mais anos deve ter do que eu, mas podia ser meu avô...), derramando amor e compreensão universal, mas por trás desta máscara percebia-se a dureza do católico absoluto e absolutista que crê ser detentor da única razão e faz questão de mostrá-lo de um modo que chega a raiar a insolência. Outro, Jean-Claude Barreau, autor de uma *Biographie de Jésus*, é um antigo padre, um *défroqué*, que deixou a sotaina por amor. Avisaram-me que é bastante "fascista". Foi conselheiro de Mitterrand, e hoje é assessor de Charles Pasqua para os assuntos da imigração. Debitou umas quantas generalidades sobre Jesus e a Igreja, e, quanto a "fascismo", não ficou claro: de qualquer maneira, estar ao lado de Pasqua não é, propriamente, o que se pode chamar uma boa recomendação. Dos três, o mais capaz, inteligente e sensível, pareceu-me ser Jean-Claude Carrière, que escreveu um romance com o título de *Simon le mage*. Trabalhou durante vinte anos com Luis Buñuel. Não falámos muito, mas esse pouco bastou para nos entendermos. À despedida disse-me: "Continuemos...". No que me diz respeito, reconheço que não estive nos meus melhores dias: acabado de chegar, com o meu escasso francês ainda emperrado por falta de uso, defendi-me como pude. Oxalá tenha sido, ao menos, suficiente.

30 de setembro

Nicole Zand, que trabalha para *Le Monde*, pessoa, no dizer geral, muito capaz e crítica arguta, deixa-me sempre a impressão de que não ouve o que lhe dizem e, ainda por cima, faz questão de que se note. Para quem, como eu, põe quanto sabe numa entrevista e dela, invariavelmente, sai cansado, a vontade de sacudir a senhora e fazê-la olhar a direito e a direito perguntar, é quase irresistível. Diferente foi o moço marroquino, Marti Kabbal, do jornal libanês publicado em Londres *El Ayat*, que fez perguntas sérias com um rosto atento e sério, perguntas políticas (sobre a Europa, sobretudo) a que procurei responder sem rodeios porque o homem merecia toda a sinceridade. Porém, o melhor de tudo foi na Radio Suisse Romande, com Isabelle Ruff, eu em Paris, ela em Lausanne, um longo e denso diálogo que me deixou agradecido e intelectualmente regalado...

1 de outubro

O dia começou bem, com Antoine de Gaudemar, do *Libération*. Este Gaudemar é hoje, tanto quanto posso avaliar, um dos melhores jornalistas culturais franceses, de Paris, pelo menos. Logo de entrada, disse-me que, do seu ponto de vista, o *noyau dur* do meu livro é o episódio do templo, quando o jovem Jesus vai interrogar os doutores (sai-lhe um escriba, mas, para o caso, tanto fazia) sobre culpa e responsabilidade. Não faltou muito para que a minha gratidão extravasasse mais do que a discrição permite... Foi, e espero que na publicação se note, uma esplêndida entrevista. Depois, num táxi, debaixo de chuva e no meio de um trânsito infernal, fui com um fotógrafo de *Lire* fazer umas fotografias no Sacré-Coeur, lá dentro mesmo, enquanto decorria um ofício religioso, entre beatos e turistas, a música pífia, a palavra melosa, a máquina católica a funcionar de escape aberto, aquela arquitetura odiosa, aquele odioso espírito. A ideia era fazer uma fotografia bem provocadora, e não duvido de que se tenha conseguido: mal podia dominar o sorriso irónico que me descompunha os lábios quando, entre círios a arder a uma estátua são-sulpiciana de santa Teresa de Lisieux, ia sendo bombardeado pelo flash. Vendo-me ali, um casal francês de meia-idade aproximou-se para perguntar-me se eu é que vendia as velas... Que não, que desculpassem não ter essa sorte. Voltei à pressa ao hotel, fui almoçar com outro jornalista, Manuel de Carcassone, que me espremeu bem espremido, quase sem sumo para o resto da tarde: uma entrevista para a Radio Belge, com Marc Rombaud, outra não sei bem para onde, com Bruno de Cessone. Acabei exausto.

2 de outubro

O impossível acontece. De Lisboa chegou-me a voz do inefável Artur Albarran com um convite para participar num programa sobre os portugueses de quem os portugueses mais gostam, conforme começou por dizer, para depois emendar em "os portugueses que os portugueses acham mais populares". Como estava meio adormecido, adiei a resposta para segunda-feira. Pelos vistos, os meus colegas de celebridade são o industrial Belmiro de Azevedo, o político Carlos Pimenta, o animador Herman José, o corredor Pedro Lamy e o futebolista Futre. Com aquele seu riso fino e inteligente, Albarran achava muita graça ao facto de eu ir aparecer na televisão da Igreja, que é a do programa. A graça será muito maior quando eu lhe disser que, uma vez que a TVI entendeu dever proibir a publicidade ao *Evangelho*, o autor do dito entende dever recusar o convite...

Almoço com Zélia Gattai e Jorge Amado, jantar com Prado Coelho. Despedi-me de Paris a falar português.

4 de outubro

Nem Ieltsin, nem Rutskoi. Tambor um, caixa de rufo outro. Os mortos foram muitos, a loucura total. Onde estão os homens novos prometidos pela Revolução de Outubro?

Pilar pediu-me tanto que não desse ao Albarran a razão verdadeira da minha negativa, que não tive mais remédio que dizer, simplesmente, que não podia estar presente. O desconcerto foi total. Logo a seguir telefonou-me o Baptista-Bastos (que pelos vistos trabalha na TVI), usando da influência que um amigo pode ter. Aguentei firme. E à noite, outra pessoa voltou a falar, uma mulher cujo nome não fixei, para sugerir-me que eu poderia participar no programa, via satélite. Evidentemente, recusei, não já por causa das razões que tenho e mantenho, mas porque me pareceu ridículo, absurdo, idiota ocupar tempo de satélite para dizer meia dúzia de banalidades.

Amanhã regressamos a Lanzarote. Uf!

6 de outubro

Numa entrevista que deu à revista *Ler*, o Eduardo Prado Coelho faz uma declaração curiosa (é o menos que se pode dizer) em resposta ao reparo do Francisco José Viegas de que eu "tinha razão quando dizia que os pequenos países europeus iriam ser prejudicados pelos grandes, a propósito da CE...". Diz o Eduardo: "Eu tive, várias vezes, tanto à mesa de almoços e jantares, como em debates públicos, ocasião de debater com o José Saramago — sempre em termos simpáticos, amáveis e com aquele sentido de diálogo, de abertura de espírito e de tolerância que o Saramago sempre mostrou nas conversas que tivemos — a questão europeia. E, de facto, o Saramago tinha opiniões que, por vezes, me irritavam e com as quais discordava profundamente. Talvez alguns dos seus argumentos devessem ser mais tidos em conta. Não digo para estar de acordo com eles, mas para, de certo modo, se avançar para a construção europeia de uma maneira mais sólida e mais eficaz". Dormitavam a inteligência, a lucidez de Prado Coelho, normalmente tão despertas, quando estas palavras lhe saíram da boca? Dar-se-á conta agora, diante da página impressa, de que o que disse não tem sentido algum? Deixando de parte o seu cauteloso e diplomático "talvez", parece ser claro, para o Eduardo, que alguns dos meus argumentos deveriam ter sido tomados em conta. Ora, se eles mereciam essa atenção (de quem? de Cavaco Silva? de Delors? do próprio Eduardo?), não se compreende como, na continuação da frase, se insinua que "ter em conta" não seria o mesmo que "estar de acordo". Ou é possível, afinal, "não estar de acordo" e "ter em conta"? Parece, em todo o caso, que os meus modestos argumentos, nascidos, não do alto de coturnos intelectuais de que não presumo, mas do simples senso comum e da simples observação da História, sempre podiam ter servido para tornar a construção europeia "mais sólida e mais eficaz"... Enfim, só tenho de deixar passar o tempo. Chegará o dia em que o Eduardo descobrirá a dimensão do seu engano. Oxalá então não seja demasiado tarde para Portugal. Se isso tem alguma importância. Entretanto, alguma coisa se foi ganhando: o Eduardo já se irrita menos...

7 de outubro

O Nobel foi para uma escritora norte-americana negra, Toni Morrison. Ignorante como sou do que se faz literariamente no mundo da língua inglesa, o nome dela era-me totalmente desconhecido. Mas, a avaliar pelas declarações da contemplada e pelo que fiquei a saber agora da sua vida, o prémio foi muito bem dado. Há traduções de livros seus em Espanha: vou tentar pôr-me em dia.

8 de outubro

Um semanário francês, *France Catholique*, envia-me umas perguntas sobre o *Evangelho*, o meu. Querem saber quais foram os critérios que adotei em relação às informações contidas nos Evangelhos, ora tomando-os literalmente ora modificando os atos, as palavras, a cronologia, os lugares, e por que inventei eu não só nos "silêncios" do texto, mas também no corpo do que foi "autenticamente transmitido". Também querem saber se ignorei cientemente aspectos essenciais da tradição judaica, particularmente a Lei recebida no Sinai, que "não é um catálogo de promessas, mas um contrato *reçu et conclu* entre o Povo e Deus". E perguntam mais: que experiência me levou a dar, em Deus como nos homens, tão grande lugar ao mal, ao pecado, ao remorso, e nenhum ao perdão; se considero as guerras nacionalistas e as lutas políticas como meios menos nocivos ou alienantes que a profissão de fé dos crentes; se, significando evangelho *boa nova*, penso que o título é adequado ao livro; e finalmente por que razão retirei Maria de junto da cruz.

Que vou responder? Primeiro, quanto aos critérios, que usei os do romancista, não os do teólogo ou do historiador. Segundo, que um contrato decente deve expressar e harmonizar a vontade das duas partes. Terceiro, que antes de Jesus já os homens eram capazes de perdoar, mas os deuses não. Quarto, que não se devem confundir as guerras (nacionalistas, ou outras) com as lutas políticas, e que, acima de tudo, é necessário respeitar a "santidade da vida". Quinto, que o título nasceu como nasceu, e não há nada a fazer. Sexto, que só em João a mãe de Jesus está presente, Mateus, Marcos e Lucas não a mencionam sequer.

9 de outubro

Um tanto mais desenvolvidas, as respostas definitivas foram as seguintes:
Primeira. Que devo entender por um corpo "autenticamente

transmitido"? Entre os evangelhos de Mateus, Marcos, Lucas e João há diferenças e contradições universalmente reconhecidas. Se se considera que essas mesmas contradições e diferenças fazem parte do "corpo", então não deveria ser motivo de escândalo que alguém, interpretando os documentos evangélicos, não como uma doutrina, mas como um texto, procure encontrar neles uma nova coerência, problematizante e humana. Os meus critérios foram, portanto, os do romancista, não os do historiador ou do teólogo.

Segunda. Um contrato verdadeiramente digno desse nome, e muito mais se vai condicionar radicalmente a vida de um povo, como a Lei recebida no Sinai, teria sempre de respeitar e conciliar a vontade das duas partes envolvidas. Não creio que se possa afirmar que seja este o caso: Deus impôs as suas condições — o Velho Testamento é, todo ele, uma demonstração de poder divino — e o povo judeu aceitou-as. A isto não chamaria eu contrato, mas *diktat*.

Terceira. Simplesmente, o espetáculo do mundo. Jesus, filho de um Deus e pai de um Deus (será preciso dizer que o Deus de que hoje falamos está feito à imagem e semelhança do Filho?), não inventou o perdão. O perdão é humano. E o único lugar da transcendência é, acaso, a mais imanente de todas as coisas: a cabeça do homem.

Quarta. Não é legítimo confundir as guerras (e não apenas as nacionalistas) com as lutas políticas. O que chamamos luta política é uma consequência lógica da vida social. Por outro lado, eu não considero nociva ou alienante a profissão de fé dos crentes. Apenas entendo que é meu direito e meu dever debater questões que formaram e continuam a formar, direta ou indiretamente, a substância mesma da minha vida. Como tenho dito, não sou crente, estou fora da Igreja, mas não do mundo que a Igreja configurou.

Quinta. O título do meu livro nasceu de uma ilusão de ótica. Estando em Sevilha, ao atravessar uma rua na direção de um quiosque de jornais, *li*, no meio da confusão das palavras e das imagens expostas, *O Evangelho segundo Jesus Cristo*. Este título, portanto, foi-me *dado*, e como tal o mantive, estando embora consciente da sua dupla inadequação: primeiro, porque o meu livro não é realmente uma *boa nova* para quem estiver mais atento ao "corpo" do que ao espírito; segundo, porque Jesus não escreveu nunca a sua própria vida. Talvez que se a tivesse escrito (perdoado me seja agora este pecado de orgulho) encontrássemos nela algo do que eu próprio escrevi: por exemplo, a conversação com o escriba no Templo...

Sexta. Só no *Evangelho segundo João* a mãe de Jesus está presente no martírio e morte do filho. Nos outros evangelhos, as mulheres (e entre elas nunca é mencionada Maria) assistiam de longe. Eu não estava lá, mas estou pronto a jurar que Jesus morreu só, como sós temos de morrer todos.

Ponto final. Ainda acabo teólogo. Ou já o sou?

10 de outubro

No mesmo número da revista *Ler* em que saiu a entrevista com o Eduardo Prado Coelho publicam-se os resultados duma sondagem que visou averiguar, junto de um universo de "2000 inquiridos, de ambos os sexos, selecionados aleatoriamente de entre o conjunto de indivíduos de idade compreendida entre os 15 e os 65 anos, residentes no Continente e distribuídos por todas as regiões do território", os seguintes pontos: 1) leu algum livro no último ano?; 2) qual o livro que leu no último ano?; 3) identifique três autores contemporâneos que conheça; 4) quais os três autores portugueses que considera mais importantes?

Os resultados deixaram-me confundido, incrédulo e grato, uma mistura de reações onde ainda encontro lugar para um certo sentimento de irritação porque isto não pode ser verdade, ou, sendo verdade (costuma-se dizer que os números não mentem...), é uma verdade que me dá mal-estar e vontade de me esconder. Assim, ficou-se a saber que sou o "autor que desfruta de maior popularidade", que o *Evangelho* foi "o livro contemporâneo mais lido no último ano", e que, como se estas demasias ainda fossem pouco, consideram-me "o autor mais importante", à frente (oh, meu Deus!) de Pessoa, Eça, Torga, Camilo, Camões, Namora, Vergílio, Garrett, Júlio Dinis, Agustina, Aquilino, Cardoso Pires, Manuel da Fonseca, Esteves Cardoso, Natália, Florbela e Herculano — o que demonstra que os números, afinal, mentem com quantos dentes têm na boca...

Sem dúvida mais importante do que o que aí ficou, é o artigo também publicado na *Ler* por José Augusto Mourão, com o título "Ética e literatura". José Augusto Mourão, que é universitário e dominicano, analisa o *Evangelho* de um ponto de vista ao mesmo tempo "teológico" e "académico", mistura que chega a ser fascinante, pois tive de perguntar-me algumas vezes quem estaria escrevendo, se o professor ou o monge. Por todos os motivos, não me atreveria a discutir com ele: o livro *sabe* mais do que eu, que se defenda... Agradecido, sim, transcrevo o último parágrafo do artigo: "Aos cães do Senhor (mesmo aos dominicanos) não compete ladrar à lua de um texto imóvel, fetichizado (*noli me tangere*) que sangraria porque o tocávamos. A sua função é a crítica, não a ordália. É porque reconhecemos que há interferências entre este tipo de discurso e o discurso crente, que devemos argumentar, dialogar, estabelecendo a boa distância que a crítica instaura para que a iniciativa semântica não nos esteja já no bolso e nada pudéssemos receber do nosso interlocutor. A partilha das vozes é necessária, pese embora isso às castas do poder sacerdotal e teológico. Transportamos uma memória, sem dúvida. Mas a memória suscita um corpo, um contexto sensível onde dizer-se. E é esse contexto que exige uma palavra nova. E não há palavra nova que não venha marcada pelo fogo ou pelo vento".

11 de outubro

O editor norueguês dos *Versículos satânicos*, William (?) Nygaard, da editorial Aschehoug, foi atingido com três tiros e encontra-se em estado grave. Alá atirou a matar, mas parece ter falhado desta vez.

13 de outubro

Ontem, em Puerto de la Cruz (Tenerife), uma conferência no Instituto de Estudios Hispanicos. Sala cheia, muita gente interessada em ouvir o que tinha para dizer o escritor português residente em Lanzarote. O tema, "Descubrir al otro, descubrirse a si mismo", um pequeno percurso reflexivo que começou nos descobrimentos e acabou na intolerância, caiu no gosto duma assistência que já vinha predisposta a gostar do orador. Os aplausos foram fortes e prolongados. Na verdade, as coisas que eu digo não têm nada de extraordinário, mas tocam fundo as consciências, de um modo que me surpreende. Também me surpreendeu, e muito, o remate da sessão. Estava anunciado o Coro da Universidade de La Laguna, e eu, resignado, desejava que não me agredissem demasiado os ouvidos nem por muito tempo. Agressão não houve e o tempo pareceu curtíssimo. O Coro de La Laguna tem vozes excelentes, uma afinação impecável, um sentido de tempo que não se encontra muitas vezes em profissionais. Talvez porque eu estava presente, prometeram duas composições portuguesas — e afinal eram brasileiras... Depois confessaram que nunca haviam tido a oportunidade de estudar música portuguesa. Prometemos-lhes que lhes mandaríamos algum material. Vamos ver o que se poderá arranjar: além de canções populares, algo de Luiz de Freitas Branco, de Cláudio Carneyro, de Jorge Croner de Vasconcelos, de Lopes-Graça. E o *Lusitano*, que está perfeitamente na linha deles.

14 de outubro

António Abreu manda-me de Lisboa a resposta do comissário João de Deus Pinheiro às perguntas em tempo feitas no Parlamento Europeu pelos deputados Klaus Wettig, Miranda da Silva e Coimbra Martins sobre o caso tristíssimo da proibição que caiu sobre o *Evangelho* pela mão católica e imbecil de Sousa Lara. A prosa é burocrática, cinzenta, bocejante, como seria de esperar. Eis a parte final do documento: "As autoridades portuguesas modificaram a sua posição quanto à exclusão de um livro de José Saramago da lista a propor ao júri europeu. Este incidente isolado e já retificado não pode servir para justificar uma atitude de desconfiança face aos processos de seleção fixados pelas autoridades nacionais. No que diz respeito a uma eventual revisão dos processos de atribuição dos prémios, as regras de organização preveem que: 'antes do final de 1992, o Comité dos Assuntos Culturais analisará, à luz da experiência adquirida, as eventuais adaptações que considerar necessário introduzir nas presentes regras'. O Comité dos Assuntos Culturais deu, com efeito, início aos debates no final de 1992, tendo considerado mais oportuno aguardar até ao final de 1993 para tomar uma decisão definitiva".

Santíssima hipocrisia! João de Deus Pinheiro bem podia ter acrescentado que manifestou o seu caloroso apoio a Sousa Lara por ocasião de um banquete de homenagem e desagravo oferecido pelos amigos e correligionários do aprendiz de Savonarola...

Telefona-me Isabel Colaço para me informar de que foi assinado anteontem pela RTP o contrato para a produção do documentário sobre a minha pessoa, com destino às "Artes e Letras". Nunca acreditei que esta história fosse por diante: agora só falta que o Judas telefone também, a dizer que o *D. João II* recebeu a bênção do José Eduardo Moniz... O realizador que a Isabel Colaço está a pensar convidar é o João Mário Grilo, e, como responsável pela definição e conceção do programa, a Clara Ferreira Alves, ou, não podendo ela, o Torquato Sepúlveda. Respondi-lhes que com estes nomes ficarei descansado.

17 de outubro

Javier e María "inauguraram" ontem a sua casa, festejando ao mesmo tempo o recente aniversário de Javier, 41 anos, uma mocidade. (Ao escrever este número lembrei-me, subitamente, de que por essa mesma idade escrevi um poema, "Lugar-comum do quadragenário", que não resisto a transcrever aqui. Era assim:

Quinze mil dias secos são passados,
Quinze mil ocasiões que se perderam,
Quinze mil sóis inúteis que nasceram,
Hora a hora contados
Neste solene, mas grotesco gesto
De dar corda a relógios inventados
Para buscar, nos anos que esqueceram,
A paciência de ir vivendo o resto.

Como vejo eu isto, trinta anos depois? Sorrio, encolho os ombros, e penso: "Que coisas nós dizemos aos quarenta anos...".) Fechado o parênteses, volto ao assunto. María e Javier resolveram convidar amigos para a festa e a casa encheu-se de gente, a maior parte da qual eu não conhecia nem de vista. Mas não é esta a questão. A questão foi ter eu confirmado a tremenda dificuldade que tenho em conviver com pessoas que ainda não tive tempo de conhecer, e mais quando o ambiente ferve de música alta e de palavras que têm de ser gritadas. Senti-me a pessoa mais sem graça, mais sem espírito, que é possível imaginar, e não me restou outra saída que desaparecer discretamente e ir fazer companhia ao cão que, na nossa casa, sofria de abandono como creio que só podem sofrer os cães.

19 de outubro

Do Smith College, de Massachusetts, chega-me um convite para ali ir em abril. Haverá um encontro sobre as relações culturais entre Espanha e Portugal, para o qual pensam convidar também Luis Mateo Díez. Dizem que o ideal seria que cada um falasse da sua própria obra e depois nos juntássemos numa mesa-redonda para falar das relações culturais. O convite vem assinado por Alice R. Clemente, professora de espanhol e português e de literatura comparada, que não deixa saber, pelo nome, se é, ela, portuguesa ou espanhola. Acrescenta que falou com outras universidades e que tanto a Brown University (onde ensina Onésimo de Almeida) como a Vanderbilt University se mostraram "muito entusiasmadas".

Eu que faço? Protesto que não quero sair de Lanzarote, que já não aguento mais uma vida de literato viajante, que estou disposto a recusar todos os convites que me apareçam — e logo a seguir, diante duma chamada destas (digo "chamada" porque é assim que a entendo), a firmeza vacila, a muralha abre brechas. Ainda há dias tinha recebido um convite para a Feira do Livro de Buenos Aires, no final de março, e agora aparece-me este, mais atrativo ainda. Que decido?

20 de outubro

Disse-lhes que sim senhor irei, desde que também paguem a viagem de Pilar. As negativas, se vierem, como prevejo, resolvem-lhe o problema, uma vez que ela não gosta de viajar, e dão-me a mim o melhor dos motivos para recusar os convites.

23 de outubro

Eppure si muove. Amanhã partiremos para a Alemanha: apresentação e leituras do *Evangelho* em Colónia e Frankfurt. Depois Amesterdão, entrevistas, depois Antuérpia, atribuição e entrega do Prémio Stendhal, depois Münster, estreia da ópera, depois Lisboa, operação, Prémio Vida Literária, curso no Centro Nacional de Cultura, lançamento do livro de José Fernandes Fafe, depois Roma, Prémio União Latina. Só regressaremos a Lanzarote no dia 20 de novembro. Entretanto, fica tudo à espera: a conferência para Sevilha, o romance ainda no princípio, a correspondência que se vai acumular...

24 de outubro

Em Düsseldorf estavam à nossa espera para nos levarem a

Colónia: um casal jovem que depois não tornaríamos a ver. Ela falava um francês fluente, o que facilitou a comunicação. Antes não tivesse sido assim. Cansado da viagem, desinteressado de qualquer assunto que não se relacionasse com um quarto de hotel, gostaria de ter feito o caminho em silêncio. Mas ela deve ter pensado que não seria uma boa "relações-públicas" se não falasse sem parar: a tortura durou quase uma hora.

25 de outubro

Leitura do *Evangelho*, com Ray-Güde, numa livraria perto do hotel. Casa cheia, pessoas sentadas no chão, outras que não conseguiram entrar. Uns quantos portugueses e brasileiros, na sua maioria residentes em Colónia, mas alguns vieram de localidades próximas. Uma portuguesa idosa, com um gorro na cabeça, beijou-me as mãos a chorar. Só dizia: "Obrigada, obrigada".

26 de outubro

De comboio para Frankfurt. O Reno, debaixo de um céu cinzento, não pôde luzir-se muito. Os castelos lá iam desfilando, um a um, negros como corvos, as florestas amaciavam convenientemente as montantas, o rochedo de Lorelei, quando apareceu, quis tomar um ar romântico, as barcaças deslizavam em silêncio ao rés da água — imagens sem surpresa, já vistas antes, e a que, provavelmente, só a imaginação pode dar ainda alguma vida. Era como se não houvesse em nada daquilo nenhuma realidade, como se fossem peças de um museu só a duras penas mantidas nos seus lugares.

Ficámos num desses hotéis que a cada passo se encontram na Alemanha, antigos prédios de habitação que conservam a atmosfera, o cheiro e a alma doutro tempo. O hóspede tem a chave da porta da rua, regressa às suas horas e sobe ao quarto com a impressão de estar em casa. O único inconveniente é que, em geral, não há elevador: desta vez foi preciso subir as malas quatro empinados andares, e sendo a confiança tanta — estamos aqui como em família —, não há no quadro do pessoal um empregado para fazer esse serviço, por muito cansado que o viajante se diga. Como anjo protetor, o Teo Mesquita ajudou a içar a bagagem até ao quarto que estava reservado para o casal Saramago. O Teo ajuda sempre, acha que nasceu para isso.

A leitura, na Literaturhaus, foi magnífica. Tive a sorte de contar com a colaboração de um ator, Jochen Nix, e o resultado deixou-me rendido e agradecido. Talvez a língua alemã seja dura, áspera, gutural, talvez tenha realmente esses defeitos, se o são. O que sei é que as palavras do *Evangelho*, ditas daquela maneira (eu ia seguindo a leitura pelo original), ressoaram nos meus ouvidos com uma energia nova, não apenas lidas, mas anunciadas, ali mesmo nascidas, e proclamadas. As cerca de 200 pessoas que enchiam a sala ouviram, durante duas horas, num silêncio total, cortado de vez em quando por murmúrios de aprovação, algumas passagens da vida que inventei para Jesus. Os aplausos foram muitos e prolongados. Uma bela noite. (Entre os livros que autografei estava um exemplar da edição do *Memorial* em hebreu...) O diálogo que se seguiu à leitura não se limitou às questões literárias: também se falou de intolerância, de racismo, de coisas bem mais duras que a língua alemã. Em dada altura meti uma frase de efeito que espero ter ficado em algumas memórias. Falava-se do imparável afluxo de imigrantes à Europa, e eu disse: "Se o centro não vai à periferia, irá a periferia ao centro". Por outras palavras: a Europa está hoje "cercada" por aqueles a quem abandonou depois de os ter explorado até às próprias raízes da vida.

27 de outubro

Num pequeno-almoço com jornalistas, foi-me pedido que comentasse a denominada "morte do comunismo". Lancei-me numa resposta que prometia ser longa e provavelmente confusa àquela hora da manhã, mas de repente interrompi o discurso e resumi desta maneira: "Em França, nos tempos da monarquia, quando o rei morria, aparecia sempre um certo dignitário da corte que anunciava e ao mesmo tempo proclamava: 'Le roi est mort! Vive le roi!'. Creio, meus senhores, que não vão faltar razões para que comecemos a pensar em dizer: 'O comunismo morreu! Viva o comunismo!'". Os jornalistas, todos eles, fizeram um ar de germanicamente entendidos...

Cinco horas de automóvel, de Frankfurt a Amesterdão. Uma estafa para Teo, mal servido por uma generosidade que nunca se cansa, mas que não pode deixar de o cansar a ele: àquelas cinco horas ia ter de juntar pelo menos outras tantas, uma vez que, depois de nos deixar no hotel, regressou logo a Frankfurt. E tudo por causa de *uma* entrevista... Decididamente, os editores (neste caso Aberderspers) abusam dos pobres escribas, sempre em voltaretas absurdas, e esta como poucas o têm sido. No fim, graças a este meu feitio que só é rebarbativo aparentemente, acabei por achar que valeu a pena: o editor, Roland Fagel, é um rapaz simpático e simples, reencontrei Herrie Lemmens, meu tradutor, e o restaurante onde jantámos — Le Restaurant tout court, assim se chama — tem um ótimo cozinheiro, que é o pai de Roland... Mas o cansaço que eu levava dentro de mim quando regressámos ao hotel não é explicável por palavras.

28 de outubro

Herrie e a mulher, Ana Maria, portuguesa, levaram-nos de automóvel a Antuérpia através de uma paisagem sem alma, monótona, de um lado e do outro o *plat pays* de Jacques Brel. Custa a acreditar que estes lugares tenham produzido aqueles fabulosos pintores paisagistas do século XVII. Salvo se — e isso é o mais provável — os campos de hoje têm pouco que ver com o que então eram. É verdade que algumas vezes a pintura serviu para reconstruir cidades arrasadas (Varsóvia, por exemplo), mas não creio que nenhuma paisagem tenha sido reconstituída segundo uma imagem pintada. Sem falar, claro está, que a fidelidade dos pintores aos modelos, humanos ou não, sempre foi menos que relativa...

Em Antuérpia, reunião do júri do Prémio Stendhal. Divirto-me com o ar compenetrado do Lord-Presidente, estreante nestas andanças, mas não querendo que se note. Os relatores comunicam as razões dos júris de cada seção, depois segue-se um debate que não serve para nada, uma vez que as decisões já estão tomadas. Transtornei esta doce paz quando quis saber os motivos por que o prémio "Realidade e Sociedade Europeia", para a Imprensa, apenas contempla o tratamento de temas económicos e políticos relacionados com a CE, sem nenhuma sombra de preocupação pelas consequências da integração no plano cultural. Acabara de pôr, evidentemente, um ovo de Colombo, mas levaram tempo a perceber. Depois, ficou mais ou menos entendido que se iria pensar nisso.

29 de outubro

Uma surpresa vinda da França: Dominique Wolton, um *directeur de recherche* do CNRS, que, com muito mais clareza e fundamentação, repetiu, diante duma plateia de eurocratas pequenos e médios, as preocupações que tenho andado a manifestar nestes últimos anos acerca da integração europeia, das entidades nacionais e dos nacionalismos. Foi uma corrente de ar fresco que varreu o interior nebuloso daquelas endurecidas cabeças. E, uma vez mais, a tal ponto é óbvia a inquietação que vem roendo a aparente placidez dos discursos institucionais, os assistentes romperam em aplausos, como em circunstâncias semelhantes, com perdão da imodéstia, se tem aplaudido este português. Falando depois com Wolton, soube que brevemente sairá um livro seu em que se desenvolvem as teses que ele ali tinha exposto resumidamente. O livro chama-se *La Dernière Utopie: La Naissance de l'Europe démocratique*, e logo ali decidi recomendá-lo à Caminho, mesmo sem o ter lido. A ver se se começam a compreender umas quantas questões elementares.

À noite, depois do jantar, troca de gabardinas. Dentro da minha, todas as nossas chaves. Falarei com alguém da Fundação Adelphi para que tratem de averiguar quem foi que me deixou com uma gabardina onde caberiam dois como eu.

30 de outubro

Chegada a Münster, para a estreia de *Divara*, amanhã. À noite, no café do teatro, mais uma leitura do *Evangelho*. Muito público. Uma portuguesa que veio propositadamente de Heidelberg para assistir ao espetáculo. A leitura correu muito bem: a apresentação de Ray-Güde, como de costume, sóbria e eficaz, as minhas intervenções eficazes também, embora bastante menos sóbrias (não consigo privar-me do prazer das digressões: o que vale é que no fim acaba por encaixar tudo), e a participação de um ator, Starcke-Brauer, que fez um trabalho magnífico.

31 de outubro

Triunfo. Quinze minutos de aplausos. O espetáculo é arrasador, tanto pela música de Azio Corghi (superior à de *Blimunda*, na opinião deste simples ouvinte) quanto pela encenação de Dietrich Hilsdorf, que leva a ação dramática a um paroxismo que chega a roçar o insuportável. Confesso que teria preferido menos "invasões" da sala, pois não creio que a participação do público se torne mais viva pelo facto de ser "agredido" diretamente pelo contato ou pela proximidade imediata dos atores. Mas esta incomodidade não diminui em nada a grandeza do espetáculo. Digo grande em todos os sentidos: musical, plástico, interpretativo.

Informaram-me que o Teatro de S. Carlos foi convidado a fazer-se representar, mas que nem sequer respondeu. Ah, pátria querida, heróis do mar, nação valente e imortal...

1 de novembro

Em Lisboa, para a operação e a entrega do prémio. Também o colóquio no Centro Nacional de Cultura e a apresentação de um livro de José Fernandes Fafe.

2 de novembro

Reenviado de Lanzarote, recebo um fax de Eugénio Lisboa em que ele transcreve um bilhete de George Steiner com afirmações tão extraordinárias como a de ser *O ano da morte de Ricardo Reis* melhor que *Os Maias*... Está visto que a qualidade do pano não evita as nódoas. Acho, francamente, que *O ano* é um livro que o tempo irá respeitar, mas daí a dizer-se que é superior aos *Maias* parece-me uma falta — de respeito.

4 de novembro

Regresso a casa. A operação correu bem, mas ainda terei de esperar muito antes de recuperar a visão, que, aliás, duvido que venha a servir-me de grande coisa, tendo em conta os problemas da mácula, que esses não têm remédio.
Chegaram de Itália críticas a *Divara*, todas favoráveis. Compensam a notícia de *El País*, totalmente imbecil.

8 de novembro

Dias sombrios, com o olho tapado e o humor fechado. Mas hoje aconteceu algo a que se poderá chamar, quando for iniciado o processo da minha canonização, "o milagre das chaves"... O caso foi o seguinte: saí com Pilar, de manhã, para umas voltas (Instituto Gama Pinto, Caminho), e depois separámo-nos, eu para almoçar com o Luiz Francisco Rebello, ela para ir ao *Ex-*

presso, ficando Pilar com as chaves da casa (as outras, as que ficam em poder da Maria do Céu quando estamos fora), uma vez que eu deveria chegar mais tarde. Porém, não foi assim, ela ainda não tinha voltado, retida no jornal. Para entreter a espera fui recolher o correio à mercearia do prédio ao lado, que o carteiro sempre deixa ali, à guarda do sr. Manuel e da D. Irene. Havia algumas cartas, jornais, a rotina de todos os dias, e um pequeno pacote, desses almofadados por dentro, que continha (percebia-se à palpação) uma pequena caixa. Os selos eram belgas, o carimbo de Bruxelas. Imediatamente desceu sobre mim o Espírito e segredou-me ao ouvido: "São as tuas chaves". E eram. No exato momento em que eu precisava delas para entrar em casa, ali as tinha, num berço de esferovite para não chocalharem no caminho. O desconhecido que me levou a gabardina abria-me, lá de longe, a porta da minha casa.

Mas a história não fica por aqui, uma vez que os milagres nunca vêm sós. Mal eu tinha acabado de entrar, toca o telefone, e era quem? A secretária da Fundação Adelphi, para me informar de que já tinha conseguido comunicar com o homem da gabardina e que... Interrompi-a para lhe contar o que acabara de suceder, anunciando-lhe ao mesmo tempo que no dia seguinte despacharia a gabardina trocada, agora que já tinha a direção, do seu legítimo proprietário. Rimo-nos muito. Só me resta esperar que o belga, tão solícito a enviar-me as chaves, me restitua com igual prontidão a minha gabardina...

11 de novembro

Colóquio no Centro Nacional de Cultura. Fizemos — a Lídia Jorge, o Cardoso Pires e eu — o melhor que sabíamos e podíamos, mas o público não quis ajudar: poucas perguntas, e nenhuma com interesse. Em certa altura faltou a luz, tiveram de acender velas. No fim, fomos jantar à Bénard: um bom jantar e uma conversa ainda melhor. Para não variar, quando nos despedimos, perguntámos uns aos outros: "Por que é que não nos vemos mais vezes?".

12 de novembro

Entrega do Prémio Vida Literária. Manuel Frexes, subsecretário da Cultura, fez declaração pública de que "José Saramago é uma grande figura da cultura portuguesa", acrescentando: "Esta é a nossa posição". Como o plural, em pessoa tão simples como ele parece ser, não poderia ser majestático, entende-se que "nossa" se refere à Secretaria de Estado, incluindo, suponho, o secretário de Estado em carne e osso... Assim vai o tempo e o descaramento. Quando Manuel Frexes veio cumprimentar-me, tive o cuidado de dizer, muito claramente, isto: "Cumprimento a pessoa que é, não a pessoa que aqui representa". E ele: "Porquê?". Como a explicação completa iria atrasar o começo da sessão, limitei-me a responder-lhe: "Porque com o secretário de Estado Santana Lopes nem o último bocado de pão". Ele fez uma cara desolada, murmurou: "Não diga isso..." — e lá foi ocupar o seu lugar, à esquerda de Mário Soares. Não deu azo a que eu o esclarecesse de que ainda seria capaz de partilhar com o Santana Lopes o *meu* último bocado de pão, mas não aceitaria nada do *dele*...

Houve animação nos discursos. No que me toca, falei de respeito e de falta de respeito, disse que cerimónias como estas são muito bonitas, mas que é para lá da porta que se conhecem e julgam os comportamentos. Sobre o Lara, nem uma palavra, mas lembrei ao público que o secretário de Estado havia posto um processo a José Blanc de Portugal por este lhe ter chamado, quando dos "concertos de violino de Chopin", imbecil musical. Muita gente não sabia. Nesse momento, Manuel Frexes segredou a Mário Soares que a queixa tinha sido retirada... E como o David Mourão-Ferreira, nas belas palavras que pronunciou, de homenagem ao Zé Gomes (o Urbano tinha evocado antes o Manuel Ferreira), aludiu a uma frase por ele escrita no primeiro número do boletim da APE ("Entre pessoas de qualidade, as diferenças só servem para unir"), permiti-me chamar a atenção dos circunstantes para a condição sine qua non posta pelo José Gomes Ferreira, isto é, que as ditas pessoas fossem "de qualidade". Como todos os assistentes tinham cara de bons entendedores, fiquei-me por ali, mas o mesmo não faria Mário Soares, que, com aquele seu ar fingidamente distraído do alcance das palavras que vai proferindo, esvurmou complacentemente a ferida que eu abrira, declarando-se satisfeito pela "autocrítica" do subsecretário de Estado e pelo "reconhecimento público de uma injustiça" ali expresso... Uma noite em cheio.

Jantámos na Varina da Madragoa com o Carlos do Carmo e a Judite. Disseram-me que há um produtor (mais um) interessado em pôr o *Memorial* em cinema. E que o realizador em que estão a pensar é o Bertolucci... Quando a esmola é grande, já se sabe, o pobre desconfia. Mas, se isto viesse a confirmar-se (do que francamente duvido), teria eu forças bastantes para resistir à tentação?

16 de novembro

Viagem para Roma. Pela terceira vez faço anos no ar, entre Roma e Lisboa. A primeira, em 90, foi quando do descolamento da retina, com o olho vendado e a caminho duma operação de prognóstico duvidoso, e portanto imaginando o pior, mas, no fundo, com este veio de otimismo incurável que percorre felizmente a massa obscura do meu congénito pessimismo, se dele pode ser prova, só para dar esse exemplo, o facto de nunca ter sido uma criança alegre.

17 de novembro

Reunião do júri do Prémio União Latina. Ganhou Torrente Ballester, mas foi o cabo dos trabalhos para convencer da bondade da escolha um Antonio Tabucchi que defendia com unhas e dentes a candidatura de Luigi Meneghelo, escritor mais do que estimável, sem dúvida, porém sem a dimensão de Torrente.

Jantar em casa de Rita Desti. Ali fui apanhado ao telefone por Maria Luisa Cusati: convida-me a ir à Universidade de Nápoles em fevereiro. E, já no hotel, é Pablo Luis Avila a perguntar-me, de Turim, se quero ir, em abril ou maio, à primeira universidade que me fez doutor honoris causa... Que um "doutor" tem, para com a sua universidade, obrigações que eu ainda nem comecei a cumprir...

19 de novembro

De manhã, em Campidoglio, no Palazzo dei Conservatori, encontro de Torrente Ballester com a mocidade das escolas. Mas, falaram tanto os que, devendo falar, bem podiam ter sido mais comedidos, que o tempo quase não deu para o premiado. Em certa altura (já tinha sucedido o mesmo o ano passado) saiu-nos um professor com ares de Catão maldisposto a querer saber por que motivo a Torrente e a mim nos caía tão bem o "fantástico", pecha que, no seu entender, denunciava o nosso temor perante as duras realidades do presente. A culpa da diatribe foi minha, pois antes tentara mostrar as diferenças entre o "realismo mágico" latino-americano e o mundo ficcional de Torrente. Gonzalo respondeu-lhe secamente. Enquanto ele falava, apresentou-se-me na cabeça uma imagem que depois traduzi mais ou menos assim: "O real é o mar. Nele, há escritores que nadam e há escritores que mergulham. Mas a água é a mesma". O professor foi-se de rabo entre as pernas, mas o público não aplaudiu tanto quanto eu esperara...

À noite, na Academia Romena, Torrente pôde enfim brilhar. De pé, amparado à inseparável bengala, fez um discurso sábio e humaníssimo, como já não se usa. Falou de Dante, de Ariosto, da sua Galiza natal, de Sertório ("Onde eu, Sertório, estiver, estará Roma"), evocou os soldados romanos que se juntavam nas penedias de Finisterra para ouvir o ruído do Sol ao cair no mar... A plateia ouviu-o fascinada, as palmas não queriam acabar.

Jantar na embaixada. Estiveram Carmélia, Jorge e Zélia, o

casal Lozano, da Academia Espanhola, Rita Desti, e, milagre dos milagres, em atmosfera de armistício tácito, chegando mesmo ao diálogo, a Giulia, a Luciana e o Beppe... Sob a minha asa protetora, mas provavelmente também por razões que eles lá conhecem, parece ter principiado o degelo dos representantes máximos dos dois clãs de lusitanistas enfrentados desde a noite dos tempos. Estava igualmente Maria Barroso, que veio para uma reunião no Vaticano sobre a situação da criança no mundo. E também estava o embaixador junto da Santa Sé, António Patrício, que, sem muita sutileza, me perguntou qual ia ser o meu próximo tema religioso. Respondi-lhe que não era a religião o que me interessava, mas o poder, e que Deus, e quem em nome dele jura, só me preocupavam como expoente superior, máximo e de algum modo inalcançável, do Poder. Então, este embaixador, que certamente conta com todos os beneplácitos da Igreja, os formais e os outros, atreveu-se a dizer, contrariando o seu estatuto de impessoalidade, que, mais do que ir às origens do cristianismo, como fui no *Evangelho*, eu deveria interessar-me era pelo poder efetivo, real, quotidiano da Igreja Católica, hoje. Que sim, respondi, que se fosse embaixador junto da Santa Sé, como ele era, com certeza saberia coisas que seriam úteis num romance com papa e cardeais. Com finíssimo espírito, António Patrício disse: "Quem sabe? Talvez o venha a ser um dia" — desta maneira demonstrando quanto é fácil a um diplomata não dizer o que pensa. De outra madeira é feito Nunes Barata, que fez uma belíssima (e sincera, há coisas que não se podem fingir) saudação. Também não estive mal no agradecimento. Jorge Amado comoveu-se. No remate deixei um recado aos italianos desavindos: façam as pazes e trabalhem juntos, que diabo. Não foi assim tão direto, mas percebeu-se.

20 de novembro

Regresso a Lanzarote. A impressão, intensíssima, de estar a voltar a casa.

21 de novembro

Telefonou de Nova Iorque uma professora universitária, Yvette Biro, que quer fazer um guião cinematográfico sobre *A jangada de pedra*. Diz-me que me escreveu, por correio expresso, há um mês, uma carta onde me explicava as suas ideias, mas que essa carta acabava de lhe ser devolvida com a indicação de "não reclamada", ou algo no género. Que vai reenviar-ma. Insistiu que o assunto tem para ela uma grande importância, tanto assim que se dispõe, concordando eu, a vir a Lanzarote em janeiro para conversar. Disse-lhe que sim, pode vir quando quiser, falar não compromete e satisfaz a curiosidade.

Mone Hvass, a tradutora dinamarquesa, está cá. Tínhamo-la convidado há tempos. Veio descansar e trabalhar nos pontos duvidosos do *Evangelho*.

23 de novembro

O tempo está ruim, com vento e grandes chuvadas. Os meteorologistas informam-nos de que se trata de uma gota fria. (Diz *o Larousse* que "gota fria é o nome dado às correntes frias que ficam isoladas da sua origem na frente polar. Quando são envolvidas por uma camada mais quente geram fortes depressões atmosféricas, que por sua vez provocam chuvas intensas e ventos fortes".) Mone, que vinha a contar com o sol, encontra a sua Dinamarca em Lanzarote.

24 de novembro

Chegou a carta de Yvette Biro, que é, agora fiquei a saber, professora na New York University Graduate Film School. Não sei que faça. Quando acabei de ler deu-me vontade de pegar no telefone e dizer-lhe: "Comece a trabalhar". E não era porque ela tivesse feito desaparecer os meus velhos medos às versões, transposições e adaptações de obras literárias (das minhas falo, claro está) ao cinema. O impulso nasceu do tom particular da carta, escrita por alguém de óbvia sensibilidade e inteligência, qualidades estas que são, com a bondade, as que mais gosto de encontrar nas pessoas. Acresce que esta mulher, húngara de nascimento, tem atrás de si uma folha de serviços séria: trabalhou com Zoltán Fábri, Márta Mészaros, e sobretudo com Miklós Jancsó, o realizador do *Salmo vermelho*, que me lembro de ter visto em Paris. Enviou-me um livro seu, *Mythologie profane: Cinéma et pensée sauvage*, que já espreitei e me parece muito interessante. Vamos a ver. Se ela quer conversar, conversaremos. E, quem sabe, talvez eu me deixe convencer.

Também chegou, via fax, um projeto de contrato de opção de direitos para adaptação do *Memorial*. Vem do produtor que me prometeu o Bertolucci... Como é que iria pôr uma assinatura num papel cujo conteúdo substancial inteiramente desconheço? O mais que farei é dizer-lhes: "Primeiro, assegurem a participação de Bertolucci, depois falaremos".

25 de novembro

Em que ponto está o *Ensaio sobre a cegueira*? Parado, dormindo, à espera de que as circunstâncias ajudem. Mas as circunstâncias, mesmo quando parecem propícias, não perdem a sua volubilidade natural, precisam de uma mão firme e boa conselheira. Até ao fim do ano (por causa da viagem às terras do Mais Antigo Aliado, e depois as festas, com a casa cheia de gente), não terei mais remédio que deixá-las à solta (falo das circunstâncias, claro) mas logo a seguir tratarei de as prender curto. Entretanto, vou escrevendo umas quantas coisas como esta que a revista *Tiempo*, de Madrid, me pediu, sobre a anunciada criação do Parlamento de Escritores:

"Não é raro que o destino de uma boa ideia, por faltarem os meios necessários para a pôr em prática, acabe por ser o das boas intenções que não foram atendidas por uma vontade forte.

Tenho, evidentemente, motivos para crer que a vontade não faltará aos impulsionadores e apoiantes do Parlamento de Escritores, entre os quais me conto, e que a ideia da sua criação, sendo também uma boa intenção, não prolongará a lista de frustrações e mal-entendidos em que tem sido fértil a intervenção cívica (ou deveremos dizer política, em sentido pleno?) daqueles a quem se designa por intelectuais. Com uma condição: que este Parlamento Internacional de Escritores se considere reunido em sessão permanente, isto é, que o facto da sua existência sirva para estimular uma participação quotidiana e efetiva dos escritores na sociedade, ao mesmo tempo que vá recebendo alimento e substância dessa mesma participação. O bom Parlamento não é aquele em que se fala, mas aquele em que se ouve. Os gritos do mundo chegaram enfim aos ouvidos dos escritores. Vivemos os derradeiros dias daquilo que, no nosso tempo, se chamou 'compromisso pessoal exclusivo com a escrita', tão querido a alguns, mas que, como opção de vida e de comportamento, é, essencialmente, tão monstruoso quanto já sabemos que é o compromisso pessoal exclusivo com o dinheiro e o poder..."

28 de novembro

Chegada a Manchester. Pergunto-me como irão ser estes dias, entre ingleses e escoceses desconhecidos, salvo o meu precioso Giovanni, que estava à nossa espera no aeroporto. Instalaram-nos em Didsbury, em Broomcroft Hall, numa casa para professores de passagem e convidados da Universidade. O quarto é sóbrio e suficiente, o aquecimento central sufocante. Ao fim da tarde houve uma recepção oferecida pelo reitor. Bastante gente: portugueses, os leitores, Lígia Silva e Luís Varela, e umas quantas pessoas mais, além dos catedráticos de português, espanhol e francês. Clive Willis, chefe do Departamento de Estudos Hispânicos, ofereceu-me, com alguns postais, "para ajudar as recordações", uma fotocópia de um desenho de William Blake representando Camões antes de Ceuta, isto é, ainda com os dois olhos intactos... Como todo o mundo, habituei-me tanto à imagem canónica do nosso épico, que devo ter acabado por tomar a sua meia cegueira como marca da genialidade. Só assim se explica o sobressalto que experimentei ao ver aquela cara banal, igual à de toda a gente. Mas havia também um sentimento de enternecida compaixão, como se ambos estivéssemos na véspera da batalha em que ele iria perder o olho, e eu o soubesse, mas ele não. A recepção durou três horas. Cansei-me de sorrir, do esforço de parecer inteligente. O tempo está frio, cinzento. A noite começa às quatro e meia da tarde.

29 de novembro

O vento corre em todas as direções nas ruas de Manchester, mas o frio avança numa direção só: a dos ossos de qualquer ser vivo que se atreva a pôr pé nestas calçadas. Enquanto esperávamos Luís Vilela, que haveria de levar-nos a uma transida volta pela cidade, entrámos no museu. Pequeno, desarrumado e em obras. Se toda a pintura que têm é a que estava à vista, a visita não vale a pena, salvo para escapar às asperezas do tempo no inverno. Curioso, no entanto, é observar como os pintores ingleses menores do século xix e dos primeiros anos deste tratavam o nu feminino: por baixo duma matéria lisa que parece proteger o corpo das concupiscências do pincel, nota-se como que uma sensualidade mal refreada, capaz de cevar-se furiosamente no modelo à menor distração. Foi talvez esta duplicidade (esta e outras) o que caracterizou a Inglaterra vitoriana e os seus tortuosos modos de viver, tanto os públicos como os subterrâneos.

Conferência na Whitworth Art Gallery. Com surpresa geral, e a minha maior que a de todos, havia mais de cem pessoas a assistir. Entre elas o Alexandre Pinheiro Torres e o Eugénio Lisboa, idos, respectivamente, de Cardiff e de Londres. E havia gente que tinha ido de Leeds, de Liverpool, de Birmingham. O convidado Saramago foi apresentado por Clive Willis, excessivamente, como é de regra nestes casos. Li, com satisfação da assistência, aquele texto já publicado, "Do canto ao romance, do romance ao canto". Jantámos depois, Pilar e eu, em casa de Jeremy Lawrance, um simpático, caloroso e competente medievalista que, irresistivelmente, a propósito de tudo, nos dava sinais de quanto teria gostado de viver na época em que se especializou. Jeremy resigna-se a este tempo, enquanto espera que o mundo, pelo andar que leva, entre em uma nova Idade Média.

30 de novembro

Quando o Prémio Vida Literária me foi entregue, disse, no discurso de agradecimento, que, não havendo faculdades de literatura que produzam escritores como outras produzem médicos, advogados ou engenheiros, só resta aos aspirantes ao ofício de escrever tentarem aprender com o trabalho de quem antes deles escreveu — e que essa é boa maneira. Pelos vistos, estava enganado. Hoje, aqui em Manchester, na universidade, tive um encontro com uns quantos escritores (alguns, novos, outros não tanto), pós-graduados, em vias de preparação de tese. Ora, a tese (ainda não recuperei da estupefação) consistirá na redação (não vejo outro modo de chamar-lhe) de um romance... Manifestei o meu desconcerto a Giovanni Pontiero, que se limitou a encolher os ombros e a pôr em mim uns olhos piedosos: compreendi que também ele não concordava com a peregrina ideia de atribuir um título universitário a partir de uma matéria tão fluida e por definição tão antiacadémica como é a escrita novelesca. Assim confortado, respondi a perguntas: creio ter justificado o meu próprio direito a ser escritor, embora não titular.

1 de dezembro

Visita a Liverpool para conhecer os professores e leitores do Departamento de Estudos Portugueses e Espanhóis. O tempo era escasso, a conversa foi breve e puxada pelos cabelos. Depois fomos às arquiteturas, dois pesadelos em forma de catedrais, a anglicana e a católica, esta ainda assim aturável, apesar do mau gosto da iluminação tirante ao celestial. Quanto à outra, imensa, em estilo neo-neogótico, se se lhe pode chamar assim, parece-se com o palácio de *Citizen Kane*. Inerte e fria, como um cenário, esta aberração fez-me lembrar, por contraste, a Basílica de Santo António, em Pádua, aqueles círios, aquelas confissões em cadeia, o exibicionismo do pessoal eclesiástico de turno. Um descrente como eu não pode deixar de perguntar-se onde diabo conseguirá meter-se Deus se alguma vez aqui vem. O que nos valeu, na anglicana catedral, ainda foi uma orquestra de jovens que ali estava ensaiando um concerto de flauta. Os instrumentos soavam com uma limpidez rara, o que significa que, no fim das contas, o péssimo arquiteto desta obra foi um excelente engenheiro de acústicas.

Mais excelente que tudo, a pintura que está na Walker Art Gallery, para onde nos tínhamos precipitado mal saímos da estação de caminho de ferro. Dá que pensar uma tábua de Simone Martini, mostrando o episódio do encontro de Jesus com os pais (insisto em chamar pais a José e Maria) depois de ele se ter deixado ficar no templo a fazer perguntas aos doutores. Maria está sentada, com um livro aberto no regaço e a sua mão direita, estendida na direção do filho, mostra que o está admoestando, enquanto José olha o rapazinho com uma expressão ao mesmo tempo repreensiva e angustiada. Quanto a Jesus, não há nele qualquer sinal de pesar ou de arrependimento pela escapada. De braços cruzados, sobrolho que se adivinha franzido, os cantos da boca descaídos, é o vivo retrato do rapazinho mal-educado que não aceita conselhos nem ralhos. O que se passa aqui é uma cena de família, as auréolas e as roupagens de aparato das personagens não convencem ninguém... Quão diferente é a *Pietà* de Ercole de' Roberti. Maria já não tem no regaço um livro, mas o filho morto, um cadáver de homem que ela quase não consegue amparar. O rosto dele mal se vê, mas pode-se perceber na sua expressão uma espécie de indiferença. Não a resignação do "tudo está cumprido", a serenidade do "nas tuas mãos entrego o meu espírito", a revolta do "por que me abandonaste?". Apenas indiferença, uma inexplicável e terrível indiferença. Não ficam por aqui as belezas do museu de Liverpool: uma *Deposição no túmulo* do Mestre da "Virgem entre Virgens", o *Retrato de mancebo* de Jan Mostaert, a *Ninfa da fonte* de Lucas Cranach, o Velho, um *Autorretrato* de Rembrandt, aos 24 anos... Mas aquele Cristo, com a cabeça descaída para trás, a barba apontando o céu, reduz o resto a simples pinturas. No chão está a coroa de espinhos, uma coroa que serviria à cabeça de um gigante. Não admira. Tinha sido posta na cabeça de um deus, acabou de cair da cabeça de um homem.

3 de dezembro

Edimburgo (e para que o digo eu, se tantos o disseram já?) é uma cidade belíssima. E mais o seria se no lugar da estação de caminhos de ferro ainda estivesse aquele lago que a natureza lá pôs um dia e que os homens outro dia secaram. Mesmo assim, com um pequeno trabalho da imaginação, podemos decidir que a cobertura cinzenta da estação é uma água sombria que reflete o tempo coberto e a chuva que viemos encontrar. Em Edimburgo anoitece mais cedo que em Liverpool: às quatro já os candeeiros estão acesos. Perdemos uma parte da manhã à procura de um transformador para o computador (esta malvada máquina só me dá aborrecimentos) que resolveu não funcionar em Didsbury, e depois é que fomos ao castelo. Chovia finamente, a poalha da água, como suspensa, confundia o horizonte com a terra e o céu, mas a beleza da cidade, toda feita de torres, altas empenas, grandes massas arquitetónicas, de tão viva e intensa, quase se tornava angustiante. Não sei como será morar em Edimburgo, mas sei, se a vida ou a morte não dispuserem outra coisa, que voltarei aqui um dia e que subirei para o Norte, onde me dizem que permanece ainda a Escócia profunda. Fomos, depois do castelo, à Catedral de St. Giles. Entre esta formosura, dos tempos em que a fé, mesmo se não removia montanhas, criava obras-primas, e os fenómenos teratológicos de Liverpool, vai a distância que separa o banal do excepcional.

A conferência — "A Ibéria entre Europa e América Latina" — correu bem. Menos gente que em Manchester, mas todos interessados. David Frier leu um extenso ensaio — "Ascent and Consent: Hierarchy and Popular Emancipation in the Novels of José Saramago" — onde encontro coisas tão inesperadas como a associação do padre Bartolomeu de Gusmão do *Memorial* a Mefistófeles e de Baltasar Mateus, o Sete-Sóis, a Fausto... Terei de ler com atenção o texto (quando souber inglês suficiente...), para ver até que ponto a ousadia se justifica. Giovanni Pontiero falou esplendidamente do *Ano da morte de Ricardo Reis*. Digo esplendidamente porque, ainda que com alguma dificuldade, fui acompanhando a leitura (quando se fala de nós em bem conseguimos perceber tudo, mesmo que o discurso seja em húngaro...), e a impressão do público não foi para menos. No fim da sessão houve recepção. Uma boa parte do tempo conversei com estudantes: gostei eu e pareceu-me terem gostado eles.

4 de dezembro

Em Londres. Na estação de King's Cross esperava-nos o Luís de Sousa Rebelo, sábio e discreto homem a quem devo algumas das páginas mais inteligentes e sensíveis que se escreveram sobre os meus livros. Será a primeira vez que iremos ter ocasião de conversar com tempo e descanso. Jantámos com ele e a mulher, María Dolores, espanhola como do nome se tira, pessoa que, ou me engano muito, esconde por trás de uns modos secos, cortantes, quase agressivos, aquela raposinha do *Petit Prince* que implorava: "Apprivoise-moi, apprivoise--moi...". Ainda que eu desconfie de que esta raposa começaria, irresistivelmente, por morder a mão que se dispusesse a acariciá-la...

5 de dezembro

Com Luís e María Dolores, almoçámos em casa de Christopher Maclehose, o meu editor. Em certa altura da conversa, afirmei que o romance já não tinha por que continuar a contar histórias, que as histórias do nosso tempo as contam o cinema e a televisão, e que, sendo assim, ao romance e ao romancista não restava mais que regressar às três ou quatro grandes questões humanas, talvez só duas, vida e morte, tentar saber, já nem sequer "donde vimos e para onde vamos", mas simplesmente "quem somos". Kukla, a mulher de Christopher, uma francesa inteligentíssima, defendeu a necessidade da história, e eu concordei, mas somente como suporte útil, não como fim em si.

Informado das minhas dificuldades com o computador, Christopher prontificou-se a encontrar-me o transformador. Se o problema não se resolver em Londres, ainda tenho Lisboa, cidade onde a cada passo se encontram artefatos pré-históricos...

6 de dezembro

Por muito que eu proteste que o *Evangelho* é um romance, e portanto literatura, toda a gente aposta em querer saber o que eu penso (se mais me atrevo ainda a pensar) sobre Nosso Senhor Jesus Cristo, o Céu, o Inferno (a propósito do castigo eterno, saiu-me esta: "Um deus capaz de inventar o inferno não merece o nosso respeito") e todo o consequente bricabraque teológico. De acordo com Eugénio Lisboa, levei à conferência da embaixada o discurso de Manchester, e foi como se tivesse falado de dieta cárnica para uma assistência de vegetarianos. Ouviram com atenção bem-educada, mas não fizeram nenhum caso daquela ambiciosa ideia minha de fazer retornar o romance ao canto original, de convertê-lo em suma do conhecimento, em "poema que, sendo expansão pura, se mantivesse fisicamente coerente", como lá se diz. E também não pediram uma explicação mais precisa do que pretendia eu dizer com isso de "um tempo poético, pertencente à recitação e ao canto, aproveitando todas as possibilidades expressivas do andamento, do compasso, da coloratura, melismático ou silábico, longo, breve, instantâneo". Ao público de Londres (cerca de 150 pessoas, segundo depois me disseram) o que sobretudo interessou foi o lado polémico do livro, a heresia, o sacrilégio, a impiedade. Nisso nos detivemos quase todo o tempo, mas não me queixo: no dizer de todos, a reunião foi um êxito, e houve mesmo quem afirmasse que eu tinha feito ressuscitar a Anglo-Portuguese Society, que, com o King's College e a embaixada, teve parte na organização do evento. Christopher Maclehose, que assistiu, prometeu-me que até ao Natal irei receber em Lanzarote o maldito transformador. Quer dizer: nem mesmo a megametrópole Londres parece habilitada a fornecer, quando lho pedem, um acessório elétrico tão simples. Começa a formar-se no meu espírito uma dúvida: existirá realmente a Philips?

Jantámos no Café Rouge, nós, o casal Rebelo, Eugénio Lisboa, o Hélder Macedo e a Suzete, a Fernanda e o Bartolomeu dos Santos, queridos anfitriões em Sintra. Conversa animada e cordial. Mas, como ando em maré de curiosidades metafísicas, pergunto-me: "Quem sou eu para estas pessoas?". Ainda que, provavelmente, devesse começar por procurar resposta à outra pergunta: "Quem são elas para mim?".

7 de dezembro

Em Sevilha uma vez mais, agora para uma conferência na Biblioteca Pública com que se rematará o ciclo "El Mito y lo Sagrado en la Literatura Contemporanea". Como de literatura contemporânea não sei muito, e ainda menos numa área particular e tão rigorosamente definida, propus aos organizadores do ciclo falar do que melhor conheço: o que faço. Estiveram de acordo. Com algumas ideias bebidas em Jacques Vidal e umas tantas vistas mais ou menos pessoais, armei um texto com um título que de modesto nada tem: "Pecado, culpa, poder na estrutura trágica do *Evangelho segundo Jesus Cristo*". Não dará para mais que meia hora, mas confio que as perguntas dos assistentes me ajudem a arredondar o tempo.

10 de dezembro

Terminou bem, para não dizer em melhor, esta volta em Manchester começada. O auditório da Biblioteca estava repleto, o interesse foi grande, viva a participação dos assistentes, e a sessão, que tinha começado às 8, só terminou às 10. Uma vez mais, não se falou de literatura: com este livro, não há mais remédio que deixar-se ir atrás do público, porventura cansado, sabe-se lá, de ouvir falar só de livros quando de livros se fala. Ao menos, este romance tem a virtude de atirar as pessoas para o meio da discussão. Não se trata tanto de tomar partido a favor ou contra o livro, mas sim de situar-se cada qual perante a sua própria vida, a sua mentalidade e a sua cultura, impregnadas, todas elas, de cristianismo, até à medula. As pessoas sentem-se interpeladas e falam. O mau disto, como dizia há dias o Luís de Sousa Rebelo, é começarem a ver-me como uma espécie de *guru*...

11 de dezembro

O avião para Lanzarote não quis descolar. Já lançado a não sei quantos quilómetros por hora na pista, subitamente a velocidade diminuiu. Tinha parado um reator. A avaria, soube-se depois, era séria, não podia ser reparada ali, tivemos de esperar por outro avião que nos levasse. São coisas que acontecem, disseram-nos. Mas se esta tivesse acontecido um minuto mais tarde, com o avião já no ar, a precisar ainda de toda a potência para ganhar altura, provavelmente ter-nos-íamos estatelado...

12 de dezembro

Leio um ensaio que me foi oferecido pelo seu autor, Adrián Huici, em Sevilha, antes da conferência. Chama-se "Historia y Ficción en *Historia del Cerco de Lisboa*", e deixa-me simultaneamente estupefato e agradecido: é, sem nenhuma dúvida, o mais agudo, o mais inteligente estudo até agora feito sobre este livro. Disse-me Huici que espera publicá-lo numa revista (não disse qual, talvez a *Renacimiento*, de Sevilha), mas seria ótimo que o texto pudesse ser conhecido em Portugal. Falarei com Zeferino quando ele vier.

16 de dezembro

De uma carta de Zeferino Coelho, hoje recebida: "Quero testemunhar-lhe a minha alegria pela maneira como tudo se passou: a *inesperada* afluência de público, enchendo a sala, as esplêndidas intervenções de Saramago — a segurança delas, a inteligência que nelas revelou, o tom cativante (em extremo) com que soube apresentar as suas ideias [...]. Em 28 anos completos de Inglaterra nunca vi cá chegar um nosso compatriota que tanto *convencesse* que AFINAL temos uma *literatura*". As palavras, os sublinhados e as maiúsculas são do Alexandre Pinheiro Torres. Para que não se diga que eu ando a escrever mentiras e a cultivar narcisos neste caderno...

17 de dezembro

Voltei — timidamente — ao *Ensaio*. Modifiquei umas quantas coisas, e o capítulo ficou bastante melhor: a importância que pode ter usar uma palavra em vez de outra, aqui, além, um verbo mais certeiro, um adjetivo menos visível, parece nada e afinal é quase tudo.

18 de dezembro

Um mês e meio depois que Monsieur Le Belge diz ter feito a expedição, a gabardina ainda não chegou — se chegará alguma vez. Ao menos fiquei a saber em que consiste a diferença entre um português e um belga: o português, preocupado com a falta que estaria fazendo àquele senhor o mantéu, despacha-o por correio expresso; o belga, com tanto de egoísta como de avarento, envia--o tranquilamente por caminho de ferro. Que sarcástica canção teria feito Jacques Brel, se fosse vivo e conhecesse esta história...
Carmélia telefona para nos dizer que *Divara*, de vento em popa, ficará em cartaz até fevereiro, mais um mês do que se previa. E que vai gente da Holanda, de autocarro, para ver a ópera... Portugal, esse, não sabe nada. E Lisboa, capital cultural da Europa, apresentará dezoito óperas durante o ano que vem. Os organizadores do programa musical não ouviram falar de *Blimunda* nem de *Divara*, essas insignificâncias...

20 de dezembro

Chegou a família para passar o Natal connosco: Violante, o meu genro Danilo, os dois netos, Ana e Tiago. Tirando uns primos que nunca vejo, o resto foi ficando pelo caminho.

21 de dezembro

Em dois dias três longuíssimas e fatigantes entrevistas por telefone, duas para jornais de Israel, outra para S. Paulo. Uma das jornalistas, de Telavive, no fim da conversa, disse-me que se tinha acabado de publicar ali uma antologia de Fernando Pessoa e que o livro era anunciado como sendo de um autor do país de Saramago... Espero que os israelitas leiam rapidamente o Pessoa para poderem inverter os termos da imprópria frase, passando o Saramago a ser do país de Pessoa. Por duas razões, ambas igualmente óbvias: a primeira, ter o Pessoa nascido primeiro; a segunda... Ah, a segunda...

24 de dezembro

Tocaram à porta da rua, pensei que fosse o carteiro e fui atender. Encontrei-me com quatro inesperados portugueses: o Sérgio Ribeiro e a Maria José, o Manuel Freire e a Iva. Poucas visitas me têm dado tanta satisfação, não só pela amizade que, por razões mais ou menos próximas, me une a todos eles, mas porque subitamente me aparecia ali um Portugal de que já quase estava esquecido: essa terra que nunca foi tão nossa como quando a vivemos como o presente sofredor que era, mas com um futuro que haveria de ter pelo menos o tamanho da nossa esperança... Enquanto conversávamos, pensei no longo e persistente trabalho do Sérgio, paciente como um beneditino, essa incansável maneira que ele tem de regressar às questões que o preocupam, com a ideia obsessiva de que é preciso deixar tudo claro e de que se para isso tiverem faltado algumas palavras, essas não serão suas. E o Manuel Freire, uma espécie de irmão gémeo do Assis Pacheco, tanto no físico como no jeito de quem terá decidido um dia não tomar-se demasiado a sério e recusar-se a dar contas disso aos intrometidos. Mas a *Pedra filosofal* vai ter de regressar um dia destes, sinto que se aproxima o tempo em que iremos precisar dela outra vez.

25 de dezembro

Não é pequena contradição ser dotado de tão pouco sentimento familiar e ter tanta necessidade de uma família. E isto sei eu que não tem remédio. Dir-se-á que tenho a Pilar, mas Pilar não é família, é Pilar. Só por ela não me sinto num deserto.

28 de dezembro

Uns partem, outros chegam. Foi-se a família, foram-se os portugueses inesperados (pude, enfim, falar português até cansar-me), e agora chegaram Zeferino e Ana, e outra Ana, a González, uma amiga que é professora de matemática no Instituto Espanhol, em Lisboa. Afastam-me do trabalho, mas, como o apetite dele não tem sido grande nestes dias, o prejuízo também não o é. Faço de contas que estou eu de férias, sem deveres que aborreçam nem devoções que distraiam. Mas torna-se cada vez mais claro que ou decido isolar-me brutalmente (saiu esta palavra, deixo-a ficar), ou os livros daqui em diante levarão o dobro ou triplo de tempo a serem escritos.

30 de dezembro

Continuam a chover-me em casa os convites. De Bernard-Henri Lévy, em nome da *chaîne* franco-alemã ARTÉ, para um encontro em Paris, de 5 a 7 de maio, sobre o tema "L'Europe: et si on recommençait par la culture?"; de José Sasportes, da Fundação Calouste Gulbenkian, para participar, em 19 de março, num colóquio sobre o tema "A descoberta"; Marta Pessarrodona, de Barcelona, vem recordar-me que respondi afirmativamente ao convite, então informal, que ela me tinha feito há tempos, em El Escorial, para participar no sétimo encontro da Comissió Internacional de Difusió de la Cultura Catalana, de 16 a 20 de março; e, agora mesmo, da Universidade de Salamanca, escreve-me Joaquin García Carrasco a convidar-me a fazer parte do júri do Prémio Reina Sofia de Poesia Iberoamericana... Já tomei decisões: fico-me com Paris e Salamanca, não irei a Lisboa, e, quanto a Barcelona, paciência, quebro a minha palavra. Aliás, não sendo como Santo António, não poderia estar em dois sítios ao mesmo tempo. Devo dizer, no entanto, que Lisboa me interessaria: o texto explicativo dos propósitos do colóquio, escrito por Paulo Cunha e Silva, do Instituto de

Ciências Biomédicas Abel Salazar, é altamente estimulante. E eu iria ter, como companheiros de mesa-redonda ("A hipótese" é o título), pessoas a quem estimo, como a Teresa Beleza e o Cláudio Torres...

31 de dezembro

Ray-Güde enviou-nos fotografias do colóquio de Frankfurt e da ópera em Münster, que me fizeram apetecer tomar um avião e ir ver o espetáculo outra vez. Com as fotografias vinha uma carta de uma leitora italiana, Gabriella Fanchini, de que aqui deixo constância, não pelos louvores que, por hiperbólicos, não transcrevo, mas por causa de duas ou três palavras reveladoras de um sentimento que julgo ser capaz de compreender, mas que seria trabalhoso analisar: diz ela que a leitura de *Levantado do chão* a deixou "melancolicamente" mais feliz... Creio que nunca se disse nada tão bonito sobre um livro.

DIÁRIO II

A Pilar
A Zeferino Coelho
À memória de Vítor Branco

3 de janeiro de 1994

Zeferino Coelho regressou hoje a Lisboa. Enquanto cá esteve leu tudo quanto tenho escrito nos últimos tempos: estes *Cadernos*, o capítulo do *Ensaio*, as notas para as *Tentações*. Propôs-me levar já os *Cadernos*, para publicar em abril um primeiro volume. O trabalho que tive para contrariar-lhe a ideia não precisou de ser grande, mas obrigou-me a pensar sobre o que quero fazer, ou melhor, sobre a ordem por que haverão de sair estes livros, por enquanto ainda só promessas deles. Concluí que devo lançar-me de vez ao *Ensaio* e não ir buscar desculpas cómodas ao tempo que as *Tentações* e os *Cadernos* vão continuar a tomar-me. Nestas duas semanas pouco poderei adiantar (primeiro vem o José Manuel Mendes, depois aparecerá o João Mário Grilo com a equipa de filmagem), mas, passadas elas, terei de voltar ao trabalho, desviar os olhos deste céu, deste mar, destas montanhas. Contra o meu desejo, duramente. (Há dias saiu-me "brutalmente"... Enfim, palavras.)

Há que reconhecer, no entanto, que as circunstâncias não me têm ajudado nada a instituir e manter a disciplina sem a qual escrever um romance se torna na mais penosa de todas as tarefas. Agora, por exemplo, chegaram-me de Itália, de Massimo Rizzante, colaborador da revista *L'Atelier du Roman*, de Paris, as perguntas da entrevista que lhes prometi. Não se afastam do habitual (a questão do romance histórico, a questão das personagens, a questão do narrador...), mas são nada menos que dezasseis, e todas a exigir resposta desenvolvida: aliás, muito simpaticamente, informam-me de que tenho quinze páginas da revista à minha disposição... Teria preferido que me pedissem concisão, síntese, poucas e claras palavras. Apetece-me mandar-lhes trinta páginas de vingativas respostas.

4 de janeiro

Escreve-me António de Macedo, em nome da sua produtora de filmes, a Cinequanon, para saber se estou interessado em escrever o argumento de um audiovisual (tem-me custado a perceber exatamente o que haja de efetiva novidade por trás desta palavra da moda: se é audio, é para ouvir, se é visual, é para ver: mas não é isso o que já antes era, quando lhe chamávamos simplesmente documentário?) sobre os vinte anos do 25 de Abril. O projeto vem da Alemanha e, segundo as palavras de António de Macedo, "é vontade expressa do coprodutor alemão [está também metida nisto a rede de TV francesa ARTÉ, a mesma que coorganiza o colóquio de Paris, em maio] que o texto seja escrito por um escritor português de renome, e foram eles mesmo que sugeriram o nome de José Saramago"... Tirando o "renome", o que isto quer dizer é que não me deixam respirar. Aceito? Não aceito?

Piedade!... Ao fim do dia telefonaram-me de Cuba: a UNEAC convida-me a participar na Feira do Livro de La Habana, já em fevereiro... (Muito tenho abusado das reticências nestes últimos dias, eu que protesto contra estes e semelhantes arrebiques da sinalética gramatical.) Repito as perguntas de antes: aceito? não aceito? A minha vontade é dizer-lhes que não, que não posso, mas aquela gente precisa tanto de ajuda que me interrogo se não será meu dever ir até lá.

5 de janeiro

De Niterói escreve-me Katia da Matta Pinheiro, que está preparando a sua dissertação de mestrado em história na Universidade Federal do Rio de Janeiro. Diz-me que escolheu para objeto de pesquisa o *Memorial do convento*, desenvolvendo a hipótese, palavras suas, de que este romance encerra possibilidades como obra historiográfica. Conta-me das resistências que encontrou por parte dos professores de literatura e de história, uns porque se estaria reduzindo a dimensão da obra de arte que é o romance, os outros porque se trata de uma ficção, e, como tal, não se identifica com a historiografia. Argumentam estes (continuo a usar as próprias palavras de Katia) que o romance, enquanto obra ficcional, não mantém compromissos com o "real", nem teria "credibilidade" científica para tanto. Finalmente, uma historiadora, quando da defesa preliminar do projeto, pôs em dúvida que a sociedade portuguesa do século XVIII esteja efetivamente retratada no livro. Apesar de tantas e tão severas reservas, o projeto acabou por ser aprovado como "promissor". Katia faz-me perguntas a que irei responder o melhor que possa.

Os professores têm razão, o autor do *Memorial* não escreveu um livro de história e não tem nada a certeza de que a sociedade portuguesa do tempo fosse, *realmente*, como a retratou, embora, até ao dia em que estamos, e já onze anos completos são passados, nenhum historiador tivesse apontado ao livro graves erros de facto ou de interpretação. Resta saber se é aí que se encontra o problema, se não estaria antes na necessidade de averiguar que parte de ficção entra, visível ou subterrânea, na substância já de si compósita do que chamamos história, e também, questão não menos sedutora, que sinais profundos a história, como tal, vai deixando, a cada passo, na literatura em geral e na ficção em particular. No presente estado de coisas, está claro que Katia ousou de mais, mas não é menos patente a timidez destes professores, assustados com a ameaça de ver apagada a fronteira que, na opinião deles, separa e sempre há-de separar a história e a literatura. Começo a pensar que seria interessante incluir a história nos estudos de literatura comparada, para que depois pudesse escrever-se uma história literária da História... A ver o que dali sairia...

A viagem a Cuba, nesta altura, complicar-me-ia a vida. Não tive mais remédio que avisar a UNEAC de que não poderei ir. Com pena, com muita pena. E não posso evitar pensar que esta talvez fosse a última oportunidade de tornar à Cuba socialista que respeito e admiro.

6 de janeiro

Pela segunda vez o impossível aconteceu. (A primeira foi quando Artur Albarran me telefonou para Paris.) Se chega a acontecer terceira, não sei o que sucederá à velha ordem do mundo. Foi o caso que na revista *Cambio 16* desta semana apareceu um artigo assinado por Mário Ventura, desses que é costume escreverem-se por esta época sobre os desejos e votos para o ano que entra. Ou já entrou. Em dado passo pergunta-se o articulista se será neste ano de 1994 que a literatura portuguesa se verá contemplada com o Nobel, o que, evidentemente, não é novidade (refiro-me à pergunta), porque todos os anos alguém aparece a fazê-la, sem resultado que se veja. O insólito da história consiste em apresentar-se o artigo ilustrado com uma fotografia minha, ainda por cima adornada com uma legenda que me associa ao suspiradíssimo prémio. Como se explica o inaudito acontecimento? Excluída terminantemente, por todas as razões conhecidas e por conhecer, a possibilidade de que a inclusão da fotografia tenha sido da iniciativa do autor do artigo, fica apenas, com todos os visos de plausibilidade, a hipótese de que ela tenha sido colocada ali pela redação da revista em Madrid, uma vez que a edição portuguesa de *Cambio 16* é impressa em Espanha. José Manuel Mendes, que aqui veio para fazer-me uma entrevista, diz que o sucedido prova a existência de Deus. Para o articulista, provará com certeza a existência do Diabo...

7 de janeiro

Reminiscências histórico-melancólicas. Durante séculos, como se tivessem sido testemunhas presenciais do milagre, os portugueses acreditaram piamente que Cristo apareceu a D. Afonso Henriques antes da batalha de Ourique, garantindo-lhe não só ajuda imediata como proteção para o futuro, tanto para ele como para os seus descendentes. Os cronistas dizem que éramos pouquíssimos em comparação com a multidão dos mouros, afirmação que depois ganhou raízes, porque, no geral das guerras posteriores, até aos nossos dias, sempre foi ponto de honra nosso sermos menos que os adversários. A nossa força e a nossa coragem não necessitam portanto de melhor demonstração. Quanto à batalha de Ourique, tirando-lhe o Cristo, terá sido igual às outras: uns morreram, outros não. Parece que o sangue derramado foi muito, o que não admira. Se me perguntam como é que vejo o formidando e teológico combate, acho que foi uma lástima ter Cristo aparecido somente ao nosso primeiro rei. É que podia ter aparecido igualmente aos infiéis mouros, persuadindo-os à boa paz do seu erro e trazendo-os à verdadeira fé, então ainda na pujança do seu primeiro milénio. Convertidos ao cristianismo, os antigos sequazes de Mafoma passariam a engrossar as nossas hostes e a colaborar na multiplicação dos portugueses, graças ao que não teríamos começado uma pátria com essa lamúria piegas de sermos poucos. Já sei que os patriotas acodem sempre a retificar: "Poucos, sim, mas bons". E eu digo, suspirando: "Que bom seria se pudéssemos ser melhores...".

8 de janeiro

Chegaram-me ecos do desastre que terá sido a participação de Zita Seabra no programa de Manuela Moura Guedes. Entristece-me verificar como afinal valia tão pouco, intelectual e eticamente falando, alguém a quem os acasos e as necessidades políticas colocaram em funções e confiaram missões de responsabilidade dentro e fora do Partido. Que Zita Seabra se tenha desempenhado delas, nesse tempo, com coragem e dignidade, não pode servir para disfarçar nem desculpar o seu comportamento atual. Zita Seabra é hoje o exemplo perfeito e acabado do videirinho, palavra suja que significa, segundo os dicionários e a opinião da gente honrada, "aquele que para chegar aos fins não olha aos meios nem hesita em humilhar-se e cometer baixezas". Ouço, leio, e chego a uma conclusão: esta mulher vai acabar mal.

9 de janeiro

Assim são as coisas. Gabei-me aqui de não ter gasto muito tempo a dissuadir o Zeferino Coelho da sua vontade de levar os *Cadernos* para os publicar já, e afinal o José Manuel Mendes levou ainda menos a convencer-me do contrário. Usou de um argumento para o qual não encontrei resposta: que as minhas dúvidas e hesitações quanto à oportunidade da publicação não seriam aclaradas nem resolvidas pelo tempo, uma vez que o livro continuaria a ser, nesse e em todos os futuros, aquilo que é hoje: um comentário sem preconceitos sobre casos e gente, o discorrer de alguém que quer deitar a mão ao tempo que passa, como se dissesse: "Não vás tão depressa, deixa um sinal de ti". Compreendi que a relutância provinha só de um temor não confessado a enfrentar-me com reações suscitadas por referências feitas nestas páginas a pessoas e procedimentos. Na verdade, ainda tenho muito que aprender com os escritores de barba dura, a quem nada faz recuar, como Vergílio Ferreira...

10 de janeiro

De Jerusalém telefona-me a minha tradutora, Miriam Tivon, para me dar notícias do *Evangelho* (excelentes), mas sobretudo para informar-me de que um fotógrafo de Israel (dos melhores, segundo Miriam) quer convidar-me a escrever algo sobre fotografias suas, e de tudo, imagens e palavras, fazer depois um livro. Se lembrar que já tenho um compromisso com Arno Hammacher, o amigo holandês que aqui passará todo o mês de fevereiro a fazer fotografias para um livro seu e meu sobre Lanzarote, começarei a desconfiar que os fotógrafos deste mundo andam, sinistramente, a passar palavra uns aos outros...

11 de janeiro

José Manuel Mendes partiu hoje, levando umas cinco ou seis horas de gravações. Não lhe invejo a sorte, ter de desenredar de um discurso sempre digressivo e não raro caótico umas quantas ideias mais ou menos aproveitáveis que por lá se encontrem. Os entrevistadores implacáveis não são os que nos encostam à parede, seriam antes aqueles que reproduzissem tintim por tintim as incoerências, as contradições, as ambiguidades de um falar cujas defesas formais e cujas reservas mentais se vão desmoronando à medida que a fadiga avança. O que vai valer, neste caso, é a amizade do José Manuel Mendes, dispostos, ela e ele, a endireitar um conceito torcido ou aplainar uma oração empenada.

Chegou carta de Jorge Amado. O Instituto de Letras da Universidade da Bahia organiza em maio um encontro de tradutores e um seminário de ensino e aprendizagem de tradução para que serão convidados os mais importantes tradutores do português a outras línguas e uns quantos escritores ditos de renome (outra vez a palavra), entre os quais se espera que venham a estar presentes García Márquez e este português de Lanzarote. Pilar e eu lemos a carta ao mesmo tempo, e quando chegámos ao fim ela perguntou-me: "Que viagens temos em maio?". Ainda que não pareça dedididamente explícito, foi uma maneira de dizer sim...

12 de janeiro

Conversa com João Mário Grilo e Clara Ferreira Alves sobre o documentário — formato "Artes e letras" — que Isabel Colaço teve a ideia de produzir. Haverá a inevitável entrevista, entrarão planos de Timanfaya, aparentemente nenhuma surpresa, porém, enquanto ouvia o João Mário, ia-me maravilhando perante um discurso em que as palavras, no próprio momento da sua enunciação, e sem nada perderem da sua específica autonomia, se me propunham ao mesmo tempo como tradução de imagens, não porque as descrevessem, mas porque as "convocavam". Creio começar a perceber melhor como funciona a cabeça dos realizadores de cinema: eles sabem que o real não é uno, que se compõe de infinitos fragmentos, que nos olha com o olho mil vezes facetado da mosca, e então procedem segundo regras que parecem ter muito de aleatório, escolhendo, alternando, justapondo, constantemente oscilando entre a exigência de uma razão organizadora e a fascinação do caos.

Há dias de sorte. Tive hoje — 12 de janeiro — a grata satisfação de receber do Gabinete das Relações Culturais Internacionais da Secretaria de Estado da Cultura um fax que se fazia acompanhar de uma carta da Fundación El Libro, de Buenos Aires, datada de 13 de setembro do ano passado, em que me convidam a participar na Feira do Livro que em março ali se irá realizar. Deixo pois aqui, por muito merecido, um caloroso e entusiástico louvor ao dito Gabinete das Relações por ter levado apenas quatro meses a fazer-me chegar às mãos a carta dos argentinos. Não sonha o Gabinete que a Fundación El Libro, perplexa por não receber resposta minha, conseguiu, pelos seus próprios meios, desencantar-me aqui, motivo por que a Secretaria de Estado da Cultura pode continuar o interrompido sono, uma vez que o assunto foi resolvido sem ela.

13 de janeiro

Diz o Gabinete das Relações Culturais Internacionais da Secretaria de Estado da Cultura que não teve culpa. Diz que o convite lhe foi comunicado pelo Ministério dos Negócios Estrangeiros em 2 de novembro e que imediatamente o transmitiu ao Instituto da Biblioteca Nacional e do Livro, "entidade vocacionada para as questões relacionadas com as feiras de livro e os contatos com escritores". Trata-se obviamente de uma vocação falhada, uma vez que o dito Instituto não deu um passo para comunicar comigo, e, pelos vistos, foi o próprio Ministério dos Negócios Estrangeiros que veio a insistir, em 6 de janeiro, por uma resposta, tomando finalmente o Gabinete das Relações a iniciativa de me enviar diretamente cópia da carta da Fundación El Libro. Obrigado, Gabinete, obrigado. Ainda assim, ficará por averiguar (mas isso já seria enigma para um Poirot) como é que uma carta enviada em 13 de setembro à Embaixada de Portugal em Buenos Aires (como me informou a Fundación) só em 2 de novembro é que fez mover as engrenagens do Ministério dos Negócios Estrangeiros...

17 de janeiro

Durante quatro dias a casa esteve transformada num pequeno estúdio de cinema, com cabos elétricos estendidos pelo chão, focos que encandeavam, objetivas hipnotizantes, tripés, placas refletoras, afinações de som e de imagem, medições da luz, mudanças de móveis e de roupas, deslocações de quadros, "*silence, on tourne*". No meio de tudo, obediente, dócil como um ator pouco seguro do seu talento, eu respondendo às perguntas de Clara, eu escutando as recomendações de João Mário, eu esforçando-me por parecer inteligente na palavra, no gesto, na expressão. Foram-se embora hoje, levaram para Lisboa não sei quantas horas de gravações — só os tempos de entrevista, somados, dão mais de sete horas —, e eu ponho-me a imaginar o resultado de todo este trabalho. Terá valido a pena? Não que eu duvide da sensibilidade e do saber do João Mário Grilo, o que me pergunto é se terei feito bem em abrir, não tanto as portas da casa, que essas sempre estarão abertas para a gente honesta, mas as da minha vida, que até agora mal tinha deixado entreabrir...

18 de janeiro

Uma entrevista que dei a Antena 3 Rádio, de Espanha, apareceu citada no *Público*, há dias. O tema era Lisboa Capital Cultural Europeia. Por razões muito semelhantes às que me levaram em tempos a questionar a moda das Casas de Cultura, que, começando por apresentar-se como estimulantes de ambientes culturalmente abatidos, acabaram, com raríssimas exceções, por tornar-se solipsistas e autofágicas, manifestei naquela entrevista o meu desacordo de fundo: as "capitais culturais" — operação política que visa efeitos mediáticos e pouco mais — não só não mostram a situação cultural efetiva de uma cidade e de um país, como, pelo contrário, a disfarçam com falsos brilhos, uma delgada capa de pintura que não tardará a estalar para pôr à vista a cinzenta realidade quotidiana. Farejando um escândalo, ainda que de tão pouca monta, o *Público* deu a sua ajuda, pondo na notícia um título com tanto de verdade quanto de engano: "José Saramago contra Lisboa Capital Cultural". Assim se desinforma o mundo e desorientam os leitores... Evidentemente, Vítor Constâncio e Jorge Sampaio não terão gostado nada das declarações do desmancha-prazeres, mas o tempo e os factos hão-de vir a demonstrar-lhes que uma coisa é terem eles de fazer o que estão fazendo, por dever de ofício, e outra coisa seria acreditarem na sua própria e necessária campanha publicitária. Entretanto, graças à entrevista que dei a Juan Arias e que saiu em *El País* do dia 15, a pátria já terá algo mais com que entreter-se: aí digo que é difícil que possa haver uma cultura viva num país morto, como é o caso de Portugal, aí pergunto para que serve um país que depende, para viver, de tudo e de todos... A estas horas, já os patriotarrecas do costume devem andar por lá a rosnar contra o indigno e o ingrato. Ou então, nada: tanto quanto a tristeza de que falava o Camões, também a beata satisfação de si próprio, essa em que anda a rebolar-se meia população, pode ser vil e apagada.

Proposta para um debate: de um ponto de vista cultural sério, sem confundir alhos com bugalhos, que projeção efetiva tem Lisboa no país de que é capital?

19 de janeiro

Uma carta vinda do Porto. Ao contrário do que em geral faço, não mencionarei nomes, quer de quem a escreveu quer das pessoas mencionadas nela. Não é a primeira vez que me aparece alguém a sugerir-me que escreva um romance sobre histórias que o meu correspondente, por uma razão ou outra, considera merecedoras de serem passadas ao papel. São episódios de antigas famílias aristocráticas (certamente por influência do *Memorial* e da subsequente reputação de "romancista histórico" que me criaram), são casos de vidas mais ou menos exemplares, mais ou menos aventurosas, e houve até um católico furioso que me desafiou a escrever uma vida de Lénine com a mesma negra tinta, dizia ele, com que tinha escrito a vida de Jesus...

Esta carta também vem pedir-me que escreva um livro. A diferença, em relação a outras, percebi-a eu subitamente quando, ao terminar a leitura, me senti como se tivesse a irrecusável obrigação de o escrever, como se algum dia houvesse assumido esse compromisso e a carta estivesse a pedir-me contas da falta de cumprimento da minha palavra. A história é, simplesmente, a de um homem que já morreu. Dele dizem-me que era "magro, alegre, cínico, feroz, poeta", que quem o conheceu não o esquecerá nunca. Que a sua vida foi bela. Dizem-me também: "Alguém teria de contar isto. Você saberia, que acha? Como se faz um livro? Como se recria um personagem? Existe? Inventa-se? Ou pega-se em pequenos nadas de outras gentes e faz-se nascer um príncipe?". E mais: "Assim, esta vida ficaria a boiar no tempo, como a sua Jangada de Pedra, um outro Cristo evangelizador caseiro, sem as empolgantes subidas aos céus do catecismo". E sugere: que se eu me decidisse a escrever o livro, se ele fosse um êxito, se ganhasse dinheiro, poderia dar alguma coisa à família necessitada... Termina dizendo: "Esta minha ideia é louca, mas não tenho outra — grande — de lembrar e homenagear o meu Amigo. Não sei escrever, não tenho dinheiro, não sei esculpir nem pintar a dor e o vácuo".

Li a carta com um nó na garganta e quase não acreditava no que lia. Como é que se pode esperar tanto de uma pessoa, esta, ainda por cima com a inconfessada esperança de ser atendido? Claro que não farei esse livro (e como o faria eu?), mas sei que vou viver por uns tempos com o remorso absurdo de não o ter escrito e de ser a causa inocente de uma decepção sem remédio. Inocente porque estou sem culpa, mas então porquê esta impressão angustiosa de ter faltado a um dever?

Tomei algumas notas para a conferência que farei em Segóvia, no mês de março. Terá o título "Leituras e realidades" e disso mesmo constará, das "leituras da realidade", sejam elas as da literatura, da arte ou da história. Levarei para mostrar uma aguarela de Dürer, lerei a crónica que sobre ela escrevi em tempos, e direi em conclusão: "A aguarela de Dürer tenta responder à pergunta que a realidade lhe fez: 'Que sou eu?'. O texto tenta responder à pergunta da aguarela: 'Que sou eu?', e, por sua vez, interroga-se a si próprio: 'Que sou eu?'. E tudo, como os rios vão ao mar, vai ter à pergunta do homem, a mesma, a de sempre: 'Eu, que sou?'". Ora, o acaso tinha querido que eu estivesse a ouvir, enquanto escrevia, o conjunto dos *Estudos de Chopin*, de que gosto muitíssimo e a que volto regularmente. Parei uns minutos para dar atenção a um deles, e de súbito pensei que se alguém naquele momento me perguntasse com que peça musical é que me identifico mais, responderia sem hesitar: "Com o *Estudo Opus 25, nº 12, em dó menor* de Chopin, aí está o meu retrato...". Reconheço que a pretensão é insuportável, mas não chega ao escândalo que teria sido responder: "Com a *Paixão segundo S. Mateus*, de Bach, nem mais nem menos"...

20 de janeiro

Os cães já não ladram aos automóveis. Passaram a ladrar a quem anda a pé.
Micha Bar-Am é o nome do fotógrafo de Israel de quem me falou Miriam Tivon há uma semana. Trabalha para a Magnum desde 1967, foi durante vinte e dois anos fotógrafo do *New York Times*, foi ou é ainda Conservador de Fotografia do Museu de Arte Moderna de Tel-Aviv — e está a organizar uma exposição retrospetiva, além de um álbum para que pede a minha colaboração, o que ele chama "reflexões textuais" sobre imagens... Telefonou-me hoje para me dizer que está disposto a vir a Lanzarote para conversar, mostrar-me o seu trabalho — e tentar convencer-me. Confesso que este tipo de exercício literário não me desagrada, à parte que não seria a primeira vez: o mais recente caso foi o livro de Carlos Pinto Coelho, o mais remoto, que me lembre, já leva vinte e cinco anos em cima, no jornal *A Capital*. E as legendas da *Viagem a Portugal*, no fundo, não são outra coisa. Disse-lhe que viesse.

21 de janeiro

Carmélia só traz boas notícias. Agora informou-nos de que o Teatro de Münster resolveu dar mais quatro récitas de *Divara*, acrescidas ao prolongamento da temporada que antes já tinha sido decidido. E que os bilhetes para todas elas, postos à venda num dia às 2 da tarde, estavam esgotados às 6... Que se sucedem as casas cheias, que é a primeira vez (talvez não, mas assim lhe apetece dizer) que o Teatro ganha dinheiro com um espetáculo deste tipo. De entusiasmo, Carmélia mal podia falar. E eu, melancolicamente satisfeito, pensava em Portugal...

171

Julgava eu que a ingenuidade era apanágio dos ignorantes, que, por saberem pouco, iam sem malícia pela vida, crédulos diante de todos os contos do vigário, e sempre inocentes como no seu primeiro dia. Verdade se diga, no entanto, que nestes tempos últimos comecei a suspeitar que as coisas não eram bem assim, tantos têm sido os competentes professores que vi darem o dito por não dito, tentando ajustar apressadamente opiniões novas aos factos de sempre, depois de terem andado a convencer-nos, durante anos e anos, de que um facto, por mais sólido e incontrolável que se propusesse, não poderia resistir a qualquer opinião que simplesmente o negasse. A história da denominada "construção europeia", por exemplo, é riquíssima destes e outros semelhantes equívocos. Porém, o que nunca esperei foi vir a ler alguma vez declarações como as que Claudio Magris faz em *El País* de ontem. Perguntado sobre a situação balcânica, o meu amigo Magris, depois de exprimir o seu desconcerto perante o que ele chama "a febril e delirante exigência de identidade em que vivemos, da busca de raízes, do estabelecimento de fronteiras", remata: "Todos críamos que era muito fácil superar rapidamente a História, mas a crise será longa. Necessitamos mais humildade, necessitamos saber que o peso da História é muito mais intenso do que pensávamos". Leio e custa-me acreditar no que leio. Tanta inteligência, tanto estudo, tanto saber, tanta erudição, para isto? Terei de responder a Claudio Magris que nem todos criam que fosse fácil superar rapidamente a História? E que alguns, humildes de seu natural, mas com os pés bem assentes no chão concreto da realidade, pelo contrário pensavam e pensam que a História não é superável, que o homem não pode existir fora da História que faz e da História que é. Será que é preciso, afinal, saber muito menos para compreender um pouco mais?

22 de janeiro

Três num pé só: chegou o *Evangelho* em hebreu, chegou uma carta de um judeu de Israel que o lera em castelhano, chegou Micha Bar-Am. Ainda há dois dias lhe tinha dito que viesse, e já cá está. Conta-me que esteve em Lanzarote há 35 anos e que mal reconhece a ilha, e eu sugeri-lhe que volte a Timanfaya, onde o tempo deve ter passado bem mais devagar. Trouxe, para me mostrar, duas caixas de fotografias acerca das quais pretende convencer-me a escrever três ou quatro páginas para o álbum que vai publicar por ocasião da exposição retrospetiva que está a organizar no Museu de Arte Moderna de Tel-Aviv. As fotografias são realmente boas. Custou-me a entender por que faz ele tanta questão de que eu participe no livro, não obstante a abundância de explicações que deu, sendo a principal a impressão que lhe teria causado a leitura do primeiro capítulo do *Evangelho*, aquele mesmo que um crítico da terrinha diz não ter nada que ver com o que vem depois. Mais ou menos comprometi-me a escrever. Não podendo fazer um texto que abrangesse toda a diversidade temática da coleção (há paisagens, cenas de guerra, multidões, rostos), pedi-lhe que me enviasse uma série delas onde tivessem maior relevo e presença as mãos. Talvez a partir daí consiga escrever qualquer coisa suficientemente interessante. Não falámos de dinheiros: nem ele os propôs nem eu os exigi. Dos dois, sou eu, sem dúvida nenhuma, em questões de negócios, o pior. Enquanto o ouvia, ia pensando: "Este homem fez toda esta viagem. Como é que vou pedir-lhe dinheiro?".

23 de janeiro

David Hurovitz se chama o israelita que me escreveu. Envia-me um livro seu, publicado em castelhano por uma editora de Tel-Aviv, e, pela informação biográfica nele incluída, fico a saber que nasceu na Argentina, em 1924, e vive desde 1951 em Israel. Ainda na Argentina, estudou durante três anos num seminário hebreu. Depois mudou de rumo, formou-se como técnico mecânico, e mais tarde como engenheiro. Em Israel licenciou-se em matemática e educação na Universidade de

Tel-Aviv, onde também cursou história do povo judeu. Na carta, igualmente escrita em castelhano, diz: "Supongo que es lícito apreciar a una persona sin conocerla personalmente. Ese es el caso de mi sentimiento a su persona, después de haber leído su libro *El Evangelio según Jesucristo*. Me ha encantado la forma en que usted encara el problema de la personalidad histórica de Jesucristo, las ideas filosóficas que pregonó y la doctrina teológica que se descubre en las páginas del libro. Revela usted un profundo conocimiento de la 'Ley' judaica y del espiritu de este pueblo, que así debía haber sido en tiempos de Jesús, como así también de las doctrinas cristianas que se desarrollaran desde entonces. Bajo la influencia espiritual de su libro, fuí automaticamente empujado a escribirle".

Creio que teria sido capaz de resistir à complacente tentação de transcrever tão desmedidos louvores se o livro que David Hurovitz me enviou não fosse o que é: *Mataron los judios a Jesús?...* se chama. Ainda não o li, mas a conclusão, se não for a que segue, deveria sê-lo: "Como poderiam saber os judeus que estavam matando alguém que tempos mais tarde umas quantas pessoas afirmariam ser, simultaneamente, Deus e filho de Deus?". Permitiria Deus, se existisse, que em seu nome se criassem estas confusões e estes conflitos, estes ódios absurdos, estas vinganças dementes, estes rios de sangue derramado? Pergunto. Não apareceria ele por aí, com um sorriso triste, a dizer à gente: "Olhem que não vale a pena. A morte é certa e eu depois não posso fazer nada por vocês".

24 de janeiro

Micha Bar-Am voltou hoje para fazer-me algumas fotografias e conversar um pouco mais sobre o projetado álbum. Em certa altura, sem que eu esperasse, perguntou-me quanto quero cobrar pelo que irei escrever. Respondi-lhe que não é meu costume pôr preços nos trabalhos que faço e que preferiria fiar-me dele para pagar-me, no conjunto do orçamento geral da obra, o que lhe parecesse justo. Evidentemente, sou o que sempre tenho sido: um homem de negócios duríssimo...

25 de janeiro

Quando estive com Pilar em Santiago de Compostela, por ocasião do Congresso do PEN Club, em setembro passado, Carmen Balcells, que também lá se encontrava, disse-me que me ia escrever uma carta. Já antes, aqui há uns dois anos, e também em Santiago, me tinha dito o mesmo. A carta chegou ontem, via fax, essa maravilha tecnológica que faz aparecer as palavras diante dos nossos olhos como se estivessem nascendo naquele mesmo instante, uma após outra. A carta, que, francamente, já não esperava, recorda como eu, há uns dez anos, lhe escrevi a propor-lhe que me representasse, e como ela, ocupada com mudanças e cética (isto digo eu) quanto às probabilidades de o desconhecido autor vir a ser alguém no mundo das letras e, sobretudo, das edições, deixou sem resposta a petição. Depois começou-se a falar de mim, e ela a sentir "a terrível impressão de ter perdido um cliente extraordinário" (palavras suas). Como igualmente são palavras suas as que passo a transcrever e que constituem o remate da carta: "Este verano que tuve el placer de compartir contigo y tu mujer momentos encantadores, me sentí muy desgraciada y he querido que lo sepas. Los días de octubre pasado me decía: 'No has escrito a Saramago y ahora le darán el Nobel'. Yo te escribo ahora que aún es tiempo de expresarte mi pena, por lo que me siento castigada con toda culpa de mi parte. Te pongo esta misiva en el correo y ya podré llenarte de flores cuando te den el Nobel, pues me sentiré en parte redimida de mi culpa por el propio castigo que me inflige reconocerlo".

É uma bela carta, bem sentida e bem escrita. Responderei a Carmen que no mundo há desgraças bem piores, que de erros, equívocos e enganos se faz também a vida, e que se depois de tudo isto nos encontramos com uma amizade nos braços para cuidar, não perdemos nada, nem ela, nem eu.

26 de janeiro

Escrevi, para um jornal sueco, um artigo a propósito do aniversário (mais um...) do "caso" Rushdie. Chamei-lhe "Heresia, um direito humano" e é, simplesmente, um exercício de razão e de bom senso. Digo que no pecado e na heresia se exprimem uma vontade de rebelião, portanto uma vontade de libertação, seja qual for o grau de consciência que a defina. Que ao longo da história da Igreja, as heresias, manifestadas pela negação ou recusa voluntária de uma ou mais afirmações de fé, não fizeram senão *escolher*, de um conjunto autoritário e coercitivo de supostas verdades, o que acharam de mais adequado, simultaneamente, à fé e à razão. Que não devemos esquecer a facilidade e o à-vontade com que os mais encarniçados defensores de heterodoxias ideológicas e políticas se conciliam, em nome de interesses práticos comuns, que não de Deus, com os aparelhos institucionais e as manipulações "espirituais" das diversas Igrejas do mundo, que pretendem manter e aumentar, pela condenação das heresias antigas e modernas e pelo castigo dos pecados de sempre, o seu poder sobre uma humanidade absurda mais disposta a pagar multiplicadas as suas pretensas ofensas a Deus do que a reconsiderar as culpas e os crimes de que, contra si mesma, é responsável.

27 de janeiro

Hans Küng é aquele teólogo holandês que em 1979 perdeu a docência da seção eclesiástica da Universidade Civil de Tübingen, na Alemanha, por ter posto em questão a infalibilidade papal. Há poucos dias esteve em Barcelona onde apresentou a declaração do Parlamento das Religiões, que no ano passado reuniu 6500 pessoas em Chicago, incluindo representantes da Igreja Católica. Essa declaração assenta em dois princípios que, segundo afirmou, são aceites por todas as religiões: o primeiro, que todo o homem deve ser humanamente tratado; o segundo, que não devemos fazer aos outros o que não quisermos que nos façam a nós. Calando agora a curiosidade de saber se efetivamente as religiões, qualquer delas, sempre aceitaram estes princípios básicos de uma convivência racional entre os homens, observo que o magno ajuntamento de teólogos e gente similar não fez mais do que produzir duas verdades elementares. Para a primeira, Marx e Engels, em *A sagrada família*, já tinham encontrado uma fórmula próxima da perfeição: "Se o homem é formado pelas circunstâncias, então será preciso formar as circunstâncias humanamente"; quanto à segunda, nunca ouvi dizer na minha família que a avó Josefa, que a repetia tantas vezes, a tivesse aprendido de Confúcio... Não refere a notícia se na reunião de Chicago esteve representada a grande *tribu* mundial dos ateus, céticos e descrentes. O mais certo é que não. Apesar da falta que lá fizeram. Quanto a mim, discretíssimo membro daquela *tribu*, estou de acordo com Hans Küng quando ele afirma que "não haverá paz no mundo se antes não houver paz entre as religiões", o que equivale a dizer que as religiões foram no passado e continuam a ser no presente um obstáculo à união dos homens. E também estou de acordo com ele quando proclama a necessidade da criação de um novo código ético mundial, "imprescindível", palavra sua, para a sobrevivência do mundo. Aí mesmo é que eu tenho querido chegar quando digo que estamos todos precisados de uma boa Carta dos Deveres Humanos.

29 de janeiro

Chegaram as provas dos *Cadernos*. Tenho diante de mim, desde abril, o ano que passou, releio os comentários que fiz ao correr dos dias, os desabafos, algumas queixas, não poucas indignações, umas quantas alegrias, e vejo regressarem todas as dúvidas que me fizeram hesitar sobre o interesse e a oportunidade da publicação. Não temo as vaidades ofendidas ou os legítimos melindres das pessoas aludidas (é dos livros que quem vai à guerra, dá e leva), mas temo, isso sim, que este registo de ideias domésticas, de sentimentos quotidianos, de circunstâncias médias e pequenas, não ganhe em importância ao diário de um colegial, no tempo que os colegiais escreviam diários. Eu próprio me pergunto por que me terá dado para este exercício um tanto complacente. Ou talvez não o seja, talvez eu acredite que assim retenho o tempo, que o faço passar mais devagar só porque vou descrevendo algo do que nele acontece. Veremos o que resultará daqui. Em dois meses o livro sairá, então saberei melhor o que hei-de pensar — quando começar a saber o que pensaram os outros.

Arno Hammacher chegou a Lanzarote. Temos uma ideia para um livro sobre a ilha, ele com as fotografias, eu com o texto. Conversámos e percebemos logo que estávamos de acordo: nem eu interferirei no seu trabalho, nem ele interferirá no meu.

30 de janeiro

Fomos almoçar a El Golfo. Um dia magnífico, com uma luz ao mesmo tempo viva e suave, por muito contraditório que pareça. Quando me ia sentar à mesa aproximou-se uma mulher que me perguntou se eu era quem sou. Respondi-lhe que sim, que era quem ela parecia pensar que eu fosse, e então apresentou-se: jornalista da revista *Stern*. Que os colegas de *El País* lhe tinham dado o meu telefone e se podia dar-lhe uma entrevista. "O senhor, agora, é muito conhecido", disse ela. Tenho de confessar que não apreciei o advérbio: está um homem há setenta anos no mundo, e só agora é que o conhecem?...

31 de janeiro

Chega-me de Madrid um convite para participar no que é chamado "Convivencia en Sarajevo", um encontro sobre a situação da ex-Jugoslávia e da Europa em geral: os nacionalismos, o racismo, a xenofobia, a panóplia completa das inquietações mais recentes. No total, entre espanhóis, sérvios, bósnios e croatas, são uns trinta os escritores convidados. Além deles haverá também quatro "personalidades europeias": Bernard--Henri Lévy, Günter Grass, Claudio Magris e o sujeito a quem a jornalista alemã pediu a entrevista. Ninguém me convencerá de que isto seja verdade. Personalidade europeia, eu? Com o trabalho que já me dá ser escritor, e as dúvidas de que o seja suficientemente? Enfim, a juntar às curiosidades insatisfeitas com que tenho vivido, aparece-me agora mais esta: quando, como e porquê se passa de pessoa a personalidade?

2 de fevereiro

Não me lembro de ter lido alguma vez acerca dos motivos profundos que nos levam a amar a uma cidade mais do que a outras e não raro contra outras. Sem falar dos casos de amor à primeira vista (assim foi Siena, mal nela entrei), que em geral não resistem à ação conjunta do tempo e da repetição, creio que o amor por uma cidade se faz de coisas ínfimas, de razões obscuras, uma rua, uma fonte, uma sombra. No interior da grande cidade de todos está a cidade pequena em que realmente vivemos.

Habitamos fisicamente um espaço, mas, sentimentalmente, habitamos uma memória. Quando precisei de descrever o último ano da vida de Ricardo Reis, tive de voltar atrás cinquenta anos na minha vida para imaginar, a partir das minhas recordações daquele tempo, a Lisboa que teria sido a de Fernando Pessoa, sabendo de antemão que em pouquíssimo poderiam coincidir duas ideias de cidade tão diferentes; a do adolescente que eu fui, fechado na sua condição social e na sua timidez, e a do poeta lúcido e genial que frequentava, como seu direito de natureza, as regiões mais altas do espírito. A minha Lisboa foi sempre uma Lisboa de bairros pobres, quando muito remediados, e se as circunstâncias me levaram, mais tarde, a viver noutros ambientes, a memória mais grata e mais ciosamente defendida foi sempre a da Lisboa dos meus primeiros anos, a Lisboa da gente de pouco ter e muito sentir, ainda rural nos costumes e na ideia que fazia do mundo. Hoje, aqui tão longe, apercebo-me de que a imagem da Lisboa do presente se vai distanciando aos poucos de mim, vai-se tornando memória de uma memória, e prevejo, embora saiba que nunca serei nela um estranho, que chegará um dia em que percorrerei as suas ruas com a curiosidade perplexa de um viajante a quem tivessem descrito uma cidade que deveria reconhecer logo, e que se encontra, não precisamente com uma cidade diferente, mas com a impressão de estar perante um enigma que terá de resolver se não quiser tornar a partir de alma triste e mãos vazias. Farei então o mesmo que o perplexo viajante: procurarei pacientemente até reencontrar o espírito da cidade, esse que se oculta na sombra verde dos jardins, na cor desmaiada de uma fachada que o tempo castigou, na fresca e penumbrosa entrada de um pátio, o espírito que flutua desde sempre nas águas do Tejo e nas suas marés, que fala nos gritos das gaivotas e no rouco mugido dos barcos que partem. Subirei aos pontos altos para olhar os montes da outra margem, e também, do lado de cá, o declive suave dos telhados vermelhos em direção ao rio, a súbita irrupção dos mármores brancos das igrejas, enquanto do casario e das ruas invisíveis cresce o surdo e imperioso rumor da vida.

Lisboa, já sabemos, transformou-se nos últimos tempos. Decadente, abandonada até dias bem recentes, terramoto lento, como chegaram a chamar-lhe, levanta aos poucos a cabeça, sai lentamente da indiferença e do marasmo. Em nome da modernização ou da modernidade, põem-se muros de betão em cima das suas velhas pedras, perturbam-se os perfis das colinas, transtornam-se panoramas e perspectivas. Provavelmente não se podia evitar, ou não quiseram evitá-lo. Mas o espírito de Lisboa sobrevive — e mesmo não sabendo nós o que espírito seja, é ele que torna eternas as cidades.

3 de fevereiro

Autran Dourado afirma que o Acordo Ortográfico é contrário aos interesses brasileiros. A notícia não é clara quanto à natureza desses contrariados interesses, mas um dos argumentos esgrimidos por Autran, certamente dos de maior peso, a julgar pelo espaço que ocupa na informação, é o seguinte: "Temos que aceitar que a língua que falamos e escrevemos se vem distanciando velozmente da lusitana. Não é a ortografia que separa linguisticamente os dois países. São as diferenças semânticas e sintáticas. Há frases de escritores portugueses que eu não entendo, cujo sentido não consigo alcançar".

Quem não entende o argumento sou eu. Se não se pretende nem se pretendeu nunca, que eu saiba, abolir, em benefício de qualquer dos dois países, as "diferenças semânticas e sintáticas" que obviamente separam o português de um lado do português do outro — por que se indigna tanto Autran Dourado? Como e em que circunstâncias unificar a ortografia significaria redução ou eliminação dessas diferenças? Ou dar-se-á o caso de que na cabeça de Autran ande a germinar a "revolucionária" ideia de virem a produzir-se na ortografia brasileira tantas e tão velozes mudanças quanto as que estão à vista na sintaxe e na semântica, transformando-se então o português do Brasil, decididamente, noutra língua? Como quer que seja, é já alarmante que Autran Dourado diga (louve-se-lhe no entanto a sinceridade) que há frases de escritores portugueses cujo sentido ele não consegue alcançar... Aí chegámos? Compreende melhor Autran Dourado o inglês, por exemplo? E se não compreende, que faz? Vem para os jornais protestar que não percebeu, ou vai humildemente estudar o que lhe falta?

Realizou-se em Luanda, há poucos dias, uma Mesa-Redonda Afro-Luso-Brasileira sobre a Comunidade dos Países de Língua Portuguesa. Não pude estar presente, mas enviei, a pedido do embaixador do Brasil em Angola, aquilo a que é costume chamar uma mensagem, esta: "Há alguns anos, em Maputo, declarei que as fronteiras da minha liberdade começavam em

Angola e Moçambique. Não tenho a certeza de que repetiria hoje essas palavras, pelo menos do modo perentório como as disse então. O que, sim, sei é que o futuro do português como língua de comunicação e de cultura está radicalmente ligado às fronteiras dos mundos africano e brasileiro. Nenhum de nós é proprietário exclusivo da língua portuguesa, mas todos podemos fazer por ela o que ela faz por nós: construí-la todos os dias".

Agora acrescento: não destruí-la. Sem querer estar para aqui a gabar-me, não será esta uma maneira mais sensata de ver as coisas?

4 de fevereiro

Ainda não estou recomposto da surpresa. A revista mexicana *Plural*, que é dirigida por Jaime Labastida e tem como chefe de redação Saúl Ibargoyen, um bom amigo desde que nos encontrámos em La Habana há já uns anos, propõe-se dedicar um número ao meu trabalho. Querem textos meus, inéditos ou não, conto, ensaio ou excertos de romances, trabalhos críticos ou ensaísticos sobre os meus livros, uma entrevista, num total de páginas que pode chegar às 250, para selecionar depois. Como a revista não publica fotografias, a parte gráfica ficaria a cargo de um desenhador ou gravador português. Tudo isto parece bonito de mais para ser verdadeiro: um número completo de uma revista como *Plural* dedicado a tão novel autor é coisa que nunca me passaria pela cabeça. Pedi a Pilar que se encarregasse ela das diligências que da nossa parte tiverem de ser feitas: atar os fios, pôr as pessoas em comunicação umas com outras, numa palavra, ajudar. Dou mulher por mim, talvez por achar, sem o querer confessar demasiado, que ela tratará melhor dos meus interesses do que eu próprio o faria... Claro que o conveniente seria dizer que o pudor, que os escrúpulos, e sem dúvida não estavam eles de todo ausentes quando passei o encargo a Pilar, mas manda a sinceridade reconhecer que provavelmente terão prevalecido as razões práticas e a eficácia.

5 de fevereiro

Enfadei-me há tempos, e do enfado aqui deixei registo, por causa do título que o *Público* deu à notícia em que reproduziu as declarações que fiz a uma estação de rádio espanhola, transformando em oposição a Lisboa Capital Cultural Europeia o que era, e é, uma posição crítica de princípio quanto à própria conceção das capitais culturais. Agora, transcrevendo parte de uma entrevista que dei a *El País* e que ali se publicou com o título "Mi Lisboa ya no existe", o jornal italiano *La Repubblica* não encontrou nada melhor que pôr-lhe à cabeça "Adio Lisbona, città morta"... Quando um dia destes escrevi que a pior partida que se poderia pregar a um entrevistado seria reproduzir com fidelidade absoluta tudo quanto ele tivesse dito, não pensei nestas habilidades jornalísticas, que nem sutis são, graças às quais se vai tornar geral o que era particular, ou se dramatiza o que era simples, ou se promete lebre ao leitor para depois lhe servir gato.

Diga-se, no entanto, que há ocasiões em que mudanças como estas são bem-vindas. Um artigo sobre a intolerância e o racismo, apelando à intervenção, não apenas literária, mas também cívica, dos escritores, que com o infelicíssimo título (um autêntico nariz de cera) de "É preciso destruir Cartago" enviei a *L'Unità*, apareceu à luz do dia sob o amparo de palavras felizmente mais explícitas e contundentes: "Scrittori non disertate. Il razzismo minaccia il mondo". O que havia sido uma banalíssima citação clássica tornou-se em injunção e grito de alarme, precisamente o que o artigo tinha querido ser e fora abafado pelo título original.

7 de fevereiro

Harrie Lemmens, o meu tradutor holandês, envia-me críticas saídas em jornais de Amesterdão, elogiosas todas, uma delas traduzida em parte por Ana Maria, sua mulher, e que remata desta maneira: "Talvez este evangelho desencantado esteja menos animado dum espírito comunista e muito mais duma anarquia radical e desesperada. Como mensageiro das piores notícias, apesar do tom hilariante e irônico dominante, acaba por deixar um sabor amargo na boca". O crítico tem razão: há desespero no *Evangelho*, o desespero de quem vê a explicação do universo entregue, ainda hoje, para consumo popular, aos dogmas absurdos e às crenças irracionais de todas as Igrejas.

Arno Hammacher, que jantou connosco, leu as críticas e felicitou-me no seu jeito pessoalíssimo, um misto de voz que parece desprovida de afeto e uns olhos que se derretem de uma ternura quase infantil. Na carta que acompanhava as críticas, Harrie surpreende-se com a minha paciência para falar com jornalistas, andar de hotel em hotel etc. etc. Vou dizer-lhe que são os ossos do ofício, que todos os têm, até este, em que parece que tudo são festas e satisfações, quando o que muitas vezes apetece é pôr um letreiro na porta: "Não estou para ninguém". Assim é a vida: acabamos por entejar o que começámos por aceitar como necessário.

Mãos amigas fizeram-me chegar... Dantes usava-se muito esta expressão, sobretudo em cartas dirigidas aos jornais, quando alguém que se sentia visado por alusões em geral desfavoráveis pretendia varrer publicamente a sua testada. Fazia-se assim crer que havia por aí umas boas almas cuja maior preocupação, pelos vistos, era informar (fazer chegar às mãos) o que a outras, apesar de únicas ou principais interessadas, houvesse passado despercebido. O que sucedia, em muitos casos, era não querer a pessoa visada que se soubesse que ela própria é que dera com a notícia caluniosa ou menoscabante, provavelmente por considerar indigno da sua importância tomar direto conhecimento das coisas inferiores do mundo.

Não foi este o caso. As mãos amigas são reais e verdadeiras, são as de Iva e Manuel Freire, graças a quem, cá nesta Lanzarote onde vivo, pude ler um artigo de Ângela Caires publicado num jornal — *O Fiel Inimigo* — de cuja existência não tinha dado fé. O artigo chama-se "Um rapaz chamado Saramago" e é dos mais divertidos textos em que alguma vez pus os olhos. Não resisto à tentação, com a devida vénia, de trazê-lo aqui:

"Costumo receber uns livros de capa amarela, habitados por personagens de nomes esdrúxulos, que têm em comum o facto se serem assinados por um rapaz chamado Saramago. Na dúvida se haveria de sacrificar-lhes o meu tempo, face a um antigo volume que levantei do chão, perguntei a um editor meu amigo se tal livro seria merecedor de atenção. Que não, garantiu. Aduzindo argumento demolidor: a sua editora recusara-se a publicá-lo. Com sobejas razões: o escrevente, que usa e abusa de vírgulas, raramente sabe onde colocá-las. Pontos parágrafos, então, nem vê-los. Daria um trabalho dos diabos transformar aquela massa informe de texto em prosa escorreita. Por esta razão, lá foi o original parar a uma editora de comunistas, onde, aliás, o sujeito se acoita, politicamente falando.

"Os camaradas fizeram o primeiro frete, dando à estampa um volume com o nome arrevesado de *Levantado do chão* que, segundo creio, passou completamente despercebido. Para não falar do flop total de outra tentativa, *Memorial do convento*, de que seguramente ninguém guarda memória. Os editores, certos de que esta aventura lhes apontaria a falência, nem investiram muito no produto: não gastaram uns tostões a ilustrar as capas, produzindo-as em cartão liso de cor desmaiada.

"O candidato a escritor poderia ter ficado por aqui. Mas a prova de que o autor não tem o menor sentido de humildade é que reincidiu. Raro é o ano em que não põe cá fora mais volumes de capa amarela, sempre com títulos desenxabidos e enganadores.

"Nunca mais me vi livre dele. Por um aniversário, veio-me parar às mãos, camuflada em fitas e celofane, uma *Jangada de pedra*, que mais não era do que uma narrativa alucinada da experiência vivida por um cão com pavores de tremores de terra. Num Natal couberam-me sete exemplares da *História do cerco de Lisboa*, que não é história de um cerco nem de Lisboa, mas, sim, de um revisor às voltas com uma esquisita sinalefa tida por deleatur. Para não falar do dia em que ofereci a um sobrinho com pendor para as belas-artes um *Manual de pintura e caligrafia* que nada tinha a ver com pincéis nem caneta. A última afronta, qualquer coisa como *O Evangelho segundo Jesus Cristo*, é a prova concreta da sua total falha de recursos criativos. Nem plagiar a Bíblia o sujeito sabe. E, mesmo depois dos conselhos do dr. Sousa Lara ('homem, vá para casa, leia, estude'), continua a escrever. Continua. Continua.

"Como ninguém lhe compra livros, acho que vêm todos parar à minha estante, por via de amigos e familiares que adoram pregar-me partidas — não sei por que é que a editora insiste em publicar as suas mal-arrumadas prosas, arruinando-se certamente. Coisas de comunistas.

"Além do mais, como escritor, o homem é um perigo. Imagine-se que os seus textos vão parar às escolas. Lá se vai o denodado esforço de Couto dos Santos; de Roberto Carneiro, de Deus Pinheiro, e de outros intrépidos ministros da Educação, para as criancinhas aprenderem o bom português da dra. Edite Estrela.

"Aterrador, não é? O pior é que a criatura, ainda por cima, se ri de nós. Não sei porquê. Nunca lhe deram o Prémio Nobel. Vive exilado numa ilha do fim do mundo. Casado com uma espanhola. Como se isto não bastasse, há um montão de anos que está desempregado. Por causa daquele seu mau feitio, a teimosia própria de quem não enxerga de que lado sopra o poder, nunca será funcionário do dr. Santana Lopes nem presidente da Câmara de Cascais. Bem feito."

Em tudo Ângela Caires sabe do que fala. Até sabe que a Bertrand recusou publicar o *Levantado do chão*... Regalámo--nos de riso aqui. As gargalhadas de Carmélia e de Pilar deviam ter-se ouvido em Fuerteventura. Espero que não tenham faltado em Portugal, de mistura com alguns sorrisos tão amarelos como as capas dos meus livros...

8 de fevereiro

Pensei na História e vi-a cheia de homenzinhos minúsculos como formigas, uns que não cabem nas portas que fizeram, outros que arrancaram à pedreira o mármore com que Miguel Ângelo fez o seu David, outros que a esta hora estão contemplando a estátua e dizem: "Talvez ainda não tenhamos começado a crescer".

Abordar um texto poético, qualquer que seja o grau de profundidade ou amplitude da leitura, pressupõe, e ouso dizer que pressuporá sempre, uma certa incomodidade de espírito, como se uma consciência paralela observasse com ironia a inanidade relativa de um trabalho de desocultação que, estando obrigado a organizar, no complexo sistema capilar do poema, um itinerário contínuo e uma univocidade coerente, ao mesmo tempo se obriga a abandonar as mil e uma probabilidades oferecidas pelos outros itinerários, apesar de estar ciente de antemão de que só depois de os ter percorrido a todos, a esses e àquele que escolheu, é que acederia ao significado último do texto, podendo suceder que a leitura alegadamente totalizadora assim obtida viesse só a servir para acrescentar à rede sanguínea do poema uma ramificação nova, e impor portanto a necessidade de uma nova leitura. Todos carpimos a sorte de Sísifo, condenado a empurrar pela montanha acima uma sempiterna pedra que sempiternamente rolará para o vale, mas talvez que o pior castigo do desafortunado homem seja o de saber que não virá a tocar nem a uma só das pedras ao redor, inúmeras, que esperam o esforço que as arrancaria à imobilidade.

Não perguntamos ao sonhador por que está sonhando, não requeremos do pensador as razões do seu pensar, mas de um e de outro quereríamos conhecer aonde os levaram, ou levaram eles, o pensamento e o sonho, aquela pequena constelação de brevidades a que costumamos chamar conclusões. Porém, ao poeta — sonho e pensamento reunidos —, ao poeta não se lhe há-de exigir que nos venha explicar os motivos, desvendar os caminhos e assinalar os propósitos. O poeta, à medida que avança, apaga os rastos que foi deixando, cria atrás de si, entre os dois horizontes, um deserto, razão por que o leitor terá de traçar e abrir, no terreno assim alisado, uma rota sua, pessoal, que no entanto jamais coincidirá, jamais se justaporá à do poeta, única e finalmente indevassável. Por sua vez, o poeta, tendo varrido os sinais que durante um momento marcaram não só o carreiro por onde veio mas também as hesitações, as pausas, as medições da altura do Sol, não saberia dizer-nos por que caminho chegou aonde agora se encontra, parado no meio do poema ou já no fim dele. Nem o leitor pode repetir o percurso do poeta, nem o poeta poderá reconstituir o percurso do poema: o leitor interrogará o poema feito, o poeta não pode senão renunciar a saber como o fez.

9 de fevereiro

Diante da casa foram ontem plantados dois marmeleiros com nome de gente: um que se chama Victor Erice, o outro Antonio López. Assim se cumpriu o que estava prometido. Agora só teremos de esperar que as árvores cresçam e frutifiquem. Duvido, no entanto, que, neste clima, cheguem a atingir alguma vez a força irradiante do *Sol de membrillo*.

Alfonso de la Serna, diplomata espanhol aposentado, escreve-me de vez em quando a propósito das leituras que vai fazendo dos meus livros, e sempre do seu amor a Portugal, nascido quando esteve colocado na Embaixada de Espanha em Lisboa, entre 1949 e 1955. Com a carta que hoje recebi envia-me fotocópias de três artigos que publicou no jornal *ABC*, em 1988, 1989 e 1992, com os seguintes títulos: "Entre-Douro-e-Minho", "Caminho de Portugal" e "Saudade do Chiado". São textos, como ele diz, assim se antecipando ao que crê ser o meu juízo, próprios da "retórica nacionalista portuguesa". Justifica-se deste modo: "Los españoles, como decía Machado, de la Castilla empobrecida y vencida, 'desprecian cuanto ignoran', y yo creo que una buena parte de los sentimientos de muchos españoles hacia Portugal — incluyendo a los españoles que viajan al 'país vizinho' y hasta aquellos que se dicen 'amigos' — procede de la más absoluta ignorancia de lo que ha sido, y *por tanto es*, Portugal. Así que, aún a riesgo de bordear la literatura retórica, yo he querido siempre contar a mis ignorantes y queridos compatriotas qué es lo que ha hecho Portugal en el mundo. Y en todo caso he querido dar testimonio de que algunos españoles nos interesamos hondamente por ese pequeño-grande, querido, admirable país que tenemos al lado, al lado izquierdo: el lado del corazón".

Porém, o motivo principal desta carta foi a entrevista que dei a *El País*, essa amarga conversa que deixou os meus não menos queridos compatriotas totalmente indiferentes, a julgar pelo nulo eco que teve. Alfonso de la Serna pede-me que não abandone de todo Lisboa, "porque hombres como Ud.", diz ele, "son los que han dado una parte de su alma a Lisboa". E acrescenta: "Siga Ud. escribiendo sobre Lisboa, o quizás *hablando a Lisboa*, desde sus escritos, pero no se aleje demasiado, en su 'jangada' canaria, del país, quizás hoy irritante para Ud., pero siempre adorable, que es Portugal".

Alfonso de la Serna é um homem de direita a quem não dá sombra falar tão lhanamente ao homem de esquerda que ele sabe que sou. Pesa muito esta certeza no gosto que sempre me dão as suas cartas.

10 de fevereiro

Temos diante do portão o contentor em que vieram os livros e os móveis de Lisboa. São mais de 150 caixas e volumes de todos os tamanhos. O que mais avulta são os livros e as estantes para eles. A casa está a voltar a casa. Quem tiver acompanhado com alguma atenção o que venho escrevendo desde *Manual de pintura e caligrafia* saberá que os meus objetivos, como ficcionista, e também (vá lá!) como poeta, e também (pois seja!) como autor teatral, apontam para uma definição final que pode ser resumida, creio, em apenas quatro palavras: meditação sobre o erro. A fórmula corrente — meditação sobre a verdade — é, sem dúvida, filosoficamente mais nobre, mas sendo o erro constante companheiro dos homens, penso que sobre ele, muito mais que sobre a verdade, nos convirá refletir. Ora, sendo a História, por excelência, o território da dúvida, e a mentira o campo da mais arriscada batalha do homem consigo mesmo, o que propus na *História do cerco de Lisboa*, por exemplo, foi uma confrontação direta entre indivíduo e História, um conflito em que uma pessoa comum, forçada pelas circunstâncias a interrogar tanto as falsidades como as alternativas da História, se encontra frente a frente com as suas próprias mentiras, quer as que comete para com os outros quer as que organiza consigo mesmo. Ao procurar uma alternativa, lúdica neste caso, para uma certa lição da História, confronta-se com a necessidade, já não apenas lúdica, mas vital, de reconhecer-se a si mesmo como alternativa possível ao que antes havia sido, isto é, passar a ser outro mantendo-se idêntico. Ora, se não me engano, tanto serve isto para o indivíduo como para a História, caso em que, contrariando profecias e fantasias, a História, não só não teria chegado ao fim, como nem sequer teria ainda começado...

12 de fevereiro

Dois dias de esforço arrasador. Por toda a parte caixas e caixotes donde saem de vez em quando objetos esquecidos que aparecem aos nossos olhos com um ar de novidade total, como se, durante a viagem entre Lisboa e Lanzarote, alguém lá da pátria, querendo surpreender-nos com uns últimos presentes, se tivesse entretido a esconder na carga memórias, gestos, a cantiga do adeus, um murmúrio que dissesse: "Não nos esqueceremos de ti, agora não vás tu esquecer-te de nós". Esta noite, com a ajuda de María e Javier, uma parte da nova arrumação da casa ficou terminada. Pilar está exausta, mas feliz. A mim doem-me todos os músculos. Penso: "Uma vida inteira para chegar aqui".

Mas cá estou, como naquele dia em que, transportado de alegria, pus o pé no alto da Montaña Blanca.

O destino, isso a que damos o nome de destino, como todas as coisas deste mundo, não conhece a linha reta. O nosso grande engano, devido ao costume que temos de tudo explicar retrospetivamente em função de um resultado final, portanto conhecido, é imaginar o destino como uma flecha apontada diretamente a um alvo que, por assim dizer, a estivesse esperando desde o princípio, sem se mover. Ora, pelo contrário, o destino hesita muitíssimo, tem dúvidas, leva tempo a decidir-se. Tanto assim que antes de converter Rimbaud em traficante de armas e marfim em África, o obrigou a ser poeta em Paris.

15 de fevereiro

Histórias da aviação. Primeira história. Aeroporto de Madrid. O avião só sai daqui a três horas. Procuro um sítio tranquilo para ler, sem crianças que à vista parecem sossegadíssimas e daí a nada entram em transe turbulento, sem adolescentes que, como as crianças, não são muito de fiar, pois passam repentinamente do ensimesmamento mais profundo a comportamentos de estádio de futebol. Sou um senhor respeitável que ouviu demasiado ruído na sua vida e gosta do silêncio e da palavra medida. Está ali um casal de idade, com o ar inconfundível de quem não se fala desde a noite de núpcias. Sento-me de costas para eles e suspiro de bem-estar. Ingenuidade minha. Passados dois minutos tenho diante de mim o cavalheiro idoso (continuo a não aceitar que tenha a idade dos senhores de idade) que me pergunta se vou para Buenos Aires. Que não, respondi, vou para Roma. Depois quis saber se eu era argentino, e eu disse que era português, nada lisonjeado pelo equívoco: se me confundem com um argentino é porque não têm nenhuma ideia do que seja o castelhano falado por um português, o que, por sua vez, significará que não têm ideia do que o português seja. Neste caso não era bem assim: o senhor de idade, que era paraguaio, conhecia o Brasil... Seguiu-

-se uma conversa com vocação de interminável, loquaz da parte dele, lacónica da minha parte, que começou pela prometedora informação de que o casal regressava ao seu país depois de viajar durante três meses pela Europa. A ver os palácios, a conhecer os restaurantes e os hotéis, disse o compatriota de Roa Bastos. Logo a seguir falou do desenvolvimento da América Latina, com a ajuda dos Estados Unidos, precisou, ao que respondi, secamente, que, a ser assim, não estava mal que os Estados Unidos, depois de terem roubado tanto, devolvessem finalmente alguma coisa. Dito isto, dei ostensivas mostras de sono e o senhor de idade teve de retirar-se, anunciando pro forma que ia dar uma volta. Volta que mal chegou a começar porque se apercebeu de que a mulher se encontrava em animada conversa com uma dominicana que havia estado na Áustria e que tinha uma filha de dois anos que pedia colo no intervalo das arrebatadas correrias a que se entregava. A dominicana, que viera acompanhada de um austríaco que logo desapareceu (ela teve o escrúpulo de dizer que o tinha acabado de conhecer), falou também de palácios, em particular o da infeliz Sissi... Com exceção dos adolescentes, tudo me tinha acontecido. Carreguei a bagagem para uma espécie de corredor por onde ninguém passava e ali me deixei ficar o resto do tempo que ainda faltava, a meditar nas virtudes do silêncio e das palavras bem empregadas.

Segunda história da aviação. Na cadeira à minha frente senta-se uma italiana, aí entre rapariga e *jeune femme*. (Afinal, tantas palavras no dicionário, e faltam-nos as que exprimiriam, com precisão, as diversas e diferentes idades que vão da adolescência à velhice.) Mal acabou de sentar-se deslocou bruscamente o espaldar da cadeira todo para trás, sinal, para mim, de insensibilidade e má educação: sem pretender dar lições de boas maneiras a ninguém, acho que se deve começar por descair um pouco o encosto do assento e, só depois, em um ou dois movimentos, pô-lo na posição mais alongada, se é isso que se pretende. Ponho-me a ler os jornais, esqueço-me da italiana, até que de súbito me apercebo de uma alteração na ocupação do espaço... Ao lado da italiana sentara-se um espanhol que tinha mudado de lugar, questão de travar conhecimento, e a conversa, sem passar ainda de generalidades, já estava lançada. São táticas conhecidas. Mas eis senão quando já não era um espanhol, mas dois, já não eram dois, mas três, já não eram três, mas quatro, todos cercando a italiana (ouço que a tratam por Bárbara, que ela trabalha na televisão), e o espetáculo torna-se rapidamente deprimente, com aqueles galos tontos a proferir frases de segundo sentido, frenéticos, bebendo uísque e fumando nervosamente, de cabeça perdida. A italiana ria-se, respondia à letra, quero pensar que estaria a divertir-se à custa daqueles quatro machos idiotas que me faziam ter vergonha de ser homem. À chegada saíram juntos do avião, falando de irem a um bar. Com qual deles terá ido ela para a cama, se foi? Qual deles se gabará disso? Ou vão gabar-se todos, tendo combinado que não se desmentirão uns aos outros?

Regresso a um tema recorrente. Todas as características da minha técnica narrativa atual (eu preferiria dizer: do meu estilo) provêm de um princípio básico segundo o qual todo o *dito* se destina a ser *ouvido*. Quero com isto significar que é como narrador oral que me vejo quando escrevo e que as palavras são por mim escritas tanto para serem lidas como para serem ouvidas. Ora, o narrador oral não usa pontuação, fala como se estivesse a compor música e usa os mesmos elementos que o músico: sons e pausas, altos e baixos, uns, breves ou longas, outras. Certas tendências, que reconheço e confirmo (estruturas barrocas, oratória circular, simetria de elementos), suponho que me vêm de uma certa ideia de um discurso oral tomado como música. Pergunto-me mesmo se não haverá mais do que uma simples coincidência entre o caráter inorganizado e fragmentário do discurso falado de hoje e as expressões "mínimas" de certa música contemporânea...

16 de fevereiro

Em Roma, de passagem para Nápoles. Fui à Bompiani para falar com Laura Revelli, a responsável das relações-públicas, com quem desde o primeiro dia criámos uma excelente amizade. Disseram-me que ela iria estar num hotel da Via Veneto a custodiar um escritor norte-americano que ali vai dar uma entrevista. Como ainda era cedo, dei uma volta pelas imediações da Piazza di Spagna, e inevitavelmente fui à Igreja de Santa Maria del Popolo, a ver os Caravaggios, sobretudo a inexaurível *Conversão de S. Paulo*. Quando cheguei ao hotel, Laura ainda não tinha chegado. Apareceu esbaforida, vinha da Bompiani, onde lhe haviam dito que eu a procurara. E agora ali estava, simples e afetuosa como é. Não pudemos conversar mais do que uns cinco minutos, a jornalista e o fotógrafo esperavam que o norte-americano descesse. Então pude experimentar a estranhíssima impressão de estar a viver do outro lado momentos meus anteriores: também a mim tem acontecido estar num quarto de hotel, descer para uma entrevista e encontrar um jornalista e um fotógrafo. Mas agora podia observar o alheamento destes, a indiferença, como quem está ali para cumprir uma obrigação aborrecida, trabalho de rotina, um escritor, no fim de contas, não merece mais.

Nápoles, inauguração da Galáxia Gutenberg, um Salão do Livro que aspira a competir um dia com o de Turim. Mais simples, estruturalmente muito mais modesto. A cerimónia de abertura foi caótica. Reencontrei o *beau parleur* que é Stefano Rolando, o presidente do júri do Prémio União Latina. Alguém me disse que o surpreendeu a mudar a posição dos lugares na mesa, de maneira a ficar mais perto do *Sindaco* de Nápoles, que presidia... A vítima foi o embaixador Nunes Barata, atirado quase para a ponta da mesa pela vaidade do italiano... Depois fomos jantar a uma "risto-pub", uma coisa chamada Bounty com motivos náuticos a enfeitar. Uma aluna de Maria Luisa Cusati cantou fados e canções napolitanas. Dos fados não rezará nenhuma história, o fantasma de Amália Rodrigues andava por ali. Mas as canções napolitanas eram belíssimas, sobretudo uma delas, chamada mais ou menos "Tuorna Maggio". De repente, e como vai sendo costume, passei de cem por cento de animação a zero. E quando caio no zero, o melhor é retirar-me. Antes, porém, manifestei à diretora da Biblioteca Nacional, Maria

Leonor Machado de Sousa, a minha estranheza pelo silêncio de três anos com que foi acolhida a minha oferta à Biblioteca de umas quantas cartas e provas tipográficas revistas de José Rodrigues Miguéis. Ficou perplexa, julgava que o assunto estava resolvido. Enfim, parece que vai ser desta vez.

17 de fevereiro

Manhã cedo dou uma entrevista a *Il Mattino*. Um jornalista simpático e inteligente. E, coisa rara, informado. Pensei no episódio do hotel da Via Veneto e tentei adivinhar que expressão teria ele na cara quando vinha para se encontrar comigo. Nápoles está fria, gelada, a chuva é tal qual a de Santiago de Compostela. Assisti, como se estivesse numa câmara frigorífica, a uma mesa-redonda sobre a Biblioteca Nacional. Estava também o Nuno Júdice, tão transido de frio como eu. Teve depois a coragem de ir a Pompeia. Estiveram no jantar Luciana, Eduardo Lourenço e Helena Marques.

18 de fevereiro

De manhã, à RAI Uno, com Maria Luisa Cusati, para gravar uma entrevista que só será apresentada em abril, que é quando começa o programa. Para não variar, chamar-se-á *A Biblioteca Ideal*. Terminada a gravação, corrida à Galáxia para chegar a tempo à mesa-redonda que ia reunir os escritores portugueses. Helena Marques falou das mulheres escritoras, Nuno Júdice e eu do que fazemos e fizemos. Eduardo Lourenço faz de conta que nunca escreveu uma linha e comenta generosamente as obras dos outros. Quando à noite nos despedimos, depois do jantar oferecido pelo embaixador Nunes Barata, disse o Eduardo: "Então até amanhã". Respondi-lhe que não, que partia cedíssimo, supunha que ele sabia, e ele fez um "Ah" desconsolado, uma expressão de tristeza que refletiu a minha. Antes tinha-me dito umas palavras bonitas que me tocaram cá dentro: que eu era o irmão mais velho que ele não teve.

O impossível continua a acontecer. No romance *Jazz* de Toni Morrison há um personagem que mata a mulher a quem amava. Por amá-la demasiado, explicou. Parece absurdo, mas os romancistas são assim, já não sabem que mais inventar para captar a fatigada atenção dos leitores. Estas coisas, na vida, não acontecem. Acontecem outras. Agora, em França, um rapaz de vinte e poucos anos perguntou à namorada, mais nova do que ele, se era capaz, para provar o seu amor, de matar uma pessoa. Ela respondeu que sim. Passava-se isto num café. Numa mesa perto estava outro rapaz, este de uns dezoito anos. Os namorados meteram conversa com ele, daí a pouco era como se fossem amigos desde sempre. Ela, por sinais que até um cego entenderia, começou a seduzir o mocinho. Saíram juntos. Em certa altura, ela disse ao namorado: "Não venhas connosco. Nós vamos ao jardim". O de dezoito anos adivinhou aventura fácil e foi com a rapariga. Num recanto escuso ela tirou uma pistola do saco de mão e matou o rapaz. Toni Morrison não sabe nada da vida. O impossível acontece sempre, sobretudo se é horrível.

19 de fevereiro

Terceira história da aviação. De Madrid a Lanzarote tive de aturar a vizinhança de vinte franceses, entre masculinos e femininos, as mais grosseiras criaturas que Deus teve o mau gosto de deitar ao mundo. As gargalhadas, os dichotes, as manifestações de desprezo por tudo quando viam, ouviam e provavam, desde a língua castelhana à comida, desde as hospedeiras de bordo aos aviões, davam vontade de vomitar-lhes na cara. Estive a ponto de fazer de Quixote lusitano, mas eles eram muitos e brutos, elas ferocíssimas. Faziam-me em tiras e a Espanha não me agradeceria a valentia. Contentei-me portanto com olhá-los repreensivamente, sem resultado, como um gato pode olhar um tigre. Quando o avião aterrou em Lanzarote fui o primeiro a sair, rogando aos céus que não me façam encontrar outra vez estes bárbaros enquanto por aqui andarem.

Depois de três dias de ausência venho encontrar a casa transformada. Mais do que transformada, transfigurada. Pilar trabalhou como só ela é capaz, com a alma toda. Ajudaram-na a mãe, María e Javier, Carmélia, e até os mais novos da família, Luis e Juan José, além de dois colegas deste, Oscar e Raul. O meu escritório luzia, as madeiras envernizadas, os livros arrumados (não exatamente como os arrumaria eu, mas que importa?), os quadros nos lugares que lhes havia destinado, dispostos os tapetes no chão. Mozart tocava quando entrei e Pepe fez-me um acolhimento grandioso. Quantas maneiras haverá de ser feliz? Começo a crer que as conheço a todas.

20 de fevereiro

Passámos a tarde no vale de Guinate, entre montanhas verdes. No céu azul, como uma aparição benévola, a Lua diurna boiava em silêncio. Comemos costeletas de borrego e entrecosto, batatas em molho de amêndoa. Dormi ao sol.

21 de fevereiro

María, que hoje partiu para Granada, a continuar durante dois meses os seus estudos de história de arte, perguntou-me se eu sabia que aplicação à arquitetura podiam ter os termos "sístole" e "diástole". Que tinha lido ou ouvido uma referência (não recordo agora precisamente) e que não conseguia encontrar qualquer espécie de analogia com as arquiconhecidas expansão e contração cardíacas. Não tive outra resposta para lhe dar que acompanhá-la na ignorância e na perplexidade. Mas, como de perplexidades e ignorâncias é que a curiosidade se alimenta, pus-me a consultar dicionários e enciclopédias, para logo chegar à conclusão de que a sístole e a diástole eram, de facto, movimentos exclusivos do coração, que nem figuradamente tinham cabimento na arquitetura. Lembrei-me então de uma venerável relíquia que aí tenho, o *Dictionnaire Général des Lettres, des Beaux-Arts et des Sciences Morales et Politiques*, em dois volumes, editado em 1862 em Paris (pertenceu à biblioteca de Raimundo Silva, como é fácil comprovar na página 27 da *História do cerco de Lisboa...*) e fui arrancá-lo ao sono profundo em que dormia. Talvez naquele tempo, pensava eu, ou em outros mais antigos de que o dicionário ainda desse notícia, a arquitetura fosse feita tanto com o coração que quem uma coisa dissesse, a outra estaria dizendo. Penas perdidas: a diástole, informava o *Dictionnaire*, é um termo de gramática, aliás tão extensamente aplicado que não é possível transcrever para aqui a definição completa, o mesmo acontecendo com a sístole, esta enriquecida com exemplos tirados de Virgílio e Horácio. Desanimado, percebi que a arquitetura me fechava as portas na cara. Foi então que reparei que logo a seguir a *systole* vinha uma palavra que parecia pertencer à família. *Systyle* se chamava e rezava assim: "(Du grec *syn*, avec, et *stylos*, colonne), c.-a-d. *à colonnes serrées*, se dit, en Architecture, d'un édifice dont les colonnes sont distantes les unes des autres de deux diamètres ou quatre modules". Aceleraram-se as minhas próprias sístole e diástole, e fui ver se *diastole* tinha um vizinho igualmente generoso. Tinha e chamava-se, semelhantemente, *diastole*, por estas palavras descrito: "Entre-colonnement de trois diamètres, le plus large qui pût, chez les Anciens, porter une architrave de pierre ou de marbre". Levantei-me agradecido ao *Dictionnaire* e fui dar parte da minha descoberta a María: uma vez mais a lei (linguística) do menor esforço tinha feito triunfar umas palavras sobre outras. Agora só me falta saber se María vai ter a coragem de dizer ao professor que está enganado quando ele lhe disser que a sístole e a diástole são reconhecíveis na colunata da Praça de São Pedro, em Roma...

22 de fevereiro

Alguém teve um dia a ideia de chamar-me "escritor de Lisboa" e esse qualificativo transformou-se em moeda corrente no pecúnio informativo dos jornalistas apressados. Na verdade, não tenho escrito acerca de Lisboa, mas sim de algumas "pequenas Lisboas" que são os bairros, que são as ruas, que são as casas, que são as pessoas, microcosmos na cidade-universo que não precisam conhecê-la toda para serem, eles próprios, virtualmente infinitos. Em *Ricardo Reis* não foi de Lisboa que falei, mas de umas poucas ruas dela e de um certo itinerário que, se não me engano, comporta e exprime um sentimento de infinitude. Quanto ao *Cerco*, até o leitor mais desatento observará que a Lisboa de hoje é a Lisboa do século XII, no sentido de que o autor desse livro não pretendeu exprimir uma visão em extensão, mas sim, se a tanto pôde chegar, algo a que chamaria um pressentimento de profundidade. Sim, o tempo como profundidade, o tempo como a terceira dimensão da realidade em duas dimensões em que vivemos.

23 de fevereiro

Levaram Deus a todos os lugares da terra e fizeram-no dizer: "Não adoreis essa pedra, essa árvore, essa fonte, essa águia, essa luz, essa montanha, que todos eles são falsos deuses. Eu sou o único e verdadeiro Deus". Deus, coitado dele, estava caindo em flagrante pecado de orgulho.

Deus não precisa do homem para nada, exceto para ser Deus.

Cada homem que morre é uma morte de Deus. E quando o último homem morrer, Deus não ressuscitará.

Os homens, a Deus, perdoam-lhe tudo, e quanto menos o compreendem mais lhe perdoam.

Deus é o silêncio do universo, e o homem o grito que dá um sentido a esse silêncio.

Deus: um todo arrancado ao nada por quem é pouco mais que nada.

24 de fevereiro

O desbarato mais absurdo não é o dos bens de consumo,

mas o da humanidade: milhões e milhões de seres humanos nasceram para ser trucidados pela História, milhões e milhões de pessoas que não possuíam mais do que as suas simples vidas. De pouco ela lhes iria servir, mas nunca faltou quem de tais miuçalhas tivesse sabido aproveitar-se. A fraqueza alimenta a força para que a força esmague a fraqueza.

Parece haver em mim como uma balança interior, um padrão aferidor que me tem permitido vigiar, de uma maneira a que chamaria intuitiva, a "economia" dos pormenores narrativos. Em princípio, o "eu lógico" não recusa nenhuma possibilidade, mas o "eu intuitivo" rege-se por umas leis próprias que o outro aprendeu a respeitar, mesmo quando tem relutância em obedecer-lhes. Evidentemente, não há aqui nenhuma ciência, salvo se este aspecto tão particular do meu trabalho se nutre de uma outra espécie de ciência, involuntária, infusa, inlocalizável, que, mero prático que sou, me limito a seguir, como quem se vai apercebendo da mudança das estações sem nada saber de equinócios e solstícios.

25 de fevereiro

Domenico Corradini, professor na Universidade de Pisa, que traduziu para italiano *O ano de 1993*, convidou-me há tempos a fazer parte de um grupo de quatro pessoas que orientariam a escolha e a publicação de pequenos textos numa coleção que recebeu o nome de "La Sapienza dei Miti". Era tal o seu empenho que não tive alma de dizer-lhe que sou pouco entendido na matéria e que portanto seria de utilidade escassíssima para os fins em vista. Caí por isso das nuvens quando há poucas semanas, tendo recebido os dois primeiros volumes da coleção, verifiquei que sou apresentado como diretor dela, tendo como colaboradores Luigi Alfieri e Claudio Bonvecchio, além do próprio Corradini. Posto que seria indelicado protestar contra o "abuso", limitei-me a agradecer a generosidade, ao mesmo tempo que compreendia que as minhas responsabilidades haviam crescido, embora tendo presente uma lição de todos os dias: a de que nem sempre os diretores são os que dirigem... De todo o modo, já não poderia contentar-me com um papel de simples corpo presente, disfarçando a minha incompetência singular na pluralidade do grupo. Pus-me a rever mentalmente os autores portugueses com probabilidades de cabida na dita coleção, e acabei por fixar-me em Teixeira de Pascoaes, apesar de não morrer de gosto por ele. Comecei por pensar no *Regresso ao paraíso*, mas era demasiado longo, no *Marânus*, mas era demasiado local, e, de hipótese em hipótese, fui dar a *Jesus e Pã*. O mito estava ali, se não se preferir dizer que estavam ali os mitos todos. Desconfio, porém, que a verdadeira razão por que propus esta obra de Pascoaes para a "minha" coleção se encontra em três versos definitivamente subversivos que explodem no interior do poema: "As Ninfas beijarão os anjos do Senhor./ Maria há-de chamar a Vénus sua irmã/ E o tronco duma cruz hei-de vê-lo em flor!". O que Lara não faria se o Pascoaes lhe tivesse caído nas mãos... Felizmente que em 1903, quando o poema foi publicado, não havia Secretaria de Estado da Cultura...

26 de fevereiro

Autran Dourado não gostou do meu comentário. Chama-me polemista de segunda classe, o que é fazer-me grande favor, uma vez que sendo de segunda não me faltará assim tanto para ser de primeira, se a tal promoção vier a aspirar. E como acha que lhe chamei ignorante (o que duas vezes não é verdade: nem ele o é, nem eu lho chamei), equilibra um insulto imaginário com outro real: diz que sou burro, esquecido de que, até prova em contrário, pertencemos ambos à mesma espécie. Assim vão sendo as polémicas no mundo da língua ainda portuguesa. Ou já brasileira? Autran Dourado disse o que lhe apeteceu, e deve estar satisfeito. Só lhe faltou responder às perguntas simples que lhe tinha feito, a saber:

"Se não se pretende nem se pretendeu nunca, que eu saiba,

abolir, em benefício de qualquer dos dois países, as 'diferenças semânticas e sintáticas' que obviamente separam o português de um lado do português do outro — por que se indigna tanto? Como e em que circunstâncias unificar a ortografia significará redução ou eliminação dessas diferenças?"

A isto é que Autran Dourado devia ter atendido. Se agora decidir responder, do que duvido, não me responda a mim, que nunca tive paciência nem gosto para discussões de burros. Responda antes a si mesmo, que as dúvidas tem-nas ele, e não eu. Dá muito que pensar a facilidade com que os denominados intelectuais e artistas resvalam para o caceteirismo quando se dão conta de que lhes faltam razões. E surpreende-se a gente, e escandaliza-se, e deita as mãos à cabeça (a que estado chegou o mundo!), quando lemos num jornal a notícia de que por causa de uma insignificância um sujeito espetou a faca na barriga doutro sujeito. Literalmente falando, os escritores não se esfaqueiam uns aos outros, mas é só literalmente.

27 de fevereiro

Pergunto-me se o que move o leitor à leitura não será a secreta esperança ou a simples possibilidade de vir a descobrir, dentro do livro, mais do que a história contada, a pessoa invisível, mas omnipresente, que é o autor. O romance é uma máscara que oculta e ao mesmo tempo revela os traços do romancista. Se a pessoa que o romancista é não interessa, o romance não pode interessar. O leitor não lê o romance, lê o romancista.

Ah, a memória! Há três anos, quando a amizade de Javier Pérez Royo, então reitor da Universidade de Sevilha, me tornou ali doutor "honoris causa", pretendi citar, no meu discurso de agradecimento, certas palavras um dia lidas e que assim rezavam: "Somos contos de contos contando contos, nada". Puxando pela memória, encontrei que eram de Quevedo, mas, chegado o momento de lhe escrever o nome, entraram-me as dúvidas e, com muito trabalho, fui verificar: não, não eram de Quevedo. Voltei à memória, e ela, bastante menos segura, propôs-me outro nome: o de Léon Felipe. Mal reposto ainda da canseira que a busca quevediana me causara, acolhi a sugestão com alívio, pois a obra do autor de *El payaso de las bofetadas* comparada com a do autor dos *Sueños* é brevíssima. Tão breve que bastaram poucos minutos para apurar que as misteriosas palavras não tinham saído da pena dele. A memória tornara a enganar-me. Deixei portanto de fiar-me dela e pus-me a perguntar a amigos e conhecidos, tanto portugueses como espanhóis, se algum saberia dar-me fé de quem fosse um escritor que, pelos vistos, parecia não ter deixado outro sinal da sua passagem por este mundo. Um desses amigos sugeriu-me que visse no Shakespeare e eu fui, obediente e alvoroçado, procurar no *Macbeth*, que aí, segundo ele, se devia encontrar a minha pepita de ouro. Pois não, não senhor, não estava no *Macbeth*, não estava no *Hamlet*, o Shakespeare, por muito genial que tivesse sido, não conseguira chegar a tanto. Perdido no meio da biblioteca universal, sem guia nem roteiro, sem índice nem catálogo, não tive mais remédio que rematar desta maneira coxa o meu discurso no Paraninfo da Universidade de Sevilha: "Alguém (quem? a memória não mo diz) escreveu um dia: 'Somos contos de contos contando contos, nada'. Sete palavras melancólicas e céticas que definem o ser humano e resumem a história da Humanidade. Mas, se é certo que não passamos de contos ambulantes, contos feitos de contos, e que vamos pelo mundo contando o conto que somos e os contos que aprendemos, igualmente me parece claro que nunca poderemos vir a ser mais do que isto, estes seres feitos de palavras, herdeiros de palavras e que vão deixando, ao longo do tempo e dos tempos, um testamento de palavras, o que têm e o que são". A assistência, simpática, aplaudiu, e eu desci da tribuna saboreando o mel do grau que me haviam atribuído e amargando a triaga duma pergunta para que não tinha encontrado resposta. E assim ficámos, ela e eu, estes três anos, até hoje.

Estava aqui a classificar e a arrumar alguns dos milhentos papéis vindos de Lisboa, quando me sai ao caminho um livro grosso que reunia fotocópias de notícias e artigos publicados quando das Belles Étrangères, aquela viagem de vinte escritores portugueses a França, em que, segundo opinião mais ou menos unânime, não nos portámos mal, honrámos a pátria e falámos francês... "Passaram seis anos, que vou fazer com isto?", perguntei-me. Decidi arrancar o que me dissesse diretamente respeito e largar de mão o resto, pensando que os meus colegas e companheiros nessa viagem decerto já tinham feito o mesmo. Ora, entre os salvados, que encontrei eu? Uma entrevista dada a Antoine de Gaudemar, do *Libération*, e de que, de todo, não me recordava. Pus-me a lê-la, e de repente salta-me aos olhos a misteriosa frase, tantas vezes procurada e nunca achada. Citara-a eu, sim, eu, não como a memória a tinha conservado, mas evidentemente a mesma: "Somos contos contando contos, nada", e em francês, sem graça nenhuma e sem minha culpa: "Nous sommes des contes contant des contes — le néant"... O nome do autor, escrito com todas as letras, estava também ali: Ricardo Reis.

Tanto eu procurara lá por fora, e afinal tinha em casa o que buscava. Tempo perdido? Memória fraca? Talvez não. Apesar de todo o respeito que devo a Ricardo Reis, ouso afirmar que o verso que a memória me tinha oferecido — "Somos contos de contos contando contos, nada" — diz mais e diz melhor o que Reis quis dizer. Agora só tenho de esperar que a memória de alguém, sucessivamente esquecendo e recordando, por sua vez acrescente ao que eu acrescentei a palavra que ainda falta. O testamento das palavras é infinito.

28 de fevereiro

Helena Carvalhão Buescu telefonou de Lisboa para me dizer que *In Nomine Dei* ganhou o Grande Prémio de Teatro da APE. Foi por unanimidade, acrescentou, e o júri era composto por Carlos Avilez, Maria Eugénia Vasques e Maria Helena Serôdio. Evidentemente, a peça não é má, e se lhe deram o prémio é porque entenderam que o merecia, mas talvez o não tivesse se andasse mais gente a escrever para o teatro em Portugal. Encomendassem as companhias peças (pudessem encomendá-las) e a situação seria diferente. Valha o meu teatro o que valer, *In Nomine Dei* não existiria se de Münster não mo tivessem pedido.

Somos a memória que temos e a responsabilidade que assumimos. Sem memória não existimos, sem responsabilidade talvez não mereçamos existir.

1 de março

O presidente Mário Soares esteve hoje em Lanzarote. Quando há um ano Pilar e eu fomos a Belém para lhe comunicar que nos mudávamos para as Canárias, dissemos-lhe: "Se alguma vez tiver de viajar para aqueles lados...". A resposta, simpática: "Lá irei". Naquela altura pensei que se tratasse de uma promessa política, como tantas outras fadada para o cesto roto dos esquecimentos logo à nascença, mas enganei-me. Mário Soares aproveitou um convite para vir a um encontro de juristas em Tenerife e deu um salto à nossa ilha. Acompanhou-o Maria Barroso, a quem, acaso por efeito da sua conversão ao catolicismo, dei comigo a tratar familiarmente por Maria de Jesus: já no jantar da embaixada em Roma me tinha escapado, uma ou duas vezes, o confiado tratamento, mas disfarcei o lapso protocolar passando imediatamente ao "dra. Maria Barroso" de sempre. O mais certo, porém, é a conversão não ter tido nada que ver para o caso (a ironia sem maldade é deste momento em que escrevo), e ser o meu "Maria de Jesus", simplesmente, a retribuição natural e equilibrada do seu amistoso "Zé"...

Com eles vieram Manuel Alegre (que queria saber, por conta própria e alheia, por que tinha eu decidido viver em Lanzarote: o que viu deu-lhe a resposta), Maryvonne Campinos (o encontro em Tenerife homenageara Jorge Campinos), o embaixador Leonardo Matias, a Estrela Serrano, o Alfredo Duarte Costa. Levámo-los a Timanfaya e à Fundação César Manrique porque não havia tempo para mais: Javier foi um magnífico cicerone, com as datas e os factos na ponta da língua. Almoçaram depois em nossa casa, com alguns problemas de logística causados por dois convivas não previstos, mas tudo acabou por se resolver. Falou-se da Lisboa Capital Cultural (repeti e aclarei as minhas críticas), de Europa inevitavelmente (tive a melancólica satisfação de ouvir dizer a Mário Soares que partilha hoje de algumas das minhas reservas, antigas e recentes, sobre a União Europeia: "Que será de Portugal quando acabarem os subsídios?", foi sua a pergunta, não minha). Aproveitei a ocasião e permiti-me substituir a pergunta por outras, mais inquietantes: "Para que serve então um país que depende de tudo e de todos? Como pode um povo viver sem uma ideia de futuro que lhe seja própria? Quem manda realmente em Portugal?". Não tive respostas, mas também não contava com elas. A sombra veio e passou, a conversa transferiu-se para temas menos encruzilhados. Passadas estas horas, ainda me custa a acreditar que Mário Soares tenha cá estado em casa. Que voltas teve o mundo de dar, que voltas tivemos de dar nós, ele e eu, para que isto fosse possível.

2 de março

Não chegou a ser mais uma história da aviação: no aeroporto de Madrid dois brasileiros só me perguntaram se eu era Saramago. Não tenho outro remédio, foi o que me apeteceu responder-lhes, mas seria, além de mal-educado, desagradecido. Ficámos a conversar uns minutos e eles recordaram-me uma entrevista que dei há três anos a Jô Soares, umas declarações minhas, pessimistas, sobre a Europa. Curioso: não é a primeira vez que noto que a União Europeia preocupa os latino-americanos, talvez por quererem saber o que os espera quando a lógica do mercado e o apetite imperial dos Estados Unidos os obrigarem a aceitar no seu continente uma planificação económica em comparação com a qual, como já escrevi algumas vezes, a planificação soviética não passou de um experimento de maus aprendizes.

3 de março

O olho esquerdo, o que foi operado à catarata, está perfeito, o outro, o do descolamento da retina, não acusa mazela nova, Mâncio dos Santos "dixit". Pareceu-me, no entanto, que ele não teria ficado nada surpreendido, nem eu, percebo agora, teria por que surpreender-me, se no olho direito me tivesse aparecido, como aconteceu há um ano ao seu vizinho do lado, um primeiriço sinal de catarata. Já devia saber que em olhos não há que fiar. Pelo menos desde *O Evangelho segundo Jesus Cristo*, aquela famosa ilusão de ótica que me fez ver o que não existia: umas quantas palavras portuguesas no meio duma confusão de jornais espanhóis e doutras partes...

Boas notícias na editora: *Cadernos de Lanzarote* sairá no princípio de abril e, nestes meses próximos, reeditar-se-á, finalmente, a *História do cerco de Lisboa*, que parece ter nascido em má hora, porquanto levou cinco anos a esgotar os cinquenta mil exemplares da primeira edição. Também vai ser reeditado o *Memorial*... Zeferino conta-me a história daquele editor português que em Frankfurt lhe explicou por que é um perigo editar-me. Como amostra de raciocínio tortuoso será difícil encontrar melhor: considerando que os meus livros se vendem muito, a Caminho tornou-se dependente de mim para toda a vida, à mercê dos meus caprichos. Um dia destes dá-me a veneta, entro como vendaval pela porta dentro da editora e imponho a minha lei, condições leoninas que os pobre diretores, aterrorizados com a ameaça de perder-me, terão de resignar-se a aceitar, esmagados pela pata de um escritor de sucesso, para usar a linguagem grata ao impagável Cavaco Silva. Realmente, não compreendo como é que tal ideia, tão simples, tão eficaz, nunca me tinha passado pela cabeça. Para rematar, diga-se que este editor tem um pai que também é editor, mas, pelos vistos, herdou pouco do progenitor. Refiro-me à sensibilidade, evidentemente.

4 de março

Em Braga, duas horas de conversa com alunos da Escola Secundária Carlos Amarante. Fizeram "leituras" de umas quantas crónicas de *Deste mundo e do outro*, apresentaram ingénuas teatralizações de outras. O que mais me surpreendeu foi a serenidade e a generosidade com que estes rapazes e raparigas se enfrentaram com textos literários formalmente bastante simples sem dúvida, mas urdidos de sutilezas de um outro tempo, de um mundo de ideias e de valores que já soam anacronicamente nos modos e conteúdos de comunicação atuais. No fim ofereceram-me uma pena de prata (os símbolos permanecem, apesar de tudo) e um livro (folhas soltas acondicionadas numa caixa) que reúne o conjunto dos trabalhos, ilustrações incluídas, sem faltar um retrato meu, copiado de uma fotografia do tempo em que ainda usava patilhas...

Jantar com Manuel Vázquez Montalbán, que veio também à Feira do Livro e que amanhã lançará o seu *Galíndez*.

5 de março

Na abertura da Feira, a propósito do tema de *In Nomine Dei*, falei de tolerância e intolerância, do mal que vivemos uns com os outros e do pouco que fazemos para viver melhor. Usei as palavras mais simples (descubro todos os dias a eficácia da simplicidade) e creio ter alcançado bastante fundo o entendimento e o coração de quem lá estava.

À noite cantou Paco Ibáñez. A sua voz está reduzida a um fio ténue, mas nunca foi tão expressiva, tão capaz de delicadas modulações, a ponto de poder-se perguntar se existirão, em todas as escalas conhecidas, notas capazes de reproduzir na pauta o que da garganta lhe vai saindo. A Montalbán e a mim dedicou-nos Paco, com sorridente manha, a canção que fez sobre o poema de Rubén Darío "Juventud, divino tesoro, ya te vas para no volver", e a Pilar a de um poema de Lorca, "Canción de jinete", cuja interpretação deixou o público sem respiração. Sem respiração tinha eu ficado quando, entrando um pouco atrasado no auditório, mas antes ainda de começar o recital, fui recebido com as palmas das mil pessoas presentes. Mário Soares, que também veio à inauguração da Feira, foi magnânimo: "Isto é para si".

6 de março

Na passagem pelo Porto, caminho da estação de Campanhã, vi estas palavras pintadas numa parede: "Poder Nacional Branco", adornadas com uma cruz no interior de um círculo. Pergunto-me contra quem estará este "Poder Nacional Bruto": contra os operários cabo-verdianos, ou contra os capitalistas japoneses?

7 de março

Entro num táxi para ir à editora e o motorista pergunta-me (outra vez) se eu sou quem ele julga. Respondo-lhe que sim, longe de adivinhar o que estava para acontecer. Apresentou-se o homem: "Sou o Manuel Campestre, da Azinhaga". Julgando pela idade que aparentava, poderia muito bem ter sido um dos meus companheiros de jogos infantis e descobertas adolescentes, mas os Campestres, embora não pertencendo à linhagem exclusiva dos grandes e médios proprietários, estavam, pelo seu estatuto de rendeiros habituais, bastante acima do nível social em que penava o geral da minha família, tanto do lado paterno como do lado materno. Eu ouvia falar de um tal José Campestre aos meus avós e aos meus tios, mas creio que nunca o cheguei a ver, só me ficou na lembrança o tom com que se referiam a ele, um misto de respeito e temor para que nunca encontrei explicação. Não era agora altura para averiguações destas, o dever e o gosto mandavam que me interessasse pela vida de um patrício que tanto parecia saber da minha. Lamentava-se ele de não ter ali um livro meu para que lho autografasse e eu disse que isso se resolveria quando chegássemos à editora. Depois, perante a risonha curiosidade de Pilar, passámos à evocação dos velhos tempos, e, ao cabo de umas quantas memórias comuns, ainda que não coincidentemente vividas, Manuel Campestre contou um episódio de quando era pequeno, no qual havia sido parte e vítima o meu avô João Saramago, pai do meu pai. Foi o caso que este misterioso avô (misterioso, digo eu, porque se contam pelos dedos as vezes que falei com ele) era guarda de uma grande propriedade, pelo que, sempre que havia algo para defender da cobiça dos furtivos, tinha de pernoitar numa cabana no meio do campo (costume e necessidade dos guardas todos, como foi também, por exemplo, o meu tio Francisco Dinis). Ora, esse meu avô, por preguiça de levantar-se a meio da noite para verter águas, como então se dizia, usava, para satisfazer as urgências nocturnas da fisiologia, uma cana comprida que atravessava o enramado da cabana e por ela, aliviado, fazia escorrer para fora a mijada. Tinha costela de inventor este João Saramago... De que houve então de lembrar-se o malvado Manuel Campestre quando deu pela habilidade do velho? Tapou o orifício de saída da improvisada conduta e o resultado foi ter-se mijado todo o João Saramago quando a cana começou a devolver à origem o que já não lhe cabia dentro... Os rapazes são uma peste, nem o diabo quis nada com eles. Este levou uma sova do pai, a quem o ofendido e molhado patriarca se foi queixar, e nós, aqui, sessenta anos mais tarde, dentro de um táxi em Lisboa, rimos a bom rir com esta antiga e saborosa história, de um tempo mítico que a distância, milagrosamente, parecia ter tornado inocente. Quando chegámos à editora, ofereci ao Manuel Campestre dois livros, e ele, por sua vez, não quis que eu lhe pagasse a corrida. Despedimo-nos com um abraço fortíssimo, como se durante toda a vida tivéssemos sido unha e carne.

Katia Lytting, a cantora sueca que em Milão interpretou pela primeira vez a personagem de Blimunda, tem um pai, e esse pai, do mais bem-parecido que se pode imaginar apesar da idade, casou-se, recentemente, pela terceira ou quarta vez. Do matrimónio (dizem-me que a mulher é uma juvenilíssima norueguesa) nasceu entretanto um rebento, uma menina. Ora, acabo agora mesmo de saber que à criança foi dado o nome de Blimunda e que, na cerimónia do batizado, Katia cantou uma ária da ópera... Blimundas, neste mundo, além da do *Memorial*, já são duas: a filha de Katia também se chama assim. E eu, que só tenho uma filha, que Blimunda não é, mas Violante, vejo com assombro como me vai aumentando a descendência...

Jantar de festa com Manuel Vázquez Montalbán. Não me lembro de ter visto alguma vez Manolo tão feliz. Os brindes foram muitos, todos virados para o lado esquerdo, o do coração e o da política. A certa altura veio à baila o 25 de Abril e então os portugueses dividiram-se em otimistas e pessimistas, uns dizendo que tínhamos tido o que merecíamos, outros que foi pena não merecermos mais... As festas, em geral, e esta não podia ser exceção, põem-me melancólico, mas no regresso dei por mim a dizer a Pilar: "Se eu tivesse morrido aos 63 anos, antes de te conhecer, morreria muito mais velho do que serei quando chegar a minha hora".

8 de março

Parecia que não ia acontecer nada hoje, e vi *A lista de Schindler* de Spielberg. Depois de tantos e tantos filmes sobre o holocausto, imaginava eu que já não haveria mais nada para dizer. Em três horas de imagens arrasadoras, Spielberg fez voltar tudo ao princípio: o homem é um animal feroz, o único que verdadeiramente merece esse nome. Amanhã há mais.

9 de março

Segóvia. Por Ángel Augier, poeta cubano, soube que Eliseo Diego morreu. Quando a fama e o reconhecimento público, com o Prémio Juan Rulfo, lhe foram bater, enfim, à modesta porta, morreu. A vida é capaz de partidas ignóbeis.

Conferência de Arrabal — uma insuportável exibição de cabotinismo que chegou à abjeção: mas o público, quase todo de jovens, enchia a sala — sobre aquilo que ele denominou "a explosão da razão". Confesso que o teria compreendido melhor se ele tivesse tido a franqueza de apresentar-se como um exemplo perfeito e acabado dessa mesma explosão... Amanhã será a vez de Fernando Sánchez Dragó, que, pelo que dele sei, "místico" e antirracionalista, deverá navegar nas mesmas ou semelhantes águas. Ao jantar esteve María Kodama.

10 de março

De manhã, visita à casa onde durante treze anos viveu Antonio Machado, professor de francês. Está na Calle de los Desamparados e era naquele tempo uma pensão para hóspedes de poucos teres, como convinha a um poeta pobre. Emoção como a que vim experimentar aqui, só me lembro da que me abalou quando entrei pela primeira vez na casa de Teixeira de Pascoaes. O mesmo arrepio, a mesma irreprimível vontade de chorar. Claro que o bom senso tentava explicar-me que, tantos anos passados, o mais certo era não serem os móveis já os mesmos, que Machado não reconheceria a paisagem que hoje se vê da estreita janela do que foi o seu quarto, mas a emoção, indiferente a razões, varria tudo e fazia de mim um desamparado mais, entre os que deram o nome à rua. Imaginando-a pelo que os meus olhos hoje veem, esta habitação teria servido de cela exemplar a um frade de uma ordem rigorosa: aqui, o corpo, já que não podia beneficiar-se de confortos, não teve mais remédio, para sobreviver, que abrir as portas ao espírito.

Acabada a visita, descemos todos (Eduardo Lourenço e Annie, Nuno Júdice, Zeferino Coelho, María Kodama e nós) pelo caminho que tem o nome doutro poeta, até à igreja que foi dos Templários, frente ao convento fechado onde se encontra o túmulo de San Juan de la Cruz, é ele o poeta, e à capela onde o santo costumava recolher-se para orar e contemplar. Por este mesmo caminho descia pois Juan de Yepes, assim o diz o letreiro da rua, mas o soalho do quarto de Antonio Machado estava muito mais perto do chão verdadeiro que ele pisou do que estão este empedrado e este asfalto do pó natural e da lama que pisaram os pés de Juan de la Cruz. Antonio Machado não precisou que o chamassem, San Juan de la Cruz não pôde chegar aonde o esperávamos.

Conferência à tarde. Chamei-lhe "Leituras e realidades". O que quis dizer foi que, não podendo saber o que é, *realmente*, a realidade, o que vamos fazendo são meras "leituras" dela, "leituras de leituras", infinitamente. Arte e literatura são "leituras". Depois da conferência houve uma mesa-redonda, com o Eduardo Lourenço, o José Cardoso Pires, o Nuno Júdice e o Zeferino Coelho. Portou-se bem em campo a seleção portuguesa.

11 de março

Em Madrid, no Círculo de Bellas Artes, juntam-se quarenta pessoas para ouvir o que umas poucas de outras têm para dizer da situação na ex-Jugoslávia, ou, com mais precisão, em Sarajevo. Identifico mal os escritores oriundos daquelas paragens, mas percebo que são quase todos bósnios. A sala, deserta, assusta. Uma cidade com três milhões de habitantes não deu mais do que isto. Os discursos são longos, arrastados. Dá vontade de perguntar: "Sarajevo ainda existe?". Num intervalo Pilar diz-me que a organização admite a hipótese de ir repetir o encontro em Sarajevo. Repetir isto? Para quê? Para sermos corridos à pedrada?

Chegou Yvette Biro. Falámos da possível adaptação da *Jangada de pedra* ao cinema. No fim da conversa, o possível já começava a tornar-se provável. Onde está, onde se meteu aquela minha apregoada vontade de não permitir adaptações? Não cedi ao dinheiro, porque nem sequer dele se falou. A que cedi então? Ao entusiasmo, à paixão com que esta mulher fala do livro, à inteligência com que o entendeu, à sensibilidade que a conduz, em três palavras, ao essencial. Claro que a todo o tempo poderei dizer que mudei de ideias, mas pergunto-me se terei coragem para desiludir esta confiança.

12 de março

As águas mornas acabaram por ferver. A culpa foi minha, ao anunciar que, não tendo, sobre a situação da ex-Jugoslávia, informações suficientes para poder falar dela com conhecimento de causa, leria algumas páginas de reflexão sobre o problema do racismo e as obrigações morais e cívicas dos escritores (era de escritores o encontro) neste momento da Europa e do mundo. Caíram-me todos em cima como matilha, que não senhor, que eu tinha era de optar, dizer ali, e já, se estava pelos sérvios ou pelos bósnios. Está claro que estes abencerragens de um esquerdismo irresponsável me conheciam mal: fazerem-me uma exigência nestes termos, esta ou outra qualquer, equivalia a encontrarem-me como me encontraram: duro como uma pedra. Trocámos palavras azedas e quando o colóquio terminou não me eximi a dizer-lhes o que pensava de semelhantes métodos. Desculparam-se com grandes manifestações de respeito e admiração, mas o mal estava feito. Os processos de intenção continuam, qualquer pretexto serve.

14 de março

A Múrcia, via Lisboa, chegam-me notícias de Alemanha e Itália. Está contratado, assinado e confirmado que *Divara* será apresentada no Festival de Ferrara do ano que vem, por alturas da Páscoa. Com duas outras óperas insignificantes: *Fidelio* e *A flauta mágica*... E temos boas razões para crer que *Blimunda*, com uma encenação diferente, será vista e ouvida pelo público de Estugarda na próxima temporada... Não penso vir a tornar-me italiano ou alemão, mas a evidência de certos factos obriga-me a concluir, por minha conta e à minha custa, que muitas e sentidas razões tinha aquele que disse, pela primeira vez, que ninguém é profeta na sua terra.

"Leitor de Pessoa, autor de Ricardo Reis" foi o título, propositadamente ambíguo, da conferência que dei na Universidade. Não creio estar a iludir-me se disser que consegui interessar os assistentes, quase todos eles estudantes. Com o exagero já observado noutras ocasiões, fui apresentado por uma jovem professora, Sagrario Ruiz, a mesma que, em Vigo, quando da homenagem a Torrente Ballester, me convidou a vir aqui. Antes do almoço (quem quiser comer bem, vá a Múrcia), levaram-me a uma concorridíssima *rueda de prensa*, onde me encontrei com uma inusitada abundância de microfones, gravadores e câmaras de televisão, como se vir este escritor português à cidade tivesse sido considerado acontecimento importante...

15 de março

Repetida em Albacete a conferência de Múrcia. Saiu ainda melhor, como notou, risonho, com fingido zelo, Victorino Polo, professor da Universidade de Múrcia, que dali veio expressamente para estar connosco. Tanto naquela cidade como nesta tivemos o privilégio de conhecer gente amável e simpática, disponível para a amizade desde o primeiro momento.

Tínhamos comido bem em Múrcia, mas Albacete em nada lhe ficou atrás.

17 de março

Em Lisboa, antes da assembleia geral da Sociedade Portuguesa de Autores, o Fernando Lopes diz-me que a estação de televisão franco-alemã ARTE tinha acabado de comprar o documentário do João Mário Grilo. Também esta é uma excelente notícia, para todos, a começar pela produtora, a Isabel Colaço, que tinha recebido da RTP um subsídio de cinco mil contos apenas, gasto já até ao último tostão.

21 de março

    Miguel García-Posada, um dos melhores críticos literários espanhóis atuais, escreve sobre livros e computadores num artigo interessante: "Más allá del libro electrónico". Falando dos escritores que se negam a empregar o computador e da relação entre palavra e pensamento que deve presidir à escrita artística ou reflexiva, observa: "É uma realidade que a velocidade da palavra eletrónica conspira contra essa relação e bombardeia a fértil solidão da página em branco. O computador alimenta insidiosos inimigos: a visualização do ecrã e a supressão das emendas criam a ilusão do texto perfeito, um texto que se vê mais do que se lê. Impura ilusão: confrontado com a realidade da impressão, o escrito manifesta lacunas e insuficiências: de ordem sintática, de desvertebração formal". E mais adiante: "O escritor que prescinda da fria, dolorosa, revisão à mão dos seus originais está condenado sem remédio à mediocridade. A palavra criadora precisa do silêncio, da reflexão, do alto amor que na palavra se consuma, e isso só o dá o papel ou só através dele se alcança".
    Leio e vejo-me dividido entre o reconhecimento das evidências que García-Posada lucidamente expõe e uma certa ideia de que talvez as coisas não sejam só assim. Em primeiro lugar porque deveríamos entender o ecrã como o que de facto é: a mais branca de todas as páginas, pronta para recuperar a sua brancura original sempre que a vontade (ou a inabilidade...) do escrevente o determine; em segundo lugar, porque, dócil a todas as emendas, é também o lugar sobre o qual mais ativamente se pode exercer a reflexão, uma espécie de incruento campo de batalha donde as palavras feridas, consideradas inválidas para a ocasião, vão sendo

sucessivamente retiradas para darem lugar a reforços frescos. A paciência do computador é infinita, a do papel tem os seus limites, seja pela dimensão, seja pela resistência física do suporte. Pessoalmente, confesso que me custa algum trabalho recordar como compus (o verbo é intencional) tantos milhares de páginas na máquina de escrever, tendo de elaborar primeiro uma frase, um pensamento, para depois o passar ao papel, e logo compreender que ia ser necessário corrigi-lo, penosamente, batendo uma e muitas vezes a letra x (que para pouco mais servia), ou escrevendo entre as linhas, à espera do momento, também ele inevitável, em que, retirada a folha da máquina, novas emendas urgissem.

Diga-se, no entanto, que não sou pessoa para fiar-me de computadores. Não sei onde se encontram as palavras (a disquete é um objeto tosco, sem personalidade, o menos parecido que há com um livro), por isso, mal termino uma página, imprimo-a. Já emendei muito no ecrã, tornarei a emendar no papel. Afinal, sou um escritor à antiga. García-Posada tem razão: viva o papel!

22 de março

Por Jorge Amado, sempre atentíssimo aos amigos, soube que fui admitido como membro da Academia Universal das Culturas, de Paris, de parceria com Ernesto Sabato e alguns outros para mim desconhecidos. E porque a "felicidade", tal como se costuma dizer da "desgraça", quando vem, nunca vem só, chegou-me também hoje, da Fondation Adelphi, a grata notícia de que a minha já quase esquecida gabardina, depois de mil aventuras e perdições arrancada à burocracia dos caminhos de ferro belgas, está finalmente a caminho de Lanzarote...

23 de março

Há dias escreveu-me Jean Daniel, diretor do *Nouvel Observateur*, a convidar-me a participar num número especial da revista, no qual uns quantos escritores (diz ele que os principais do nosso tempo...) irão descrever como foi (vai ser) o seu dia 29 de abril. A primeira ideia deste género teve-a, ao que parece, Máximo Gorki, em agosto de 1934, propondo a publicação de um livro coletivo sobre o tema "Um dia do mundo", com o fim de mostrar (traduzo da carta) "a obra artística da História num dia qualquer". Respondi que sim porque realmente não pude resistir à tentação (se a carne é fraca, o espírito é mais fraco ainda) de figurar, ao menos uma vez, e graças à liberalidade de Jean Daniel, entre os principais do tempo... Tenho porém algumas suspeitas sobre a inteira verdade dos futuros relatos. Dirão os escritores convidados o que de facto lhes vai acontecer nesse dia? Não decidirão fazer dele, cientemente, um dia especial, repleto de atos interessantes e ideias interessantíssimas? Se eu aqui fosse passar o dia à praia, teria a honestidade de confessar simplesmente: "Estive na praia, tomei banho, almocei, dormi ao sol, li um romance policial"? Diz Jean Daniel que no livro organizado por Gorki colaboraram, entre outros, Stefan Zweig, Bertolt Brecht, H. G. Wells, André Gide e Romain Rolland. Pois muito gostaria eu de saber como descreveram estas ilustres personagens o seu dia 27 de setembro de 1935, que foi então o escolhido. Talvez entre as verdades que lá se encontrem (não duvido de que as haja) seja hoje possível reconhecer, com a joeira de sessenta anos passados, o que apenas se deveu à fantasia, se não à vaidade, dos escritores a quem foi concedida a facilidade de acreditar ser o seu dia um dia do mundo. Um dia do mundo... Espero que o *Nouvel Observateur* não cometa a imprudência de retomar o título no número que irá comemorar o seu 30º aniversário: nos tempos que vivemos, "um dia do mundo" teria de ser, nem mais nem menos, a descrição do inferno...

26 de março

Em Buenos Aires, para a Feira do Livro. Viagem esgotante, horas que parecem não ter fim. Em Madrid foi preciso esperar que aparecesse (e apareceu, por sorte) uma mala que se tinha deixado ficar em Lanzarote. Depois, absurdos problemas por causa dos bilhetes, passados em nome de duas criaturas inexistentes: Mrs. Saramaguo e Mrs. Saramaguo, provavelmente casadas com dois irmãos de uma família Saramaguo, onde quer que ela esteja... Com a pressa — só recebemos os bilhetes praticamente em cima da hora da partida — não tínhamos reparado no disparate. Em Lanzarote não nos haviam posto dificuldades (sendo o voo nacional, não são pedidos os passaportes), mas de Madrid não sairíamos se não fosse encontrar-se uma alma bondosa de funcionário, tão confiada que foi capaz de acreditar que não queríamos emigrar clandestinos para a Argentina com nomes falsos e sexos baralhados. Substituíram-se os bilhetes e enfim pudemos embarcar. Em viagens assim, feitas de noite, não durmo. Espero que as horas passem e assisto, resignado, ao sono dos outros. Pilar, mais ou menos, descansou. Tentei atrair ao menos a sonolência vendo *O fugitivo* sem os auscultadores postos, com a vã esperança de que as imagens acabassem por hipnotizar-me: penas perdidas foram, o sono não veio. A história deste *Fugitivo* é conhecida: o eterno acusado inocente, o eterno polícia obstinado e, no caso, um desenlace que só não pôde ser totalmente "happy" porque o realizador não se atreveu a ressuscitar a vítima. Harrison Ford repete o seu papel de Indiana Jones: ninguém lhe pedia mais.

27 de março

Depois de meteoricamente recebidos por uma "azafata" da Feira do Livro e largados num hotel de escasso gosto e nenhum conforto, acudiram a tomar providencialmente conta de nós os diretores de Espasa Calpe — Guillermo "Willy" Schavelzon, Ricardo Ibarlucía, Alberto Díaz — que nos transferiram a mais benignas paragens. Novamente creio ter tido sorte com editores: estes parecem-me gente da melhor, simpáticos, cultos, inteligentes. Falámos de literatura, da Argentina, do mundo.

Contaram-nos histórias do presidente daqui, Carlos Menem, em tudo iguaizinhas aos prodígios intelectuais obrados nas terras lusitanas por Cavaco Silva e Santana Lopes. Por exemplo: há tempos, Menem, falando num ato cultural qualquer, resolveu introduzir no discurso, que obviamente não tinha sido escrito por ele, algo da sua própria lavra, e não encontrou nada melhor do que declarar que a sua vida tinha sido influenciada de maneira profunda pela leitura dos romances de Jorge Luis Borges... E uma outra vez, valentemente, afirmou que o seu livro de cabeceira era a Obra Completa de Sócrates... Se um dia destes Menem se vai deste mundo, podemos despachar para lá o nosso Santana Lopes: os argentinos não dariam pela diferença.

28 de março

Entrevistas, entrevistas, entrevistas. Pablo Avelluto, o encarregado das relações com a imprensa, quase não me deixou uma hora de folga. O meu comportamento é absurdo: não sei defender-me, entrego-me a cada entrevista como se tivesse a vida em jogo. Às vezes parece-me surpreender na cara dos jornalistas uma expressão de assombro. Imagino que estarão a pensar: "Por que tomará ele isto tão a peito?".

O vice-presidente da Academia Argentina de Letras, Jorge Calvetti, vem dizer-me duas coisas: a primeira, que será ele o meu apresentador na conferência que darei na Feira do Livro; a segunda, perguntar-me se eu aceitaria ser membro correspondente da dita Academia... Aturdido pela surpresa (nada, desde que estou em Buenos Aires, me havia feito esperar tal coisa), ouvi-me a responder que sim senhor, que agradecia a honra e que tudo faria para a merecer. Quando ele se foi embora, desabafei com Pilar: "Este mundo está louco". E amanhã vou ter de perguntar aos amigos que Academia é esta de que me comprometi a ser membro. Não que duvide da bondade dos confrades que me vão receber no seu seio, claro está, mas é normal gostar de saber em que companhia vamos.

29 de março

Começo a suspeitar que existe por aí uma central de informação especializada na difusão de notícias falsas contra as mais inocentes pessoas do mundo. Em quase todas as entrevistas tenho tido de esclarecer que, ao contrário da firme convicção dos entrevistadores, não deixei de ser comunista nem abandonei o Partido. Ainda olham para mim como se fosse sua obrigação duvidar sempre da boa-fé de gente da minha espécie política, mas, diante da cara séria que lhes ponho, parecem ficar convencidos. Alguns não foram capazes de disfarçar que prefeririam que a verdade fosse a outra, mas a outros iluminaram-se-lhes os olhos. Um destes, no fim, pediu-me licença para me abraçar...

Com umas quantas necessárias modificações, repeti aqui a conferência que tinha dado em Tenerife: "Descobrir al otro, descubrirse a si mismo". Tema demasiado "duro" para uma ocasião como esta, mas o colóquio que se seguiu, virado quase todo para questões mais literárias, acabou por equilibrar a balança. Depois assinei livros. Um carinho extraordinário. Gente nova. Reencontrei um dos "*chicos*" de Mollina: Manuel Lozano. Uma mulher pede-me um autógrafo e diz-me que a sua vida mudou depois de ter lido o *Evangelho*. Lembrei-me logo de Menem, mas decidi acreditar... Se pudesse, teria puxado aquela pessoa à parte e ter-lhe-ia perguntado: "Mudou, como? Explique-mo".

30 de março

Numa mesa-redonda sobre "O futuro do romance" retomei a ideia (talvez merecedora de uma exploração que não está ao meu alcance) de que o romance deveria abrir-se, de certa maneira, à sua própria negação, deixando transfundir, para dentro do seu imenso e fatigado corpo, como afluentes revitalizadores, revitalizados por sua vez pela miscigenação consequente, o ensaio, a filosofia, o drama, a própria ciência. Sei bem que nos tempos de hoje, de frenéticas e micrométricas especializações, soará a descabelada utopia este ideal neorrenascentista de um texto englobante e totalizador, uma "suma", enfim. Porém, como não faltam vozes a anunciar a iminente entrada da Europa numa nova Idade Média, o que faço não é mais que antecipar o Renascimento que a ela (fatalmente) terá de seguir-se. Jantámos na Feira: o embaixador Maimoto de Andrade e a mulher, Irene Lawson, o vice-presidente da Academia, Jorge Calvetti (a mulher dele, à despedida, chamou-me Saramaguíssimo), Erik Orsenna, o autor de *L'Exposition Coloniale*, a quem o ministro conselheiro da embaixada de França apresentou deste modo ridículo: "Erik Orsenna, prémio Goncourt". O sorriso contrafeito de Orsenna pedia desculpa.

31 de março

Entre as nove e meia da manhã e a uma hora da tarde, quatro entrevistas. Não sei que diabo de interesse possam ter ainda declarações tantas vezes repetidas. Almoçámos com María Kodama e Ricardo Ibarlucía. Não me lembro já porquê, vieram à conversa as premonições, os pressentimentos, as superstições e outros quejandos mistérios do desconhecido, da alma e do além. Todos mais ou menos contra mim, ou a minha humilde razão contra as fantasias deles. Quando já nos havíamos cansado de não estar de acordo, o tema seguinte — inevitavelmente — foi Jorge Luis Borges. Ricardo tentou explicar as atitudes de Borges durante a ditadura militar. Confirma que teve um momento de fraqueza, ou de boa-fé, quando acreditou que os militares poderiam resolver os problemas do país, mas que não tardou a compreender que tinha caído em erro e imediatamente passou de apoiante a crítico. Ricardo apresentou exemplos. Quando da guerra das Malvinas, durante uma entrevista, perguntaram a Borges o que pensava da legitimidade da reivindicação argentina, e ele respondeu: "Por que é que não as dão à Bolívia, que não tem saída para o mar?". O escândalo foi grosso, mas piorou quando, tempos depois, sarcasticamente, afirmou que os generais argentinos nunca tinham ouvido assobiar uma bala. Respondeu-lhe um deles, furibundo, protestando que tinha estado em tal e tal parte, em tal e tal batalha, e Borges encerrou o assunto: "Sim senhor, o general Fulano ouviu assobiar uma bala".

Fomos à Plaza de Mayo. Sabíamos o que íamos encontrar, mas não adivinhávamos o que íamos sentir. Parece simples e fácil de dizer, umas quantas mulheres idosas — as Madres de la Plaza de Mayo — andando em círculo, numa longa fila, com os seus lenços brancos na cabeça e a sua dor infinita, mas a comoção, irreprimível, aperta-nos a garganta, de repente as palavras faltam. Entram outras pessoas na fila, alguns jovens, nós entramos também. Uma destas mulheres, Laura Bonaparte, perdeu o marido e seis filhos, desaparecidos entre 1975 e 1977. Pediu-me um autógrafo para levar a um neto, disse-me quanto tinha gostado de ler o *Evangelho*, e por fim tirou o lenço que levava na cabeça e deu-mo como agradecimento pela leitura do livro e como recordação de uma "*madre de la plaza de Mayo*". Abraçámo-nos a chorar. Os nomes, escritos no lenço, são: Mário, Noni, Irene, Victor, Santiago, Adrián, Jacinta. Nenhum está vivo...

Jantar na embaixada. Gente no geral simpática, mas toda a bela tem o seu senão: alguém — um antropólogo argentino — disse a Pilar que Franco e Salazar tinham sido dois cavalheiros, e ela respondeu que sim, sem dúvida, mas que a esses dois, para ser-se inteiramente justo, havia que juntar dois outros da mesma cavalheiresca espécie: Adolfo Hitler e Benito Mussolini... O argentino embatucou.

1 de abril

Almoço com Adolfo Bioy Casares. Um autêntico e genuíno encontro, como vai sendo raro. Bioy Casares, que já tem oitenta anos, sofreu há tempos um acidente de que ainda não se restabeleceu, nem provavelmente virá a restabelecer-se por completo, mas o que lhe enevoa os olhos de tristeza, sabemo-lo, é a morte recente de uma filha em circunstâncias trágicas. Este homem tem uma personalidade em verdade extraordinária: discreta, suave, incrivelmente sedutora. Em certa altura falou-se de Octavio Paz e encontrámo-nos todos concordes em não gostar do sujeito. Bioy sorria ao dizer que era a primeira vez que almoçava com pessoas que não se declaravam admiradoras fanáticas de Paz... Para não ficar de menos em ironia, adiantei a suspeita, se calhar com mais acerto do que parece, de que Octavio Paz, apesar de tão louvado e citado, deve ser o escritor menos lido do século XX.

5 de abril

Mal refeito ainda da viagem de regresso, tive de decidir-me a responder, enfim, aos inquéritos do *Público* e do *Expresso*, ambos sobre o vigésimo aniversário do 25 de Abril. A Vicente Jorge Silva, que convidou "vinte personalidades representativas dos mais variados setores e quadrantes da vida nacional" a escolherem "os dez melhores e os dez piores acontecimentos, situações e fenómenos registados" desde a revolução, respondi brevissimamente: que o pior do 25 de Abril foi o 25 de Novembro; que o pior de Otelo foi Saraiva de Carvalho; que o pior de Vasco Gonçalves foi Vasco Lourenço; que o pior do Primeiro de Maio foi o Dois de Maio; que o pior da Reforma Agrária foi António Barreto; que o pior da Descolonização foi Agora Amanhem-se; que o pior das Nacionalizações foi Salve-se Quem Puder; que o pior da Reforma do Ensino foi Não Haver Ensino; que o pior da Liberdade de Expressão foi ser Liberdade Sem Expressão; que o pior da Democracia (até agora) foi Cavaco Silva. E a Joaquim Vieira, que me pedira 125 palavras sobre as circunstâncias em que recebi "a notícia de que estava em curso o derrube do Estado Novo" e "as recordações mais marcantes do período que se seguiu, até finais de 1975", dei-lhe rigorosamente as palavras pedidas, que assim rezam: "Nesse mês dormi algumas noites em casas de amigos não marcados pelo regime. Vários camaradas meus haviam sido presos, a minha vez podia não tardar. Passei uns dias em Madrid, mas, como a polícia não se 'manifestou', regressei a Lisboa. Vim a saber depois que a minha prisão estava marcada para o dia 29... Numa reunião na *Seara* (ouviam-se ainda tiros nas ruas) fui encarregado de escrever o editorial para o primeiro número 'livre' da revista". E rematei: "Não esquecerei o Primeiro de Maio, nem o 26 de Setembro, nem o 11 de Março, nem a Assembleia do MFA em Tancos, nem os meses em que fui diretor-adjunto do *Diário de Notícias*. Não esquecerei o Alentejo nem a Cintura Industrial. Não esquecerei o que então chamámos Esperança".

Suspeito que não terão apreciado as respostas nem o tom em que foram dadas. O caso é que inquéritos destes me irritam pela sua inutilidade. Servem para encher papel.

6 de abril

Pelo andar da carruagem em que vamos, os correios do século XXI serão a perfeita imagem do caos. Estava eu aqui estranhando com os meus botões ter sido necessária a atenção carinhosa de Jorge Amado para finalmente saber que em dezembro do ano passado me tinham admitido na tal Academia Universal das Culturas, de Paris, quando o certo foi o presidente dela, Elie Wiesel, me ter escrito em 18 de janeiro a informar-me de que eu havia sido cooptado, acrescentando, fórmula diplomática consagrada, mas gentil, que esperava que eu aceitasse juntar-me a eles. Simplesmente, essa carta nunca chegou aqui, e se vim a ter conhecimento dela foi porque a secretária-geral da Academia acabou por estranhar o meu silêncio e decidiu manifestar-se, enviando cópia da comunicação do presidente. Simplesmente, uma vez mais, a carta dela, posta no correio, em Paris, no dia 4 de março, só ontem chegou às minhas mãos... Perguntar-se-á que diabo de importância encontro eu num episódio, ao parecer irrelevante, para vir a correr registá-lo aqui, e eu respondo que lhe encontro toda a importância, pela muito evidente razão de que isto é um diário e estes acontecidos estão acontecendo. Diariamente.

7 de abril

Palavras ouvidas em Buenos Aires a Fernando Vizcaiño-Casas, escritor de muita venda e popular consideração em Espanha, benza-o Deus: "Buenos Aires está muito bem, parece Barcelona ou Madrid, e além disso não há cá pretos, nem índios, nem sujos". Por aqui se demonstra que um escritor não tem que ser, forçosamente, um ser humano. Também declarou esta importante e já idosa pessoa que vinha com a esperança de ser alvo do assédio sexual das "*muchachas porteñas*", mas esta presunção sempre se pode perdoar: a obsolescência mental não escolhe profissões nem idades, um imbecil é um imbecil, mesmo quando escreve livros.

9 de abril

Começam a aparecer reações aos *Cadernos*. Numa entrevista, o José Carlos de Vasconcelos tinha querido saber se eu não achava que há um certo narcisismo no livro, e agora a Clara Ferreira Alves, no *Expresso*, retoma o mote quase nos mesmos termos. Pergunto-me, eu de que se teriam lembrado estes excelentes amigos de interpelar-me, se eu próprio, na introdução que escrevi, não tivesse não só mencionado, mas assumido conscientemente o risco. Muito claro o disse: "Gente maliciosa vê-lo-á [ao livro] como um exercício de narcisismo a frio, e não serei eu quem vá negar a parte de verdade que haja no sumário juízo, se o mesmo tenho pensado algumas vezes perante outros exemplos, ilustres esses, desta forma particular de comprazimento próprio que é o diário". E disse também: "Que os leitores se tranquilizem: este Narciso que hoje se contempla na água desfará amanhã com a sua própria mão a imagem que o contempla". Respondi à pergunta de José Carlos que "toda a escrita é narcísica" e que "a escrita de um diário, sejam quais forem as suas características aparentes, é narcísica por excelência". (O título da entrevista, no *JL*, torceu-se todo para sair assim: "José Saramago: a escrita narcísica por excelência...") Espero que a Clara, lendo isto, o entenda e passe, doravante, a distribuir por igual as suas pedradas. Acatarei todas as razões objetivas que creia ter para não gostar do livro, menos essa. E, já agora, porquê a crueldade fria com que trata a pessoa e a obra de Torga? E porquê o mau gosto desse título — "A morte do artista" — quando se sabe que Miguel Torga está gravissimamente doente, na fase terminal de um cancro?

11 de abril

Chegaram os primeiros exemplares dos *Cadernos*. Tomo um, folheio-o, vou de página em página, de dia em dia, e dou por mim à procura dos defeitos que Clara Ferreira Alves lhe aponta (autocomplacência, secura, falta de frescura, ainda alguns mais, não tão facilmente condensáveis na brevidade de fórmulas como estas), e o que encontro é alguém (eu próprio) que tendo vivido toda a sua via de portas fechadas e trancadas, as abre agora, impelido, sobretudo, pela força de um descoberto amor dos outros, com a súbita ansiedade de quem sabe que já não terá muito tempo para dizer quem é. Custará isto assim tanto a perceber?

12 de abril

Uma leitora brasileira, que me escreve de Minas Gerais, diz em certa altura da carta: " Não há nada mais saboroso do que o português de Portugal...". Aqui fica a opinião, à consideração de Autran Dourado...

13 de abril

Isto está a tornar-se cómico. Da Antena 2 de Lisboa perguntam-me que comentário me merece o facto de os *Cadernos* estarem a ser objeto de uma "crítica negativa", exemplificada essa negatividade com a acusação de "narcisismo" que tem vindo a ser-me feita. Respondi que, felizmente para Rembrandt, não foram suficientes os muitos retratos que pintou de si mesmo para que lhe chamassem "narciso". Depois remeti a simpática entrevistadora para a introdução do livro, onde está tudo explicadinho, e esta seria a última referência que aqui faria ao recreativo caso se não me tivesse ocorrido a ideia de ir ao dicionário saber o que teria ele para dizer-me sobre "narcisismo". Reza assim: "Amor excessivo e mórbido à própria pessoa, e particularmente ao próprio físico. Em psicanálise, estado psicológico em que a líbido é dirigida ao próprio ego". Respirei aliviado: é verdade que tenho uma certa estima pela pessoa que sou, não o nego, mas trata-se de uma estima sã, normal e respeitosa, sem demasiadas confianças. Quanto à libido, juro e tornarei a jurar, com a mão sobre a Constituição ou outro livro sagrado qualquer, que não é ao meu próprio ego que ela se tem dirigido em tantos anos de vida... No que respeita ao futuro, já sabemos, pela insistente lição do Borda d'Água, que *Deus super omnia*, mas creio que os psicanalistas terão de resignar-se a ganhar o seu dinheiro com outros pacientes...

14 de abril

Uma estação de televisão espanhola mostrou hoje uns quantos minutos de imagens, algumas das quais, segundo o apresentador, tinham provocado acesa polémica em Itália, o que quase se estranha, tendo em conta que não faltam ali motivos de debate. Viram-se cenas da fuga de oficiais alemães de Roma, entre alas do que chamaríamos "multidão enfurecida", se esta fúria se exprimisse em algo mais que palavras que não se ouvem, em socos à passagem, em cuspidelas. Viram-se os cadáveres de Mussolini e de Clara Petacci, no chão de mistura com outros, rodeados por uma multidão que se desforra, uns cuspindo, outros dando pontapés, outros saltando por cima, como num jogo. Mas o que desatou a polémica foi a morte de um italiano por fuzilamento, ou melhor, uma declaração feita por alguém a propósito, ignoro se na imprensa ou na televisão de Itália, segundo a qual o morto deveria ser considerado como um mártir do nacional-socialismo italiano... Tudo chega no seu tempo sempre, uma afirmação assim só estava à espera de Berlusconi...

Vi as imagens do fuzilamento. Um poste cravado no chão, atado a ele um homem novo, vestido com umas calças escuras e uma camisola interior, o cabelo cortado rente. Dois ou três oficiais norte-americanos estão perto, um deles acende-lhe um cigarro, depois aproxima-se um padre que diz não se sabe quê, enquanto o condenado, com o cigarro preso nos lábios, aspira e solta umas quantas fumaças. Uns segundos mais e afastam-se todos, não vemos os soldados que vão disparar, dir-se-ia que a câmara de filmar está no meio do pelotão de fuzilamento, de repente o corpo é sacudido pelas balas, resvala um pouco ao longo do poste, mas não está morto, agita-se debilmente, os oficiais aproximam-se, um deles parece levar a mão à pistola, talvez vá dar-lhe o tiro de misericórdia, não se chegará a saber, a imagem apagou-se. Foi dito que o italiano não era soldado, que fora, com outros, lançado de paraquedas atrás das linhas norte-americanas para atos de sabotagem, o que as chamadas leis da guerra parece não perdoarem. Tudo isto é horrível, mas eu não sei por que se me fixa mais na memória o ritual cénico do último cigarro do condenado à morte, como se cada um daqueles homens estivesse a representar um papel, o padre para dar a absolvição, o condenado que pede ou aceita o cigarro, a mão que o acende, provavelmente a mesma que disparará o último tiro. O outro lado da tragédia é muitas vezes a farsa.

15 de abril

    Já se sabe que não somos um povo alegre (um francês aproveitador de rimas fáceis é que inventou aquela de que "les portugais sont toujours gais"), mas a tristeza de agora, a que o Camões, para não ter de procurar novas palavras, talvez chamasse simplesmente "apagada e vil", é a de quem se vê sem horizontes, de quem vai suspeitando que a prosperidade prometida foi um logro e que as aparências dela serão pagas bem caras num futuro que não vem longe. E as alternativas, onde estão, em que consistem? Olhando a cara fingidamente satisfeita dos europeus, julgo não serem previsíveis, tão cedo, alternativas nacionais próprias (torno a dizer: nacionais, não nacionalistas), e que da crise profunda, crise económica, mas também crise ética, em que patinhamos, é que poderão, talvez — contentemo-nos com um talvez —, vir a nascer as necessárias ideias novas, capazes de retomar e integrar a parte melhor de algumas das antigas, principiando, sem prévia definição condicional de antiguidade ou modernidade, por recolocar o cidadão, um cidadão enfim lúcido e responsável, no lugar que hoje está ocupado pelo animal irracional que responde ao nome: de consumidor.

16 de abril

    Quanta razão tinha a avó Josefa: mais cedo ou mais tarde, a verdade sempre acaba por vir ao de cima, é só questão de ter paciência, de dar tempo ao tempo, por fim hão-de cair os disfarces, dissipar-se as névoas, separa-se o que havia estado confundido, o certo sobrepõe-se ao falso, o azeite à água. Julgávamos nós saber, mais ou menos, graças aos esforços dos comentadores da política internacional, com os sovietólogos e kremlinólogos à cabeça, por que se tinha vindo abaixo a União Soviética, embora sempre mantivéssemos a suspeita de que à análise estaria faltando alguma coisa, quiçá mesmo o mais iluminador. Desta vez, a verdade não teve de esperar nem sequer um século. Irritado com o facto de ter-lhe sido atribuído pela revista de Barcelona *Ajoblanco* o prémio "Jeta" (o significado mais direto da palavra é focinho), Mario Vargas Llosa, entre outras agudezas espirituais da mesma estirpe, atribui a desfeita aos "nostálgicos del comunismo que no perdonan el impacto de mi prédica liberal en el desplome del império soviético". Se a presunção matasse, Vargas Llosa devia estar neste momento à entrada do céu a tentar convencer S. Pedro de que tinha sido ele, e não outra pessoa de igual nome, o autor de alguns bons livros que se publicaram cá em baixo. Legitimamente duvidoso, o santo porteiro talvez acabasse por não resistir à tentação de lhe enfiar na cabeça um daqueles chapéus de orelhas compridas com que se escarmentavam os cábulas na escola velha...

17 de abril

A pretexto do quinto centenário do Tratado de Tordesilhas, conversa com Torrente Ballester, Miguel Ángel Bartesia de *El País* e Torcato Sepúlveda. Faltou ali um historiador para pôr alguma ordem nas divagações dos entrevistados, em particular as minhas, que do Tratado só tinha um conhecimento de cartilha, apesar das leituras a marchas forçadas a que tive de proceder nos últimos dias para não fazer má figura mais do que a conta. Serviram as leituras, ao menos, para perceber algo em que nunca havia pensado antes: graças a essa "divisão" do mundo, em muitos aspectos absurda, por contranatura, evitaram-se os mil conflitos que fatalmente teriam de opor portugueses e espanhóis se andassem a "descobrir" nos mesmos terrenos. No dize-tu, direi-eu, veio à baila a "Lenda negra" das atrocidades cometidas pelos espanhóis no Novo Mundo. Para que Miguel Ángel não fosse o único a atormentar-se pelas culpas de antepassados, lembrei uma carta do padre António Vieira a D. Afonso VI em que se diz, preto no branco, referindo-se ao Brasil: "As injustiças e tiranias que se têm exercitado nos naturais destas terras excedem muito às que se fizeram em África. Em espaço de quarenta anos se mataram e destruíram nesta costa e sertões mais de dous milhões de índios, e mais de quinhentas povoações, como grandes cidades; e disto nunca se viu castigo". Depois a conversa derivou para temas mais atuais, como seja o futuro de Espanha e Portugal no quadro duma Europa economicamente e politicamente integrada, que parcela da divisão europeia do trabalho irá caber a cada um dos países, coisas assim. Dos quatro, o único que ainda foi capaz de mostrar algum resignado otimismo ("Onde está a alternativa?", perguntou) foi Torcato Sepúlveda. Sou capaz de entendê-lo: quem está prestes a afogar-se deita a mão a tudo o que pode para aguentar-se à superfície, mesmo à canoa esburacada que o arrastará para o fundo.

18 de abril

Na Universidade de Valência, a convite do leitor de português, Albano Rojão Saraiva. No fim da palestra, um aluno, rapaz alto, forte, tipo de atleta, que pelo aspecto não parecia dos mais propensos a sentimentalismos fora de moda, aproximou-se timidamente e conseguiu dizer: "Gostei daquela sua ideia de que os livros levam uma pessoa dentro, o autor". Agradeci-lhe ter-me compreendido.

19 de abril

Em Palma de Maiorca, no intervalo entre uma conferência e a seguinte, almoço em Valledemossa com Perfecto Cuadrado e María, sua mulher. Foi nesta aldeia que viveram durante algum tempo Chopin e George Sand, mau sítio para curar uma tuberculose, porque, segundo diz Perfecto, a região é húmida, das mais húmidas da ilha. Não longe há um palácio, uma casa grande, o que aqui se chama *possessión*, onde estanciou a celebérrima e choradíssima Sissi... A gente do lugar deve ter gostado da suave criatura. Já a outra, insolente, provocadora, de calças e charuto, diz-me María que as mulheres da aldeia se benziam à sua passagem, como se fosse a encarnação feminina do demónio.

20 de abril

Confortavelmente instalado no avião que me leva a casa, leio que em Recife e Olinda os mendigos andam a comer pedaços de corpos humanos, restos de operações cirúrgicas — vísceras, fetos, peitos, pernas, braços —, atirados às lixeiras pelos hospitais e clínicas das duas cidades. A hospedeira de bordo vem perguntar-me se prefiro peixe ou carne. Carne, digo eu. Por muito que se esmerem a prepará-lo, não gosto do peixe congelado que geralmente é servido...

22 de abril

Todo o dia a ler a tese de doutoramento de Horácio Costa, da Universidade de Yale: *José Saramago: O período formativo*. Notável, simplesmente. Pela primeira vez alguém deixa de lado a relativa facilidade de análise dos livros que publiquei a partir de *Levantado do chão* para atrever-se a penetrar no quase indevassado pequeno bosque do que escrevi antes, não esquecendo mesmo *Terra do pecado*, esse primeiro e cândido romance que teria saído a público com o título *A viúva* se não fosse o malogrado Manuel Rodrigues, editor da Minerva, que benevolamente me acolhera na sua casa, ter decidido que tal título não era suficientemente comercial... Lendo hoje o estudo minucioso e perspicaz de Horácio Costa, foi todo o passado que se desenhou e reergueu diante de mim. Senti-me de repente muito velho (atenção, velho de tempo, não de vida) e pensei sem nenhuma originalidade: "Quanto caminho andado".

23 de abril

Finalmente, uma livraria em Lanzarote. O livreiro, Norberto, é um homem novo, ainda que prematuramente encanecido, vindo de Zaragoza, que fala do seu trabalho com entusiasmo. Comprámos alguns livros: Canetti, Magris, Barbara Probst Solomon. Também um ensaio de José Antonio Marina, *Teoria de la inteligencia creadora*, que tem sido muito elogiado pela crítica e já leva quatro edições desde novembro do ano passado, quando se publicou. E *Intención y silencio en el Quijote*, de Ricardo Aguilera, livro que vem de 1971, agora reeditado. Havia também uma antologia de Eliseo Diego, que não comprei por ter já a edição cubana da sua poesia, publicada há dez anos. Quando voltei para casa fui procurar o livro, folheá-lo, como quem reencontra um amigo depois duma longa ausência, e de repente senti que se me arrepiava o couro e o cabelo. Tinha diante dos olhos aquele breve relato que um dia, quando pela primeira vez o li, me havia feito pensar que teria de vir a saber tudo sobre o homem de quem Eliseo ali falava. Depois, esqueci-me... Agora, enquanto relia o texto para Pilar, senti o desejo súbito de escrever a história desse homem. Quem sabe? Quem sabe? Alguns dos meus livros não nasceram de modo muito diferente... Deixo aqui as palavras belíssimas e estremecedoras com que Eliseo Diego falou do português Matias Peres:

"Matías Pérez, portugués, toldero de profesión, qué había en los inmensos aires que te fuiste por ellos, portugués, con tanta elegancia y prisa.

"En versos magníficos dijiste adiós a las muchachas de La Habana, y luego, una tarde en que era mucha la furia del tiempo, haciéndole burla a la prudencia, y mientras en el Campo de Marte atronaba la banda militar, te fuiste por el aire arriba, portugués ávido, argonauta, dejando atrás las sombrillas y los pañuelos, más arriba aún, a la región de la soledad transparente.

"¡Que lejos quedaron las minúsculas azoteas de La Habana, y seis cuerpos tuyos más alto que sus torres y sus palmas, como volabas con la furia del viento, português, aquella última tarde!

"Y cuando, a la boca del río, habiéndote echado muy abajo aquella misma cólera del aire, te llamaron los pescadores prudentes, gritándote que bajaras, que ellos te buscarian en sus botes, ¿no contestaste, portugués frenético, echando por la frágil borda tus últimos estorbos?

"¡Allá te ibas, Matías Pérez, argonauta, hacia las tristes y plomizas nubes, rozando primeiro las enormes olas de lo otro eterno, y luego más y más alto, mientras lo tirabas todo por la borda, en tus labios una espuma demasiado amarga!

"¡Audaz, impetuoso portugués, adónde te fuiste con aquela desasida impaciencia mar adentro, dejándonos sólo esta expresión de irónico desencanto y criolla tristeza: se fue como Matías Pérez!

"Huyendo raudo hacia una gloria transparente en demasia, hacia una gloria hecha de puros aires y de nada, por la que fue perdiéndose tu globo como una nubecilla de nieve, como una gaviota ya inmóvil, como un punto ya él mismo transparente: se fue como Matías Pérez!"

Outro Bartolomeu de Gusmão? Um Baltasar Sete-Sóis sem esperança de Blimunda na terra ou que, tendo-a perdido, foi procurá-la onde já sabia que ela não poderia estar, mas mesmo assim indo por ela? Matias Peres, Matias Peres, quem és tu?

26 de abril

Uma carta do Brasil traz no endereço esta charada geográfica e toponímica: Lanzarote, Ilhas Canárias, Portugal. Foi verdade, sim senhor, mas só entre 1448 e 1450, quando os portugueses estiveram em Lanzarote graças a um tal Maciot de Béthencourt, francês, sobrinho de Jean de Béthencourt, que, tendo recebido deste tio, primeiro explorador sistemático do arquipélago, os direitos sobre Lanzarote, os cedeu, não sei em troca de quê, ao infante D. Henrique. Não durou muito o domínio: dois anos depois de termos desembarcado, fomos postos fora daqui, diz-se que pelos habitantes. A carta chegou pois atrasada quinhentos e cinquenta anos, mas ainda a tempo de vingar-me doutras cartas que recebi, de França principalmente, aquelas que traziam como direção Lisboa, Espanha...

27 de abril

Chegaram Luciana e Rita, de seus completos apelidos, respectivamente, Stegagno Picchio e Desti... Pacientíssimas, vieram para trabalhar na preparação da "*opera omnia*" (vai em latim, que é a maneira que encontro de não tomar estas coisas demasiado a sério) a publicar por Bompiani. Mas não as deixarei ir-se daqui sem verem a Montaña del Fuego, os Jameos del Agua, os lugares seletos desta ilha que portuguesa foi (como ficou dito) e que deve o seu nome (faltava dizer) ao comerciante genovês Lancelotto Malocelli, aí pelos finais do século xiv. Em verdade vos digo que todos os passos do mundo se cruzam e entrecruzam, os tempos vêm e vão, só os lugares permanecem. E esperam.

29 de abril

Acordei a pensar: "Se não acontecer hoje nada de especial, como poderei escrever para o *Nouvel Observateur* algo que valha a pena? Se fôssemos à praia com a Luciana e a Rita, se almoçássemos ali, se entretivesse o tempo a ler um romance policial, se assim o dia passasse, como poderia descrever depois, aos olhos do público, as horas de um escritor que, afinal, tão banalmente as vivera?". Já tínhamos combinado que levaria de manhã Luciana e Rita a ver os vulcões de Timanfaya, mas isso era ofício de guia turístico, não de escritor, considerando que Timanfaya é o único lugar do mundo, entre os que conheço, onde toma pleno sentido o cansado dito de que uma imagem vale mais que mil palavras. Em geral, a verdade é muito diferente, são as mil imagens, sejam elas quais forem, que precisam de uma palavra que as explique. Neste caso, porém, eu mesmo seria capaz de pôr "cem mil" no lugar de "mil", se não atiraria, simplesmente, o dicionário ao vulcão mais próximo. Fomos e voltámos, Luciana e Rita deslumbradas, falando sem parar. Rita, que é siciliana, e portanto veemente, chegou ao extremo de jurar: "Ao pé disto, o Etna é nada". Eu concordei, apesar de pensar que, não obstante tão radical juízo, até para descrever o Etna me faltariam palavras... (Percebo agora por que quase não há paisagens nos meus livros: tendo de escolher entre a pedra que está ao lado e a montanha que cerra o horizonte, prefiro a pedra.)

Passaram as horas, e eu, ansioso, à espreita de uma ideia aproveitável que aparecesse, como um golfinho, à tona da consciência, para a fisgar no rápido instante em que mostrasse o dorso luzidio. Ora, ou porque flagrantemente não serviam aos fins em vista, ou porque, de tão rápidas, nem me davam tempo a fazer-lhes pontaria, as ideias tornavam a mergulhar na inescrutável profundidade donde tinham subido, deixando-me perdido diante da folha de papel em que me tinha prometido registar, de modo sucinto, para ulterior desenvolvimento, os assuntos, os episódios, as reflexões, os temas com que haveria de rechear o texto destinado ao *Nouvel Obs*. Lembrei-me então de que precisamente hoje, e talvez na hora precisa em que o lembrava, se estaria anunciando em Lisboa o lançamento de uma coleção cujo primeiro volume é, em cento e cinquenta mil exemplares, o *Memorial do convento*... Depois, por dever de modéstia, perguntei-me se deveria mencionar um facto como este, de tão ostensivo perfil comercial, mas, tendo ponderado que os cento e cinquenta mil exemplares darão de comer à família por algum tempo, decidi proceder como o agricultor que olha a seara que tanto trabalho lhe deu e faz legítimas contas ao que lhe renderá. Na continuação destes pensamentos, e tal como o agricultor que depois de contemplar a seara foi ao pomar ver se estão madurando os frutos, sentei-me a trabalhar no *Ensaio sobre a cegueira*, ensaio que não é ensaio, romance que talvez o não seja, uma alegoria, um conto "filosófico", se este fim de século necessita tais coisas. Passadas duas horas achei que devia parar: os cegos do relato resistiam a deixar-se guiar aonde a mim mais me convinha. Ora, quando tal sucede, sejam as personagens cegas ou videntes, o truque é fingir que nos esquecemos delas, dar-lhes tempo a que se creiam livres, para no dia seguinte, desprevenidas, lhes deitarmos outra vez a mão, e assim por diante. A liberdade final da personagem faz-se de sucessivas e provisórias prisões e libertações.

Que mais poderia fazer, perguntei-me, para arredondar o dia? Devia uma carta de agradecimento a Horácio Costa, professor na Universidade do México, que na semana passada me enviou a sua tese de doutoramento em literatura portuguesa pela Universidade de Yale, com o título *José Saramago: O período formativo*, e pensei que a ocasião era excelente. Na verdade, sentia-me mais inclinado a não o fazer hoje, cheguei mesmo a pensar: "Escrevo amanhã e ponho a data de 29, ninguém o saberá", mas abafei a indigna tentação e escrevi e datei honestamente a carta. Agradeci a tese e o privilégio que ela me concedia de poder reexaminar o meu passado de escritor, como ele pareceu ganhar um novo sentido à luz dos dias e do trabalho de agora, como, enfim, pude percorrer o caminho que leva da dispersão à coerência, talvez já anunciada, já prometida, assim o quero pensar, no limiar das primeiras páginas que publiquei. Finalmente, com a máxima sinceridade a que alcanço, deste modo rematei a carta a Horácio Costa: "Penso nas longas horas, no estudo longo, metódico, e ao mesmo tempo apaixonado, que está contido nestas centenas de páginas, e pergunto-me: 'Mereço eu tanto?'. Responderás que sim, não o merecesse eu e não terias gasto nele meses e meses da tua vida, mas apesar disso torno a perguntar, duvidoso: 'Mereço?'".

Assinei, dobrei e fechei a carta. Eram sete horas da tarde, até à hora de ir para a cama não haveria, certamente, mais nada de interessante para registar. Foi então que chegou o correio, que em Lanzarote é distribuído ao fim do dia. Trazia-me a revista *Plural* e nela um belo artigo de um escritor canadiano,

Louis Jolicoeur, recordando um nosso encontro de há anos, no México, numa ilha do lago de Pátzcuaro, em meio de uma noite escuríssima, entre sepulturas que talvez fossem pré-colombinas e a negra respiração da água. E havia também uma carta da Argentina, de alguém que conheci há cinquenta anos e que nunca mais tornei a ver, metade emigrante, metade exilado político, que em três longas e apertadas páginas me conta a sua história, a vida sacrificada de um pobre, a vida dura de um militante de esquerda. Conta-me que foi para a Argentina no barco *Highland Brigade*, o mesmo em que fiz viajar Ricardo Reis quando regressou a Portugal, depois de receber a notícia da morte de Fernando Pessoa...

Leio, releio o que escreveu este homem de 73 anos, chamado José de Jesus Pina, impressiono-me como uma criança a quem estivessem recitando uma triste e dolorosa história, e compreendo, enfim, que, em troca do pouco que fora capaz de dar a este dia, dele tinha recebido o que, para poder ser, havia precisado de uma vida inteira.

30 de abril

Do alto do Mirador del Río, com o último sol turvado pela bruma seca aqui denominada calima, como se o céu estivesse peneirando sobre Lanzarote uma ténue cinza branca, olhamos — Luciana, Rita e eu — a ilha da Graciosa, com os seus três montes quase arrasados pela erosão, restos de vulcões antigos, o pequeno porto de pesca, a Caleta do Sebo, a secura absoluta de uma terra espremida pelo vento, calcinada por dentro e por fora. Olhamos, calados, até que Luciana diz: "Quem imaginaria que aqui colocou Tasso os seus jardins de Armida?". Colhido de surpresa, exclamei: "Como?". E Luciana: "Sim, foi aqui, nesta ilha da Graciosa, que Rinaldo se deixou prender pelos encantos de Armida". Ah, os poetas! Um dia ouvem falar de uma lenda, encontram no mapa um nome que lhes agrada, e aí está: o deserto torna-se vergel, Rinaldo navega naquela barca que demanda o minúsculo porto, enquanto Armida, com a última lava ardente do vulcão, prepara os seus filtros de amor.

4 de maio

Em Paris. Saio de manhã do hotel, na Rue Rivoli (em tantos anos de vir aqui é a primeira vez que fico alojado na margem direita), e de súbito sinto-me como um estranho na cidade. Não apenas estrangeiro, mas estranho, sobretudo estranho. Nem mesmo quando entrei em Saint-Michel, centro habitual das minhas andanças parisienses, diminuiu este sentimento. Pareceu-me que havia demasiada gente, demasiados anúncios de atos culturais, demasiados livros... Pensei em Lanzarote, onde a gente é escassa, onde os livros só há pouco deixaram de ser raridade, onde as manifestações culturais importantes se contam ao ano pelos dedos, pergunto-me como é possível viver lá sem sentir a falta destas maravilhas (ou as de Lisboa, na proporção...), e penso que está bem assim, que de todo o modo nunca poderia ler tudo, ver tudo, que um dos meus pequenos vulcões levou mais tempo a fazer-se que o Arco do Triunfo e que o vale de Guinate não fica a dever nada aos Campos Elísios... Notre-Dame está outra vez em obras, a teia dos andaimes dá-lhe um ar de irremediável fragilidade, de facto não me apetece entrar, creio que não seria má ideia, durante um tempo, deixar os monumentos e os museus em paz, esquecer-nos um pouco deles. Para um dia voltar a reencontrá-los com olhos desacostumados, digo eu.

À tarde, mesa-redonda no Centro Pompidou. (Tinha almoçado com Jorge Maximino, diretor de Arimage, a organização cultural donde me veio o convite, e ouvi dele as queixas de sempre: falta de apoios morais e materiais, indiferença de quem teria a obrigação de ajudar, a sempiterna mesquinhez pátria...) Na mesa-redonda estiveram Maria de Lourdes Belchior, Prado Coelho, Paul Teyssier, Gilles Germain. Paul Teyssier, simpaticamente e com uma evidente sinceridade, evocou os feitos portugueses, o que me levou a comentar que esta constante referência aos nossos gloriosos antepassados (tineta nacional que já vai encontrando seguidores lá fora) converte os Portugueses numa espécie de Gregos de agora que caíssem na fraqueza tonta de vangloriar-se dos Homeros e Platões, dos Péricles e Demóstenes, dos Pitágoras e Epicuros... O tema da conversa era "Écrire le temps, écrire la ville", portanto falou-se de Lisboa. Em todos os tons. Chegou-se a compará-la com Paris... Um ator do Teatro de Saint-Denis, Frédéric Peyrat, leu bem uma passagem do *Ano da morte de Ricardo Reis*, o que me deu a oportunidade de dizer que o mais importante numa cidade, o que a distingue verdadeiramente das outras, não é o que está fora, nas ruas, mas o que está dentro das casas, as pessoas e os interiores, os modos de viver. Mais do que o momento em que somos e estamos, o que me interessa é a cidade *no tempo*, o seu crescer de fungo e de cérebro.

Gilles Germain, autor de um livro, que não conheço, inspirado em Pessoa, referiu, em certa altura da sua libérrima e bem-humorada intervenção, que a Avenida da Liberdade ficou interrompida no seu traçado lógico, parada a meio caminho, o que me fez recordar (mas não o disse ali, foi uma lembrança que veio e se foi) aquele outro projeto mirabolante de D. João V de abrir uma avenida que, partindo da fachada central do convento de Mafra, iria até ao mar... Parece ser a nossa sina: deixar tudo a meio caminho, ou nem isso.

5 de maio

Começa na Sorbonne o colóquio sobre a Europa, organizado por Bernard-Henri Lévy e Jérôme Clément. A ideia — "Europa: e se recomeçássemos pela cultura?" — parece interessante à primeira vista. Só à primeira vista. A pergunta, tal como está formulada, afirma implicitamente a falência da integração da Europa como tem vindo a ser realizada, isto é, planificando a indústria, subordinando a economia, unificando a moeda, e sugere um outro caminho, aliás proposto explicitamente numa declaração assinada pelos dois organizadores: "Fazer da Europa uma terra de criação, de diálogo, no respeito do pluralismo das ideias, das religiões e das comunidades que vivem no seu território desde há milénios". Quem não estaria de acordo? Quem não quereria inventar para o continente europeu essa mágica receita que depois até poderia ser levada ao resto do mundo, assim se inaugurando, pela via duma promoção voluntarista da cultura ao estatuto de valor universal, uma época de paz e concórdia, a segunda idade de ouro? Porém, recomeçar pela cultura, como? Neste tempo em que vivemos existem três tipos de guerras: as propriamente ditas, as linguísticas, as culturais. Acabar com as primeiras tem sido impossível. Quanto às segundas e terceiras, será exagero dizer que nelas é que se estão jogando realmente os futuros predomínios mundiais, ou, para dizê-lo doutra maneira, a autêntica nova ordem ideológica mundial? E como dialogarão as culturas na Europa se as contradições económicas e as tensões financeiras fazem ranger o edifício europeu por todos os lados? Permito-me pensar que a Europa, do que está a precisar, em primeiro lugar, é de uma boa insurreição ética. Será capaz disso o género de intelectual atualmente em voga? As minhas dúvidas são muitas, a esperança escassa. Resta-me a curiosidade de saber o que irá sair daqui.

    Jérôme Clément expôs com clareza apreciável os objetivos do colóquio, depois Bernard-Henri Lévy fez o discurso de abertura. Pessimista como convinha, para despertar as consciências. Mais tarde, na segunda mesa-redonda — "Os fins do comunismo: saímos verdadeiramente dele?" —, o polaco Bronislaw Geremek mostrou-se otimista: a política não falhou... Afirmou que o comunismo está definitivamente morto e que os comunistas ou ex-comunistas que, pela via democrática, estão a voltar ao poder, não terão outro remédio que continuar a política dos governos conservadores que foram substituir... Estranha conceção a deste antigo dirigente do Solidariedade: se, no fundo, ninguém acredita que o comunismo tenha morrido realmente, porquê este desejo de vê-lo diluído em subpolíticas de gestão do mesmo e por enquanto imperante liberalismo? Ou trata-se simplesmente do temor de que o comunismo, tendo aprendido com os erros e crimes em seu nome cometidos, comece um caminho novo, cumprindo finalmente (oxalá, oxalá) a ideia elementar, a que sempre volto, expressa em *A sagrada família*: "Se o homem é formado pelas circunstâncias, então é preciso formar as circunstâncias humanamente?".

Num intervalo, Michèle Gendreau-Massaloux, reitora da Sorbonne, que há tempos publicou um ensaio sobre o *Evangelho* na revista *L'Atelier du Roman*, diz-me que esse seu texto havia picado a curiosidade de Mitterrand, a quem ela ofereceu depois o livro. Que Mitterrand o leu, ao que parece, com agrado. Não pude resistir a comentar que talvez o motivo tivesse que ver com o facto de os franceses chamarem Deus a Mitterrand...

6 de maio

Mesa-redonda sobre o tema "Tem sentido a noção de identidade cultural?". Anda meio mundo a clamar que a questão da identidade cultural não vale o tempo que se gasta a discuti-la, e acabamos por chegar à conclusão de que se passa com ela o mesmo que Buffon dizia suceder com a natureza: "Chassez le naturel, il reviendra au galop"... Quando chegou a minha vez de intervir, comecei por narrar o episódio do Carrefour des Littératures, em Estrasburgo, aquela famosa pergunta a que tive de responder: "É europeia a literatura portuguesa?". Não poderia ter encontrado melhor introdução: a assistência divertiu-se com o relato, mostrando ao mesmo tempo sinais evidentes de um saudável mal-estar... Desenvolvi depois umas quantas ideias sobre a noção de pertença cultural, sempre dentro dos limites do senso comum, muito menos apertados do que em geral se crê. O senso comum é o terreno donde me recuso a sair, simplesmente por ter a consciência claríssima das minhas próprias limitações. Terminei dizendo que vivemos para dizer quem somos. Em francês soava bastante melhor: "On vît pour dire qui on est"... Uma banalidade, dir-se-á. Será banal, mas nunca houve mais absoluta verdade.

Almocei com Prado Coelho. Conversa solta, interessante, de coração aberto (é pena que não se possa dizer "de cabeça aberta..."). Mil assuntos, e outra vez, inevitável, a Europa. Eduardo preocupado. Pu-lo perante o que penso ser sua obrigação: se tem dúvidas, que as expresse francamente, com a mesma veemência com que até agora andou a dar recados de um otimismo quase beatífico. Que não faça como o nosso querido Eduardo Lourenço, que vem dando a pungente impressão de não acreditar já no europeísmo que ainda se acha obrigado a defender.

7 de maio

Inesperadamente, o colóquio terminou numa atmosfera de tensão e hostilidade. Primeiro, alemães, de um lado e do outro, que não se entenderam. Helma Sanders-Brahms, uma cineasta que trabalhou com Pasolini na *Medeia*, traçou um quadro negríssimo da situação cultural alemã, manifestando mesmo o temor do regresso de um qualquer tipo de fascismo. Outro alemão, Joseph Kovan, homem idoso, mas enérgico, do género "afirmativo", que em 1944 foi deportado para Dachau, protestou iradamente, apoiado por uma pequena parte do público. Mas a alemã, sem perder a serenidade, voltou à carga, acrescentando novos argumentos, chegando mesmo a dizer que na Alemanha, hoje, a palavra "autor" é tomada pouco a sério, quando não objeto de desconfiança e desprezo: o autor "não trabalha, não produz", o que faz é questionar, perturbar, confundir as pessoas... Furioso, Kovan acusou-a de estar a defender terroristas... E quando Julia Kristeva apelou à "cultura-revolta" como resposta ao conformismo cultural reinante na Europa, o mesmo Kovan, em tom mais moderado, retorquiu que preferia que a essa "cultura-revolta" se chamasse "cultura crítica". Outra observação de Kristeva, segundo a qual os jovens que não têm acesso à cultura facilmente se transformam em *casseur*s, mereceu a Kovan a seguinte resposta: "Partir os vidros das montras das livrarias não significa querer tirar de lá os livros para os ler...". Na minha fraca opinião, a Alemanha é ferida que não sarará nunca. Alemanha: ferida da Europa e de si mesma.

Depois de terem falado dois escritores bósnios, de Sarajevo, Jérôme Clément e Bernard-Henri Lévy fizeram o balanço do encontro (Clément teve a amabilidade de citar o meu "On vît pour dire qui on est"...). O ministro dos Negócios Estrangeiros, Alain Juppé, que estava presente, ouviu impassível as diretas e indiretas de Bernard-Henri Lévy, duríssimo na apreciação do comportamento da União Europeia em relação ao caso bósnio, acusando-a mesmo de cobardia. Juppé, hábil e inteligente, encerrou o colóquio com o discurso europeu que se pode esperar de um ministro de Negócios Estrangeiros. Negou a cobardia, mas reconheceu a impotência e a ineficácia. Terminou apelando ao diálogo entre políticos e intelectuais... A sala gostou e aplaudiu. Bernard-Henri Lévy cruzou ostensivamente os braços, manteve-os assim durante alguns segundos, depois moveu devagar as mãos uma contra a outra duas ou três vezes, como se aplaudisse (a emenda era ostensivamente pior que o soneto), e tornou a cruzá-los. O ar cortava-se à faca.

8 de maio

Em casa de Jorge Amado. Conversa comprida, assuntos todos, sobretudo Brasil. Em certa altura vieram mais uma vez à baila as probabilidades de um Nobel para a língua portuguesa... Jorge diz que há quatro candidatos: Torga, João Cabral de Melo Neto, eu e ele próprio. Expõe as razões por que, em sua opinião, nem ele nem Torga podem esperar vir a receber o enguiçado prémio. Depois explica por que, entre João Cabral e mim, tenho eu maiores probabilidades. Não participo. Limito-me a escutar, divertido e incapaz de acreditar que semelhante coisa venha a suceder algum dia. À despedida, já com um pé no elevador, e por ideia de Zélia e Pilar, firmamos um pacto risonho: se um de nós ganhar, convida o outro a estar presente...

9 de maio

No aeroporto de Praga esperavam-nos Luís Machado, conselheiro cultural da embaixada, e a leitora de português, Lucília Ribeiro. Levam-nos a um hotel do centro, na Václavské Námesti, que significa Praça Venceslau. Ostenta três estrelas este Julis, mas logo à vista não parecia valê-las. Não as vale, de facto. Paciência. Disse-nos Luís Machado, quando entrávamos na praça, que os nossos portuenses que vão a Praga acham sempre que aquela enorme Venceslau, com o Museu Nacional lá em cima, é tal e qual a Avenida dos Aliados... Sugeri-lhe que propusesse ao presidente da Câmara Municipal do Porto a geminação das duas cidades, já que têm tanto em comum.

10 de maio

Lucília Ribeiro e o marido, Zeferino Ribeiro, levam-nos a dar uma volta pela cidade. Em Vysehrad, um panorama magnífico sobre o Moldava. Fomos depois visitar as sinagogas. Nas paredes interiores de uma delas estão a ser pintados nomes de judeus — setenta e sete mil, pareceu-me — mortos em campos de concentração. Noutra das sinagogas encontramos uma exposição de desenhos e pinturas de crianças judias. Há visitantes que choram diante das imagens, algumas de uma beleza quase insuportável. Num rótulo ao lado, o nome, as datas do nascimento e da morte, quando puderam saber-se, o lugar onde a vida acabou: Terezín, Auschwitz... Dispersaram-se, feitos cinza e pó, os restos destes pequenos artistas, de alguns deles podemos ver fotografias, seriam génios à espera de crescer, crianças simplesmente, crianças, crianças. Descemos, calados, vamos ao cemitério judio que está ao lado. Outra vez, a sufocante beleza, milhares de estelas fúnebres esculpidas, desordenadas pelo tempo, o espaço é pequeno, perguntamo-nos onde estão os mortos de três séculos e meio, estão todos aqui, pó também eles, confundidos como num único corpo. Aqui está aquele rabi Löw, morto em 1609, de quem se contam lendas: a de ter feito, com barro, um homem artificial, o Golem (lembro-me de ver, há quantos anos, no velho Ginásio, um filme, talvez checo, talvez alemão, chamado precisamente *O Golem*, recordo o momento tremendo em que o rabi fazia viver o Golem, ao riscar-lhe na fronte umas letras, uns sinais cabalísticos); e outra lenda, aquela que conta que a Morte, cansada de esperar o velho rabi, já quase centenário, incansavelmente entregue ao estudo dos livros da Lei, se disfarçou de rosa, e que foi a neta dele, inocente do que fazia, quem a levou ao avô, que morreu ao aspirar o perfume da flor. Não creio que a Morte tenha voltado alguma vez a disfarçar-se de rosa, foi Morte para as crianças de Auschwitz, sem respeito nem piedade. Quando saímos, já na rua, vemos que há pequenas bancas onde se vendem recordações para turistas. Numa delas está o Golem. Compro o Golem, as palavras não estão à venda.

Com a Lídia Jorge, que fomos receber ao aeroporto, visitamos a Loreta, cujo elemento central é a "Santa Casa". Explicam-me que, segundo uma tradição medieval, quando a Virgem morreu (maneira de dizer, claro), a casa da Sagrada Família mudou-se milagrosamente para a cidade italiana de Loreto, onde julgo que ainda se encontra... Dona de mil belezas próprias, Praga não descansou enquanto não pôs aqui uma réplica do santo tugúrio. Que de tugúrio não tem nada, tantos são os relevos, as pinturas e os estuques figurativos. Para viúva de carpinteiro, a Virgem não estava nada mal servida de morada. À entrada, Lucília Ribeiro apresentou um cartão graças ao qual, prometia-nos ela, teríamos bilhetes mais baratos. A funcionária de serviço olhou friamente e disse que não era válido porque havia sido passado no tempo da República Socialista. Argumentou a desconcertada Lucília que o cartão fora revalidado em 1994, como se podia ver pelos carimbos e selos apostos. A criatura fechou a cara, respondeu torto (Lucília não quis traduzir) e tivemos de pagar pela tabela alta.

Ao jantar, Lídia deu-nos notícias da pátria: o congresso "Portugal: que futuro?", os colegas de letras, a imprensa e a televisão, a desculpabilização do passado, o manso avançar das patas do fascismo. Depois o trabalho de cada um. Falo-lhe do *Ensaio*, ela fala-nos do romance que está a escrever. Que se chama *O homem do poente*. Protestamos, achamos o título fraco. Lídia dá-nos razão, hesita, e depois diz-nos que tinha pensado num outro título — *Combateremos a sombra* —, mas que o pôs de parte. Quase a maltratámos... Como é possível ter dúvidas entre os dois títulos? Suponho que a convencemos.

11 de maio

Castelo de Praga, visita turística obrigatória. Calhou ser a ocasião de um render da guarda, cerimónia que nunca consegui tomar a sério, precisamente por causa do ar seriíssimo que põem os participantes, sejam eles militares, ou civis. Os passes mecânicos da tropa, a reverência basbaque dos assistentes, exasperam-me ou dão-me vontade de rir, consoante o estado de espírito. Também pode suceder que caia numa enorme tristeza: é quando penso que aqueles bonecos de engonços (respeito as pessoas que são, mas não os gestos que fazem) irão, talvez, num dia destes, de alma aterrada e carne despedaçada, tornar-se subitamente humanos, terrivelmente humanos, como só se é na morte. Presidindo ao render, no alto das pilastras do grande portão, duas estátuas de pedra negra, gigantescas, bestiais, rematam ferozmente inimigos já derrubados. O poder, no castelo de Praga, não perdeu tempo à procura de símbolos, foi diretamente às raízes da sua natureza: crueldade e morte. Mas o ridículo, louvado seja Deus, espreita em toda a parte. Desta vez iremos encontrá-lo em algumas das portas interiores do palácio, baixinhas, porque o rei Carlos IV, o omnipresente Carlos IV de Praga, era uma fraca figura, só metro e meio de alto, do que evidentemente não tinha culpa, cada um é como é, não era na altura do rei que estava o ridículo, mas na reentrância retangular do lintel da porta, feita de propósito para dar passagem à coroa quando o rei a levasse à cabeça... Fora do palácio, numa rua estreita a que chamam Travessa do Ouro (por causa, certamente, da tradição de aqui terem vivido alquimistas), na minúscula casa que tem o número 22, estanciou durante algum tempo Franz Kafka. Ali terminou ele *O processo* e começou, ó coincidências, *O castelo*...

Não havia bilhetes para *A flauta mágica*, quer dizer, havia-os, mas só para quando já cá não estaremos. Consolo-me com saber que Mozart, em 1787, atravessou esta rua e entrou neste teatro para dirigir *Don Giovanni*.

12 de maio

Visita à Feira do Livro, arrumada em três andares do Palácio da Cultura, onde, aliás, segundo me dizem, as autoridades checas mostram pouca vontade de organizar atos culturais por ser o Palácio uma herança do socialismo. A impressão geral é boa, apesar de os editores estrangeiros, quase todos, terem usado critérios bastante interesseiros na seleção das obras apresentadas, privilegiando os best-sellers de colocação assegurada. A Feira é sobretudo para editores e agentes literários, na linha da de Frankfurt, o que se compreende melhor se vier a confirmar-se a informação de que os alemães estão decididos a investir em força nestas paragens.

Repetimos, com Lídia Jorge, a visita às sinagogas. Mais tarde, quando de um ponto alto contemplávamos o Moldava, comentei que esta não era a Praga que eu vinha à espera de encontrar, a cidade imutável que a leitura de Kafka me tinha feito, credulamente, imaginar. "A preto e branco", disse Lídia, definindo com precisão o que não conseguia expressar. Ao almoço, contou-nos algo que eu de todo ignorava: a pré-história daquele *D. João II* que não se fez. Que um dia tinha sido convocada à Comissão dos Descobrimentos pelo seu então presidente (um comandante da Marinha, antes de Graça Moura), o qual a convidou a escrever um guião cinematográfico sobre o dito rei, trabalho que seria bem pago. Modesta, Lídia respondeu que não tinha conhecimentos históricos bastantes para enfrentar-se com uma tarefa de tal complexidade ("Deverias ter aceitado, mulher, a distância entre um não saber e um saber não é assim tão grande", disse-lhe eu), e sugeriu o meu nome. Que foste tu dizer! O comandante desferiu na mesa uma enérgica palmada marinheira e cortou: "Não estou interessado em visões marxistas da História". Assombrada, Lídia ainda argumentou, sutilmente, que se calhar não haveria outro remédio. Um olhar repreensivo e desconfiado castigou-lhe a ousadia, como se o herói do mar estivesse a pensar: "Também tu, Brutus?".

13 de maio

Na universidade, com Lídia Jorge. Os alunos de língua e cultura portuguesa, quase todos raparigas, não são muitos' (aliás, o que sempre me surpreende é que os haja), mas raramente tenho visto rostos tão atentos como estes, mesmo que depois as perguntas não viessem a diferir do que é costume nestas ocasiões. Há que dizer, no entanto, que a sessão — duas horas sem tempos mortos — principiou de maneira insólita: sem mais nem menos, um aluno quis saber se os portugueses são supersticiosos. Estive para perguntar-lhe o motivo da pergunta, que informações ou experiências próprias justificavam a curiosidade, mas preferi contar-lhe um episódio autêntico, ocorrido dois dias antes, no Café-Teatro Viola, onde tínhamos assistido à entrega do Prémio de Tradução George Theiner. Havendo começado por ocupar uma mesa junto ao palco, os portugueses acharam que estavam situados com excessiva evidência, sem contar que uma enorme jarra de flores (única em toda a sala) iria cortar-lhes a vista do palco. Decidi procurar outra mesa, mas, entretanto, a sala tinha-se enchido completamente. Completamente, não.

Um pouco acima, a um lado, encontrava-se uma mesa livre. Levantámo-nos com armas e bagagens e precipitámo-nos para a clareira onde ninguém quisera (nem tentava) instalar-se. Compreendemos logo porquê: a mesa tinha o número 13. Uma conclusão razoável, disse eu então ao aluno curioso, permite supor que os checos são supersticiosos e os portugueses não... Este começo teve o seu lado bom: distenderam-se os ânimos para o resto da conversa. Falou-se de literatura, e depois, sem se perceber bem como, achámo-nos a discutir, todos, éticas pessoais e coletivas, identidades nacionais e culturais. Foi claro que o assunto os preocupava, e muitíssimo.

À tarde, com Lucília e Zeferino Ribeiro, fomos a Lidice. O lugar da aldeia, arrasada pela tropa nazi em 10 de junho de 1942, é hoje como um parque onde apenas se reconhecem os locais da igreja e da escola. Esperávamos encontrar as ruínas de uma Pompeia devastada pelo vulcão mais terrível que se conhece — a besta humana — e o que temos diante dos olhos é um vale aprazível, coberto de erva verde, com árvores aqui e ali, um lugar para discorrer tranquilamente, falando das belezas do mundo, do bonito que está o céu. Um regato corre entre estreitas margens, de água que parece límpida, pelo menos não leva sangue. Digo a Pilar: "Lembra-me o Jordão, ao norte, no vale de Huleh" — e é verdade, nunca vi nada tão parecido. Digo também: "Teria sido preferível que deixassem assinalado o traçado das antigas ruas". E Pilar: "Como ruas que não levassem a parte nenhuma". Só mais tarde saberemos a que extremos os alemães levaram, por represália, a destruição da aldeia: casas arrasadas até aos alicerces, configuração do terreno modificada, todas as árvores arrancadas, profanado o cemitério, Lidice desaparecida dos mapas e da memória para sempre. As ordens de Hitler foram claras: "Fuzilar todos os homens adultos. Transportar todas as mulheres para campos de concentração. Entregar a famílias da ss as crianças suscetíveis de germanização, as restantes educá-las doutra maneira...". Foram fuzilados nesse dia 173 homens. Três balas para cada um, depois um tiro na cabeça. Os mortos ficavam onde tinham caído. Os condenados seguintes eram trazidos e postos diante dos cadáveres, o pelotão dava uns passos atrás e disparava. Das 203 mulheres levadas para o campo de concentração, regressaram, no fim da guerra, 143. Das 88 crianças, muitas morreram, outras, separadas das famílias, foram dispersas pela Alemanha, poucas se salvaram.

Há uma nova Lidice. Está um pouco adiante, numa elevação, ao lado de um grande roseiral feito com plantas vindas de todo o mundo. No meio levanta-se um terraço semicircular com os brasões e os nomes dos lugares que tiveram destino semelhante ao de Lidice, a saber: Oradour, França; Marzabotto, Itália; Coventry, Inglaterra; Varsóvia, Polónia; Estalinegrado, União Soviética; Dresden, Alemanha; Hiroxima, Japão; Telavag, Noruega; Bande, Bélgica; Distomi, Grécia; Kraguyevac, Jugoslávia. Pensei então e escrevo agora: a única, a autêntica irmandade é a da morte.

No hotel esperavam-me dois "faxes" enviados pela Caminho: um da Federação das Sociedades de Cultura e Recreio, informando-me de que me atribuíam a Medalha de Instrução e Arte; outro reproduzindo uma notícia do *Independente*, segundo a qual vim a Praga para me encontrar com Václav Havel e outros pensadores da Carta 77...

14 de maio

Fomos a Terezín, a cidade que os alemães transformaram em gueto, a fortaleza de que fizeram campo de concentração. Cerca de 32 000 homens e mulheres passaram pelas celas do forte. Morreram aí mais de 2500 pessoas, milhares de outros presos tiveram o mesmo destino nos campos para onde foram transferidos. A própria cidade-gueto foi campo de concentração, de judeus checos principalmente. Entre 1941 e 1945, perto de 140 000 pessoas foram deportadas para Terezín. Morreram aqui 34 000. Dos restantes, 83 000 vidas, incluindo milhares de crianças, foram acabar em Auschwitz, Maidanek, Treblinka...

Visitámos o cemitério judeu, construído ao lado do crematório. De 1942 a 1945, estes fornos reduziram a cinzas 30 000 vítimas do gueto de Terezín, da fortaleza e de um campo de concentração próximo, o de Litomerice. Os pássaros cantam nas árvores, não sai fumo da chaminé, há flores pelo meio das campas: o pesadelo terminou há cinquenta anos. Mas eu não posso impedir-me de perguntar: "Voltará? Não voltará? Virão máquinas algum dia a levantar e revolver os míseros restos aqui enterrados? Apagou-se para sempre o fogo onde se quis queimar, não apenas os corpos mortos, mas a própria memória dos seus espíritos?".

15 de maio

Leitura no Café-Teatro Viola. Fiasco total. Um moderador inglês que parecia dormir, um público talvez capaz de interessar-se se houvesse quem o animasse. Lídia e eu lemos o que tínhamos de ler, um conto, parte de um capítulo, como dois colegiais que vão a exame sem a sorte de uma assistência toda composta de parentes, amigos e aderentes. Depois de nós, um francês, depois do francês um norte-americano, a mesma sombria resignação no ambiente. Deste Festival de Escritores, de que o jornal inglês *The Guardian* foi *sponsor*, não se pode dizer que aconteceu tudo menos festival, porque não aconteceu nada. Autores vindos de quase todos os países da Europa, ocidentais e de Leste, dinheiro gasto e perdido. Seriam excelentes os objetivos de quem isto organizou, o resultado é que o não foi. Madalena Sampaio, do Instituto do Livro, aguentou com estoicismo, na parte que nos dizia respeito, as queixas e desânimos por causa de culpas que não foram suas: ao longo destes dias, todos os seus esforços tinham esbarrado contra a incompetência da organização. Inglesa, para que definitivamente conste.

16 de maio

No avião para Madrid, um jornal diz-me que no Ruanda foram atiradas pessoas para dentro de poços com pneumáticos a arder. Pessoas vivas, entenda-se. O catálogo de horrores deste campo de concentração chamado Mundo é inesgotável.

19 de maio

Sonho. Representa-se *Blimunda*. O teatro é ao ar livre, mas não todo, há partes que parecem cobertas. Plateia empinada e irregular, acompanhando os desníveis do terreno. (Não é a primeira vez que sonho com um teatro assim.) Não tenho bilhete. Procuro um lugar que esteja desocupado. Não encontro. Subo a uma colina donde se vê mal (recordação do galinheiro do São Carlos?), há obstáculos que impedem a visão, arbustos (da leitura de *Teoria da imaginação criadora* antes de adormecer?). Não sei porquê, vou ao palco, onde já estão outras pessoas. O público mantém-se em silêncio. Depois ouvem-se alguns aplausos. Digo: "Obrigado àqueles que aplaudiram. Foram poucos, mas são bons. Quanto aos outros, fiquem sabendo que esta obra já está na História de Portugal (!) e que não a podem tirar de lá nem que se matem". Silêncio total. Encontro-me na cobertura do palco, formada por pequenas abóbadas, como fornos de pão. A pintura é branca. Há varões de ferro salientes, do betão armado. Dobro um deles para baixo para evitar que alguém se fira nele. Imagino este ferro cravado numa barriga. Vejo garrafas de champanhe espalhadas no chão (por ter passado os olhos por um artigo sobre o espumoso catalão *Codorniu*?), algumas rodeadas de gelo. Deambulo pelo espaço do teatro enquanto o espetáculo prossegue lentamente. Percebo que o público está alheado, mas penso que se animará quando aparecer o anjo (da encenação de Jérôme Savary). Saio para uma espécie de varanda. Na varanda ao lado aparecem três cantoras do coro. Uma delas reconhece--me e sorri-me. Depois retiram-se. Fico só, num espaço que se torna fechado. Uma espécie de mangueira elástica (de ter estado regando a horta?) salta por cima do muro. Agarrando-me a ela, começo a subir. Há um portão fechado. Quando já vou a passar por cima dele, alguém o abre. Penso que do outro lado verei melhor o palco. Não sucede assim. Estou numa rua, é noite. Vem na minha direção um homem muito curvado (de ter pensado ontem que me inclino demasiado para comer?) que é o diretor do teatro. Diz-me que o espetáculo acabou muito tarde, às cinco e meia da madrugada, e que no fim havia poucos espectadores. Nada mais. Que me lembre. Salvo dois enigmas que ficarão por resolver: porquê uma das pessoas que estava comigo, quando buscava onde sentar-me, era Gomes Mota? Porquê a pessoa que me abriu o portão era Francisco Lyon de Castro?

21 de maio

Não sei se os cães têm só instinto, se é lícito designar por manifestações de inteligência propriamente dita (e isto que quererá dizer?) certos seus procedimentos correntes. Do que não pode haver dúvidas é de que Pepe esteja superiormente dotado do que chamamos sensibilidade, se não no sentido humano, pelo menos naquele que nos permite dizer, por exemplo, que um aparelho de precisão está afinado para registar diferenças ou erros levíssimos. De um erro, precisamente, se tratou neste caso, um erro de que o cão se apercebeu ter cometido e que, no mesmo instante, emendou. A história conta-se em menos palavras do que as que já levo escritas. Estava sentado, a ler, quando ouço um conhecido raspar de unhas numa das janelas que dão para o terraço: é Pepe a pedir que lhe abram a porta. Levantei-me e fui abrir. Entrou sem me dar atenção, disparado como um tiro, atraído pelos cheiros de comida que vinham da cozinha, onde se preparava o almoço, quando de repente, ainda à minha vista, estacou, virou-se para mim, olhou-me durante dois segundos, de focinho bem erguido, e só depois, devagar, continuou o seu caminho. Não aconteceu mais do que isto, mas a mim ninguém me tira da cabeça que Pepe se deu conta de que não me tinha agradecido e parou para pedir desculpa...

22 de maio

Morreu o Vítor Branco. O mal que o atacara não deixava nenhuma esperança, mas a sua resistência física, e sobretudo a sua extraordinária força moral, chegaram a fazer-nos acreditar que seria possível, se não a cura completa, ao menos um pouco mais de vida suportável. Não foi assim. Tento imaginar o que teriam sido os seus últimos meses, o esforço para esconder o sofrimento, obrigando o corpo e o espírito a cumprir as suas tarefas na editora, a que não quis renunciar nunca, sorrindo com uns olhos já tristes (disto me lembro, não preciso da imaginação), e sempre, sempre, irradiando amizade, porém com o desespero surdo de quem sabe que não vai ter muito tempo para dá-la e recebê-la. Guardarei na memória o amigo, o camarada. Para isto serve a memória, para conservar vivos os que o mereceram, a lembrança de um homem bom. Que é, no fim de todas as contas, o único que vale a pena ter sido.

23 de maio

Wole Soyinka deu uma entrevista em que aponta, com toda a clareza, sem mastigar as palavras, um dos motivos por que a África se encontra, por toda a parte, a ferro, fogo e sangue. Diz ele: "Há cem anos, na Conferência de Berlim, os poderes coloniais que governavam África reuniram-se para repartir os seus interesses em Estados, em alguns sítios amontoando povos e tribus, em outros seccionando-os, como um tecelão demente que não prestasse nenhuma atenção ao pano, cor ou desenho da colcha que está a fazer". E mais adiante: "Devemos sentar-nos com um esquadro e um compasso, e desenhar de novo as fronteiras das nações africanas. Pensámos, quando se criou a Organização para a Unidade Africana, que poderíamos evitar esta redefinição de fronteiras, mas o exemplo do Ruanda mostra-nos que não podemos fugir por mais tempo a esse repto histórico". Apetece dizer que se isto é claro desde sempre, ainda mais claro se tornou depois das descolonizações. Por que não houve então a coragem, ou o simples bom senso político, de enfrentar e resolver a situação, ameaçadora já, antes que a máquina do neocolonialismo se pusesse em marcha? Não me refiro, evidentemente, aos políticos atualmente em função nas antigas potências colonialistas, que esses, precisamente, com maior ou menor evidência (e agora a decisiva participação da potência imperial por excelência, os Estados Unidos), o que fazem é lubrificar as engrenagens que, pouco a pouco, irão recuperando o domínio da África. Falo, sim, dos políticos africanos (aqueles que não sejam cúmplices ou serventuários das "potências brancas"), que tinham o dever ético e histórico de ir à raiz dos males, refazendo, com os seus povos, o mapa cultural de África que o colonialismo destroçou, temo bem que sem remédio já.

Em certa altura da entrevista, Soyinka recorda como todo o mundo se preocupou com a sorte dos gorilas do Ruanda... E diz: "Do que estamos falando é de um extermínio humano. Falar de uma espécie ameaçada, hoje, é falar dos tutsis do Ruanda". Terrível. Tinha-me esquecido (ou simplesmente não sabia, a gente não está constantemente a ir ao atlas ver onde estão os países com gorilas...), tinha-me esquecido de que aqueles soberbos animais vivem nas terras do Ruanda. A imagem da fêmea assassinada, no filme, correu mundo, como correm mundo, agora, as imagens da carnificina que ali se perpetra. E então? Que concluir daqui? Nada de especial. Que talvez venham a salvar-se alguns gorilas...

24 de maio

Pedi há tempos a Roberto Fernández Retamar que me informasse sobre aquele famoso Matias Peres que, um dia, segundo contou Eliseo Diego, se sumiu nos ares de La Habana para sempre, voando num balão que ele próprio tinha construído. Queria saber o como e o quando de tão apetecível história, mas agora vem Retamar dizer-me que não sabe nada de concreto, que provavelmente não passará de uma lenda sem fundamento real. Recuso-me a acreditar. O modo como Eliseo relata o episódio não sugere tratar-se de mero capricho poético, de desenfadado aproveitamento de uma historieta nascida sem pai nem mãe, e sobretudo sem protagonista, a idealização, porventura, de um Matias Peres qualquer, português ou não, desaparecido menos heroicamente. O explícito pormenor da nacionalidade, quando em La Habana não abundariam certamente portugueses, é o que me faz pensar que este homem existiu. Roberto prometeu que iria averiguar. Vamos a ver. Quem sabe se não irei eu a Cuba descobrir o mistério de Matias Peres? Ou se não terei de inventá-lo dos pés à cabeça?

25 de maio

Sem saber que palavras o conduziram a estas, sem conhecer as outras que proferiu depois, umas expondo os dados prévios do pensamento, outras apresentando as conclusões, leio algo que disse Miguel Torga ao agradecer o Prémio da Crítica: "Logicamente, eu devia ter ficado a cavar na minha terra; esse era o meu destino". À primeira vista, parece que Torga quis reunir numa mesma irremovível fatalidade a lógica e o destino. Porém, o que ele quis dizer, imagino, é que, tendo em conta o fim do mundo onde nasceu (as serranias de Trás-os-Montes) e a dura vida dos seus primeiros anos (uma família pobre), dever-se-ia esperar que dali saísse, logicamente, um cavador, nunca um poeta, ou, quando muito, no caso de a vocação apertar, alguém que, intelectualmente, se ficaria pelas quadras de pé quebrado para reforço de galanteios e animação de récitas e romarias. Sabemos, contudo, que nem sempre as coisas se passaram assim: a vida lá encontrava maneira de partir os dentes à lógica, e o destino, duvidoso nos rumos, mais do que se crê, não raro acabou por levar aos mares do Sul quem do Norte julgava não poder sair. Houve mesmo um tempo em que parecia que ninguém nascera nas cidades grandes, éramos todos da província. O sentido das palavras de Torga, ou muito eu me engano, tem mais que se lhe diga. Equivalem ao discurso de qualquer velhice lúcida — "Cheguei até aqui, fiz o que podia, lástima não ter sabido ir mais além, agora já é tarde" —, mas representam principalmente a consciência dorida de que nada dura, quiçá algo mais a obra que a vida, mas tão pouco, e que, no fundo, tanto monta à felicidade, própria e alheia, ter sido capaz de escrever *A criação do mundo*, como, de olhos no chão, ter ficado a cavar as terras do mesmo mundo, sem outro desejo e outra necessidade que ver crescer a seara, moer o trigo e comer o pão.

26 de maio

Conferência de Luis Landero na Fundação César Manrique, em Tahiche. De escritor a escritor, interessava-me muito saber o que pensava dos seus livros, como os imagina e realiza, como se houve depois com o êxito instantâneo de *Juegos de la edad tardia*, seu primeiro romance. Mas, logo de entrada, ele avisou que não ia falar de literatura, menos ainda daquela que faz. O público mostrou-se desconcertado, mas animou-se a seguir, quando Landero disse que iria explicar como tinha chegado a ser escritor. Afinal, o que fez foi contar a sua vida, deixando a quem o ouvia o trabalho de encontrar o caminho que vai da vida à obra. Não creio que o tenham conseguido: conhece-se o ponto de partida, conhece-se o ponto de chegada, mas nada do que está entre eles. Luis Landero divertiu-nos com saborosas histórias, mais ou menos reais, mais ou menos inventadas. Uma delas — a chegada da coca-cola à aldeia — parecia tirada de um filme de Berlanga. Quando o camião parou na praça para a distribuição grátis, promocional, da bebida, estava o padre dando aula de catecismo a uns quantos garotos. Usando da sua autoridade de mentor de almas, impôs às ansiosas crianças a obrigação de se confessarem antes de cederem ao novo pecado de gula que invadia Espanha. Puseram-se os rapazes em bicha no confessionário, aos poucos o padre foi despachando a matula. "Eu era o último", conta Luis Landero ao auditório suspenso, "e quando a confissão acabou e corri à praça, o camião já se havia ido embora." Não é impossível que alguém na assistência, sabedor dos complicados meandros da psicologia, tenha pensado que este trauma infantil foi o que fez de Luis Landero escritor... Depois da conferência, quando conversávamos de copo na mão, eu disse-lhe em tom que não admitia dúvidas: "Confessa que o camião ainda lá estava". Ele riu e confirmou: "Assim tem mais graça", e era verdade. Como graça teve aquela outra história da sua viagem aos Estados Unidos, quando uma norte-americana se convenceu de que ele era Federico García Lorca, e com tal convicção que Landero não teve mais remédio que sê-lo durante alguns dias...

27 de maio

Com mais de um ano de atraso, saiu finalmente o número 9/10 da revista *Espacio/Espaço Escrito*, de Badajoz, que Ángel Campos Pámpano, seu diretor, resolveu dedicar a Juan Goytisolo, e, generosamente, também a mim. Por ideia de Ángel Campos, cada um dos agraciados escreveu um texto de apresentação do outro, o que, com outra gente, poderia descambar numa hipócrita e ridícula troca de galhardetes. Eis o que escrevi sobre Goytisolo:
"Foi há quase trinta anos, precisamente em novembro de 1964, que Juan Goytisolo se deu a conhecer aos leitores portugueses, em especial aqueles que só pela facilidade relativa de uma tradução podiam aceder à literatura espanhola de então. Numa coleção — a 'Contemporânea' — que já levava cinquenta e nove volumes publicados, de autores portugueses e estrangeiros, aparecia, pela primeira vez, o nome de um romancista

espanhol, que o editor apresentava como pertencente 'à notável geração realista dos 50, substancialmente crítica, antifascista e liquidadora de mitos'. Era o livro *Duelo en el paraíso*, traduzido, adequadamente, para *Luto no paraíso*. Não me recordo agora, nem tenho ao meu alcance maneira de o confirmar, se mais livros de Juan Goytisolo foram depois publicados por esse ou outros editores. O que, sim, sei, é que, após a leitura de *Luto no paraíso*, perdi durante muitos anos o rasto literário de Goytisolo. Quando, mais tarde, em virtude de razões que não vêm ao caso, fui levado a conhecer de perto a atualidade cultural espanhola, reencontrei, inevitavelmente, o autor que havia perdido, o qual, entretanto, tinha vindo a construir uma obra ampla e poderosa, caracterizada por sucessivas rupturas, tanto temáticas como estilísticas, e eticamente marcada por uma implacável revisão axiológica. Não foi pequeno nem fácil o trabalho de colocar-me mais ou menos em dia com a obra do recuperado autor: apenas posso dizer que estou perfeitamente inteirado da diversidade de níveis de percepção que tal obra em si mesma impõe e logo exige do leitor.

"Um dia, não recordo quando nem onde, coincidi com Juan Goytisolo em um desses encontros ou congressos, aonde, e talvez com demasiada frequência, por mal dos nossos pecados, nos deixamos levar. Alguém nos apresentou, uma dessas apresentações fugidias, formais, que para nada servem. A verdadeira apresentação foi por nossa própria conta que a fizemos, de cada vez que circunstâncias semelhantes voltaram a reunir-nos. Não temos conversado muito, Juan Goytisolo e eu, mas mantemos desde há alguns anos, ora falando do estrado ora ouvindo na plateia, um diálogo que só aparentemente se interrompe, reconhecendo-nos mutuamente, nessa peculiar conversa nossa, a par de diferenças e divergências acaso irresolúveis, uma comunhão de sentimentos e ideias dificilmente traduzível por palavras (digo a comunhão, não os sentimentos e ideias, que para esses sempre palavras se achariam), mas que eu designaria, sem nenhuma pretensão de rigor, por uma consciência muito clara, e não raro dolorosa, da responsabilidade de cada ser humano perante si próprio e perante a sociedade, tomada esta, não como uma abstração cómoda, mas na sua realidade concreta de conjunto de indivíduos e de pessoas. Por isto, e o muito que ficará por explicar, direi que vim a reencontrar Juan Goytisolo quando mais precisava dele, quando mais precisava de sentir-me acompanhado, mesmo de longe, mesmo com longos intervalos, por uma voz fraterna e justa."

30 de maio

Em Madrid, na televisão espanhola, gravação de um programa a que chamam cultural, com o título *Señas de Identidad*, que, depois de Juan Goytisolo (é o título de um dos seus livros), o mais elementar dos escrúpulos aconselharia a não usar. O tema, benza-o Deus, já de si não prometia muito. "Escritores e cidades" era, e os escritores que lá estávamos — Eduardo Mendoza, Alfredo Bryce Echenique, Miguel Sáenz, mais quem isto escreve — fizemos o melhor que sabíamos, mas, mesmo contando com as artes da montagem, saímos de lá frustrados e indignados. É impossível fazer algo de jeito quando nos sai na rifa um moderador deste calibre, Agustín-não-sei-quê, que não aprendeu nada durante o tempo em que foi correspondente da TVE em Paris e em Roma, emérito fabricante de banalidades, ou ainda pior, quando falou de Pessoa e dos seus "heterodoxos", de cidades machas e cidades fêmeas, de Lima, pobrezinha dela, sem comunicação com o mar...

1 de junho

Provavelmente deveria principiar aqui uma crónica do aborrecimento. Não é a primeira vez que me apercebo de que não sei estar em Madrid. Saí para tomar o pequeno-almoço, liguei para Encarna Castejón, de *El Urogallo* — almoçaremos amanhã —, voltei a casa, passei os olhos pelos jornais, encontrei Blanca Andreu na Puerta del Sol, comprei uma recarga para a esferográfica (só havia preta, e eu gosto é de azul), almocei em O Faro Finisterre (chamam-lhe agora O'Faro Finisterre para parecer inglês), fui à FNAC, comprei alguns discos (Mozart, Beethoven, Franck, Fauré), voltei a casa, li, falei com Zeferino, com a SIC (querem saber que livros traduzi: mandei-os ter com Luciana, que tem a tese de Horácio Costa, onde há uma lista quase completa), falei com José Luis Tafur, produtor de cinema e agora também poeta (talvez jantemos amanhã, já com Pilar), e foi tudo. Parece muito, e é nada. Esperando que o tempo passe.

Como pude eu falar de aborrecimento se um jornal português me traz a extraordinária notícia de rumores de golpe de Estado em Portugal? A coisa já deve ter alguns dias, uma vez que aparece ao correr de um comentário de Graça Franco (aliás, de uma clareza que se agradece) sobre o Sistema Monetário Europeu, onde se diz que o *Jornal do Brasil*, em *manchette*, insistia nesses rumores. Também de passagem, é referida a "prisão do diretor do SIS", episódio sem dúvida rocambolesco que eu de todo ignorava. Chegou-se ao ponto de um jornal austríaco anunciar o regresso ao poder de Vasco Gonçalves, ainda por cima chamando-lhe "ex-ditador"...

São novidades de tomo. E, contudo, não se me vai o aborrecimento. Apesar destas comédias.

2 de junho

A ETA assassinou um general. Viúvo há um ano, sete filhos. A televisão mostrou uma mulher, vizinha, que resumiu tudo em quatro palavras: "Porquê? Por que fazem isto?". Para esta pergunta, ETA não tem resposta. Tem respostas, mas nenhuma honrada.

3 de junho

O Prémio Rainha Sofía de Poesia Iberoamericana foi para João Cabral de Melo Neto. Saí da reunião do júri consolado. Felicitavam-me como se tivesse sido eu o vencedor. E era: ganhara a língua portuguesa.

4 de junho

Colóquio em Almada, integrado na campanha eleitoral para o Parlamento Europeu. A sala estava cheia, mas a sala era pequena e portanto a gente pouca. Os novos contavam-se pelos dedos de uma mão. Na praia devia haver muitos.
Feira do Livro. Volta pela feira com Carlos Carvalhas. Encontrei pelo caminho, entretidos nas suas sessões de autógrafos, o Baptista-Bastos, a Yvette Centeno, o Orlando da Costa, o Luiz Pacheco... Mas desencontrei-me de Mário Soares, que poucos minutos antes ainda estava a assinar *Intervenções* no pavilhão da APEL. Tê-lo-iam avisado da nossa presença, que inevitavelmente teríamos de passar por ali? Já lhe chove de tantos lados que não valia a pena, realmente, arriscar que amanhã o Vasco Graça Moura viesse denunciar o "conluio" do presidente da República com a CDU: "Lá estavam eles aos abraços, depois venham dizer que é mentira!".

6 de junho

Um leitor atentíssimo, do Porto, empraza-me a restituir a Almeida Garrett o que, distraidamente, tenho andado por aí a atribuir a Alexandre Herculano, aquelas dolorosas palavras a Portugal referidas: "A terra é pequena, e a gente que nela vive também não é grande". Tem razão o leitor, e duas vezes a tem: em primeiro lugar, porque não foi Herculano quem as escreveu; em segundo lugar, porque nunca as poderia ter escrito. Pois não se estará mesmo a ver que uma frase assim composta só poderia ter saído da pena de Garrett? Logo, errei, e não uma, mas duas vezes: por confiar demasiado numa memória que já se vai cansando e, falta mais grave ainda, por desatenção ao estilo, que, como sabemos, é o homem.

Na ocasião da entrega do Grande Prémio de Teatro, no Teatro D. Maria II, apresentei-me como "dramaturgo involuntário", assim pedindo escusa às pessoas do ofício pelas vezes que me intrometi na sua área de trabalho sem ter para isso a justificação do talento. Fiz rapidamente a história dos meus atrevimentos teatrais e terminei dizendo algo em que nunca tinha pensado antes: que a palavra só no palco, na boca dos atores, é que se torna completa, total. Podia ter sido uma frase para cair bem, mas na verdade é o que penso.

A entrevista de Miguel Sousa Tavares foi o que já esperava: o meu teimoso e anacrónico comunismo, o *Diário de Notícias*, e se algo mais aconteceu nela, não andou muito longe disto. Não sabem falar doutra coisa. Tive de explicar, uma vez mais, o que se passou no jornal em 1975. Não valeu a pena: quem me detesta não ia passar a estimar-me depois de ouvir a vera relação dos fatos, e a entrevista, neste particular, estava a ser feita precisamente para os que me detestam. Apesar de tudo, comportei-me como um bom rapazinho: poupei Miguel Sousa Tavares à lembrança da bofetada que o pai aplicou a um jornalista quando foi diretor de *O Século*, tal como decidi não o colocar perante a sua estúpida afirmação, há dois anos, num artigo no *Público*, de que o meu êxito se devia ao Partido e a Pilar... Quero fazer-lhe a justiça de pensar que será capaz de corar de vergonha se conseguir recordar-se do que escreveu.

7 de junho

Boas notícias de Itália. O Teatro Alla Scala, de Milão, encomendou a Azio Corghi uma cantata que se vai chamar *A morte de Lázaro*, sobre textos do *Evangelho*, do *Memorial* e de *In Nomine Dei*. A estreia será na Semana Santa do ano que vem, ao mesmo tempo que estará a ser representado *Divara* no Festival de Ferrara. Pensa-se, e seria verdadeiramente fabuloso, realizar o espetáculo na Igreja de Santo Ambrósio, de Milão. Lembro-me bem, o espaço é magnífico.

Em Coimbra, sessão política na Faculdade de Letras, no Teatro Paulo Quintela, organizada pela Juventude Comunista. Muita gente, mais de 300 estudantes, alguns professores. Fiz um discurso inesperado, começando por analisar um anúncio da Telecel: "Com Telecel você passará de 0 a milhares de contos em um minuto". Quer dizer, você vai no seu carro, chama pelo seu telemóvel e em um minuto fez um negócio chorudo. Para convencer melhor, o anúncio exibe um enorme conta-quilómetros de automóvel em que os números estão substituídos por cifrões. Razão tinha Quevedo: "Poderoso cavaleiro é D. Dinheiro". Depois falei da Europa e a cultura, da Europa e nós.

8 de junho

Colóquio, desta vez literário, na Universidade de Aveiro. Sabe bem entrar num auditório e vê-lo cheio, ouvir palmas de amizade. Debateu-se muito e bem o *Memorial* e o *Ricardo Reis*. Em certa altura, durante uns segundos que me pareceram não ter fim, começou a produzir-se um "branco" na minha cabeça, as ideias a sumir-se, o corpo alagado de transpiração. Não me assustei: daí a nada estava outra vez sano, como se nada tivesse sucedido. Hei-de perguntar a um médico o que quer isto dizer. Provavelmente ele dir-me-á que foi resultado da tensão e da fadiga, mas o que me interessa saber é que mecanismos fisiológicos levam a transpirar numa situação destas e com tal abundância.

Carlos Reis, que esteve presente, entregou-me uma tese de mestrado de Ana Paula Arnaut, apresentada à Faculdade de Letras de Coimbra, sobre o tema *O narrador e o herói na (re)criação histórico-ideológica do "Memorial do convento"*.

À noite, em Viseu, outra vez as eleições ao Parlamento Europeu. Inventei para a sigla PCP uma outra significação: Partido dos Cidadãos Preocupados. Pedi a todos, comunistas ou não, que nos tornássemos, para bem de Portugal, em cidadãos preocupados... São liberdades que só um escritor pode tomar.

9 de junho

Colóquio em Faro, os mesmos temas. O *Público* informa que em Coimbra falei perante meia centena de pessoas... Regressei a casa exausto. Mil quilómetros de automóvel, só hoje, umas quinze horas a falar, nestes três dias.

10 de junho

O *Público* corrigiu: não foi meia centena, foi quase meio milhar. Outro exagero.

14 de junho

Depois da Feira do Livro de Lisboa, a Feira do Livro do Funchal. Organização modesta, critério escasso. Encontro aqui João Rui de Sousa, Ângela Almeida, Dórdio Guimarães. Também o Ernesto Melo e Castro, que está cá a dar um curso. Assisto à inauguração duma exposição organizada pela Ângela Almeida sobre a vida e a obra de Natália Correia.

15 de junho

Colóquio, nem pior nem melhor do que outros que tenho feito, no Teatro Baltasar Dias, entre veludos vermelhos, com uma plateia bem-composta, mas rodeado por quatro ordens de camarotes vazios. Encontros assim, num teatro como este, representam um risco sério: o de o pobre escritor se achar a falar simplesmente para as cadeiras.

16 de junho

Um verso belíssimo de João Rui de Sousa: "Quem não nos deu amor não nos deu nada".
Ângela Almeida tem a ideia de fazer com a minha pessoa algo no género da exposição sobre Natália Correia. Torço-me mentalmente (este tipo de celebrações fazem-me logo pensar em mausoléus construídos em vida), começo por responder reticentemente, depois mostro-me mais ou menos convencido para não a desiludir, deixando a decisão final para mais tarde. Dir-lhe-ei que não, e espero que ela compreenderá. Ou será ela própria a esquecer.

17 de junho

Passeio de despedida da ilha com Violante, Danilo e Tiago. As árvores, as águas e as flores da Madeira vão ficar-me nos olhos e na memória, mas ouço a sede e a secura de Lanzarote a chamarem por mim, de longe: "Não temos nada, não nos abandones".

18 de junho

Dia arrasador. Entrevista, de manhã, com Mário Santos, do jornal *Público*; depois, almoço na Voz do Operário para receber da Federação das Coletividades de Recreio e Cultura a medalha de "Instrução e Arte"; a seguir, na editora, fotografias com Eduardo Gageiro; logo, já em casa, conversa com uma aluna da Ohio University, Rachel Harding, e quando finalmente me estou a preparar para ir jantar com a Maria Alzira, já com as pernas trémulas e a cabeça a fumegar, telefona o João de Melo. Em dada altura da conversa opina-me que os *Cadernos*, tal como eu os concebi e vou redigindo, dão armas aos meus inimigos. Com a serenidade de quem já leva muita vida vivida, tranquilizei-o: em primeiro lugar, os meus inimigos não precisam de armas novas, usam bastante bem as antigas; em segundo lugar, para os amigos é que eu escrevo, não para os inimigos. O que conta verdadeiramente — mas isso não cheguei a dizer-lhe — é a comoção de receber de mãos fraternas uma medalha fabricada com o ouro da amizade e da generosidade. O resto, caro João de Melo, não chega a ser paisagem, ou só o é de lodosa inveja.

19 de junho

Na Rua dos Ferreiros, às sete da manhã, passeiam dois pavões, macho e fêmea. Vêm do Jardim da Estrela, aonde regressarão quando a rua começar a animar-se. Não imagino o que os leva a deixar as frescas paragens do jardim para vir catar entre pedras sujas, como se esperassem encontrar, servidos nelas, os melhores manjares do mundo dos pavões. O macho começou a abrir a cauda, mas arrependeu-se. Teria sido para nós uma boa maneira de principiar o dia que nos vai restituir a Lanzarote. Pepe, que nunca deve ter visto semelhantes bichos, mal podia acreditar.

20 de junho

Entre o correio encontro uma nova tese, de uma suíça italiana, Clelia Gotti. O tema é *La visione utopica della società umana in José Saramago*. Passava os olhos pelas páginas, quando de repente, como por uma relacionação lógica, pensei no Sul, esse lugar das minhas utopias transibéricas, e perguntei-me: "Será o Sul de tal maneira utópico que nem no Sul se encontra?".

A filosofia de Pepe é simples, mas exigente. Tendo escolhido esta casa e esta família para viver, estabeleceu unilateralmente os seus direitos e os seus deveres. Nos deveres está o de ser asseado, simpático, não mais impertinente do que se espera de um cão. Nos direitos encontram-se naturalmente a alimentação, o bom trato, carinho tanto quanto lhe apeteça dar e receber, veterinário à cabeceira — e a convicção de ser dono dos seus donos. Isto quer dizer que Pepe não suporta que saiamos e o deixemos ficar em casa. Mal se apercebe de que essa é a intenção, rosna zangado, mordisca-nos os tornozelos, fila-nos pelo sapato ou pelas calças. Depois os protestos crescem, passa a ladrar, vira o dente, embora sem maldade, a quem o queira reter. Já inventámos todo um jogo de truques para enganá-lo. Geralmente, após dar uma volta pela casa, a ver se estamos escondidos, acalma-se. Hoje as coisas não se passaram tão simplesmente. Depois do escarcéu habitual ao ver que eu saía, subiu à açoteia para continuar a protestar a sua indignação, trepando ao muro que ali há para defender de quedas. Não o defendeu a ele. Ou fosse da precipitação do salto, ou por causa do vento que soprava forte, ou por ação conjunta dos dois fatores, eis que o nosso Pepe cai desamparado do terraço. Foi uma queda de uns bons três metros, de que felizmente saiu intato, sem danos maiores ou menores. Eu só soube do acidente quando voltei. Fiquei lisonjeadíssimo, claro, o que mostra a que ponto os humanos são escassos de sensatez quando se trata dos seus cães.

21 de junho

Carta da Biblioteca Nacional registando a minha doação de papéis de Rodrigues Miguéis, Casais Monteiro, Aleixo Ribeiro e Massaud Moisés. Perguntam-me se quero que a consulta fique dependente de autorização minha. Não faltaria mais nada. Os documentos não são *meus*, ficaram à guarda da Biblioteca Nacional e portanto pertencem *a todos*. Logo, a sua consulta pode e deve ser livre.

22 de junho

Todos tivemos alguma vez a percepção súbita de estarmos a viver algo que já havia sido vivido antes, um lugar, um cheiro, uma palavra, o perpassar de uma sombra, uma sequência de gestos. A impressão não se demora, esfuma-se no instante seguinte, mas a lembrança desse momento mantém-se, como um animal caçador à espreita de que se repita a ocasião. Os que acreditam na metempsicose dizem que são recordações de vidas anteriores, nossas ou alheias. No segundo caso suponho que se aposta na hipótese de que as almas, não podendo ser infinitas em número, vão sucessivamente tomando posse de corpos diferentes, e, embora, em princípio, no fim de cada vida se tranque a respectiva conta-corrente, levando-se o saldo à rubrica dos ganhos e perdas gerais, não é de todo impossível que uma fatura extraviada no tempo venha meter-se na contabilidade do dia em que nos encontramos... Os leitores de ficção científica estão muito habituados a estas cambalhotas temporais.

O que já deve ser muito raro é a sensação de estar a viver uma vida que não é nossa. Entendamo-nos: somos quem éramos, reconhecemo-nos no espelho, reconhecem-nos os outros, e contudo, sem saber porquê, de repente surpreendemo-nos a pensar que a vida que vivemos, sendo a nossa vida, não deveria sê-lo à pura luz da lógica conjunta dos factos passados. Estou a falar de mim, claro está. Quando aos 64 anos a minha vida virou os pés pela cabeça (permita-se-me uma imagem tão pouco respeitadora da eminente dignidade da pessoa humana, como antes se dizia), não podia eu imaginar aonde me levaria o que então pensava ser uma simples bifurcação e afinal veio a ser estrada real (será preciso explicar aos meus virtuosos inimigos que não estou a falar de êxitos literários ou sociais?). Os dias já vividos não poderiam, pela lógica, ter-me trazido a isto, e no entanto eis-me a viver uma vida que difere tanto daquela que me tinha acostumado a chamar minha, que de duas uma: ou esta vida estava destinada a outro, ou sou eu esse outro. Conclusão: tenho aqui um seriíssimo problema ontológico para resolver.

23 de junho

Num alarde de saudável humor político, só diminuído por uma dedicatória demasiado enfática, com alusões retóricas que não mereço, os eleitos da CDU de Mafra ofereceram à Assembleia Municipal do dito lugar um exemplar do primeiro volume dos *Cadernos de Lanzarote*, recomendando expressamente (entende-se que aos eleitos da maioria) a leitura da página 24. Em minha opinião, seria esforço perdido. Eles não sabem ler.

25 de junho

Eis-me, aparentemente, caído em plena contradição. Na entrevista que dei a Mário Santos, hoje publicada, afirmo em dada altura que "não vivi nada que valha a pena ser contado". Mesmo ao leitor mais distraído há-de afigurar-se bastante duvidosa a sinceridade de tais palavras, quando se sabe o uso que venho dando a estes cadernos, metódico e quase obsessivo inventário dos meus dias de agora, como se tudo quanto neles me acontece valesse afinal a pena. Creio que não há realmente nenhuma contradição. Uma coisa é olhar o passado à procura de algo que mais ou menos lhe tenha sobrevivido e portanto mereça ser recordado, outra é registar simplesmente o dia a dia, sem pensar em ordenar e hierarquizar os factos, apenas pelo gosto (ou tratar-se-á duma expressão maldisfarçada do que conhecemos por espírito de conservação?) de fixar, como tenho dito, a passagem do tempo. Por outras palavras: se eu vivesse cinquenta anos mais e estivesse a ser entrevistado por um Mário Santos também cinquenta anos mais velho, estou certo de que lhe repetiria, com a mesma sincera convicção de hoje, esquecido de quase tudo quanto nestes cadernos escrevi: "Não vivi nada que mereça a pena ser contado".

28 de junho

Fernando Sánchez Dragó, escritor soriano, como ele próprio gosta de se identificar, erudito em doutrinas místicas e teosóficas, militante a sério de tais transcendências, daqueles que trazem símbolos pendurados ao pescoço, esteve hoje na televisão. Aliás, aparece por lá muito, possivelmente porque é preciso de tudo para fazer um mundo. Em certa altura do debate, querendo exaltar as virtudes do silêncio total (que, segundo revelou, ele próprio pratica um dia por semana, com grande perplexidade do seu carteiro, que não percebe por que o atende mudo como um penedo um destinatário bem mais de costume tagarela), Sánchez Dragó contou uma história indiana, começando por anunciá-la como de grande edificação. Rezava mais ou menos assim:
"Um dia, lá nos confins da Índia, nasceu uma criança parecida com todas as crianças, mas logo se viu que não o era tanto, ou era mais do que elas, porque este menino, simplesmente, não falava. Cresceu bem e com saúde, tolo não era, muito pelo contrário, pois cedo começou a brilhar em sabedoria (Sánchez Dragó não explicou em que é que consistia essa sabedoria e como é que, faltando as palavras, ela pôde manifestar-se), e ainda não chegara a homem-feito já o consideravam um guru. Vinham as pessoas à lição, ele olhava-as, olhavam-no elas, e assim foi durante toda a sua vida. Já muito velho, com uns noventa anos, morreu. Porém (era inevitável, sabendo-se como são estas histórias), precisamente antes de morrer, falou. Estava deitado, rodeado de discípulos, e na sua frente, pela janela aberta, via-se ao longe um monte coberto de árvores. Então, o nosso guru, naquele instante derradeiro, soergueu-se, apontou com um braço estendido o bosque tranquilo e pronunciou uma palavra, uma só: 'Fogo'. O monte ardeu."
Atordoados por tal demonstração das espiritualidades orientais, os colegas de tertúlia de Sánchez Dragó, que eram vários, intelectuais, artistas, com alguns políticos pelo meio, ficaram, eles, quedos e silenciosos. De entre a assistência ouviram-se

umas quantas tímidas palmas, como de quem não queria quebrar o encanto do maravilhoso acontecimento. A câmara mostrou a expressão complacente de Sánchez Dragó ("Aguentem-se lá com esta", parecia ele pensar) e a conversa desviou-se para outros temas menos elevados. Não houve ali uma alma lúcida que se lembrasse de dizer que, afinal de contas, a única coisa que o tal guru tinha feito na vida havia sido queimar um inocente bosque e que, para isso, mais valera ter continuado calado...

29 de junho

A alma do almirante Pinheiro de Azevedo, lá no paraíso aonde os seus diversos méritos a fizeram ascender, deve sentir-se, nestes dias, exultante de bélica felicidade, como uma valquíria. Em vida, num arrebatamento patriótico que desgraçadamente não coalhou, o digno almirante, sendo embora homem do mar, afirmou que, se lhe dessem um batalhão, ele iria, por terra, reconquistar Olivença. Durante os quase vinte anos que decorreram sobre a histórica protestação, ninguém na terra de Brites de Almeida deu um passo para, com armas ou sem elas, mas indispensavelmente com agrimensores, ir colocar a fronteira no seu sítio. Entretidos como andavam agora com a Europa, os nossos governantes, todos eles, vieram descuidando o que parecia ser o seu dever nacional, apresentando como motivo para tão suspeita indiferença o argumento, convenhamos que irrecusável, de que estando as fronteiras europeias em vias de desaparecimento, não faria sentido armar uma questão por causa de uns quantos quilómetros quadrados de terras onde já são mais os espanhóis enterrados em duzentos anos do que o foram os portugueses em seiscentos.

Estavam as coisas neste chove não molha quando, talvez por mensagem astral enviada diretamente pela desassossegada alma do almirante, os Amigos de Olivença pulsaram a corda patriótica do coração português e puseram o país em polvorosa. Não tanto, mas enfim. Andava-se a pensar, já havia mesmo o dinheiro necessário, em reconstruir a ponte da Ajuda, sobre o rio Guadiana, quando apareceram nos jornais declarações indignadas dos Amigos: que se acabava Portugal, que Olivença é nossa. E para não se ficarem só pelas palavras despacharam um autocarro carregado de sócios para lá irem afirmar a nossa soberania (não consta que depois tenham continuado viagem até Bruxelas). Nesta agitação, fontes do Palácio das Necessidades declararam que "Portugal não se pode envolver em nenhum projeto que reconheça a fronteira num sítio sobre o qual não há consenso". Tudo isto apesar de Cavaco Silva e Felipe González, há quatro anos, terem assinado um protocolo para a reconstrução da ponte...

Assim estamos. A alma do almirante vigia, atenta, quem sabe se pronta a encarnar em qualquer herói, dos muitos que temos, que se lembre outra vez de pedir um batalhão. Quanto aos Amigos de Olivença, eu dar-lhes-ia um conselho simples, mesmo não mo tendo eles pedido: se quiserem, realmente, ser amigos de Olivença, sejam-no da *Olivenza que é* e deixem em paz, na paz do irrecuperável passado, a *Olivença que foi*.

30 de junho

A palavra ao editor. Pedi a Zeferino Coelho que me informasse dos resultados da manifestação contra o aumento das portagens na ponte, e eis o que ele me escreve:

"Esta questão da ponte foi das coisas mais bonitas que aconteceram por cá ultimamente. O governo, depois de ter afirmado a pés juntos que não recuava, recuou em toda a linha. O ministro Ferreira do Amaral veio à TV dizer que tinha cometido um erro, que os protestos tinham uma base real e que, em consequência, suspendia a cobrança da portagem no mês de julho (só volta a cobrar em setembro porque em agosto, nos últimos anos, a passagem é livre); em setembro será criado um sistema de passes, com descontos para os utentes diários.

"Foi uma primeira grande vitória (já não ouvia esta palavra há séculos).
"No meio de tudo isto alguns personagens revelaram-se. Destaco o Vasco Graça Moura. Com uma linguagem desbragada, exigia repressão e intransigência. Criticou o ministro Dias Loureiro por ter aceite que os polícias só atuassem depois que a Junta das Estradas negociasse com uma comissão dos utentes da ponte. Escrevia ele que quem aceita negociar com 'a canalha' (sic) sofre as consequências."

Zeferino refere-se também à "solidariedade manifestada pelos camionistas espanhóis aos camionistas portugueses na luta contra a portagem na ponte. Eles disseram que, se fosse caso disso, bloqueariam as fronteiras portuguesas".

Pergunto agora eu: andará por aí a formar-se, qual efeito "perverso" da "integração europeia" fora de todas as previsões, um "espírito comunitário" à margem dos "governos europeus" e do "governo da Europa"? Seria realmente interessante andarem a querer fazer uma Europa e sair-lhes outra...

1 de julho

Na verdade, nunca imaginei que pudessem ser tantos. De José Leon Machado, estudante na Universidade do Minho, chega-me um interessante trabalho, elaborado no âmbito da cadeira de Leitura e Interpretação do Texto Literário — *Conflitos de interpretação face ao romance de José Saramago "O Evangelho segundo Jesus Cristo"* —, que apresenta, divididas por "radicais" e "moderadas", as opiniões produzidas pela Igreja Católica e seus militantes, tanto interna como perifericamente. Sabia já, por alguns ecos avulsos, que me haviam condenado a todas as penas do inferno, mas o que eu não imaginava era que tivessem sido tantos os juízes e tantos os carrascos. Desde o arcebispo de Braga até um padre Minhava de Trás-os-Montes, em artigos, opúsculos ou livrinhos de maior porte, pode dizer-se que foi um autêntico "fartar, vilanagem". A bibliografia apresentada, que de certeza não esgota a matéria, menciona 22 espécies, qual delas de mais prometedor título. Quanto ao seu conteúdo, variável em virulência e obstipação mental, limitar-me-ei a passar para aqui um pedacinho de incenso da prosa do dito padre Minhava: "Por dever de ofício, tive de ler um livreco pestilento e blasfemo onde o enfunado autor se enterra até às orelhas nas escorrências que destila como falsário, aleivoso e cínico!". A escrever desta maneira, tenho por certo que o padre Minhava será meu companheiro no inferno. Em jaulas separadas, claro está, não vá ele morder-me...

2 de julho

Yvette Biro telefonou de Paris para informar-me do andamento da *Jangada de pedra*. Continua animada, e eu deixo-me ir na corrente. Desde o princípio confiei nesta mulher. Seja qual for o resultado dos seus intentos para passar do guião que já há ao filme que está por haver, ficarei contente por ter conhecido alguém tão merecedor de confiança. Disse-me que falou do projeto ao João César Monteiro e que ele se mostrou interessado em vir a realizar o filme. Nada de definitivo, por enquanto, uma vez que está ocupado com outro trabalho. Por minha parte, disse a Yvette que não são mais de dois ou três os realizadores portugueses a quem confiaria sem reservas um livro meu, e que um deles é o João César.

3 de julho

Vista à distância, a humanidade é uma coisa muito bonita, com uma larga e suculenta história, muita literatura, muita arte, filosofias e religiões em barda, para todos os apetites, ciência que é um regalo, desenvolvimento que não se sabe aonde vai parar, enfim, o Criador tem todas as razões para estar satisfeito e orgulhoso da imaginação de que a si mesmo se dotou. Qualquer observador imparcial reconheceria que nenhum deus de outra galáxia teria feito melhor. Porém, se a olharmos de perto, a humanidade (tu, ele, nós, vós, eles, eu) é, com perdão da grosseira palavra, uma merda. Sim, estou a pensar nos mortos do Ruanda, de Angola, da Bósnia, do Curdistão, do Sudão, do Brasil, de toda a parte, montanhas de mortos, mortos de fome, mortos de miséria, mortos fuzilados, degolados, queimados, estraçalhados, mortos, mortos, mortos. Quantos milhões de pessoas terão acabado assim neste maldito século que está prestes a acabar? (Digo maldito, e foi nele que nasci e vivo...) Por favor, alguém que me faça estas contas, deem-me um número que sirva para medir, só aproximadamente, bem o sei, a estupidez e a maldade humana. E, já que estão com a mão na calculadora, não se esqueçam de incluir na contagem um homem de 27 anos, de profissão jogador de futebol, chamado Andrés Escobar, colombiano, assassinado a tiro e a sangue-frio, na célebre cidade de Medellín, por ter metido um golo na sua própria baliza durante um jogo do campeonato do mundo... Sem dúvida, tinha razão o Álvaro de Campos: "Não me venham com conclusões! A única conclusão é morrer". Sem dúvida, mas não desta maneira.

5 de julho

Vi pela televisão, em direto, a queda desastrosa de uns quantos ciclistas na chegada de uma etapa da Volta à França. A imprudência de um polícia que quis fotografar os corredores (a máquina autofoco que utilizava não lhe permitiu perceber que um deles, fora do enquadramento do visor, vinha na sua direção), foi a causa do acidente: houve fraturas, comoções cerebrais, ferimentos múltiplos, sangue... Acidentes há-os a todas as horas, mas assim, captados em direto, transmitidos no preciso instante em que ocorrem, esses são com certeza raros. E se tomar este como exemplo, tão raros quanto estranhos. O que eu estava a olhar era verdade *agora*, previ o que ia acontecer, vi a queda, testemunhei o pânico, mas a brutal realidade não me fez saltar do sofá onde *assistia* e onde logo a seguir fui beneficiado com repetições da mesma gravação e de outras tomadas de ângulos diferentes, ora em câmara lenta ora em sequências entrecortadas de pausas, com zoom e sem zoom... A realidade do acidente tornara-se imediatamente em pura imagem, em exercício de movimentos, em *découpage* técnico... Por outras palavras: em caminho para a insensibilidade...

7 de julho

Sentir como uma perda irreparável o acabar de cada dia. Provavelmente, é isto a velhice.

8 de julho

O *Ensaio* saiu do atoleiro em que tinha caído há já não sei quantos meses. Pode vir a cair noutro, mas deste safou-se. Há uns poucos dias que eu tinha decidido deixar de lado dois capítulos que se haviam convertido numa daquelas armadilhas onde se pode entrar com toda a facilidade, mas donde não se sai. O novo rumo parecia-me animador, abria perspectivas. Em todo o caso, ainda não me sentia completamente seguro. Foi então que andando por aí, hoje, ao vento, me sucedeu algo muito semelhante ao episódio de Bolonha, quando, depois de meses sem saber o que poderia fazer com a ideia do *Evangelho*, nascida em Sevilha, toda a sequência do livro — enfim, quase toda — se me apresentou com uma claridade fulgurante. Estava na Pinacoteca, vira a pintura da primeira sala à esquerda da entrada, e foi ao entrar na segunda (ou teria sido na terceira?) que os pilares fundamentais da narrativa se me definiram com tal simplicidade que ainda hoje me pergunto como foi que não tinha visto antes o que ali me parecia óbvio. Não era nada de complicado, basta ler o livro. Neste caso — o do *Ensaio* — a "revelação" não foi tão completa, mas sei que vai determinar um desenvolvimento coerente da história, antes atascada e sem esperanças. Todos os motivos que vinha dando, a mim mesmo e a outros, para justificar a inação em que me achava — viagens, correspondência, visitas —, podiam, afinal de contas, ter sido resumidos desta maneira: o caminho por onde estava a querer ir não me levaria a lado nenhum. A partir de agora, o livro, se falhar, será por inabilidade minha. Antes, nem um génio seria capaz de salvá-lo.

9 de julho

Fizeram-me membro do Patronato de Honor da Fundação César Manrique. A este gesto simpático gostaria eu de corresponder com algum trabalho útil. Por enquanto não vejo como.

12 de julho

Quando passava de um canal de televisão a outro, saltaram-me imagens de uma corrida de San Fermín, em Pamplona, o preciso momento em que um touro baixava a cabeça para receber o estoque mortal. Saí imediatamente da praça, graças ao poder milagroso do comando à distância. Lembrei-me então de que escrevi, aqui há uns anos, acerca destas festas, três artigos que não devem ter agradado a nenhum espanhol, e menos aos navarros. Imagino que quando mos pediram de *Cambio 16* estariam à espera de qualquer coisa no género de um novo Hemingway, mas os cálculos saíram-lhes furados: o que tiveram de publicar foi uma honesta confissão de incapacidade para perceber a *fiesta*. Como se demonstrará com este pequeno trecho exumado dos papéis velhos:
"Vai entrar o primeiro touro, ressoaram surdamente os timbales da presidência, é a hora. Todos olhamos, ansiosos, o boqueirão negro do curro. O touro entra na praça. Entra sempre, creio. Este veio em alegre correria, como se, vendo aberta

uma porta para a luz, para o sol, acreditasse que o devolviam à liberdade. Animal tonto, ingénuo, ignorante também, inocência irremediável, não sabe que não sairá vivo deste anel infernal que aplaudirá, gritará, assobiará durante duas horas, sem descanso. O touro atravessa a correr a praça, olha os *tendidos* sem perceber o que acontece ali, volta para trás, interroga os ares, enfim arranca na direção de um vulto que lhe acena com um capote, em dois segundos acha-se de outro lado, era uma ilusão, julgava investir contra algo sólido que merecia a sua força, e não era mais que uma nuvem. Em verdade, que mundo vê o touro? Estes toureiros que se vestem de todas as cores, que se cobrem de passamanarias e lantejoulas, que brilham na arena como cristais preciosos, como figuras de vitral, são-no assim aos olhos do touro, ou vê-os ele como sombras baças, fugidias, instáveis, que surgem do nada e se escondem no nada? Imagino que o touro vive num universo sonhado, fantasmal, coberto de cinzas, em que o sabor da erva e o cheiro dos pastos serão as únicas referências apaziguadoras de um mundo vago em que as árvores são como cortinas oscilantes e as nuvens no céu grandes blocos de mármore, ao mesmo tempo que a luz se vai movendo dificilmente para a noite."

E este, ainda:

"O touro vai morrer. Dele se espera que tenha força suficiente, brandura, suavidade, para merecer o título de nobre. Que invista com lealdade, que obedeça ao jogo do matador, que renuncie à brutalidade, que saia da vida tão puro como nela entrou, tão puro como viveu, casto de espírito como o está do corpo, pois virgem irá morrer. Terei medo pelo toureiro quando ele se expuser sem defesa diante das armas da besta. Só mais tarde perceberei que o touro, a partir de um certo momento, embora continue vivo, já não existe, entrou num sonho que é só seu, entre vida e morte."

Aí fica. Recordo que quando Pilar acabou de ler os artigos, só me disse: "Não podes compreender...". Tinha razão: não compreendo, não posso.

13 de julho

Clinton visita oficialmente a Alemanha. Segundo os jornais, o presidente dos Estados Unidos declarou em Bona: "A Alemanha é o nosso parceiro mais significativo para a construção de uma Europa segura e democrática". Se sou capaz de entender o que leio, deduzo destas palavras que a administração norte-americana tem uma ideia muito clara do que lhe convém que seja a Europa: um todo conduzido por um só país, uma União cuja sede real, a seu tempo, será em Berlim, ficando Bruxelas para a burocracia e Estrasburgo para o entretenimento verbal. Incapazes de uma relação direta e equilibrada com todos e cada um dos países que constituem a Europa, os Estados Unidos vão preferir a negociação a dois, entre potência e potência. Aposto dobrado contra singelo que esta Europa será diferente quando no fim do ano terminar a presidência alemã da União Europeia. Poderá não se notar à vista desarmada, que é como nós geralmente andamos (desarmados da vista...), mas o tempo dirá se me engano.

14 de julho

Não creio que tenhamos falhado. Fomos vítimas de uma ilusão que não foi só nossa, a de que Portugal fosse capaz de arrancar-se à "tristeza vil e apagada" em que mais ou menos sempre tem vivido. Imaginámos que seria possível tornarmo-nos melhores do que éramos, e foi tanto maior o tamanho da decepção quanto era imensa a esperança. Ficou a democracia, dizem-nos. A democracia pode ser muito, pouco ou quase nada. Escolha cada qual o que lhe pareça corresponder melhor à situação do país...
De Eliseo Diego:
"La muerte es esa pequeña jarra, con flores pintadas a mano, que hay en todas las casas y que uno jamás se detiene a ver.
"La muerte es ese pequeño animal que ha cruzado en el

patio, y del que nos consuela la ilusión, sentida como un soplo, de que es sólo el gato de la casa, el gato de costumbre, el gato que ha cruzado y al que ya no volveremos a ver.

"La muerte es ese amigo que aparece en las fotografías de la familia, discretamente a un lado, y al que nadie acertó nunca a reconocer.

"La muerte, en fin, es esa mancha en el muro que una tarde hemos mirado, sin saberlo, con un poco de terror."

15 de julho

Ontem, pelas seis da tarde, depois de trabalhar desde o almoço numa conferência que terei de levar ao Canadá, fui-me até à Montaña Tersa, irmã fronteira e menor da Montaña Blanca, de tamanho, quero dizer, porque quanto a idade devem andar ambas pela mesma, aí uns 19 milhões de anos... Não ia com o fito de subi-la, tanto mais que o vento soprava forte e de rajada, que é a pior maneira de ser soprado quando se caminha. Mas, quando lá cheguei, não resisti: desde o princípio do mundo que se sabe que os montes existem para serem subidos, e este, ali à espera há tanto tempo, até deixara que a erosão o cavasse e recavasse, em socalcos, em fendas, em saliências, tudo para ajudar-me na ascensão. Mal parecia voltar-lhe as costas, por isso subi. O pior, como disse, foi o vento. Com os dois pés bem firmes no chão e o corpo inclinado para diante, a coisa não era nada complicada, mas quando uma perna se levantava para o pé avançar, se as mãos não tinham a que agarrar-se, digo que cheguei a experimentar algumas vezes a inquietante impressão de não ter peso...

Uma outra impressão, ainda mais estranha do que esta, e que já me havia tocado naquele dia em que subi a Montaña Blanca, mas em que depois não voltei a pensar, foi chegar a uns vinte ou trinta metros do cimo e parecer-me de repente que a pequena distância se tinha tornado infinita, intransponível, não por a subida ser mais difícil, que nem o era, como logo se comprovou, mas porque o cume do monte, tão próximo, recortado contra o céu, se apresentava, aos meus olhos, ameaçadoramente, não como o ponto que ia enfim alcançar, mas como um sítio de passagem, de onde teria de partir outra vez... Que possam nascer imaginações destas nas simples montanhas de Lanzarote, leva-me a pensar nos fantasmas que decerto assombram a mente dos alpinistas a sério quando se aproximam da fronteira entre o mundo da terra e o mundo do ar.

16 de julho

A uma menina que nasceu nos últimos dias da guerra civil de Espanha deram os pais o justo nome de Libertad. (Digo justo porque está claro que eles amavam a ambas por igual.) Depois, a menina fez-se rapariga, a rapariga mulher. Como o fascismo não podia gostar de um nome assim, os dissabores e contrariedades foram tais e tantos que a pobre não teve outro remédio que passar a chamar-se Josefa. Quando se entrou na "transição democrática", Libertad quis recuperar a sua verdadeira identidade. Só agora veio a consegui-lo, ao cabo de quase vinte anos de enguiços burocráticos, despachada de repartição em repartição, escrevendo requerimentos, apresentando provas, todos os dias derrotada pela indiferença ou pela má vontade de funcionários que se riam dela, todos os dias voltando à carga com estas simples palavras: "Quero o meu nome". Enfim, já lá o tem, mas a democracia foi mais lenta a restituir-lho do que o fascismo a tirar-lho.

19 de julho

Em Tenerife para um curso de verão da Universidade de La Laguna sobre *Las metáforas del Sur*, dirigido por Juan Cruz. O tema era escorregadio, como logo se viu. As metáforas começaram rapidamente a amedrontar-se diante das realidades que emergiam e acabaram por fugir espavoridas quando tomou a palavra um senegalês, El Hadji Amadou Ndoye, professor de literatura espanhola em Dakar. Foram dez minutos de informações precisas, de números concretos, que permitiram aos assistentes tomar o pulso à situação africana atual, e senti-la verdadeiramente, sem lirismo nem metáforas. A minha participação, que fechou o debate, centrou-se em duas ideias principais: uma, a de que "o pior inimigo do Sul é ele permitir a sua própria mitificação"; outra, a de que "o Sul é a pobreza", onde quer que os pobres estejam, aí está "o Sul", qualquer que seja a cor da pele.

21 de julho

Respeitosamente conservando a ortografia e a sintaxe brasileiras (é o mínimo que deve fazer quem dos brasileiros exige que respeitem as suas), transcrevo uma passagem de uma carta de Teresa Cristina Cerdeira da Silva:
"Conto-lhe ainda, brevemente, um desses deliciosos acasos da minha primavera lisboeta. Voltando tarde e sozinha do cinema, rumo à casa do Jorge de Sena, em Belém, tomo um táxi e, como de hábito, inicio uma conversa com o chauffeur. É, como já disse, um hábito que mistura curiosidade e necessidade de segurança que me é dada por esses momentos de intercâmbio de ideias. O rapaz era moço, trinta e tal anos e eu lhe perguntava o que sentia ao ver aproximar-se o 25 de Abril depois de 20 anos da Revolução. A resposta foi cética, mas não que se tratasse de um desses espíritos reacionários ou alienados diante da questão. Falou-me com mágoa sobre o pai que havia sofrido horrores durante a ditadura, tinha ficado preso anos a fio, torturado e tudo o mais, e cobrava desses vinte anos o nenhum reconhecimento que lhe deram. Minha curiosidade multiplicou as questões até que ele me disse (imagine!) que o pai era marinheiro e foi preso em 1936 durante uma tentativa de derrubada do regime. Meu coração estava aos pulos... se me dissesse que em vez do pai era o tio, juro que acreditava que era o filho da Lídia que a ficção

não tinha deixado envelhecer... Via Lisboa noturna pela janela, subíamos a Estrela para ir sair a Alcântara e eu fechava os olhos para imaginar a revolta dos barcos, o Daniel, o Adamastor e o Ricardo Reis, a rua do Alecrim... Tudo me saía proustianamente dessa outra xícara de chá. Tive imensa pena quando chegamos a Belém e me despedi dele como de uma página de história que me chegava, assim, de súbito, transmudada pelas páginas de um romance que me fascina cada vez mais."

22 de julho

Fernando Venâncio resolveu fazer algo como arqueologia literária, desenterrando da *Seara Nova* as críticas que, com juvenil atrevimento (então tinha só 45 anos...), ali andei publicando nos remotos anos de 1967 e 1968. Ainda hoje estou para saber o que terá levado o Rogério Fernandes a convidar-me a realizar uma tarefa para a qual o pobre de mim não poderia apresentar outras credenciais que haver escrito *Os poemas possíveis*. (Lembro-me bem de ter anteposto uma assustada condição: não fazer crítica de livros de poesia...) Agora eis-me perante os fantasmas de opiniões que expandi há quase trinta anos, algumas bastante ousadas para a época, como dizer que Agustina Bessa-Luís "corre o risco muito sério de adormecer ao som da sua própria música". Apesar da minha inexperiência, e tanto quanto sou capaz de recordar, creio não haver cometido grossos erros de apreciação nem injustiças de maior tomo. Salvo o que escrevi sobre *O delfim* do José Cardoso Pires: muitas vezes me tenho perguntado onde teria eu nesse momento a cabeça, e não encontro resposta...

24 de julho

Uma coisa seria querer fazer um romance sem personagens, outra pensar que seria possível fazê-lo sem gente. E esse foi o meu grande equívoco quando imaginei o *Ensaio sobre a cegueira*. Tão grande ele foi que me custou meses de desesperante impotência. Levei demasiado tempo a perceber que os meus cegos podiam passar sem nome, mas não podiam viver sem humanidade. Resultado: uma boa porção de páginas para o lixo.

26 de julho

De Hernau, na Alemanha, escreveu-me há uma semana um biólogo, de 37 anos, que trabalha no ramo (é assim que se diz?) da imunologia, informando-me de que leu o *Evangelho*, mas que, não estando muito certo dos meus objetivos ao escrever esse livro, teria muito gosto em trocar comigo algumas ideias sobre Jesus, Deus e o cristianismo... A carta tem andado por aí desde que chegou, mais ou menos à minha vista, e eu sem saber que destino dar-lhe, tendo em consideração que regressar agora àquelas profundas questões me iria tomar um tempo que nesta altura não me sobra. A situação complicou-se hoje muito com a chegada simultânea de três cartas de Portugal.

Uma delas, em quatro páginas de formato A4 escritas numa caligrafia cerrada, miudinha, vem de uma senhora de 63 anos que vive em Oeiras, "católica, casada há 41 anos, meu marido é Arquiteto, temos 7 filhos e 14 netos", segundo me informa. A sua carta termina com as seguintes palavras: "Imagino que se não digne a responder a esta pobre creatura, aquêle que se acha mais inteligente que o próprio Deus!". Imaginou bem esta senhora, não lhe vou responder, mas não pela inocentemente irónica razão que dá: é só porque não se pode discutir com alguém que avança para nós armado de uma fé a tal ponto beligerante, que mais parece uma couraça armada de puas e seguríssima de não ter falhas nem fendas. Entretenha-se esta senhora, se ainda tiver coragem para pôr a mão num livro meu, com o que sobre Deus escrevi no dia 23 de fevereiro deste preciso ano: se não perceber o que lá está, então suspeito que não percebe nada daquilo que julga crer.

A segunda carta veio do Norte, da Maia, e também a assina uma mulher. Do que extensamente escreve, retiro apenas este parágrafo: "Sou católica. O meu marido também. Foi ele que me deu *O Evangelho segundo Jesus Cristo*. Li-o como uma católica o deve ler: com devoção. Apresentou-me outra fotografia, que é a sua, a de homem. E eu que também sou humana permiti-me ir tirando ainda outras. Ouvi-o um dia a falar na televisão sobre este livro e encontrei de novo um homem. E tenho pena que outros se tenham julgado Deus, e o tenham julgado e não o tenham percebido. Porque nem entendem Deus nem os homens, e nem de um nem de outros podem usufruir".

A terceira carta portuguesa vem do Porto, também a escreve uma mulher. Esta tem 25 anos, trabalha como secretária, estuda à noite, será "sra. dra." no ano que vem, vai casar daqui a quatro dias, e diz palavras como estas: "Acredito em Deus (sou 'protestante'), voto desde sempre no PSD e no dia 16 de março um exame médico confirmou que a minha Mãe ia morrer. O mundo virou-se de pernas para o ar e as certezas absolutas deixaram de fazer sentido. Emprestaram-me o seu *Evangelho* há um ano. Resolvi lê-lo, provavelmente porque estava zangada com Deus. [...] A minha Mãe morreu há um mês. Continuo a acreditar em Deus e é n'Ele que eu encontro sentido para a vida. Não consigo compreender muita coisa. Não consigo compreender as críticas aos seus livros por parte da Igreja. Se as pessoas têm realmente fé e têm a certeza das suas convicções, então porquê o medo, o pavor de ler um livro do Saramago? [...] O meu desejo é que seja feliz!".

As cartas aí ficam. Entretanto, acudiu-me uma ideia: pôr estas quatro pessoas a falar umas com as outras sobre Jesus, Deus e o cristianismo, como queria o biólogo alemão. Chamam-se estes meus correspondentes, respectivamente, Bernd, Maria Sofia, Ângela e Raquel Maria. Já estão apresentados, podem começar a conversar.

28 de julho

Continua a escavação arqueológica. Agora foi o *Público* que, para a sua secção "20 anos depois", exumou do velho *Diário de Lisboa* um artigo que escrevi com o título pouco original de "Carta aberta à CIA". Sendo estes cadernos um diário, acho que tanto o podem ser do dia de hoje como do dia de ontem, em primeiro lugar porque o hoje está feito de todos os ontens, quer os próprios quer os alheios, e depois porque vinte anos não são nada e as coisas mudam muito menos do que cremos. Razões suficientes para que a estas páginas tenha decidido trasladar (palavra adequada, tratando-se de uma exumação) o corpo menos mal conservado dos meus protestos e indignações de então. Rezava assim o artigo:

"Tenho visto que Vossa Excelência é habilíssima em conspiração, intrigas e golpes de Estado. Tenho-a visto de longe e não desejaria sabê-la de perto. Já me basta ter lido o que Vossa Excelência fez no Chile, a mortandade que por lá foi e vai, verificar todos os dias que governos promove e apoia Vossa Excelência, imagine se eu havia de gostar que Vossa Excelência mandasse para aqui os seus emissários e instalasse no meio da nossa roda o seu caldeirão de truques e bruxedos!... Ainda agora aí está o arcebispo Makários, de trastes às costas, só porque Vossa Excelência, de acordo com o governo que instalou na Grécia, entendeu que convinha acender no Mediterrâneo um novo foco de agitação (perdoe Vossa Excelência a fraca palavra), numa altura em que, se não interpreto mal, os povos da Europa andavam a perceber que mais bondade tirariam da paz do que das guerras...

"Vossa Excelência sofre de vocação fascista. Não se ofenda, *please*. Em verdade, nunca dei por que Vossa Excelência tirasse de qualquer país um governo de direita para pôr um governo de esquerda... Vossa Excelência gaba-se (ou já não se gaba, sequer?) de muito estimar a democracia, mas estou em crer que padece de uma deformada visão política que a faz desejar ver o seu país cercado de fascismos por todos os lados, talvez para mais avultarem as qualidades democráticas, quando não republicanas, que exornam a Grande Nação Americana... Se bem entendo, Vossa Excelência, que vive ocupadíssima a instalar governos reacionários por toda a parte e a defender os existentes, está satisfeita com o governo que tem. Que sorte a sua, poupada como a vejo ao trabalho de fazer golpes de Estado dentro de casa!

"Não cuide Vossa Excelência que eu insulto. Como me atreveria? Sou um pobre cidadão português que ainda não ia à escola em 1926 e que viveu todo este tempo sob o regime fascista que Vossa Excelência tanto acarinhou e protegeu. A diferença é que, enquanto Vossa Excelência defendia Salazar e Caetano, não me protegia a mim. Nanja que eu lho pedisse ou desejasse, mas, se Vossa Excelência se desse a respeitar alguns dos seus avós que o merecem, teria escrúpulo em meter-se onde não é chamada ou aonde a chamam apenas aqueles que com Vossa Excelência costumam trocar serviços pouco limpos. Faço-lhe a justiça de supor que Vossa Excelência, até agora, não se ocupou muito com o povo português. Não precisava. Isto, por cá, ia andando com a prata da casa, uns dominando, outros dominados, mas era um insignificante quintal europeu onde só por ricochete aconteciam coisas. Bastava a Vossa Excelência estancar na origem as torrentes: para estas bandas tudo se resumia em águas estagnadas e numa desolação para que parecia não haver remédio.

"Nós fazíamos o que podíamos para resistir. E resistimos muito, se não é confiado afirmá-lo a quem tem esmagado outras resistências. Se não tivéssemos resistido, não estaria agora Vossa Excelência tão perplexa e agitada a perguntar-se como foi possível dignificar-se de repente um povo para quem Vossa Excelência olhava com desprezo total, e, se calhar, com alguma repugnância. Permita Vossa Excelência que lhe revele um segredo pessoal: não me pesam nada estes quarenta e oito anos, sinto-me fresco e ativo como um jovem, mais ativo e fresco do que, quando jovem mesmo, me moíam o juízo com os louvores do Estado Novo. A diferença (outra diferença) é que nessa altura

Vossa Excelência ainda não era viva, embora já por aí houvesse quem lhe antecipasse as vezes... Vossa Excelência (aproveito a oportunidade para lho recordar) é um simples elo de uma cadeia repressiva que tem, na sua terra, outras malhas: o Ku Klux Klan, por exemplo, e no confronto até sou capaz de preferir o Klan... Repare Vossa Excelência que eles usam uns capuchos ridículos, afantochados, coisa que já não se aguenta sem gargalhadas, ao passo que os emissários de Vossa Excelência são gente robusta, bem treinada, que toma banho regularmente, fala línguas estrangeiras, sempre de pistola pronta e karaté de ponta-e-mola... E isto ainda é o menos.

"O mais, ou o resto, está em ser Vossa Excelência polícia de alto coturno, armado de toda a sabença técnica e de uma falta de escrúpulos sem limites. Vossa Excelência, quando não pode eliminar, arruína, quando não pode fazer calar, faz barulho, e sempre que lhe é possível destrói a gente honesta para a substituir por celerados. Vossa Excelência sabe que assim é e nem sequer reage aos protestos que se levantam de todo o mundo a cada seu malefício, nem desmente as acusações que justamente lhe fazem... Tão segura está Vossa Excelência do seu poder! É das coisas que mais me intriga que, sendo Vossa Excelência ré de tantos crimes, não haja no seu país um tribunal que a julgue! Ignorante como só um português tem podido ser, muitas vezes me tenho interrogado sobre quem realmente mandará no país de Vossa Excelência. A resposta que encontrei é simples e vale o que vale: no meu fraco entendimento, Vossa Excelência serve o capital dentro e fora da América (Estados Unidos), desde que ele seja americano ou, não o sendo, esteja ao seu serviço. Nunca Vossa Excelência teve outra regra de conduta. OK?

"Vossa Excelência já deu fé (deu logo, pois claro!) de que temos em Portugal uma revolução. Digamos, uma revolução pequena. Tínhamos cá o fascismo que tão bem servia Vossa Excelência, até que veio o Movimento das Forças Armadas e deu nisto o safanão que se viu. Vossa Excelência espantou-se muito ao ver com que facilidade a coisa veio abaixo. Permita-me que lhe diga que é ingenuidade sua: o prédio parecia para durar algum tempo mais, mas estava todo esburacado, e tínhamos sido nós, os civis, que formigamente havíamos operado. Alguns morreram nesse trabalho, muitos sofreram na prisão, foram torturados. Tem Vossa Excelência sensibilidade? Boa pergunta. Que sabe Vossa Excelência disso, quando é capaz de olhar esse desgraçado Chile com a satisfação complacente de quem fez obra perfeita e nela se revê?... E não há, realmente, quem leve Vossa Excelência a tribunal?

"Dizia eu que fizemos aqui uma revolução. E também digo que Vossa Excelência não está nada satisfeita com o andamento das coisas. Para Vossa Excelência só serve uma democracia que sirva obedientemente os interesses do capitalismo, e lá lhe está parecendo que os portugueses, afinal, aprenderam demasiado nestes cinquenta anos de fascismo. É verdade: aprenderam precisamente a saber, de todas as maneiras, o que o fascismo é. Há-de ser difícil convencer-nos Vossa Excelência a aceitar os fascismos que pela sua mão vêm ou querem vir. Eu até nem me iludo: Vossa Excelência tem, na minha terra, ainda muito quem a sirva nos seus desígnios: todos os fascistas que continuam a comer pão e a dar ordens, todos os que não o sendo vão de gorra com eles, alguns sem darem por tal, outros muito preconcebidamente. Vossa Excelência tem portanto amigos dentro da praça. Já se encontraram todos, pois não é verdade?, ora à mesa secreta das decisões, ora nas ações de rua, nas calúnias, nas intrigas, na bela conspiração, na compra e venda dos traidores...

"Vossa Excelência talvez tente aqui a sua sorte. Já o fez tantas vezes, que uma mais não lhe faz diferença e decerto convém aos seus patrões. Mas consinta que lhe diga uma coisa. Vossa Excelência e o mundo espantaram-se de que esta nossa florida revolução não desse em banho de sangue, não foi? Levaria muito tempo a explicar as razões disso e Vossa Excelência nem sempre é, ao menos, medianamente inteligente. Mas tome nota de que haverá mesmo um banho de sangue se Vossa Excelência se atreve a intervir na nossa vida. Estes pobres portugueses viveram cinquenta anos de fascismo e não querem mais. Suponho que preferirão acabar com a vida lutando pelo que já têm, a voltarem ao domínio de governos como os que Vossa Excelência transporta no seu catálogo de caixeira-viajante da contrarrevolução. Tenho a certeza.

"Emprazo Vossa Excelência a que nos deixe em paz. Temos aqui muito que fazer, muito que trabalhar, muito que sonhar. Mas não vamos dormir, isso não. Se Vossa Excelência vier, terá de matar-nos com os olhos abertos."

Afinal, não valíamos tanto. A esses e outros senhores do mundo bastou-lhes facilitar uma mãozinha embaladora à nossa natural inclinação para o sono, e agora aqui estamos, vinte anos depois, meio sonâmbulos, só atentos ao tinir dos *écus* que ainda vão caindo das frondosas ramas europeias. De facto, dos portugueses nunca se esperou muito, aos portugueses nunca se lhes pediu nada. O despertar vai ser atroz. Ou talvez não. A gente habitua-se a tudo, até a não existir...

29 de julho

Chegaram cartas de José Montserrat Torrents, professor na Universidade de Barcelona, e de sua mulher, Jessica, nome que ela escreve com è, suponho que por não gostar que lho digam à inglesa, Jéssica, como nós, em português, pronunciaríamos também. Ficámos a saber que se casaram recentemente, depois das últimas cartas que recebemos deles (sempre escrevem ambos), mas estas, onde se esperaria que só houvesse lugar para as alegrias da boda, são o relato de uma catástrofe. Toda a região onde têm a sua casa de campo foi devastada pela vaga de grandes incêndios ocasionados pelo calor intensíssimo que também aqui chegou. Eis como Jèssica conta o que se passou:

"Na segunda-feira, dia 4 do presente, o fogo arrasou completamente toda a nossa comarca, além de outras zonas da Catalunha. Foi como um instante, uma tarde de pânico-luta--impotência-indignação, e nem um maldito bombeiro. Houve gente que perdeu a casa, só dois a vida, muitos o gado. Era horrível ouvir os gritos das vacas queimando-se. José não estava na aldeia, tinha ido caminhar pelos Pirenéus, e só regressaria no dia seguinte. Um incêndio que vinha de longe, de muito longe, mas tão veloz que os homens não podiam sequer segui-lo. Aí pelas 4 da tarde estava no campo que linda com a nossa casa. Pus o cão a salvo, mais ou menos, e as disquetes da [minha] tese e dos trabalhos de José numa mochila, molhei toda a casa e fui-me com os demais. Eu, uma rapariga da cidade que nunca tinha visto nada igual, ali, transportando água a baldes para apagar labaredas de 30 metros de altura. Mas os camponeses sabem muito bem que o fogo com o fogo se apaga, e assim conseguiram que não entrasse na aldeia. Foi toda uma tarde e uma noite de incerteza, de incredulidade, de coragem inesperada e de reconciliações de vizinhos, daqueles que há vinte anos não se falam. Nenhuma das casas da aldeia se queimou, mas sim as *masías* dos arredores, e todas as árvores que durante tanto tempo contemplámos e amámos. A terra desapareceu e ficámos nós, no mesmo sítio, mas em outro lugar."

Na altura, como sempre acontece nesta época do ano, a televisão mostrou os incêndios. Era verdadeiramente assustador ver como as chamas subiam pelas árvores acima, rugindo, transformando-as em archotes, e logo, com uma velocidade incrível, passavam às árvores próximas, até que ficava abrasada toda a encosta de uma montanha. Este relato de Jèssica, porém, torna a tragédia subitamente mais real. Ela quase não descreve o incêndio, só diz, como de passagem, umas quantas palavras diante das quais a memória das imagens empalidece. Refiro-me aos "gritos das vacas queimando-se". Como toda a gente, eu sabia que as vacas mugem, agora sei que também gritam.

2 de agosto

Ángel Alonso, da Companhia de Teatro Catalanas Gags, quer representar em Espanha, em castelhano e em catalão, *In Nomine Dei*. E afirma que tem a intenção de estrear já em março do ano que vem, e dar nada mais nada menos que trinta representações. Parece, portanto, que se vai realizar aquele sonho que eu tinha: ver um dia a peça num palco de teatro, como teatro que é. Mas não a ouvirei em português... Assim é a vida, nunca se pode ter tudo.

3 de agosto

    Mone Hvass, minha tradutora dinamarquesa, escreve-me da ilha de Tyen (uma das muitas que a Dinamarca tem), para onde me diz ter "fugido" há dois meses, depois de entregar ao editor a tradução do *Evangelho*. Alugou uma casa com teto de colmo, no meio duma floresta, e divide tranquilamente o tempo entre a penúltima revisão do manuscrito e o cultivo das hortaliças. Tenho de confessar que, por um momento, esta floresta e este colmo me fizeram inveja. Falar de florestas a quem vive no meio de pedras e cinzas é como perguntar "Quer água?" a alguém que está a morrer de sede... Não que eu me queixe, note-se: tenho na memória árvores mais do que suficientes, belíssimas e de todos os tamanhos, agora estou a tentar dar uma ajuda à tenacidade de uns quantos arbustos que por aqui lutam contra o vento e que aprenderam a beber com lentidão a humidade noturna que ainda lhes vem descendo do céu.
    Esta carta fez-me pensar que nunca disse como chegou Mone a ser tradutora dos meus livros, ela cuja profissão era, e continua a ser (o que talvez explique melhor a alusão às hortaliças...), a de botânica. Vou contá-lo agora, em poucas palavras, porque as outras só serviriam para diminuir a singularidade do conto. Aí pelo ano de 87, estava Mone na Guiné-Bissau como cooperadora, trabalhando na área da sua especialidade. Vivia numa cabana, isolada, uma vez que os vizinhos mais próximos, um casal de portugueses, também cooperadores, moravam a uns dois quilómetros de distância. Aconteceu que esses vizinhos, tendo chegado ao fim do seu tempo, iam regressar a Portugal, e como o casinhoto em que viviam era um tanto mais sólido e confortável que o de Mone, sugeriram-lhe que

se mudasse para lá depois de partirem. Mone agradeceu, mas disse que não, preferia continuar onde estava. Ora, passados alguns dias, a arruinada cabana foi-se mesmo abaixo e Mone não teve outra solução que pegar nas sementes e nos poucos haveres (é mulher de ir pela vida apenas com o que leva posto), e mudar-se. Na nova casa havia dois livros: *Os lusíadas* e *O ano da morte de Ricardo Reis*. Não se pode afirmar que Mone dominasse então o português, mas, apesar disso, corajosamente, sozinha no mato, pôs-se à leitura. *Os lusíadas* fizeram-na sofrer muito, *Ricardo Reis* presumo que um pouco menos, e esta talvez tenha sido a razão por que, regressando entretanto à Dinamarca, ela começou, depois de um tempo de aplicado estudo, a traduzir o *Reis*. Foi assim. De tão simples e bonita, a história parece inventada, e contudo apetece-me dizer que nunca houve uma verdade mais pura.

4 de agosto

Temos amigos em casa, Amparo e Victor, vindos de Sevilha, María del Mar, que vive em Granada. Nenhum deles conhece Lanzarote. Levámo-los hoje à povoação de Femés, que tem uma vista magnífica sobre Playa Blanca, com a ilha de Fuerteventura ao fundo. Depois fomos ao Charco de los Clicos. O Charco é uma pequena lagoa de águas verdes no interior de uma cratera, metade da qual, em tempos passados, ruiu para o lado do mar. Aos poucos, com tempo e paciência, as ondas vieram reduzindo a seixos miúdos e areia negra as gigantescas massas de lava e rocha que se afundaram ali. Delas só resta um pedregulho enorme, cenográfico, desbastado pela erosão nas suas partes mais friáveis. Faz corpo com uma plataforma ampla, ao rés da água, perfeitamente horizontal, que a maré cheia cobre. Enquanto Pilar e os amigos se demoravam na margem da lagoa, fui-me eu ao penedo, a contemplar de perto o bater tranquilo das ondas. Passados alguns minutos dei por que me chamavam já do caminho que sobe em direção ao espaço onde se deixam os carros. Comecei a atravessar a praia pedregosa e, em certa altura, porque tinha de apanhar o caminho num lugar mais abaixo e eles me esperavam, resolvi correr. Tudo muito natural. A partir daqui começa um capítulo mais da história das fraquezas humanas. Quando eu corria, vencendo o melhor que podia a torpeza da areia e os seixos escorregadios, pensei que eles me estariam a olhar de além, e que um deles de certeza diria: "Parece impossível como corre, com a idade que tem". Pensá-lo e tentar correr ainda com mais ligeireza, foi tudo um. Quando cheguei junto de Pilar e dos nossos amigos, sucedeu o que esperava. Disse Victor: "Daqui por meia dúzia de anos [tem 49], oxalá eu seja capaz de correr como te vi correr agora". Mostrei o sorriso modesto e complacente que a situação pedia, como de quem não acreditava que tal prodígio viesse a dar-se — e calei o que devia confessar: que, sendo certo que eu não tinha começado a correr por contar com o comentário de Victor, certo era também que tinha continuado a correr apesar de o ter pensado...

9 de agosto

Dias de passeio. O deslumbramento dos amigos que nos visitam e que acompanhamos a conhecer a ilha mantém vivo e atento o nosso próprio olhar, impede-nos de deslizar aos poucos para uma percepção rotineira, que resultaria de voltar aos sítios conhecidos e encontrá-los iguais. O que, pensando bem, não há grande risco de que venha a acontecer. Por exemplo, nos Jameos, pela primeira vez, vi como um jorro de luz descia de um buraco no teto da caverna e atravessava a água límpida, iluminando o fundo, sete metros abaixo, a ponto de parecer que lhe podíamos chegar com as mãos. Lembrei-me, nesse momento, das últimas palavras que escrevi na *Viagem a Portugal*: "É preciso ver o que não foi visto, ver outra vez o que se viu já, ver na primavera o que se vira no verão, ver de dia o que se viu de noite, com Sol onde primeiramente a chuva caía, ver a seara verde, o fruto maduro, a pedra que mudou de lugar, a sombra que aqui não estava". Nunca havia ido aos Jameos del Agua àquela hora, por isso não pudera ver a luz, aquela paciente luz que ali tornava todos os dias à espera de encontrar-me.

O mesmo vai ter de fazer Victor se quiser ver La Graciosa. Quando fomos ao Mirador del Río, estava lá uma nuvem branca e espessa que cobria totalmente, até à altura dos nossos olhos, o braço de mar que separa as duas ilhas. De La Graciosa não se percebia o mais pequeno sinal, estava ali e era como se não existisse. Durante alguns minutos, Victor, sentado numa pedra, olhando a indevassável brancura, ainda esperou que a nuvem se dissipasse. Desistiu por fim, a hora do encontro não era esta. Era inevitável que eu tivesse pensado nos meus cegos. Como eles estávamos nós, mergulhados num mar de leite. Em todo o caso, Victor não perdeu completamente o seu tempo. Disse-me depois que tinha visto Deus no interior da enorme nuvem, vestido de judeu rico, como no *Evangelho*...

Exposto ao duro sol, açoitado pelo vento, quem nós vimos hoje em Fuerteventura foi Miguel de Unamuno. Está na encosta de um monte sobre um pedestal branco, tendo a um lado e outro um muro simples, branco também, mal rebocado, aparentemente sem relação com o resto, mas que puseram ali para evitar que as terras superiores se desprendam. Miguel de Unamuno não se encontra à mão de semear, para chegar a ele é preciso dar à perna ou dispor de um carro de tração às quatro rodas. Na estrada, que passa a cerca de um quilómetro, não há nenhuma indicação de que a figura ao longe represente o homem a quem Primo de Rivera confinou aqui, em 1924, por castigo de se opor, em escritos e discursos públicos, à ditadura. Não deve surpreender, portanto, se o viajante não teve a prudência de buscar informações antes, que o modesto conjunto arquitetónico possa ser confundido com a estátua de uma Virgem ou duma santa padroeira daqueles lugares.

10 de agosto

Um simples comentário de passagem, uma pequena curiosidade fora de intenção, podem levar-nos a duvidar de algo que até então nos parecera claramente manifesto e sem lugar para equívocos. Pelo tempo apenas de tomar um café estiveram cá Jorge Cruz, o diretor do Parque de Exposições de Braga, e Goretti, sua mulher, que vieram passar alguns dias de férias na ilha. Em certa altura, ele apontou para o chão, sorrindo, e perguntou se os ladrilhos eram os tais. (Referia-se, obviamente, ao cómico episódio da utilização de chá no escurecimento das juntas dos meus Brunelleschi...) Confirmei, lacónico, sem mais, e mudei de conversa, como se o Jorge Cruz (pobre dele, ausente de qualquer mau propósito) tivesse penetrado abusivamente na minha intimidade. Já antes, porém de modo vago, uma ou outra alusão de amigos a casos descritos nestes *Cadernos* me tinha causado o mal-estar de quem de repente se dá conta de haver dito o que deveria ter calado, umas quantas insignificâncias aparentes que, afinal, teriam acabado por tornar flagrante o que desejaria manter oculto. Assim como alguém que de repente a si mesmo se visse despido na praça pública... Pensei então que as autoescavações psicológicas a que alguns autores deleitosamente se entregam no fundo não adiantam grande coisa, porque é a própria terra removida que os vai tornar a esconder à nossa vista. Pelo contrário, uma só palavra, às vezes, das que não parecem valer nada, pode ser mais perigosamente reveladora. Andei o resto do dia a remoer tão pouco tranquilizadoras reflexões (deveria eu continuar a escrever estes *Cadernos*, afinal indiscretos mais do que me convinha?), até que veio outro Cruz, Juan, que, comentando à mesa do jantar o primeiro volume deste diário, iluminadoramente me disse: "Os *Cadernos* são como a tua sombra". Respirei aliviadíssimo porque, no fim das contas, uma sombra é isso só, uma mancha definida por um contorno pessoal, nada mais. Quanto ao que dentro dela se encontra, o mistério é o mesmo que em todas as outras sombras do mundo.

E então pensei: "O que os *Cadernos* mostram é só um contorno. O resto, o interior, é sombra, e sombra vai continuar a ser".

11 de agosto

Faz hoje um ano que o Pepe apareceu. Demos a este cão abrigo, comida e carinho. Gostaria de saber que recordações conservará ele ainda dos seus antigos donos, aqueles a quem fugiu ou que o abandonaram. Hoje, vendo-o trotar por aqui, ligeiro e familiar, é como se nunca tivesse conhecido outra casa. No momento em que isto escrevo, está deitado a um palmo dos meus pés, tranquilo, agora que as visitas se foram embora. Iremos nós deixá-lo por uma semana, até ao regresso do Canadá. Então, tornará a ir acordar-me todas as manhãs: se por casualidade estou com a mão suspensa para fora da cama, dá sinal da sua presença deslizando o corpo todo por baixo dela, desde a cabeça até ao coto que lhe serve de cauda; se não, usa o método mais expedito de fincar as patas na borda do colchão, ou mesmo no meu braço, se estou bastante perto. Mas o seu grande amor é Pilar.

12 de agosto

Recebo a revista *Fortuna* (um riquíssimo nome, é caso para dizer), à qual, depois de muita instância, tinha enviado há tempos um artigo de quatro páginas (suponho que grátis, uma vez que nunca se me falou em dinheiro). Comecei por achar extravagante que me tivessem metido o texto entre aspas, abrindo-as na primeira linha e fechando-as na última, como se de uma citação se tratasse. Resignadamente, meditei que isto de artes tipográficas já não é nada do que era, e ia pôr a revista de lado (o meu interesse pelo "dez dias na vida de Champalimaud" ou pela "lista dos mais ricos de Portugal" era positivamente nulo) quando me apercebi de que o artigo não terminava como eu me lembrava de tê-lo feito. Fui ver: das quatro páginas de texto tinham publicado três... Pior ainda: o título, "Que voltem os gregos!" chamara eu ao artigo, deixara de ter qualquer sentido, uma vez que precisamente na página omissa é que os gregos deviam aparecer... O leitor (mas lerão Champalimaud e os mais ricos de Portugal tais coisas?) ia ficar a pensar que este escrevente, além de todos os defeitos que lhe reconhecem ou atribuem, é incapaz de acertar a letra com a tabuleta. Mandei uma carta a protestar contra a falta, de cuidado ou de respeito, dá o mesmo, e fico à espera das explicações.

Há dois dias, o presidente da Fundação César Manrique, José Juan Ramirez, advogado e pessoa excelente, falou-me da necessidade já instante de ampliar as instalações da Fundação e da dificuldade de encontrar o arquiteto adequado. Perguntou-me se conhecia Siza Vieira, eu disse-lhe que sim. E mais: que em minha opinião seria o arquiteto capaz de realizar uma obra que fosse ao mesmo tempo inovadora e respeitadora da atmosfera e da estrutura particulares da Fundação. Ofereci-me para lhe escrever, prevenindo porém que a resposta certamente iria demorar, considerando as mil ocupações do Álvaro Siza. Ora bem. Duas horas depois de ter enviado o fax a contar a história, chegou-me a resposta. Que sim, que está disposto a vir. Não pode prometer nada por enquanto, mas virá estudar o assunto no próprio local. Ficámos todos felizes, e eu regalado de emoção, só de imaginar que em Lanzarote talvez se venha a implantar, no sentido absoluto do termo, um trabalho de Siza Vieira. Seria uma boa maneira de começar a reconquistar a ilha para Portugal...

13 de agosto

Em Madrid, escala para o Canadá. Instalamo-nos por uma noite em casa de Marisa, nosso porto de abrigo permanente, ao lado da Puerta del Sol. Viemos encontrar o prédio em alvoroço por causa dumas filmagens. Só para se fazer uma ideia, hoje à noite haverá uma violação na escada... O filme chama-se *Fea*, é underground e feito com escassos duros, segundo nos informa

Marisa, enquanto, na cozinha, com uma amiga canária chamada Hortense, vai preparando *bocadillos* para a equipa esfomeada. Este underground madrileno parece-me mais uma pura inocência. Uma das jovens atrizes sobe para cumprimentar-me. Por baixo da maquilhagem estridente é como um anjo extraviado. Provavelmente ainda se preocupa com o que a família irá pensar destas devassidões na Calle Marqués Viudo de Pontejos...

15 de agosto

Edmonton, no estado canadiano de Alberta, xiv Congresso da Associação Internacional de Literatura Comparada, que nos últimos três anos tem sido presidida pela Maria Alzira Seixo. Encontra-se aqui reunida, a par de uma multidão de caras desconhecidas — os congressistas passam de quinhentos —, a fina flor dos especialistas destas matérias em todo o mundo. O tema promete: "Literatura e diversidade: línguas, culturas, sociedades". Ao princípio, havia sido também prevista a participação da escritora canadiana Margaret Atwood, mas afinal sou o único escritor presente. Tinham-me informado de que falaria amanhã, porém, o programa definitivo arrumou-me para hoje, na segunda sessão plenária. Li a minha conferência — "Entre o narrador omnisciente e o monólogo interior: será necessário regressar ao autor?" —, desenvolvimento de um ensaio que há tempos publiquei na revista francesa *Quai Voltaire*. Não me engano nem engano se disser que saiu bastante bem. Os aplausos foram generosos, mas mais importantes do que eles foram as perguntas no fim: para concordar ou para discordar, os académicos decidiram tomar a sério a exposição simples de umas quantas opiniões produzidas por um escritor em domínio habitualmente reservado a "técnicos". Foi durante esse período de perguntas, já esgotado o primeiro efeito da sempre providencial adrenalina, que, bruscamente, me caiu em cima todo o cansaço da viagem. Lá consegui aguentar-me. A apresentação, feita por Wladimir Krysinski, da Universidade de

Montréal, que conheci em Viterbo, foi-o em tais termos que me fizeram pensar enquanto ele ia falando: "Ah, se o que tu dizes fosse verdade!...".

16 de agosto

Julgava eu (e era natural julgá-lo, a amizade pode muito) que a iniciativa do convite para vir aqui tivesse sido da Maria Alzira Seixo. Enganava-me. Foi o Organizador Geral do Congresso, Milan Dimic, da Universidade de Alberta, o da ideia. Deverão portanto alguns dos meus colegas lá na pátria (mas já sei que não o farão) calar os murmúrios e engolir as suas fáceis suspeitas e mais do que previsíveis acusações de favoritismo: a Maria Alzira está inocente. Cúmplice, isso sim, porque aprovou depois com alegria o convite, mas o responsável do delito é um servo-croata baixo, gordo, voz tonitruante, fino como um coral e dotado de um sentido de humor irresistível. Quem sabe, mesmo, se não terá sido esse humor que o levou a escolher-me, entre tantos escritores? Afinal, que é que eu sou? Sou só um escritor português.

As sessões são, no geral, sérias, está-se aqui para trabalhar, embora, pelo que vou ouvindo nos corredores, alguns congressistas da infantaria já andem a tramar excursões mais ou menos clandestinas às Montanhas Rochosas, que estão a 400 quilómetros de Edmonton. O neófito disciplinado que eu sempre serei vai tentando assimilar as lições, tirar algum proveito das comunicações cujas matérias mais lhe interessam, mas surpreende-se que, em conclave tão substancioso, sejam possíveis episódios como o que passo a narrar. Numa sessão dedicada ao tema "Literatura e religião", um chinês da Universidade de Xiangtan apresentou uma comunicação com o título *Temas bíblicos na poesia de Pushkin*. Entre esses temas, talvez porque a China esteja longe e as ideias ocidentais cheguem lá um tanto esborratadas, o académico, de seu nome Tie-Fu Zhang, além de algumas outras inexatidões graves, cometeu o desastrado tropeço de mencionar um poema de Pushkin cujo assunto é uma passagem do Corão. Há que referir que a conferência, escrita em inglês, tinha sido lida por um intérprete, uma vez que o conferencista, além da sua própria língua, só falava russo. O que depois se passou pode resumir-se da seguinte maneira: *a*) uma ucraniana, em inglês, reduziu a cacos a comunicação; *b*) a seguir malhou um russo, em francês; *c*) o intérprete, sendo só intérprete, não estava em condições de rebater os ataques; *d*) além disso, não sabia francês; *e*) o autor não percebia nada do que se passava e sorria beatificamente; *f*) o russo propôs-se repetir tudo em russo; *g*), finalmente, o moderador, que era Horácio Costa, mandou-os a todos lá para fora, que se entendessem como pudessem e deixassem prosseguir a sessão... Que prosseguiu efetivamente com a leitura, pelo mesmo Horácio Costa, da sua comunicação sobre *Textos religiosos e narrativa contemporânea*, centrada em três livros: *Live from Gotha* de Gore Vidal, *The Satanic Verses* de Salman Rushdie e o *Evangelho*.

17 de agosto

Choveu todo o dia. Com Horácio e Manuel Ulacia fomos dar uma volta pela cidade. City Hall, a nova câmara municipal, inaugurada recentemente, é uma obra de arquitetura magnífica que me fez recordar o nosso Siza Vieira. O espaço interior, cúbico, enorme, definido somente por linhas retas, produz uma impressão de repousante pureza. Do centro arranca uma larga escadaria, de uma simplicidade enganosamente elementar. Está ali como o que é: como uma obra de arte. O teto, altíssimo, é formado por uma pirâmide de vidro. Como será isto quando a neve estiver caindo? Daqui ao museu é um salto, mas a chuva deixou-nos encharcados. Aprenderemos depois que o centro de Edmonton é como uma cidade em duplicado, com circulação e vida subterrânea. No subsolo encontra-se de tudo, lojas, restaurantes, cinemas, divertimentos. Vivendo Edmonton durante oito meses debaixo de neve, os habitantes, por assim dizer, hibernam... O museu, com exceção de pouquíssimas pinturas, não vale a pena.

Leyla Perrone-Moisés fez hoje a sua comunicação: "Paradoxos do nacionalismo literário na América Latina". Um autêntico prazer para a inteligência. Não posso, claro está, transcrever para aqui as suas 22 páginas, nem me atrevo a resumi-las. Limito-me, com a devida vénia, a deixar grata constância dos dois parágrafos finais:

"Dependendo do Outro, como todo o desejo, o desejo dos mais nacionalistas dos latino-americanos é, a miúdo, que a sua cultura seja, não só reconhecida, mas admirada pelo Primeiro Mundo. Isto afecta a própria produção da literatura latino-americana, na medida em que a recepção internacional lhe é mais favorável quando ela responde aos desejos de evasão, de exotismo e de folclore das culturas hegemónicas. Os escritores menos típicos (*typés*) não alcançam mais que um êxito de estima e atingem um público muito mais restrito. O grande público do Primeiro Mundo quer que os latino-americanos sejam pitorescos, coloridos e mágicos, tem dificuldade em vê-los como iguais não completamente idênticos, o que, diga-se, nos autorizam as nossas origens e a nossa história.

"Condenados ao paradoxo, os melhores escritores latino-americanos compreenderam que podiam e deviam tirar partido dele. Não tendo já curso as teorias evolucionistas do homem e da sociedade, a diversidade e a pluralidade podem afirmar-se sem complexos. Encontrando-se a doxa hegemónica atualmente em crise de legitimidade e de eficácia, a paradoxa latino-americana pode construir uma instância crítica e libertadora para as próprias culturas hegemónicas. Inventada pela Europa como um mundo *ao lado*, a América teve sempre essa tendência, voluntária ou involuntária, de ser a paródia da Europa. Como toda a antiga colónia, a América é necessária à Europa como um espelho. Que o espelho adquira uma perturbadora autonomia, tornando-se deformante, que devolva uma imagem ao mesmo tempo familiar e estranha, é esse o risco ou a fatalidade de toda a procriação ilegítima. O desforço do filho não consiste em ruminar indefinidamente o ressentimento relativo à sua origem, mas em reivindicar a herança e gozá-la livremente, em fazê-la prosperar, acarreando para ela preciosas diferenças linguísticas e culturais."

18 de agosto

Entrei a meio da sessão, discretamente fugido a uma conferência por de mais irrespirável para a curteza do meu fôlego, e fui contemplado com a surpresa feliz de ouvir falar português. Uma jovem professora brasileira discorria sobre a influência de Baudelaire em alguns poetas brasileiros menores, assunto que, francamente, não me teria animado a ficar se não estivesse prevenido de que Benjamim Abdala Júnior, da Universidade de S. Paulo, faria alguma referência à *Jangada de pedra* na sua tese — *Necessidade e solidariedade nos estudos de literatura comparada* —, título que, já por si, me picava a curiosidade. Não compreendia eu bem o que poderiam fazer ali conceitos como "solidariedade", obviamente desprovido de qualquer tipo de cientificismo. A ideia de Benjamim Abdala, afinal, tornou-se-me depois clara, quando ele propôs "descentrar perspectivas: vamos observar as nossas culturas a partir de um ponto de vista próprio. [...] Esse descentramento solicita uma teoria literária descolonizada, com critérios próprios de valor. Em termos de literatura comparada, o mesmo impulso nos leva a enfatizar estudos pelos paralelos — um conceito mais amplo que o geográfico e que envolve simetrias socioculturais. Assim, os países ibéricos situam-se em paralelo equivalente ao das suas ex-colónias. Ao comparatismo da necessidade que vem da circulação norte/sul, vamos promover, pois, o comparatismo da solidariedade, buscando o que existe de próprio e de comum em nossas culturas. Vemos sobretudo duas laçadas, duas perspectivas simultâneas de aproximação: entre os países hispano-americanos e entre os países de língua oficial portuguesa".

Ia nisto muita utopia bem-intencionada, muita *jangada*, muito reconforto para a desamparada alma dos portugueses, brasileiros e hispano-parlantes presentes, postos a imaginar um mundo só seu, todo em família, onde não teriam direito de entrada os males desta civilização que se despede, com muitas das suas babélicas línguas em decomposição e as suas exterminadoras estratégias culturais hegemonizantes. Do debate a seguir só havia que esperar, portanto, os conhecidos e inócuos comentários palacianos que se usam entre professores e professores, adoçando, quantas vezes, sob os resguardos de uma urbanidade formal, as mais graves diferenças de opinião. Estávamos nisto, já mexendo-nos nas cadeiras, preparados para dar a tarde por concluída, quando de súbito toma a palavra um outro professor brasileiro, Flávio Khlote, da Universidade de Brasília. Começou por declarar que não tinha nada que ver com o que ali fora dito por Benjamim Abdala, porquanto não era brasileiro, mas sim alemão, e alemão de gerações. Como alemão precisamente, pertencente a uma minoria, tinha sido e continuava a ser vítima de perseguições e discriminações. Protestou contra o facto de, falando-se de literatura brasileira, sempre se omitir a literatura escrita no Brasil em alemão, ou italiano, ou japonês, por exemplo. Citou nomes de escritores alemães e títulos de livros, todos, segundo ele, importantíssimos. Alegou que a conferência de Benjamim Abdala fazia parte de uma ampla conspiração destinada a reconstituir o império colonial português, projeto já em execução, como certas pessoas, aliás, lhe tinham confidenciado em Lisboa. Considerou vergonhoso que a literatura brasileira se iniciasse com um texto que nem era literatura nem era brasileiro: a *Carta* de Pero Vaz de Caminha. Rematou dizendo que não era para estranhar que a literatura brasileira fosse tão pobre, uma vez que tinha por trás uma literatura mais pobre ainda: a portuguesa.

Desconcertadas, perplexas, as pessoas presentes olhavam umas para as outras com o ar de quem não podia acreditar no que estava a ouvir. No fim da arrasadora diatribe, Benjamim Abdala Júnior tentou argumentar com bons modos, procurando pôr as coisas nos seus lugares, mas a tréplica do furioso Khlote ultrapassou, em provocação e insolência, tudo quanto tinha sido dito antes. A esta altura, o meu coração devia estar a 120 pulsações por minuto. Pedi a palavra e desanquei simplesmente o fulano. Como não tenho nada de académico, dei-me toda a licença para usar as palavras que ia considerando mais adequadas, sobretudo as que tivessem maior grau de expressividade. Deu resultado. Mal eu me calei, tremendo como poucas vezes na minha vida, com a boca resseca e amarga, Khlote desapareceu sem tugir nem mugir. E quando me retirava ainda ouvi uma das assistentes dizer que a minha resposta ia com certeza dar a volta ao Brasil...

19 de agosto

Maria Alzira veio dizer-me que Steven Tötösy, o secretário-geral do Congresso, lhe comunicara a decisão de publicar a minha conferência nas *Actas*. Normal, em princípio. Tratava-se de uma cortesia para com o convidado. Mas o que torna singular o propósito é irem publicá-la, não só em francês, como foi lida, mas também em português... Estamos, nós, os da ocidental praia lusitana, tão pouco acostumados a sinais de respeito, que, tontos, piegas, nos comovemos até aos esconsos mais recônditos da alma.

20 de agosto

Não podendo viajar até às maravilhas naturais das Montanhas Rochosas, fomos visitar um outro prodígio mais à mão, o célebre West Edmonton Mall, anunciado por toda a parte, incluindo documentos do Congresso, como o maior centro de compras e de divertimentos do mundo. De facto, tal como aconteceria com as Montanhas Rochosas, nenhuma descrição é possível. Suponho que um dia inteiro, mesmo a passo acelerado, não seria suficiente para percorrer todo aquele emaranhado de desfiladeiros, restaurantes, vales, repuxos, montanhas-russas, planaltos, bares, parques aquáticos, praias tropicais, jogos eletrónicos, escadas rolantes, rinques de patinagem no gelo — e lojas, lojas, lojas, lojas. Milhares e milhares de pessoas de todas as idades, por seu pé ou em carrinhos elétricos para irem mais depressa, com o olhar vago subitamente excitado por um apetite de compra, caminham pelas intermináveis galerias como obedecendo a um irresistível tropismo. Só de vê-las, entra-me no corpo uma mortal tristeza. Assisto às habilidades dos golfinhos, contemplo um galeão fundeado num lago interior por cujo fundo deslizam, em calhas, submarinos amarelos, observo as evoluções dos patinadores, dou por mim a contar as crianças que saem violentamente de dentro de um tubo metálico, escorregando na água, como vomitadas, assombro-me com a praia, suavemente inclinada, onde a ondulação vem morrer com uma elegância absolutamente natural graças a um mecanismo oculto que, lá adiante, fabrica ondas. Claro que a areia não é areia, é uma capa suave de plástico, e a atmosfera, em humidade e em calor, é absolutamente caribenha. Fora do recinto cálido e húmido onde se banham entusiasticamente centenas de pessoas, o ar é frio como nas Montanhas Rochosas. Sou a única gravata em todo o West Edmonton Mall.

 Terminou o Congresso. No fim do mandato, entre aplausos, Maria Alzira Seixo foi nomeada Presidente de Honra da AILC. Do seu discurso de encerramento, um balanço crítico sobre o triénio em que havia sido a máxima representante da Associação, retive, e aqui a deixo registada, uma observação que me parece agudíssima. Falando do facto corrente de as teorias ocidentais sobre literatura comparada estarem a ser seguidas como letra de fé (a expressão é minha, mas foi esse o sentido das palavras) pelos académicos orientais recém-chegados a estes estudos, Maria Alzira deixou um aviso que fez sorrir e que espero faça pensar: "Universidades de todo o mundo, cuidai de não vos unirdes demasiado!...". E ela sabe com certeza do que fala.

22 de agosto

Pela primeira vez em tanto subir e descer de avião, pudemos ver, do alto, a casa. Com a família toda ausente, em férias, e Luis a trabalhar à hora a que chegámos, só tínhamos o Pepe a receber-nos. O pobre animal nem podia acreditar que estávamos ali. Saltava de um para outro, enroscava-se nos nossos braços, gemia de um modo quase humano, e diabos me levem se não eram lágrimas, das autênticas, o que víamos correr-lhe dos olhos. A este cão, com perdão da vulgaridade, só lhe falta falar. Mais tarde, conversando com Pilar, manifestei uma pena: ter vivido sem cães até agora. Na Azinhaga não faltavam, já se sabe, houve-os em casa dos meus avós, mas não eram meus, olhavam-me desconfiados quando eu lá aparecia depois de uma ausência e só passados uns dias é que começavam a tolerar-me. Além disso, estavam ali para guardar a casa e o quintal, valiam pela utilidade que tinham e só enquanto a tivessem. Não me lembro de que algum deles chegasse a velho. Pensei nos golfinhos de Edmonton, tão bem ensinados, e, embora não goste de ver exibições de animais amestrados, achei que alguma razão profunda terá de haver para que certos animais consigam suportar a presença humana... Perdi essa confiança à noite, vendo na televisão como um elefante, num circo, matava a patadas e golpes da tromba o domador, enquanto a música tocava e o público cria que tudo aquilo fazia parte do espetáculo. À noite, quando me deitei, extenuado por uma viagem de quase vinte e quatro horas entre voos e esperas de aeroporto, custou-me a adormecer: via os golfinhos sorridentes, o elefante enfurecido calcando o corpo já destroçado do domador. Foi então que me lembrei de uma velha crónica, de 1968, "Os animais doidos de cólera", em que imaginei a insurreição de todos os animais e a morte do último homem devorado por formigas, pela primeira vez lutando, não contra a humanidade, mas, agora já inutilmente, para defender o que restava dela... E também me lembrei do poema 12 de *O ano de 1993*, aquele que acaba assim: "Privadas dos animais domésticos as pessoas dedicaram-se ativamente ao cultivo de flores/ Destas não há que esperar mal se não for dada excessiva importância ao recente caso de uma rosa carnívora"... Alguma coisa está definitivamente errada no ser humano. Morrerei sem saber o quê.

23 de agosto

Luiz Pacheco envia-me um artigo que publicou em *O Inimigo* de 29 de abril sobre o primeiro volume destes *Cadernos*. Melhor do que outros encartados críticos e observadores de olho de falcão, mostra ter compreendido porquê e para quem ando eu a escrever estas sinceridades. Ao postal e aos livros que também enviou, teve a delicadeza de juntar uma coleção de reproduções do Retábulo da Igreja de Jesus, de Setúbal. Só quem não conheça o Pacheco o julgará incapaz de atenções assim. Relendo *O teodolito*, repassando os *Textos sadinos* (o título é pouco feliz, o que ali está não tem nada que ver com o Sado), pensei: "Por que bulas infernais não está este homem traduzido em Espanha e outras partes?". Na verdade, andam aí uns quantos espertos a fingir de literatos marginais e de escritores malditos que nem chegam aos calcanhares do Pacheco, e prosperam, e são aplaudidos — enquanto uma das mais fortes expressões que conheço de uma vida e uma obra *ao lado* permanece desconhecida fora das fronteiras.

31 de agosto

Trabalhos de casa, para o mês que entra, todos eles sem escapatória possível: a conferência sobre José Donoso, o prefácio para *Madrid 1940* de Francisco Umbral, uma crónica sobre Beja, um artigo acerca do Parlamento Internacional de Escritores, a versão portuguesa da conferência de Edmonton... E virá ainda o Baptista-Bastos, para conversar e recolher material e informações destinados ao livro que a Sociedade Portuguesa de

Autores pretende publicar sobre mim... Espero vir a ter algum tempo para me coçar.

1 de setembro

Quanto trabalho, quanto esforço para conseguir pôr a claro as duas ou três ideias de que se alimenta a conferência sobre Donoso. Ainda por cima, suspeito que tomei o caminho mais cómodo, o de transferir para ele ou nele privilegiar umas quantas preocupações que já eram minhas: a igualização e fusão de passado, presente e futuro em uma só unidade temporal, instável, simultaneamente deslizante em todos os sentidos; a obsessão quase maníaca de inventariar o mundo, de não deixar nada sem nome; a sensação de uma queda contínua em direção ao vazio, como uma *mise en abyme* que começasse no limite do universo e daí fosse descendo, nível após nível, plano após plano, até um não ser aberrante, dotado de consciência e condenado a reconstituir interminavelmente a sua própria queda.

O mais curioso e inquietante de tudo isto veio a ser que a circunstância acidental de ter de refletir sobre a obra de outro escritor me levou, inesperadamente, a interrogar-me sobre o real valor dos livros que escrevi até hoje. E o que me deixou assustado foi ser obrigado a admitir, como simples e incontornável probabilidade, que talvez não valham muito, que até talvez valham bem pouco...

2 de setembro

Na verdade, já não se sabe em quem acreditar. Que os políticos não são anjos e aos chefes de Estado lhes falta tudo para subirem aos altares, é algo que se pode observar todos os dias. Acostumámo-nos a viver com estas obviedades, a compreendê-las e desculpá-las, ao ponto de levarmos à conta da sempre alegada fraqueza humana a maior parte das infrações aos códigos éticos cometidas pela classe política, a principiar pelo código mais simples de todos, aquele que exige o respeito por si mesmo. Normalmente, e apesar da poeira levantada pelas agitações paranoicas do poder, julgamos perceber, com bastante nitidez, a linha delgada que separa dos puros demónios estas tão pouco angélicas criaturas, e com isto nos vamos contentando. Porém, que se há-de pensar diante de um caso como o de Mitterrand, posto agora no pelourinho por acusações que parecem irrefutáveis e deixam feita em cacos a sua imagem de homem? Cá de longe — e uma vez de perto, num jantar na embaixada francesa em Lisboa — via-o como uma grande figura política, embora adivinhando, por experiência da vida, que, se raspasse aquela brilhante superfície, algo de sombrio teria de aparecer: mas disto, também mo diz a experiência da vida, ninguém escapa. O que de todo não esperava era virem dizer-me agora que François Mitterrand, entre os 18 e os 31 anos, esteve politicamente "à direita da direita", para usar a expressão de *Le Monde*. A história vem toda num livro — *Une jeunesse française* de Pierre Pean —, onde se nos explica que Mitterrand trabalhou ativamente nos serviços de "informação" do regime de Vichy, "redigindo fichas sobre o comportamento político de comunistas, gaulistas e nacionalistas". Que, entre 1936 e 1942, defendia, por escrito, uma "revolução nacional", muito parecida com a "revolução pendente" dos jovens falangistas espanhóis. Que, quando a França estava ocupada pelo exército nazi, Mitterrand proclamava que tal "revolução" era encarnada pelo marechal Pétain, que aliás veio a condecorá-lo. Que, durante a guerra civil de Espanha, até 1940, foi ativo militante de organizações com posições tradicionalistas, antiparlamentares e anticomunistas, participando em manifestações que reclamavam a expulsão de "metecos e estrangeiros".

Errar, todos erramos, já se sabe. Porém, diante de um princípio de vida política tão "prometedor", não parece que seja demasiado atrevimento perguntarmos o que estaria Mitterrand a fazer hoje se Hitler tivesse ganho a guerra. Provavelmente, seria presidente da República Francesa...

5 de setembro

Eduardo Prado Coelho pediu-me um texto para meter no suplemento que o *Público* vai publicar a propósito da reunião, no fim deste mês, em Lisboa, do Parlamento Internacional de Escritores. O arrazoado expedido foi este:
"Imaginemos que alguém que não é escritor nem aspira a sê-lo faz a seguinte pergunta: 'Para que vai servir o Parlamento Internacional de Escritores?'. E insiste: 'Para que tem servido o PEN Club Internacional (que é, por assim dizer, um parlamento mais antigo)?'. Finalmente: 'E os escritores, servem para quê?'.
"A última pergunta, provavelmente, é a que terá resposta mais fácil: os escritores servem para escrever. Escrevam bem ou escrevam mal, escrevam contra ou a favor, escrevam sós ou mal acompanhados — são escritores, e basta. O tempo vindouro, como é ideia feita, joeirará a obra produzida (embora não se entenda por que bulas há-de ter sempre o futuro melhor critério que o presente e o presente sempre melhor gosto que o passado, sobretudo se pensamos que todo o presente foi futuro de um passado e passado de um futuro). De escritores, como pessoas, tenho dito, por enquanto. Mas a eles voltarei.
"As associações servem para fazer de conta que os escritores estão juntos. Não juntos por razões estéticas, ou políticas, ou ideológicas, ou editoriais. Simplesmente, juntos. A sua mais avançada eficácia prática seria de tipo corporativo, como suponho que sucede com os médicos e advogados. As associações de escritores, se não são correias de transmissão de poderes estabelecidos (por favor, falo das associações em geral, não da portuguesa em particular), vivem do que têm, e o que têm é quase nada. Delas se pode dizer que, como 'ordens', não são ricas, e como 'sindicatos', não são reconhecidas. As associações não têm força para defender os interesses materiais dos escritores e nem sempre estão atentas à defesa dos seus direitos morais. Ou então, quantas vezes, inoperantes elas e inoperantes eles no âmbito nacional, buscam modos de reaprumar a consciência cívica e a responsabilidade intelectual nas organizações

internacionais correspondentes, diluindo assim numa agitação cosmopolita mais ou menos efetiva a sua incapacidade local. Não creio que seja ofensa dizer que no PEN Club Internacional vão desaguar muitas destas frustrações nacionais, tanto as de responsabilidade própria como as que são consequência de condições externas adversas (dos efeitos de tais condições está absolvido, por falta de culpa, o PEN Club Português). Conclusão de tudo quanto ficou dito antes: não faltam associações, mas os escritores estão isolados.

"E agora chega aí o Parlamento Internacional de Escritores. (Que não teríamos em Lisboa se Lisboa não fosse, este ano, Capital Europeia da Cultura. Lá que o convite foi uma boa inspiração, não há que negar. Resta agora ver que outras iniciativas virá a tomar Lisboa quando o dia 31 de dezembro puser termo ao seu febrão cultural.) Chega aí o Parlamento Internacional de Escritores, graças ao que nos vamos reunir, nós e os de fora. Pelo que se sabe, pretende-se 'criar uma estrutura de intervenção e reflexão sobre o lugar da literatura e do pensamento num mundo ameaçado quotidianamente pela intolerância, opressão ou violência dos dogmatismos e fundamentalismos atuais', o que parece equivaler, mais ou menos, a uma ONU toda feita de intelectuais. (Atenção, a ironia é só aparente, eu próprio estou envolvido nisto desde o princípio.)

"Ora, se se trata realmente de uma nova ONU, é prudente começar, desde já, a pensar no grau de eficácia que iremos ter, pois a lição da ONU propriamente dita aí está para tirar-nos as primeiras ilusões. Qualquer um sabe que a oportunidade e a intensidade de uma mostra de autoridade da ONU (a outra) depende exclusivamente do querer político de uns quantos países, não de todos. Aonde eu quero chegar é simplesmente à demonstração de uma evidência: a de que o poder realmente interventivo do Parlamento Internacional de Escritores estará na razão direta do grau de intervenção cívica dos escritores *como cidadãos:* quanto mais eles intervierem, 'quotidianamente', na vida social (e não apenas literária, e não apenas artística) do seu país e do mundo, mais probabilidades terá o Parlamento de fazer ouvir a sua voz e talvez ajudar a mudar os perigosos caminhos que, parece que às cegas, estamos percorrendo.

"Como um dia escrevi, o *melhor parlamento não é aquele onde se fala, mas aquele onde se ouve*. O Parlamento Internacional de Escritores terá de abrir-se aos gritos de dor e de protesto do mundo, tal como está obrigado a atender, já que essa é a sua primeira vocação, às dores e protestos de quem escreve. Não é a literatura que está doente, é a sociedade."

7 de setembro

Confirma-se que a cantata *A morte de Lázaro* de Azio Corghi, fundamentalmente composta sobre os correspondentes textos do *Evangelho*, e uma ou outra passagem do *Memorial*, será apresentada, o ano que vem, na Igreja de Santo Ambrósio, em Milão. A data não podia ser mais bem escolhida: 14 de abril, Sexta-Feira de Paixão... O que me pergunto é se a autoridade eclesiástica que passou o *non obstat* estará bem ciente do que autorizou: a prevalência do saber simplesmente humano de Maria Madalena sobre os poderes supremos de Jesus, o absurdo de ressuscitar alguém que finalmente tornará a morrer. Se houve distração na mesa censória, a culpa não foi do Azio nem minha. O título é claríssimo: da morte de Lázaro se trata, não da sua ressurreição.

8 de setembro

Estar sentado frente ao mar. Pensar que já não restam muitos anos de vida. Compreender que a felicidade é apenas uma questão pessoal, que o mundo, esse, não será feliz nunca. Recordar o que se fez e achá-lo tão pouco. Dizer: "Se eu tivesse mais tempo..." — e encolher os ombros com ironia porque são palavras insensatas. Olhar a pedra vulcânica que está no meio do jardim, bruta, áspera e negra, e pensar que é um bom sítio para não pensar em mais nada. Debaixo dela, claro.

9 de setembro

Apareceram por cá dois rapazes que queriam falar-me da Bíblia. Anunciaram-se como jovens otimistas, mas não chegaram a dizer de que seita o eram. Vinham vestidinhos de igual, camisa branca com risquinhas, lacinho ao pescoço, calça cinzenta, o que há de mais incongruente em Lanzarote. Na mão, a conhecida malinha preta dos executivos. Cortei-lhes o discurso, adiantando-lhes que nesta casa éramos pouco de Bíblias. Li-lhes na cara o desconcerto, mas disfarçaram heroicamente, como bons candidatos ao martírio. Puseram o sorriso piedoso que lhes ensinaram, de pena por esta alma perdida, e lá foram pregar a outra freguesia, esquecendo-se de sacudir a poeira, que aqui é muita, dos negros e brilhantes sapatos. Foi só depois que me lembrei que deveria ter-lhes oferecido o *Evangelho* para se distraírem da apostólica obrigação de terem de andar por aí a pregar verdades eternas e mentiras otimistas...

12 de setembro

Começando por reclamar a reedição de *Os comediantes* de Graham Greene (por causa do Haiti) e de *Três tristes tigres* de Cabrera Infante (por causa de Cuba), Torcato Sepúlveda, da sua tribuna do *Público*, inveitiva os intelectuais portugueses, em particular os escritores, acusando-os de se manterem calados perante os atropelos, erros e crimes das ditaduras de todas as cores, especialmente as que se definiram ou definem ainda pelo uso político-ideológico do vermelho. Depois de assim ter tomado distância para caberem todos no retrato, chega-se à frente e passa a um grande plano: a cara, o nome e o feitio de quem estes *Cadernos* escreve. Diz Torcato Sepúlveda: "Uma ditadura é uma ditadura, seja ela de esquerda ou de direita. Disso deve convencer-se gente como José Saramago, que tanto critica a Comunidade Europeia, às vezes com carradas de razão. Mas a independência moral exigir-lhe-ia que não poupasse igualmente os amores revolucionários da sua juventude, quando eles se transformaram em burocracias estalinistas abjetas. As imbecilidades diplomáticas dos EUA, que atiraram os 'barbudos' da Sierra Maestra para os braços de Moscovo, não desculpam conivências com um bolchevismo *'caribeño'* que cala qualquer voz opositora e arrasta os cubanos, em nome de uma ideologia enlouquecida, para a degradação física e mental".

Lisonjear-me-ia muito pensar que Torcato Sepúlveda escreveu o seu artigo expressamente para mim (uma vez que não menciona qualquer outro escritor português), mas, tendo em conta o longe que vivo e o facto de o *Público* não se vender no aeroporto de Arrecife, sou obrigado a acreditar que o único propósito de Sepúlveda, além de apelar à mobilização geral da intelectualidade portuguesa, foi enfiar-me no pescoço um letreiro com a palavra "desertor". Ora bem, a Torcato Sepúlveda tenho de informar que, escrevendo ou de viva voz, disse sempre o que pensava dos atropelos, erros e crimes das ditaduras (castanhas, verdes ou vermelhas) e das democracias (brancas, pardas ou azuis) deste mundo. Se ele não deu por isso, azar meu. Mas, uma vez que vem agora falar-me de Cuba (outras vezes foi a União Soviética, outras vezes foi o *Diário de Notícias...*), dir-lhe-ei que, apesar dos crimes, dos erros e dos atropelos do que chamam "castrismo", continuarei a defender Fidel Castro contra Clinton, por muito "democrata" que pareça um e muito "tirano" que outro pareça. "Por causa da moral", precisamente, como me exige o mesmo Torcato Sepúlveda no princípio e no fim do seu artigo.

14 de setembro

Lanzarote não é a ilha de Robinson Crusoe, se bem que ainda estejam aqui por resolver certos problemas de comunicação: por exemplo, não consigo encontrar o *Público* no aeroporto de Arrecife... O que me vale é o meu Sexta-Feira. Ao contrário do outro, que chegou e tratou imediatamente de acomodar-se, este vem cá todos os dias a trazer-me notícias e volta logo para ir buscar mais. O meu Sexta-Feira é o Zeferino Coelho, faltava dizer. Claro que, nesse vaivém, o pobre não pode acudir a tudo, por isso tem os seus ajudas, como foi agora o Teo Mesquita que, lá de Frankfurt, lhe enviou um cartão de entrada na Feira do Livro que se inaugurará no dia 5 de outubro. E que tem o cartão, além do que se espera que tenha um cartão destes, isto é, a indicação de para que serve? O cartão traz uma citação. Uma citação de quê? Pois da *História do cerco de Lisboa*. E que diz a citação? Isto, que parece ter sido escrito a pensar que um dia o aproveitaria a Feira de Frankfurt:

"Coitado do Costa, que não pára de falar da Produção, A Produção é que se trama sempre, diz ele, sim senhor, os autores, os tradutores, os revisores, os capistas, mas se não fosse cá a Produçãozinha, eu sempre queria ver de que é que lhes adiantava a sapiência, uma editora é como uma equipa de futebol, muito floreado lá na frente, muito passe, muito drible, muito jogo de cabeça, mas se o guarda-redes for daqueles paralíticos ou reumáticos vai-se tudo quanto Marta fiou, adeus campeonato, e o Costa sintetiza, algébrico desta vez, A Produção está para a editora como o guarda-redes está para a equipa. O Costa tem razão."

Até agora, se me perguntassem o que era a glória, não saberia responder. Hoje já sei: a glória é ter um bocadinho da nossa prosa num cartão de admissão da Feira de Frankfurt...

15 de setembro

Relendo ocasionalmente a conferência de Luciana Stegagno Picchio no Instituto de Cooperação Iberoamericana, em Madrid, em maio do ano passado, quando da "Semana" dedicada a este autor, encontro a afirmação de que *Levantado do chão* marcou uma "passagem" em toda a minha escrita, tanto em sentido temporal como estilístico e de género. Creio que de facto é assim, e eu próprio, sem esquecer a *Viagem*, o tenho designado por "livro de mudança", o que vem a dar mais ou menos no mesmo. Mas esta declaração de Luciana, agora refrescada pela leitura, leva-me a perguntar se os meus romances não serão, todos eles, afinal, não apenas "livros de passagem" como também autênticos "atos de passagem", que, implicando obviamente as respectivas personagens, talvez envolvam, mais do que pareça, o próprio autor. Não digo em todos os casos nem da mesma maneira. Por exemplo: de passagem a uma consciência se trata no *Manual*; da passagem de uma época a outra creio estar feito muito do *Memorial*; em passagens da vida à morte e da morte à vida passa *Ricardo Reis* o seu tempo; passagem, em sentido total, é a *Jangada*; passagem mais do que todas radical é a que quis deixar inscrita no *Cerco*; finalmente, se o *Evangelho* não é a passagem de todas as passagens, então perca eu o nome que tenho... Do que aí fica não tiro conclusões, nem para sim, nem para não. A primeira operação investigadora a cometer seria confrontar as sucessivas fases da minha vida com os livros que as prepararam ou delas foram consequência — e isso quem o fará? Não eu, porque de certeza me perderia no labirinto que inevitavelmente estaria a emaranhar no mesmo instante em que começasse a pôr a claro as primeiras relações de causa e efeito...

17 de setembro

Não faz falta que eu diga que de filósofo não tenho nada: nota-se logo. Por essa forte razão ou outras mais débeis (é possível que os artigos de João Carlos Espada também tenham ajudado) nunca me interessei por Karl Popper. E agora que ele morreu, pergunto-me se terei perdido algo de que precisava para entender o mundo em que vivo. Acho que não. As ideias de Popper chegaram-me sempre por intermédio de divulgadores, uns que eram contra, outros que estavam a favor: nunca fui por trigo limpo aos seus livros, supondo que da lição deles chegasse a fazer o meu pão. Suspeito (mas quem sou eu para presumir tanto?) que Karl Popper já pertencia ao passado quando ainda andava aí por universidades e colóquios a repetir, cansado, mas bem pago, as virtudes do neoliberalismo. Dizem-me agora as notícias necrológicas que ele defendia seriamente a ideia de que o passado não determina o futuro e de que o mundo está cheio de infinitas possibilidades. Parece-me isto bastante esquipático e certamente contraditório. Se o passado não determina o futuro, então o presente que somos e vivemos não pode ter sido determinado por nenhum momento anterior. A esta objeção talvez ele respondesse dizendo que precisamente porque o mundo contém possibilidades infinitas é que nos veio a calhar uma delas — esta. Ao que apetece responder que se este presente é a realização dessa possibilidade, é porque ele fez parte, no passado, do universo aberto de possibilidades então existente. Donde concluo eu, e daqui não penso arredar-me, que o passado não só determina, como não pode evitá-lo. Contrariando escandalosamente a vontade de Popper. Muito melhor filósofo, para meu gosto, me saiu aquele espanhol que inventou o provérbio que diz: "De aquellos polvos nacieron estes lodos".

19 de setembro

Desde a nascença do trocito de cauda que os antigos donos lhe deixaram, até à ponta do húmido focinho, Pepe não mede mais de três palmos. Quanto a peso, se chegar aos sete quilos, será por muita benevolência da balança. Pois este animalzito, que nasceu para derreter-se de ternura diante de quem lhe quer bem, este canino que em Portugal levaria o depreciativo apodo de fraldiqueiro e que aqui não escapa a que lhe chamem *faldero*, este bichito sem estampa de gladiador foi hoje capaz de enfrentar-se com dois cães do dobro do seu tamanho e obrigá-los a bater em retirada, saindo ligeiramente ferido da briga. Depois suportou com paciência o tratamento, como quem já teve tempo de aprender que nem tudo são rosas na vida, que mesmo o pelo mais branco pode vir um dia a ter de manchar-se de sangue. Quando acabei de curá-lo, apoiou a cabeça nos meus joelhos, semicerrando os olhos, como se quisesse dizer-me: "Agora estou bem".

20 de setembro

Afinal, a estreia da *Morte de Lázaro* não será a 14 de abril, Sexta-Feira de Paixão, mas a 12, com repetição no dia seguinte. Ou era a minha primeira informação que estava errada, ou foi a hierarquia que deu pela sacrílega coincidência e emendou a tempo. Será menos um pecado com que me apresentarei ao Juízo Final... *Divara* também tem as suas datas marcadas no Festival de Música de Ferrara: 7 a 9 de abril. Duas semanas depois, a 25, será posto à venda o disco. Vai ser um bom mês.

21 de setembro

Regressado à Bahia, escreve-me Jorge Amado a pedir que o represente no Parlamento Internacional de Escritores, no caso de haver conclusões, o que é pouco provável: esperemos, sim, que venham a tomar-se decisões capazes de transformar-se em ações. De caminho, diz-me que recebeu de Nova Iorque a informação (categórica) de que o Nobel deste ano será para Lobo Antunes. A fonte da revelação, colhida não se sabe onde, é um jornalista brasileiro que, pelos vistos, bebe do fino. Já sabemos que em Estocolmo tudo pode acontecer, como o demonstra a história do prémio desde que o ganhou Sully Prudhomme estando vivos Tolstói e Zola. Bom amigo, Jorge insiste que o seu favorito é outro. Não falta muito para sabermos. Quanto a mim, de Lobo Antunes, só posso dizer isto: é verdade que não o aprecio como escritor, mas o pior de tudo é não poder respeitá-lo como pessoa. Como não há mal que um bem não traga, ficarei eu, se se confirmar o vaticínio do jornalista, com o alívio de não ter de pensar mais no Nobel até ao fim da vida.

24 de setembro

Wole Soyinka não estará presente na reunião do Parlamento de Escritores, em Lisboa. As autoridades da Nigéria acabam de retirar-lhe o passaporte em represália pelas declarações que ele tinha prestado ao Tribunal Supremo nigeriano, denunciando a ilegalidade do governo militar, que é fruto da anulação, pelo Exército, das eleições presidenciais em junho de 1993, quando ganhou um social-democrata, Moshud Abiola, agora na prisão. A lista das arbitrariedades não acaba. O poder — seja ele militar, civil ou eclesiástico — não gosta nada de que um escritor, mesmo laureado, exerça de cidadão. E nem é preciso que esse poder seja particularmente autoritário: de Günter Grass, por exemplo, não se pode dizer que seja persona grata na democracia alemã... Escusado seria esclarecer aqui que não coloco Cuba e Nigéria em igual prato da balança, por isso é que me dói tanto ter de concluir que não há, nos factos, nenhuma diferença entre o que acontece hoje a Wole Soyinka e o que ontem aconteceu ao escritor cubano Norberto Puentes, não autorizado pelo governo a sair do país.

25 de setembro

"Oh! que ainda me faltava perder mais esta ilusão..." (Garrett, *Viagens*).
No outro dia foi o Mitterrand, agora é o Bertolt Brecht. Leio aqui a notícia da publicação recente de um livro, *Vida e mentiras de Bertolt Brecht* de John Fuegi, que deixa nu e a escorrer sangue o venerado autor de *Mãe coragem*. Que ele não tivesse obrigação de ir de santo pela vida, muito bem, que ser comunista não chegasse para o pôr a salvo de debilidades de homem e de vaidades de artista, de acordo — mas o que eu nunca esperei foi vir a ler a seu respeito coisas como estas: "Forreta até extremos inconcebíveis (negociava as suas percentagens nos contratos sem consideração pelos colaboradores e coautores), vulgar antissemita, escritor despótico e incoerente (incapaz de escrever

vinte linhas seguidas, 'negreiro' contumaz), apreciador da boa vida (alfaiates e tecidos de luxo para o seu 'look' proletário, paródias, farras)...". (Também se denuncia que chegou a ter seis amantes ao mesmo tempo, mas isso, em minha sincera opinião, não me parece um pecado que forçosamente tenha de levar uma alma ao inferno das ideologias.) Porém, tudo aquilo, que já é bastante mau, quase parece perder importância comparado com a informação de que Brecht, pouco tempo antes de morrer, em 1956, "planeava mudar-se para a Alemanha livre, a desfrutar dos imensos direitos de autor que bancos suíços lhe administravam"... Se é assim, o pior destes pés não foi serem de barro, foi cheirarem mal.

"Depois desta desgraça não me importa já nada" (Garrett, *Viagens*).

26 de setembro

Aí, valentes! Acabo de tomar conhecimento de que Portugal recusou a oferta do presidente da Comissão da União Europeia, Jacques Santer, para ocupar o comissariado da Agricultura. Trata-se, tanto quanto posso avaliar cá de longe, de uma atitude louvavelmente coerente: pois se não temos agricultura, para que diabo quereríamos ser comissários dela? Segundo parece, o que Cavaco Silva desejava para Portugal era a pasta do Desenvolvimento e Cooperação Internacional, para a qual não encontro em nós sinais de uma irresistível vocação, salvo se a proposta obedeceu ao mesmo critério, à mesma linha de lógica pura que levou este país sem barcos a organizar uma grande exposição internacional sobre o tema "Os oceanos"...

28 de setembro

Uma fotografia publicada em *El Mundo*, e provavelmente em toda a denominada imprensa internacional, mostra-me um jovem haitiano levantando acima da cabeça, nos dois braços, uma espingarda. Ao fundo, um tanto desfocados, veem-se alguns outros haitianos que não parecem muito interessados no que se passa. A legenda da fotografia diz o seguinte: "Un joven ofrece un rifle a los 'marines' norteamericanos en Cabo Haitiano"... O estranho do caso é que não há um único "marine" à vista. Provavelmente, os "marines" estão por trás do fotógrafo, não quiseram ficar no retrato. Ora, o normal, em caso de invasões norte-americanas (qualquer delas serve), é serem os fotógrafos os primeiros a desembarcar: na sua primeira ação, os soldados americanos nunca avançam contra o inimigo, desdobram-se o mais artisticamente possível no campo das objetivas. Neste caso, não foi assim. A razão talvez a encontremos num objeto que se encontra ali no chão, aos pés do rapaz da espingarda: uma caveira, colocada lateralmente, de modo a poder observar-se o buraco (de bala?) que tem no temporal esquerdo. Evidentemente, trata-se de uma fotografia preparada, dessas que pelos vistos continuam a não envergonhar os fotógrafos que as manipulam, nem parece que humilhem quem a elas se presta, seja por dinheiro, seja por vaidade, ou pelo gosto sincero de ajudar aquele senhor da máquina que veio de tão longe... Desta vez, suspeito que os norte-americanos só se disporão a receber a espingarda daí a bocado, sem fotografia, e sobretudo sem caveira. O sargento terá dito: "Rapazes, aposto que isto é coisa de vudu. Mesmo no Haiti, os crânios não andam por aí aos pontapés na via pública. E esse buraco não tem nada ar de ser autêntico. Se calhar foram buscar a caveira a um cemitério desses, deram-lhe um tiro e depois vieram aqui armar o cenário. Se aceitássemos a arma agora, isso o que queria dizer era que as nossas cabeças não tardariam a ficar como a caveira. O vudu é assim". Os soldados foram-se logo pôr atrás do fotógrafo dando graças a Deus por terem um sargento deste calibre, versado em religiões do Terceiro Mundo. Já se sabia que as fotografias enganam sempre. Nesta, os enganos são a tal ponto transparentes que o leitor, embora satisfeito por tê-los decifrado todos, não pode deixar de pensar, meio triste: "Quiseram fazer de mim estúpido...".

Sessão inaugural do Parlamento Internacional de Escritores. Os patriotas presentes, indignados, protestaram contra o facto de Eduardo Lourenço ter lido o seu discurso em francês. Não me pareceu tão escandaloso assim, dada a nossa velha tineta de querer facilitar a vida de quem nos visita, falando-lhe em todas as línguas do mundo, conhecidas ou não... Mas, na verdade, há que concordar que se perdeu uma oportunidade de impor o português numa reunião em que, ainda por cima, obviamente, devia ser língua de trabalho. Com tal exemplo, daí para diante só se falou inglês e francês. Na parte da tarde, depois de um elucidativo relatório sobre a situação no Haiti, não só a atual como também a histórica, gastámos a maior parte do tempo a ouvir um jornalista francês, Patrick Champaigne, explicar como deveriam fazer os escritores para que a sua "imagem" passasse melhor na televisão... A atmosfera começou por tornar-se fútil, depois, com o andar da conversa, redundou em grotesco. Durante duas horas, os grandes propósitos do Parlamento Internacional de Escritores estiveram reduzidos aos conselhos de um especialista de imagem...

29 de setembro

Por ter demorado na Editorial Caminho mais do que contava, cheguei com ligeiro atraso à segunda sessão do Parlamento. Mal entrei saiu-me ao caminho Graça Vasconcelos, de "Lisboa 94", avisando-me de que se passava algo muito grave: o Parlamento não autorizava a entrada de jornalistas na sala da reunião, a pretexto de que Taslima Nasrin, a escritora condenada pelas autoridades religiosas de Bangla Desh, não queria ser incomodada pela comunicação social, porquanto, alegava-se, não desejava ser tratada como uma "estrela", mas sim trabalhar em paz com os seus colegas. Abrindo caminho por entre os jornalistas e fotógrafos que se acumulavam à porta, entrei na sala, mas não fui ocupar o meu lugar na mesa. Sentei-me entre o público, ao lado do José Manuel Mendes, a quem, em voz baixa, pedi que me explicasse o que se passava. Confirmou tudo. Decidi então enviar um bilhete a Christian Salmon, secretário-geral do Parlamento, que fora o da decisão. Escrevi que não concordava com a exclusão dos jornalistas, e, portanto, de duas, uma: ou eles entravam, ou eu saía. Uma secretária levou o bilhete, que Salmon leu e pôs de lado, continuando a orientar os trabalhos, como se nada fosse. Diz-me o José Manuel: "O truque é velho. Toma conhecimento, mas não procede. Se não vais lá, fica tudo na mesma". Custava-me a crer, mas os minutos passavam e Christian Salmon portava-se como se nada tivesse sucedido. Então, levantei-me, dei a volta à mesa, aproximei-me de Salmon por trás e perguntei-lhe discretamente se tinha lido o papel. Que sim, respondeu, mas que agora não era o momento. "O momento é agora mesmo", disse-lhe, "se não anuncias tu, anunciarei eu." Voltei para o meu lugar. Salmon explicou então que ia ler um bilhete que eu tinha enviado para a mesa, embora, acrescentou, a decisão já estivesse tomada e não teria volta atrás. Depois de ter lido o papel, Christian Salmon arredondou as suas razões, insistiu que se pretendia resguardar Taslima Nasrin das curiosidades malsãs dos *media*, terminando por declarar que o Parlamento não estava disposto a ceder aos *diktats* da imprensa. Levantei-me e perguntei se aquilo significava que os jornalistas não eram mesmo autorizados a assistir, e ele respondeu: "Assim é". "Nesse caso, saio eu", declarei, e abandonei a sala. Seguiram-me José Manuel Mendes e dois jornalistas que tinham conseguido introduzir-se a tempo na sala e haviam resistido a todas as pressões para que se retirassem, Torcato Sepúlveda e António Carvalho. Passados poucos minutos veio cá fora o escritor argentino Juan José Saer a pedir-me que regressasse, que o meu lugar era ao lado dos meus colegas. Repeti-lhe simplesmente que, ou os jornalistas entravam, ou eu ia para casa. Seguiu-se uma boa meia hora de aturadas conversações, cujos altos e baixos vim a conhecer depois, e por fim lá saiu a autorização para os jornalistas entrarem, concedendo-se aos fotógrafos e operadores de câmara dez generosos minutos para captarem imagens. Entrei e fui direito ao meu lugar, a pensar na falta de senso comum de tantas pessoas obviamente inteligentes e que afinal parecem não perceber que a eficácia do Parlamento Internacional de Escritores dependerá, em grande parte, da ajuda que lhe for dada pelos meios de comunicação social... (Mais tarde, em conferência de imprensa, Taslima Nasrin declarou que não tinha qualquer responsabilidade na decisão de excluir os jornalistas e que a confusão se devera certamente ao facto de Christian Salmon falar francês e ela inglês...)

30 de setembro

Maria Velho da Costa leu o seu anunciado relatório sobre Timor, país, gente e situação que, viu-se logo, eram novidade absoluta para muitos dos que ali se encontravam. Temi que uma certa atmosfera poética em que ela quis envolver os factos pudesse distrair a atenção dos "parlamentares" das realidades dramáticas vividas pelo povo timorense, mas não veio a ser assim, como se viu, mais tarde, pela aprovação de uma proposta para que o Parlamento enviasse uma delegação de escritores a Timor. Verdade seja que a trágica situação do povo de Timor pareceu de repente bem pouca coisa perante o relatório que veio a seguir, feito por uma jornalista ugandesa, Madeleine Mukabano: aí atingiu-se o horror total. Na sala, mal se podia respirar. Madeleine Mukabano foi testemunha presencial de muito do que narrou e, apesar disso — ou talvez por isso —, pôde descrever os acontecimentos numa voz que pareceria neutra se o ouvido não percebesse, por baixo da aparente monocordia, um choro e uma ira que já devem ter perdido a esperança de se fazerem ouvir.

3 de outubro

Voando para Santiago do Chile, onde irei participar na homenagem a José Donoso. Desta vez instalaram-me na primeira classe de um Boeing 747 uma caverna caligaresca aonde se chega por uma empinada escada de caracol e que mais parece sarcófago que habitáculo de gente relativamente viva.

4 de outubro

À saída do avião em Buenos Aires, no trânsito para Santiago, uma hospedeira da Ibéria pronuncia o meu nome ao despedir-se. Surpreendido, perguntei-lhe se me conhecia, e ela respondeu: "Claro, não é todos os dias que transportamos um génio". Conclusão tão rápida quanto lógica: ou este nosso confundido tempo já não sabe o que são génios, ou eles simplesmente não viajam de avião...

5 de outubro

Não encontro o que tinha imaginado. E que tinha eu imaginado? Algo assim como uma homenagem nacional, embora bem saiba que as homenagens a que chamamos nacionais são sempre muito mais um exercício de ficção bem-intencionada por parte de alguns do que a expressão de um reconhecimento de todos. Apesar disso, o que na minha memória havia permanecido da dimensão cultural (talvez idealizada pelas nossas próprias esperanças) do Chile revolucionário, levara-me, com evidente excesso de confiança, a esperar outras grandezas na homenagem a José Donoso. Afinal, a abertura dos atos comemorativos na Universidade de Santiago deixou-me um sabor a pouco. Estiveram presentes umas quantas entidades oficiais, o reitor e um ministro, alguns escritores, sobretudo discípulos literários de Donoso, estudantes em número escasso, uma pequena representação do público em geral, enfim, o suficiente apenas para encher um auditório que não era grande. A atmosfera foi calorosa porque era, de certo modo, familiar. Li a minha conferência — "José Donoso e o inventário do mundo", que foi generosamente aplaudida, mesmo de maneira desproporcionada. Levo-o à conta de simples manifestação de gratidão ao estrangeiro que de tão longe tinha vindo...

6 de outubro

O hotel está em frente do Palácio de la Moneda. Já não há tanques disparando, os aviões militares chilenos fizeram o seu trabalho sujo há precisamente vinte e um anos. Olho os jovens que passam na rua, pergunto-me: "Que pensarão eles do que sucedeu aqui?".

7 de outubro

A assistência aos colóquios e mesas-redondas tem sido pouca. Algumas estudantes vieram conversar comigo. Em certa altura, enquanto respondia o melhor que era capaz às perguntas que me iam fazendo, achei-me a pensar com uma espécie de angústia: "Poder-se-á mesmo *falar* de literatura? A literatura é coisa de que se *fale*?". Na mesa-redonda final (cheia a sala porque era o encerramento), em que também fui chamado a participar, consegui arranjar modo, ainda que um tanto pelos cabelos, de fazer referência à "Carta aberta a Salvador Allende" que publiquei no *Diário de Notícias* no "verão quente" de 1975... Não creio ter sido ilusão minha a súbita tensão que se criou na sala, uma tensão, aliás, em que julguei notar tanto uma onda positiva como uma onda negativa. Ou eu me engano muito, ou Salvador Allende recusa-se a ser enterrado.

8 de outubro

A casa de Pablo Neruda, em Isla Negra, é simplesmente um horror. Pode dizer-se, como desculpa, que tem pouco de casa e muito de museu, o que desde logo levantaria a questão de saber-se se é possível viver num museu. O pior é que este museu excede quantiosamente tudo quanto eu pudesse ter imaginado de acumulação de objetos absurdos, heteróclitos, disparatados, incongruentes, onde, ao lado de peças magníficas, se encontrassem, merecendo crédito e apresentação igual, outras de um mau gosto inenarrável, muitas vezes cómico, outras vezes milagrosamente recuperado no último instante por um remoto humor surrealista. O melhor de Pablo Neruda não é, de certeza, a casa que ele inventou para viver...

Animado jantar de despedida em casa de José Donoso. Pilar Donoso tem o humor sorridente e sábio da mulher que vive com um homem de talento e decide que o mais sensato é fazer de conta que não o toma inteiramente a sério. Se lhe perguntássemos porquê, creio que responderia mais ou menos assim: "O mais certo seria ele abusar se eu me comportasse doutra maneira...". Depois de termos comido, encontrei-me, quase sem dar por isso, num círculo de vivíssima conversação com uns quantos escritores chilenos, precisamente alguns dos "discípulos" de Donoso, aqueles a quem, durante a mesa-redonda de hoje, tinha chamado seus "apóstolos". Entretido com o debate, não reparei que por duas vezes José Donoso veio tomar lugar perto de nós e por duas vezes se retirou sem ter pronunciado palavra. Um pouco mais tarde alguém disse: "Subiu para repousar um pouco. As emoções destes dias arrasaram-no". Pilar Donoso sorriu e disse: "Só quer deixar o campo livre ao Saramago". Todos rimos, e eu pensei: "É natural. Um forasteiro atrai as curiosidades, supõe-se que traz histórias novas para contar, e mesmo que elas sejam as do costume, de todos os lugares, sempre as diz com um acento diferente, com outro fraseado, com outros rodeios de estilo. Isso já basta". Quase no fim do serão, Donoso tornou a aparecer, com um ar de patriarca absoluto que, benevolamente, antes de ir dormir, quisesse certificar-se de que os garotos não teriam cometido demasiadas diabruras na sua ausência... Agradecido, dei-lhe um abraço e regressei ao hotel.

10 de outubro

Nunca dei por que os médicos, de modo geral e público, usassem fazer comentários desfavoráveis a respeito de outros médicos: provavelmente, depois de uns quantos milénios de prática do segredo profissional, já trazem a deontologia na massa do sangue. Ou aprendem-na na faculdade com as primeiras noções de fisiologia. Mas os escritores, ah, os escritores, com que gozo apontam eles ao desfrute do gentio a simples palha que lastima o olho do colega, com que descaro fingem não ver nem perceber a trave que têm atravessada no próprio olho. Vergílio Ferreira, por exemplo, é um mestre neste tipo de execuções sumárias. Que se saiba, ninguém lhas pediu, mas ele continua a emitir sentenças de exclusão perpétua, sem outro código penal que o seu próprio e incomensurável orgulho sempre arranhado. Dizem-me que se decidiu finalmente a falar de mim na *Conta-corrente*, mas não fui lá a correr ler, nem sequer devagar tenciono ir. A diferença entre nós é conhecida: eu não saberia escrever os seus livros e ele não quereria escrever os meus... Agora chegou-me notícia de que Agustina Bessa-Luís passou a dedicar-se também a estas atividades conjuntas de polícia, ministério público e juiz. Declarou que eu não sou um "grande escritor", que sou apenas "produto de diversas circunstâncias"... Ser eu, ou não, um "grande escritor" não tiraria nem acrescentaria nada à glória literária e à importância social de Agustina Bessa-Luís, mas isso para ela é insignificante perante a ocasião que lhe deram de mostrar-se tão traquinas quanto lho pede a natureza. Mesmo que eu demoradamente explicasse, Bessa-Luís não compreenderia que nunca pretendi ser um "grande escritor", mas um escritor simplesmente. Bessa-Luís tem os ouvidos tapados para estas distinções, tão tapados como parece que esteve neste caso o seu entendimento ao deixar os leitores da entrevista dada ao *Independente* sem saber — porque não as mencionou — de que circunstâncias perversas sou eu mistificador produto. Muito pior ainda, se é possível, foi ter

Agustina Bessa-Luís calado as circunstâncias que fizeram dela a "grande escritora" que sem dúvida acredita ser...
    Felizmente, a vida não é sempre tão feia. Tenho aqui uma carta de um rapaz de 14 anos, residente em São Jorge da Beira, que leu o *Memorial* e diz ter encontrado nele um erro. Di-lo assim, literalmente: "O autor reflete certas palavras que não se utilizam propriamente num livro, são consideradas linguagem corrente (calão). As palavras são as seguintes: 'putas'. Outras poderia ter utilizado: prostituta, meretriz ou ainda rameira. O autor podia ter mais cuidado com a harmonia musical e figuras de estilo, entre outras coisas". O autor leu, ponderou e resolveu responder como segue: "Deu-me muita alegria ver um jovem de 14 anos exprimir tão francamente as suas opiniões. Decerto não estranhará que eu não esteja de acordo com elas. Se não gostou de encontrar a palavra 'putas' num contexto que plenamente a justifica, então não sei o que irá pensar quando tiver de estudar Gil Vicente. Espero que os seus professores saibam explicar-lhe que a literatura não se rege por quaisquer falsas regras de moralidade vocabular. Não se preocupe tanto com as figuras de 'estilo' e acredite em mim quando lhe digo que a harmonia 'musical' não é o que supõe". A esta carta para o Nuno Filipe, juntei fotocópia da carta dele, e acrescentei: "Daqui por uns anos volte a lê-la. Se eu então ainda estiver vivo, diga-me o que lhe tiver parecido essa nova leitura".

12 de outubro

    Diz-se em Lisboa que o Nobel está no papo de Lobo Antunes. Pelos vistos, o jornalista brasileiro, conhecido de Jorge Amado, sabia do que falava. Também me dizem que Lobo Antunes já se encontra na Suécia.

13 de outubro

    O Nobel foi para um escritor japonês, Kenzaburo Oe. Afinal, o jornalista estava enganado. Nelson de Matos até tinha feito declarações à rádio, ou à televisão, não sei bem, dando como favas contadas a vitória do seu editado. O que vale é que o ridículo, pacientíssimo, continua a não matar. Quanto a mim, tenho de começar a pedir desculpa aos meus amigos por não ganhar o Nobel...

14 de outubro

Chega-me de Paris a gratíssima notícia de que José Donoso aceitou fazer parte do júri do Prémio União Latina. Pelos vistos, o mundo está mesmo feito de presságios, vaticínios, coincidências e outros bruxedos: tantos anos a saber de José Donoso, sem poder chegar-lhe mais perto que as páginas dos seus livros, salvo um encontro rápido numa já distante Feira do Livro de Buenos Aires, e de repente eis que me chamam a Santiago para falar dele, e de repente eis que me dizem que o reencontrarei em Roma, com a sua barba filosófica, a sua ironia mefistofélica e a sua incurável hipocondria... Se Donoso não é do género de Carlos Fuentes, que votava por telefone (nem uma só vez tivemos o gosto de o ver nas reuniões do júri), passaremos a encontrar-nos ao menos uma vez por ano.

Veio a Lanzarote, para entrevistar-me, uma equipa de reportagem da TVI. Pessoal simpático, um deles, Carlos de Oliveira, já meu conhecido. Perguntas muitas: política, religião e, inevitavelmente, o Nobel. Já que o meu nome tinha andado envolvido nesta outra espécie de bingo, aproveitei a ocasião para, de uma vez para sempre, pôr a claro o assunto, tal como o vejo: em primeiro lugar, o dinheiro é dos suecos e eles dão-no a quem entendem; em segundo lugar, há que acabar com esta história de andar como de mão estendida a implorar a esmolinha de um Nobel; em terceiro lugar, é absurdo fazer depender o prestígio da literatura portuguesa de se ter ou não se ter o Nobel; em quarto lugar, se o cheque fosse, por exemplo, de dez mil dólares, o planeta dos escritores pouco se importaria com ele; em quinto lugar, e concluindo, deixemo-nos de hipocrisias e tenhamos a franqueza de reconhecer que, nesta comédia, o que verdadeiramente conta é o dinheiro.

Naguib Mahfuz foi apunhalado. Alá prossegue a sua divina tarefa...

18 de outubro

Álvaro Siza esteve dois dias em Lanzarote e foi de cá rendido e deslumbrado. Mas o melhor é que a hipótese se vai tornar realidade: Siza encarrega-se do projeto de ampliação das instalações da Fundação César Manrique. Creio que as pessoas daqui (embora não o confessassem) esperavam ver aparecer-lhes no aeroporto um senhor empertigado, preocupado com atirar-lhes à cara, por gestos e por palavras, a sua mundial importância, e saiu-lhes a simplicidade em pessoa. Nem podiam acreditar.

20 de outubro

Em Barcelona para o lançamento da tradução de *Objeto quase*. Amanhã começará o corrupio, a engrenagem trituradora das entrevistas. Hoje, ainda tranquilos, jantámos com Josep Montserrat e Jèssica, casadinhos de fresco. Quem reparou em nós no restaurante, se calhar pensou ou disse: "Ali está um bonito quadro familiar, dois senhores de idade jantando com as filhas...". Enganava-se esse observador. Como enganado esteve aquele casto eclesiástico da catedral de Milão que, vendo-me deambular por ali, mirando as artes góticas, com um braço conjugal por cima do ombro de Pilar, severamente me admoestou: "Mesmo sendo sua filha, não é próprio numa igreja".

21 de outubro

Lançamento de *Casi un objeto*. Apresentação comovedora de um Basilio Losada apoquentado por um processo lento, mas irreversível, de perda de visão. Muitos leitores, amigos em quantidade: José Agustín Goytisolo, Manuel Vázquez Montalbán, Eduardo Mendoza, Carmen Riera, Robert Saladrigas, Enrique Vila-Matas, Luisa Castro, Alex Susanna... E também, desportivamente, ali estava Mario Lacruz, de Seix-Barral, meu editor desde a primeira hora espanhola, que parecia não ser capaz de decidir que cara deveria mostrar na circunstância, quem sabe se duvidoso sobre o que virá a suceder quando o *Ensaio sobre a cegueira* estiver pronto: continuarei em Seix-Barral? Ir-me-ei a Alfaguara?

As entrevistas não são uma engrenagem trituradora, são pior: uma laminadora. E sempre, no fim ou no princípio, o Nobel, o Nobel, o Nobel...

Com um prazer que se imagina, recebo inesperadamente das mãos de Sotelo Blanco, da editorial Ronsel, um exemplar da tradução castelhana de *In Nomine Dei*. O livro está bonito, e a tradução de Basilio Losada, que já espreitei, parece-me excelente.

22 de outubro

Madrid. Mal acabo de pôr o pé em Barajas, levam-me direito a Cibeles, à Casa de América, para uma conferência de imprensa. Rosa Regás e Juan Cruz apresentaram, eu fiz o meu papel. Depois, no hotel, entrevistas para os jornais, fora dele, rádio e televisão. Será assim até ao último dia, pelo menos é o que me promete o programa. Pergunto a Juan Cruz se não lhe parece um exagero tanto ruído por causa de um livro de contos publicado há dezasseis longos anos. Responde-me simplesmente que não. Julgo compreender as suas editorialíssimas razões. Alfaguara quer que se saiba, *urbi et orbi*, que este autor é *seu*...

23 de outubro

Casa cheia para o lançamento do livro numa das livrarias Crisol. Noto que me deixei arrastar desta vez por um tom de comunicação demasiado pessoal, quase íntimo, como se a assistência fosse composta só de amigos meus de coração, e bem se sabe como, na realidade, são poucos aqueles a quem considero como tal. A culpa deste perigoso deslizamento para o sensibilismo, deve tê-la tido provavelmente a fadiga. No fim, e apesar dos riscos, acho que valeu a pena. O silêncio, enquanto eu ia falando, quase me assustava, como se os rostos atentíssimos do público me estivessem impondo uma nova responsabilidade a que não poderia fugir. Há que dizer, ainda, que este sentimento começou a definir-se logo no princípio do encontro, graças à apresentação de Miguel García-Posada, tão inteligente quanto generosa. Esteve Fernando Morán, e conheci finalmente Alfonso de la Serna...

24 de outubro

Os espanhóis chamam a isto "poder de convocatória": o auditório da Casa de América estava repleto, com todos os lugares ocupados e outra tanta gente de pé. Durante a longa entrevista que me foi feita pela escritora Ángeles Caso diante do público, consegui couraçar-me de autoironia, o bastante para não me acontecer o mesmo que ontem, aquela aflitiva sensação de estar a desfazer-me... Charo López, uma atriz excelente e uma belíssima mulher, leu de maneira exemplar, refreando a emoção e por isso valorizando-a, o conto "Desquite" de *Casi un objeto*. Não me iludo: a castração do porco fez passar um arrepio na assistência...

26 de outubro

Francisco Umbral iça-me hoje até às nuvens na sua coluna do diário *El Mundo*. Depois de debulhar, em minha honra, uma sucessão de atributos e qualidades que, postos assim por escrito, ainda mais exagerados me parecem, escreve em certa altura que, com as minhas "fortes declarações", estou a pôr em risco, "masculinamente", o Nobel. Creio dever entender-se que, na opinião de Umbral, se a Academia Sueca vem a tomar conhecimento do que eu ando a dizer do prémio, então é que não mo dá mesmo. Confesso que não tinha pensado nisso... De qualquer modo, não tem importância. O que sim tem importância é que se estivesse a escrever um livro e alguém da dita Academia, por hipótese absurda, me aparecesse a dizer: "Não o escreva e nós damos-lhe o prémio", tenho por absolutamente claro que não precisaria pensar para encontrar a resposta certa: "Guardem o vosso dinheiro e deixem-me acabar o que tenho para fazer". E isto, permito-me recordá-lo a Francisco Umbral, tanto poderia ser declarado "masculinamente" como "femininamente"...

João Cabral de Melo Neto recebeu hoje, aqui em Madrid, das mãos da rainha, o Prémio Reina Sofía de Poesia lberoamericana. Disse-me que perdeu a visão central, as suas primeiras palavras foram mesmo: "Estou cego", e eu só pude abraçá-lo com força. Mais tarde pensei nos meus cegos do *Ensaio* e achei-os insignificantes diante da realidade pungente daqueles olhos perdidos. Cego, João Cabral, o maior poeta de língua portuguesa vivo, com perdão de outros que também são grandes... O discurso de agradecimento, lido pelo embaixador do Brasil, foi muito belo, de uma serenidade profunda, como de alguém que, por cima das tristes dores da vida, está em paz consigo mesmo.

29 de outubro

Lisboa: entrega dos Prémios Stendhal. O meu propósito de retirar-me do júri foi-se por água abaixo. Não posso abandonar o barco depois da aprovação que recebeu a proposta por mim apresentada de que, de futuro, passem também a ser considerados os problemas culturais, em particular os efeitos da integração económica e política europeia nas diversas culturas nacionais. Uma sombra de mal-estar perpassou na reunião plenária do júri quando disse: "Neste momento, o sentimento mais espalhado na Europa, sabemo-lo todos, é um sentimento de perplexidade. Talvez essa perplexidade tenha algo que ver com uma rejeição cultural ainda à procura da sua expressão". Para mim, é evidente que, por baixo dos discursos oficiais com obrigadas tintas de otimismo, lavra a inquietação. Pois que se inquietem, que bons motivos têm para isso.

30 de outubro

Em casa. No meio da correspondência que se acumulou durante estes dias de ausência, venho encontrar a resposta definitiva à pergunta célebre: "Onde está Deus?". Antes de inventar-se a aviação era claríssimo que Deus habitava o céu. As nuvens aí estavam para adornar a sua glória, altas ou baixas tanto fazia, mas as mais demonstrativas, por singular que pareça, ainda eram as mais baixinhas, quando pelos intervalos delas desciam, magníficos, oblíquos jorros de luz. Não custava nada acreditar que, lá no alto, no espaço invisível, precisamente no ponto da imaginária interseção dos feixes luminosos, Deus presidia. Depois começou-se a voar por cima das nuvens e logo se tornou patente que Deus não estava lá, nem havia vestígios dele em todo o infinito azul. Felizmente não tardou que alguém tivesse a genial ideia de dizer que Deus se encontrava em toda a parte e que, portanto, não valia a pena procurá-lo. A explicação era tão boa que pôs a dormir, por muitos anos, a nossa mais do que legítima curiosidade. Até hoje. Hoje estou eu em condições de revelar que Deus, usando o pseudónimo humano de Alfredo Lopes Pimenta, vive em Riba d'Ave, num lugar chamado Monte Negro S. Mateus. Outra coisa não me atrevo a concluir de uns "versos" que por Ele me foram enviados (suponho que os erros de ortografia, ainda assim poucos, serão consequência da confusão linguística que forçosamente existe na cabeça de um Deus que está obrigado a conhecer todos os idiomas). Segue, ipsis verbis, isto é, tal e qual, a "poesia":

Chegou-me aos meus ouvidos
que eras um grande escritor
mas segundo o que eu já li
o que tú escreves não tem sabor

por isso vai num instante à mercearia
e compra sal e pimenta
e passa pela drogaria
e compra melhor ferramenta

porque a que tens está estragada
e precisa de sêr mudada
como as fraldas ao bébé
e depois de tudo feito aprende com o meu jeito
ó meu criado José

e se tú fores inteligente
e também muito coarente
ouves o galo a cantar
pois o teu fraco evangelho
não há de chegar a velho
nem muletas tem para andar
porque eu fiz o sol e as estrêlas
e também todos os planêtas
e a terra pus a girar
e criei todos os animais
e muitas aves e pardais
e também a ti que me queres iliminar

por isso repara bem
e não digas mal de ninguém
e muito menos do teu Criador
e procura aprender comigo
pois sou o maior amigo
e o que escrevo tem sabor

e nunca andei na escola
nem nunca pedi esmola
e sempre tive de comer
pois não vivo na preguiça
nem me alimento de hortaliça
porque em mim está o saber

e agora para terminar
não me procures desafiar
como tens feito até agora
e pensa bem no teu viver
porque a mim não me farás morrer
mas tú num instante te vais embora

e sabes onde vais cair
se não te quiseres redimir
do teu tão mau proceder
é no tormento infernal
que te condena o tribunal
e depois é tarde para compreénder

Agora só me falta receber, em prosa ou verso, com pseudónimo ou em nome próprio, uma carta do Diabo. Entretanto, ninguém, a partir de agora, poderá ter dúvidas: andávamos à procura de Deus no céu e Ele, afinal, estava em Riba d'Ave.

31 outubro

Ainda a propósito de Deus: tive hoje a revelação surpreendente, luminosíssima, direi mesmo deslumbrante, de que se é verdade que não sou "teólogo", como se afadigam a recriminar-me os que não gostaram do *Evangelho*, "teólogos" também não foram Marcos, Mateus, Lucas e João, autores, eles como eu, de Evangelhos...

2 de novembro

La Laguna, em Tenerife, que eu não conhecia, e em cujo Ateneo dei hoje uma conferência, é, urbanisticamente, uma cidade cheia de motivos de interesse. Oxalá possam ainda salvá-la do furacão da especulação e ganância que vem arrasando as Canárias, com a exceção, até agora, da minha ilha de Lanzarote. Disseram-me que começa a surgir ali um novo sentido de responsabilidade coletiva, um estado de espírito mais atento à defesa e ao respeito dos bens arquitetónicos do passado. Que assim seja. Por enquanto, é um prazer passear pelas ruas de La Laguna. Sobretudo à noite, quando o trânsito desapareceu e as pessoas não se sabe onde estão. A essas horas, La Laguna é como uma cidade fantasma, uma cidade dotada de modestas mas sensíveis belezas. Misteriosa, calada, à espera dos habitantes que a mereçam.

Ana Hardisson, uma amiga nossa que é professora de filosofia em La Laguna, falou-me do tema da sua tese de doutoramento, uma análise do conceito de "ser humano". Disse-me que, historicamente, o feminino não chegou a participar na formação desse conceito, que o que chamamos "ser humano" está informado, de modo praticamente exclusivo, pelo masculino. Recebo esta declaração como um choque. Nunca tal me tinha passado pela cabeça, mas a evidência do facto, assim às primeiras, parece-me irrefutável: provavelmente, o "ser humano", a conclusão agora é minha, só como "hermafrodita" chegará a realizar-se, isto é, a tornar-se real e realmente completo. Como dizia o meu avô Jerónimo, a gente está sempre a aprender...

4 de novembro

Com a impressão de andar a repetir passos, gestos e palavras, fui a Arrecife, à livraria — El Puente se chama ela —, para comprar o que houvesse sobre as Canárias. Esta impressão, difusa mas molestante, percebia eu bem donde me vinha: vinha de ter andado por aí, tempos atrás, ingénuo e consciencioso, a comprar livros sobre um certo rei de Portugal, para ilustração e benefício de um mirífico projeto de série de televisão que acabou por ter o desenlace que se sabe. Claro que a situação de agora não era a mesma: escrever o livro sobre Lanzarote (esse que terá as fotografias de Arno Hammacher) só de mim depende. Em todo o caso, enquanto, com a ajuda de Norberto — livreiro dos pés à cabeça, dos raros que ainda sabem do seu ofício — ia examinando e apartando os livros que me pareciam úteis, sentia-me desagradavelmente contrafeito, como se eu próprio não acreditasse no que me tinha comprometido a fazer. Porém, são tantos os que acreditam — Arno acredita, Carmélia acredita, Pilar acredita, Zeferino acredita, Juan Cruz acredita, Ray acredita — que não me resta outra saída que acreditar eu também e deitar mãos à obra. Um destes dias.

5 de novembro

O correio traz-me duas satisfações: a antologia da poesia de João Cabral de Melo Neto, *A la medida de la mano*, com introdução e tradução de Ángel Crespo, e o estudo de Luciana Stegagno Picchio para a edição italiana das *Obras completas* (as minhas, se a menção publicitária não ofende a intratável virtude dos nossos tartufos nacionais...) que a Bompiani está a preparar, prevista já a publicação do primeiro volume para o princípio do ano que vem.

6 de novembro

Telefonou Juan Cruz: a primeira edição de *Casi un objeto* está esgotada. Também isto é uma satisfação.

7 de novembro

Ao desfazer um atado de papéis, dos muitos que vieram de Lisboa e que, quase dois anos decorridos, ainda estão por abrir, saltou-me às mãos uma folha com algumas palavras escritas e três pequenas medalhas de alumínio coladas com fita adesiva transparente. Observo o papel, parece de caderno escolar, e a letra, redonda, feminina, diz: "A Nossa Senhora ama-o muito sr. José Saramago!". Com exclamação e sem assinatura. Tinha-me esquecido de todo do aviso, que recebi na época mais inflamada do Evangelho: é esta a melhor caridade, a que esconde a mão e cala o nome. Trazia junto um papelito, em francês, impresso a azul, com um título que traduzo desenvoltamente: "Traga sempre consigo a 'medalha miraculosa'". Por baixo e continuando no verso, em letrinha miúda, o arrazoado a seguir traduzido:

"A Medalha miraculosa deve a sua origem às Aparições mariais da Capela da Rue du Bac, em Paris, em 1830.

"— No sábado 27 de novembro de 1830, a Virgem Imaculada apareceu a Santa Catarina Labouré, Irmã da Caridade e confiou-lhe a missão de fazer cunhar uma medalha cujo modelo Ela lhe revelou.

"Faz cunhar uma medalha segundo este modelo, disse a Virgem, as pessoas que a usarem com confiança receberão grandes graças, sobretudo se a trouxerem ao pescoço.

"— A Medalha teve imediatamente uma difusão prodigiosa. Inúmeras graças de conversão, de proteção e de cura foram obtidas.

"Perante todos estes factos extraordinários, o arcebispo de Paris, monsenhor QUELEN, ordenou um inquérito oficial sobre a origem e os efeitos da Medalha da Rue du Bac. Eis a conclusão:

"'A rapidez extraordinária *com que esta medalha se propagou*, o número prodigioso *de medalhas que foram cunhadas e distribuídas*, os benefícios assombrosos *e as* Graças *singulares que a confiança dos fiéis obteve, parecem verdadeiramente os sinais pelos quais o Céu quis confirmar a realidade das aparições, a verdade do relato da vidente e a difusão da medalha.*'

"— Na própria Roma, em 1846, na sequência da conversão retumbante do Judeu Alphonse Ratisbonne, o papa Gregório

XVI confirmava com toda a sua autoridade as conclusões do arcebispo de Paris.

"— Portanto, se ama a Virgem e tem confiança na sua poderosa intercessão:

"*Traga sempre* consigo a Medalha para viver na Graça de Deus e gozar da proteção da Virgem Imaculada.

"— *Diga cada dia* a invocação da Medalha. A Virgem quis ser assim saudada e invocada: 'Ó MARIA CONCEBIDA SEM PECADO, ROGAI POR NÓS QUE A VÓS RECORREMOS'.

"— Propague à sua volta a Medalha; dê-a particularmente aos doentes e aflitos.

LOURDES E A MEDALHA MIRACULOSA

"* A Medalha Miraculosa é universalmente conhecida. Mas não é bastante sabido que as aparições da Capela da Rue du Bac prepararam os grandes acontecimentos de Lourdes. '*A Senhora da Gruta apareceu-me tal como é representada na Medalha Miraculosa*', declarou Santa Bernadette que trazia consigo a medalha da Rue du Bac.

" *A invocação da Medalha: "Ó MARIA CONCEBIDA SEM PECADO, ROGAI POR NÓS QUE A VÓS RECORREMOS difundida por toda a parte pela Medalha Miraculosa, suscitou o imenso movimento de fé que levou o papa Pio IX a definir, em 1854, o dogma da Imaculada Conceção. Quatro anos depois, a aparição de Massabille confirmava esta definição romana duma maneira inesperada.*

"**Por ocasião do centenário desta definição, em 1954, a Santa Sé fez cunhar uma medalha comemorativa. No reverso dela, a imagem da Medalha Miraculosa e a imagem da gruta de Lourdes, estreitamente associadas, sublinhavam o laço que une as duas aparições da Virgem com a definição da Imaculada Conceção.*

"**Tal como Lourdes é uma fonte inesgotável de Graças, a Medalha Miraculosa continua a ser o instrumento da infatigável bondade de Nossa Senhora para todos os pecadores e infelizes da terra.*

"**Os Cristãos que souberem meditá-la encontrarão nela*

toda a doutrina da Igreja sobre o Lugar providencial de Maria na Redenção, em particular a sua mediação universal.

>Capela da Medalha Miraculosa
>140, rue du Bac — Paris 7me
>com licença do Ordinário."

Suponho que, a partir de agora, a Igreja Católica irá deixar de chamar-me nomes feios. De facto, não faltaria mais, tendo eu posto assim, graciosamente, ao seu serviço, os *Cadernos de Lanzarote*. Quanto às medalhas, pelo sim pelo não, porque, como já dizia o Borda d'Água, *Deus super omnia*, ficarei com uma. As outras ficam ao dispor dos dois primeiros "pecadores e infelizes da terra" que mas pedirem. Que lhes aproveite, é o meu sincero voto.

10 de novembro

Em Inglaterra, participando numa "embaixada" de três escritores lusófonos (não há dúvida, odeio mesmo a palavra) convidados pelo Arts Council. Estão connosco Lya Luft, do Brasil, e Lina Magaia, de Moçambique, além do meu Giovanni Pontiero. O programa começou por Northampton, com uma leitura conjunta (como irão ser todas) na Biblioteca Pública da cidade. O público não chegou para encher a pequena sala, mas Gary McKeone, o responsável do Arts Council que nos acompanhará até ao fim, estava satisfeito: tratava-se de um ensaio, o Arts não tinha organizado nunca um ato destes em Northampton.
Depois do almoço demos um pequeno passeio pela cidade, que é, dizem-me, o maior centro industrial produtor de calçado em Inglaterra, e fomos ter a uma praça onde havia um mercado daqueles de levante, que precisamente começava a ser levantado. Ainda nos deu tempo para dar uma volta e verificar que isto de mercados populares já não é nada do que era, tanto em Northampton, como estava à vista, quanto nas Caldas da Rainha, como se tem visto... No entanto, é sempre possível acontecerem surpresas.

Lya, que é a orgulhosa avó de um João de seis meses, decidiu comprar-lhe uma roupinha de recordação, umas dessas coisas a que nós chamamos "macaquinho" e os brasileiros não sei quê. No hotel, ao examinar mais detidamente a prenda, encontrou-se com uma etiqueta inesperada que dizia: *Made in Portugal*... Inesperada, sim, terá sido para ela, pois no que me diz respeito, quando assistia à compra lá no mercado, tinha-me parecido reconhecer algo de familiar no padrão, no feitio, na composição das cores. Realmente, por mais que nos digam os cosmopolitas, as culturas nacionais são uma fortíssima coisa: um simples macaquinho de criança, em Northampton, era capaz de me fazer chegar, sem rótulos nem proclamações, tocantes notícias da pátria...

12 de novembro

De Londres demos um salto a Oxford para passar um bocado com Miriam, uma irmã de Pilar que ali está a trabalhar e a aprender inglês. Aproveitaríamos para conhecer por fora o famoso, quase mitológico alfobre universitário, sobre o qual, aliás, desde há muitos anos não me faltavam luzes acerca dos seus interiores, se querem sabê-lo, desde que vi o Robert Taylor no educativo filme que se chamava *O estudante de Oxford*... (Começo a acreditar no que diz Rafael Sánchez Ferlosio, que na vida não há coincidências, mas simetrias.) Busca baldada foi a nossa, Miriam tinha ido de passeio a Londres, o que só confirmava a necessidade simétrica dos encontros e desencontros humanos. Felizmente ainda pude recuperar um pouco da minha antiga confiança nas coincidências, uma vez que, graças aos esforços conjuntos do acaso e do destino, conseguimos, regressados a Londres, jantar com a escorregadiça colega do Bob Taylor...

13 de novembro

Outra vez em Manchester. Já não somos uma "embaixada", agora somos um grupo de amigos. Lina Magaia fala-nos com simplicidade da sua infância, da sua terrível vida de lutadora, Lya Luft conta-nos de um mundo social em que tudo parece oferecido, do duro pagamento a que a imortal fragilidade dos sentimentos obriga muitas vezes. Sob as palavras bruscas de Lina percebe-se a cólera, no doce falar de Lya aflora uma tristeza que pede compreensão. Como escritora, apesar dos seus 50 anos, Lina vai ainda no princípio. (As primeiras palavras que lhe ouvi foram: "Espero aprender muito consigo". Mas que poderia eu ensinar a quem teve de enfrentar-se com o horror absoluto?) Lya é uma romancista de qualidade (o livro que veio ler — *Exílio*, agora publicado em inglês com o título *The Red House* —, pelos fragmentos de que vou tendo conhecimento, parece-me excelente). Andamos por aqui os três, com as nossas vidas, as nossas músicas, ajudando-nos mutuamente a não desafinar neste pequeno coro lusófono (volto a dizer: quem será capaz de gostar de uma tal palavra?), e, na verdade, quando assim estamos, juntos, cordiais, comunicativos, tudo nos parece fácil. Amanhã, já se sabe, cada um em seu sítio, acordaremos para a amarga realidade dos interesses obscuros, das políticas nacionais egoístas, dos velhos e novos mal-entendidos, das dores e dos ressentimentos mais ou menos legítimos que continuam a intoxicar a denominada "comunidade de língua portuguesa".

14 de novembro

A leitura de hoje foi em Bristol, naquilo que devem ter sido, em tempos outros, uns antigos armazéns, à beira de um canal. Hoje chamam-lhe Watershed Media Centre. Mais público do que em Manchester, mas nada capaz de deslumbrar o curtido viajante que as circunstâncias fizeram de mim. Lya retomou o seu Anão (o tema do romance é outro, mas a sequência dos trechos escolhidos faz representar no nosso espírito esta outra estranha história, a de uma personagem que de facto não o é, uma alucinação que só existe na imaginação da narradora). O testemunho de Lina, implacável, fez arrepiar toda a gente. Eu cumpri o meu pequeno papel (leio *A jangada de pedra*, recém--publicado aqui com o título *The Stone Raft*). Giovanni, fino e sóbrio como sempre, ajudou-nos a todos.

15 de novembro

Com Giovanni, visitámos de manhã a pequena Igreja de São Marcos. Ali mesmo em frente está, escura e enorme, a catedral, que vimos ontem, mas que, para meu gosto, de pouco vale em comparação com esta joia de arquitetura sem mácula. Os visitantes devem ser raridade, um folheto descritivo dos lugares seletos de Bristol nem sequer de passagem a menciona. Feliz por ter companhia, o zelador conta-nos a história da igreja, fala-nos dos fundadores do hospital que ela começou por ser, e diz-nos que a igreja chegou a ser mandada arrasar por Henrique VIII, mas que o Lord Mayor de então conseguiu evitar a destruição, comprando-a. Por isso lhe chamam também Igreja do Lord Mayor... Mesmo assim, se os nichos interiores estão vazios de estátuas foi porque o rei ainda teve tempo para as mandar retirar. Numa das duas únicas capelas laterais, construída em 1523, de abóbada simplesmente deslumbrante, repete-se, como elemento heráldico de decoração, um punho fechado, emblema, se bem entendi, da coroa de Aragão, donde procedia Catarina, a primeira mulher do rei, depois repudiada e trocada por Ana Bolena. (Episódios da vida real.) Na outra capela, um pequeno quadro de um vitral flamengo, tão discreto que teria passado despercebido se não fosse o escrúpulo do nosso guia, mostra o interior da cozinha duma família paupérrima. Há um homem sentado num mocho, com a roupa em farrapos, tudo ao redor é miserável e triste, mas o que verdadeiramente surpreenderá o observador é outra coisa: do interior da chaminé, por cima da fogueira, pendem quatro pernas humanas, duas de adulto, duas de criança: adivinha-se que os donos delas, de quem nada mais se vê, estão ali sentados, numa espécie de trapézio. Um humorista de gosto duvidoso teria razão se dissesse: "São como chouriços pendurados no fumeiro", mas o que aqueles dois estão a fazer é a aquecer-se, nada mais... (Episódios da vida real.)

Mesa-redonda na Universidade com a presença de uns trinta alunos. A discussão foi animada. Impressionou-me verificar como em Bristol, tão longe, tão outro mundo, uns quantos rapazes e raparigas ingleses trabalham corajosamente esta estranha língua nossa que não terá muito para lhes dar, proveitos materiais escassos, alguma ocasional beleza, e apesar disso percebia-se nos seus rostos uma gravidade, uma atenção e um cuidado que só podiam vir-lhes do coração. Lya e Lina falaram das suas geografias próprias, uma, a dos sentimentos, outra, a dos sofrimentos. Mas a geografia humana, a este respeito, é provavelmente uma só, um vale de lágrimas com um arco-íris por cima. A diferença está em que chove umas vezes para um lado, outras vezes para o outro. Dos sentimentos de que Lya hoje fala, virá Lina a falar um dia, se a sua voz conseguir aplacar alguma vez a memória obsessiva do sofrido.

16 de novembro

No Arts Council, em Londres, apresentam-me de surpresa um grande bolo branco com palavras de chocolate e erros de ortografia: "Parabens señor Saramago". O "parabéns a você" (que sempre detestei) é cantado por doze vozes e em três versões: a luso-brasileira, a moçambicana e a inglesa... Ray-Güde, que veio ontem de Frankfurt para estar connosco (outra feliz surpresa), deve ter achado conveniente não cantar em alemão. Quando apaguei a única vela que havia no bolo, descobri que afinal eram setenta e duas. Tantas. Agradeci como pude, Giovanni traduziu para os ingleses (com o que o discurso ganhou em coerência), parti o bolo como me competia. Depois, como ninguém se decidia, Pilar tomou a iniciativa de distribuir as fatias. Bebemos à saúde uns dos outros. Muito mudada deve estar a Inglaterra para que um escritor português, no dia do seu aniversário, tivesse o privilégio de ver-se festejado com tal cordialidade.

A leitura foi na Voice Box do Royal Festival Hall, perante cerca de cem pessoas. Nada mau. No fim, fomos todos jantar, toda a trupe, mais o Luís de Sousa Rebelo e a Maria Dolores, a um restaurante do outro lado da rua, extravagante lugar, encafuado num enorme arco de tijolos por cima do qual passavam comboios que faziam estremecer, como um terramoto, toda a estrutura. Amanhã, Vigo.

17 de novembro

Leio no *Faro* que o arcebispo de Santiago de Compostela concordou em restituir a Braga, após dois anos de minucioso expediente canónico, uns quantos ossos de mártires que dali haviam sido levados há oito séculos pelo célebre bispo Gelmírez, a saber, de santa Susana, s. Silvestre e s. Cucufate. Diz o jornal, um tanto irrespeitosamente, que o bispo galego não se dedicava apenas a evangelizar infiéis: quando lhe convinha, saqueava as terras que estavam sob o seu domínio, como era, no século XII, o caso de Braga. Daí a emigração forçada dos ossos, miraculosos, sem dúvida, porém não tanto que tivessem potência para fazer prevalecer a sua santa vontade: "Daqui não saímos, preferimos ficar em Braga". Agora, salomonicamente, resolveu-se dividir o bem pelas aldeias: metade das ossadas continuará em Santiago, a outra metade regressa a casa. Virão os preciosos ossinhos em urnas de metacrilato e prata, custodiadas, como merecem, pelo nosso eloquente e apreciado arcebispo Eurico Dias Nogueira. Dilata-se-me a alma de puríssimo gozo espiritual, e surpreendo-me mesmo a pensar se não deveria fechar, vender, abandonar a casa de Lanzarote, não para voltar a Lisboa, que ideia, mas para me instalar em Braga, onde certamente passaria a beneficiar-me do santo influxo dos bem-aventurados restos, ainda que, como sabemos, os milagres, quando nascem, ao contrário do Sol, não são para todos.

Outro jornal, *Diário 16*, informa-me de que, em Jacarta, aonde foi para participar na reunião dos dezoito países membros do Conselho de Cooperação Económica da Ásia e do Pacífico, o presidente dos Estados Unidos se limitou a pedir a Suharto que desse uma "maior autonomia" a Timor Leste, cientemente ignorando, portanto, a recusa das Nações Unidas a reconhecer a anexação do território pela Indonésia. O respeito de Clinton pelos direitos humanos é consoante, e obviamente nulo neste caso, quando iam ser assinados nada menos que 17 contratos entre multinacionais norte-americanas e a Indonésia, de valor equivalente a seis biliões de escudos... Direitos? Valores? Ética? Poupem-me, por favor, não me façam rir.

18 de novembro

Carmen Becerra, professora da Universidade de Vigo, autora de um excelente estudo sobre Torrente Ballester, apresentou-me com os excessos costumados nestas ocasiões, e eu ataquei o meu tema: *Será sábio quem se contenta com o espetáculo do mundo?* Como se vê logo, continuo a malhar no pobre Ricardo Reis, que não tem nenhuma culpa da supina inépcia que o Pessoa o obrigou a escrever. O meu objetivo era falar do compromisso na literatura, melhor dizendo, do compromisso cívico e político (não necessariamente partidário) do autor com o tempo em que vive. O público, que era numeroso (mais de quatrocentas pessoas), percebeu bem aonde eu queria chegar, e não fez depois perguntas tolas, como esta, por exemplo, ouvida tantas vezes noutros lugares: "Então vossemecê agora quer fazer da literatura panfleto?". Os sinais são claros na Europa: não tarda muito que os leitores comecem a perguntar-nos: "Olhe lá, senhor escritor, o senhor, além de escrever, o que é que faz?". E não adiantará que tentemos responder-lhes, do alto da nossa suposta infalibilidade: "O meu compromisso, pessoal e exclusivo, senhor leitor, é com a escrita, é com a minha obra". Declarações assim, aparentemente tão ascéticas, já não causam nenhum temor sagrado. O mundo ainda vai pedindo livros aos escritores, mas também espera que eles não se esqueçam de ser cidadãos de vez em quando. Em todo o caso, o melhor é não ter demasiadas ilusões: a doutrina Monroe, a tal do isolacionismo, foi inventada por escritores. Os norte-americanos limitaram-se a copiá-la.

19 de novembro

Durante uma volta que demos pela cidade velha, entrámos, Pilar e eu, numa livraria. Acompanhava-nos Marisa Real, diretora do Club Faro de Vigo, que foi a entidade que me convidou a vir cá. Pilar apartava uns quantos livros que queria levar, eu mirava distraidamente as prateleiras, ansioso por ir-me dali, porque Vigo é uma cidade pequena (sem ofensa aos brios de quem lá mora) e o meu retrato saíra nos jornais. Eis senão quando ouve-se uma voz cheia, redonda, que nem parecia de português, e que dizia, com um acento de irritação mal reprimida: "Vocês já o levaram, mas ele é nosso". Era um homem alto, grisalho, de porte atlético, rosto severo, a modos de juiz romano, ou assim mo fez ver a súbita sensação que experimentei, de ter sido apanhado em falta. Levei o caso a brincar, disse-lhe: "Olhe que ninguém me levou. Mudei foi de casa, de sítio de viver, mas continuo a ser quem era". Curiosamente, ele quase não me olhava, como se, apesar de tudo, quisesse poupar-me a uma acusação de traidor e renegado... Os espanhóis presentes faziam de conta que não era nada com eles, quando muito pensariam: "Estes portugueses são tão poucos que logo protestam quando lhes falta um". E enquanto eu sorria de modo constrangido, mas, no fundo, indecentemente deleitado, o agastado português foi-se embora, dizendo ainda: "Não se esqueçam, ele é nosso". E agora era a toda a Espanha que parecia dirigir-se.
Não faltam discípulos a Clinton. Interpelado por jornalistas portugueses sobre a venda de armas à Indonésia, Felipe González retorquiu que não via nesses fornecimentos nenhuma contradição com a importância que os direitos humanos têm para Espanha... Assim como se estivesse a dizer ao povo de Timor:

"Vocês têm o direito de viver e eu tenho o direito de vender as armas com que vos matam". Provavelmente, a linguagem dos políticos é a única real, e nós, os que continuamos a sonhar com uma vida de dignidade, não passamos de uns pobres idiotas...

21 de novembro

Em Lisboa. Zeferino conta-me que Agustina Bessa-Luís, convidada por um jornal a comentar o facto de eu a ter proposto para o Prémio União Latina, respondeu mais ou menos nestes termos: "Mostra que as diferenças ideológicas e políticas podem não ser obstáculo à convivência", e acrescentou: "Depois disto, começo a pensar se não deverei mudar de ideias...". Não lhe peço tanto, apenas que se decida um dia destes a reconhecer que há umas quantas coisas acerca das quais não tem a menor ideia...

No Instituto Cervantes, com Ángel Campos Pámpano, alma e coração da revista bilíngue *Espacio/Espaço Escrito*, de Badajoz, e Fernando Assis Pacheco, que deste lado ajuda a cuidá-la desde que ela nasceu. Tratava-se de chamar a atenção da assistência (quase toda composta por espanhóis) para a importância de uma publicação como esta. Justamente, dando o seu a seu dono, o Assis Pacheco recordou a personalidade e a obra de José Antonio Llardent, cujo amor pela literatura portuguesa o fez conceber o projeto e que não chegou a vê-lo realizado plenamente.

Quando a sessão acabou, aproximou-se de mim o Afonso Praça, da *Visão*, a perguntar-me se era mesmo verdade que Alvaro Cunhal vai publicar um romance. Na linha, dizia ele, de *Até amanhã, camaradas*. Que o Cáceres Monteiro, diretor da revista, julgava ter motivos para crer que eu estava por dentro do segredo. Respondi que era a primeira vez que ouvia falar de tal assunto, e o Praça observou-me desconfiado, com todo o ar de quem se recusa a acreditar. Não tive outro remédio que recorrer a meios de convencimento que já estão completamente fora de moda: dei a minha palavra de honra. O Praça olhou-me com uma expressão que tinha tudo de irónica piedade: afinal, eu não valia tanto que conhecesse, desde a raiz, os cometimentos literários de Álvaro Cunhal. Confesso que me senti um bocadinho vexado, como se saber desses cometimentos antes de qualquer outra pessoa fosse um direito meu que não tivesse sido respeitado...

22 de novembro

Na Caminho, o Francisco Melo confirmou: no dia 14 de dezembro será lançado o livro de Cunhal. Tive de jurar que não diria a ninguém. E aqui está: nem mesmo agora, nestas três semanas que faltam, posso ir deixando cair por aí uma meia palavra, um subentendido, uma insinuação maldisfarçada, uma piscadela de olho, um sorriso sabido: "Espero que compreendam a minha discrição...".
O que são as coisas. Estava no hotel, a descansar um pouco, e por desfastio liguei a televisão. Saiu-me a TVE, um programa da Euronews sobre a Bica. E não é que de repente me entrou no coração uma espécie de saudade pungente e irresistível de um bairro que conheço bem, mas onde nunca vivi? O mais absurdo, porém, é que não pensei sequer em sair para ir rever, com os meus próprios olhos, aquelas ruas empinadas, aquele ascensor de brinquedo, aquelas lojinhas arcaicas, aquelas pessoas sem tempo... Que perversão é esta? Como podem as imagens tomar assim o lugar da realidade?

23 de novembro

Em Lanzarote. Ontem foi a Assembleia Geral da Sociedade Portuguesa de Autores para eleição de novos corpos gerentes. Presidi pela última vez. Fizeram-me sócio honorário da Cooperativa. Em poucas palavras: fui-me abaixo, a comoção deu conta de mim. Agradeci com a voz estrangulada, aguentando mal o soluço que me apertava a garganta. Disse-lhes que esperava, no resto da minha vida, não vir a dar-lhes nunca motivos para que se arrependessem dos aplausos com que me brindavam, e se em casos destes podiam servir penhores ou garantias, eu não tinha mais para lhes oferecer que a minha vida passada. Depois, contei a história do português de Vigo e terminei dizendo: "Esse homem tinha razão. Sou vosso". Nunca fui tão abraçado, nunca vi tantos olhos húmidos. O mundo pode ser isto? Esta espécie de coração único?

24 de novembro

O cerco continua. Durante quanto tempo ainda resistirei? Um francês, Roger Bourdeau, que se apresenta como "amigo de longa data" do Manuel Costa e Silva, quer fazer um filme, uma curta-metragem, sobre "Desforra", o último conto de *Objeto quase*. A carta mostra uma sensibilidade e uma inteligência nada habituais nestas questões, muito no tom daquela que me foi escrita por Yvette Biro quando manifestou o seu interesse em adaptar ao cinema *A jangada de pedra*. Respondi a Roger Bourdeau que sim, que pode avançar com o projeto. Conservo ainda uma última linha de defesa, guardada para o momento em que conheça todos os dados do assunto. Curiosamente, o que mais me atrai nesta ideia é o facto de se tratar de uma curta-metragem... Também é certo que as quatro páginas do conto não davam para mais...

27 de novembro

Poder-se-ia imaginar que na Galiza, na comarca de Xinzo de Limia, fronteira ao nosso Minho, três pequenas aldeias — Rubiás, Santiago e Meaus —, implantadas numa reduzida franja de 3000 hectares, viveram durante cinco séculos independentes de Portugal e Espanha? De que estarão à espera os historiadores de lá e de cá, e também os romancistas, para irem instalar-se no Couto Mixto — como lhe chamam os próprios habitantes — e contar-nos o que foram esses cinco séculos de uma autonomia coletiva e pessoal autêntica? Digo autonomia pessoal e não exagero, uma vez que cada habitante do Couto Mixto podia escolher "nacionalidade" quando se casava: para tal bastava-lhe colocar um P (de Portugal) ou um G (de Galiza) — mas não o E de Espanha — na porta da sua casa... E, como se isto fosse pouco, alguns havia ainda que pintavam na porta uma cruz, desta maneira se isentando a si mesmos de impostos, como se dissessem, contrariando a prudente palavra de Jesus: "Esta casa pertence a Deus, e não a César. E Deus não tem por que pagar impostos a César". Onde estão os romancistas da Galiza? A União Europeia está a precisar de histórias destas...

29 de novembro

Morreu o Fernando Lopes-Graça. Telefonaram hoje da TSF, muito cedo, para pedir-me, como depois verifiquei no gravador, o cumprimento desse dever mediático a que se dá o nome de depoimento. Deixaram números de telefone, mas não liguei. Por pudor, acho eu. E agora acabo de saber, por Carmélia, que o Graça morreu sozinho. Creio que esta última solidão me doeu mais ainda que a própria morte. Não vai faltar quem diga que o Lopes-Graça, morrendo aos 88 anos, tinha vivido já a sua vida. Como frase de consolação, talvez sirva para quem se satisfaça com o que lhe foi dado. Por mim, penso que nunca acabamos de viver a nossa vida.

30 de novembro

Palavras iniciais da conferência que fui dar em Las Palmas, no Centro Insular de Cultura:
"Vivemos, nós os que habitamos nas Canárias, em sete jangadas de pedra erguidas pelo fogo e agora ancoradas no

mar, se não contarmos uns quantos ilhéus que são como barcas orgulhosas que não tivessem querido recolher-se ao porto. Embora não creia no destino, pergunto-me se ao escrever a minha *Jangada de pedra*, a outra, não estaria já buscando, sem o saber, a rota que sete anos depois me havia de levar a Lanzarote.

"Porém, a 'jangada de pedra' não é só o original e particular meio de transporte de que me sirvo para as grandes ocasiões: ela é também essa parte do mundo que nos leva e traz desde antes que pudéssemos chamar-nos a nós próprios portugueses e espanhóis, a velha península carregada de história e de cultura que cometeu o prodígio de fazer-se inteira ao mar para levar a Europa aonde ela não parecia capaz de ir pelas suas próprias artes e indústria. E se, cinco séculos depois, um discreto escritor português se atreveu a romper as amarras que nos prendem ao cais europeu, foi ainda para tentar persuadir a Europa, e em primeiro lugar a portugueses e espanhóis, de que já é tempo de olhar para o Sul, de respeitar o Sul, de pensar no Sul, de trabalhar com o Sul, e de que a possibilidade de um efetivo papel histórico dos povos da Península Ibérica no futuro depende da sua compreensão de que são, de um lado e do outro da fronteira, continentais, sim, mas também atlânticos e ultramarinos." E acrescentei, rematando assim a introdução: "Talvez possam entendê-lo melhor que ninguém estes sete 'adiantados' da Ibéria que são as ilhas Canárias, estas sete jangadas caldeadas por dois fogos, o do céu e o da terra. Não falo aqui dos Açores portugueses, que quase só olham para os Estados Unidos, nem da Madeira, que não consegue saber para onde há-de olhar...".

1 de dezembro

Para o *Jornal de Letras*, a pedido de Leonor Nunes, umas quantas palavras sobre a morte do Lopes-Graça. Aqui retenho estas: "Morreu o querido Graça, o amigo do coração, o camarada fidelíssimo e leal. Tudo isso acabou. Sim, já sei, a recordação, a memória, a saudade, a lembrança. Essas coisas duram, de facto, mas, porque duram, cansam. Um dia destes a evocação de Lopes-Graça só causará uma leve mágoa, que disfarçaremos contando uma das suas mil vezes repetidas anedotas. Buscaremos então o Graça onde ele verdadeiramente sempre esteve: nos seus livros, de uma linguagem puríssima que poderia servir de lição a escritores, principiando por este; nos seus discos, mas também nas salas de concerto, que não se lhe abriram tanto quanto deveriam enquanto viveu. O homem acabou, não podemos pedir-lhe mais nada, mas a obra aí ficou, à espera do que sejamos capazes de pedir a nós próprios. O justo juízo vem sempre depois, quase sempre tarde de mais. Talvez seja essa a causa do amargor de boca que sinto ao terminar estas linhas".

2 de dezembro

No *Avante!*, um excelente artigo de Pedro Ramos de Almeida: "O 'protetorado' português na União Europeia". O mote é dado, logo a abrir, por uma citação de Diogo Freitas do Amaral, notável pela franqueza. Diz ele: "A nossa independência nacional passou sempre, historicamente, pela colocação de Portugal sob a proteção de um poder mais forte". Em tão poucas palavras não se poderia dizer melhor. Durante séculos esse poder foi a Inglaterra, depois, na sequência da Segunda Guerra Mundial, passou a ser os Estados Unidos da América do Norte, agora é a União Europeia, amanhã será uma Alemanha ainda por enquanto mais interessada em firmar as bases económicas e financeiras do seu futuro domínio sobre a Europa, do que fazer demonstrações mediáticas de prestígio político, para inglês ver. Aqueles que ligeiramente vêm afirmando que a Alemanha é um anão político ao mesmo tempo que um gigante económico, não tardarão muito a ver-se surpreendidos pela rapidez com que esse anão vai crescer... No que a Portugal diz respeito, a diferença entre as situações de dependência em que vivemos ao longo da história e esta de agora, está precisamente, ao contrário do que pretende Ramos de Almeida, em termos deixado de ser um "protetorado", uma vez que a Europa, pelo menos visivelmente, não se encontra hoje dividida por conflitos de potências e portanto, como acontecia antes, partilhada em áreas de influência. A ameaça de perda de independência nacional é, consequentemente, mais forte do que nunca, não por efeito de qualquer tipo de absorção violenta, mas por um processo lento, de mesquinha e servil dissolução. Principiando com uma citação, Ramos de Almeida remata o seu artigo com outra: "Qualquer dia, Portugal já não é um país, mas um sítio. E ainda mais mal frequentado...". Quem foi que escreveu este sarcástico e doloroso prognóstico? Um violento e apaixonado antieuropeísta? Um retrógrado ultramontano? Um comunista despeitado? Não senhor, não foi nenhum deles: o autor deste arranhão brutal na nossa consciência, se ainda a temos e para alguma coisa nos serve, foi um escritor português chamado Eça de Queiroz...

4 de dezembro

Num artigo de Ângela Caires, publicado na *Visão*, sobre António Champalimaud, leio que o tio Henrique Sommer, em carta com valor testamentário dirigida às manas Albana e Maria Luísa, lhes recomendava que não se esquecessem de distribuir, pelo Natal, dois contos de réis à Sopa dos Pobres da Freguesia dos Anjos, de Lisboa. Naturalmente, o generoso Sommer (que em glória esteja) desejava que não sofresse mudanças, depois do seu passamento, a beneficente prática que instituíra. Quem poderia imaginar que esta informação, escrita ao correr da pena, viria lançar uma luz nova sobre a minha biografia secreta? De facto, não foram poucas as vezes, no tempo da adolescência, que ocupei um envergonhado lugar na fila de aspirantes à sopa e ao quarto de pão que se serviam naquele atarracado e soturno edifício fronteiro à Igreja dos Anjos... Mais ou menos por essa altura devo ter aprendido na aula de física e química da Escola

Industrial de Afonso Domingues o princípio dos vasos comunicantes, mas só hoje é que consegui perceber, sem reservas mentais nem dúvidas formais, como se efetua a transmissão da riqueza e do bem-estar dos que estão em cima para os que estão em baixo, do conto de réis para o quarto de pão, da fartura para a falta. Por muitos que fossem os seus pecados, Henrique Sommer nunca ficaria no inferno, sempre haveria uma concha da sopa para o tirar de lá...

5 de dezembro

Descansadamente, a um capítulo por dia, e às vezes menos, estou a reler, muitos anos depois da primeira vez, que ficara única até agora, o *Doktor Faustus* de Thomas Mann. Tudo nele me parece novo, só muito de longe em longe a memória reconhece no que vou lendo certas ideias, certas emoções, certas atmosferas captadas antes, e ainda assim de um modo vago, como se a imagem que nesse tempo registei tivesse sido percebida através de uma névoa que não me deixasse ver mais do que contornos difusos, borrões, pressentimentos. Agora, a páginas tantas, ocorreu-me pensar que a leitura deste *Doktor Faustus* deveria ser firmemente desaconselhada a quem quer que se propusesse consagrar-se ao trabalho de escrever, não, obviamente, porque não colhesse benefício dela, mas porque certamente, ao terminá-la, lhe cairiam os braços de desânimo, porque no silêncio da sua casa, com espelho ou sem ele diante de si, se perguntaria: "Vale a pena, depois disto?". Contra mim falo, que se o tivesse relido a tempo, provavelmente escolheria outra vida. Agora já não há remédio, o mal está feito...

6 de dezembro

Lido em Thomas Mann. Schleiermacher (1768-1834), que foi teólogo em Halle, definia a religião como "o sentido e o gosto do infinito". Se Deus consegue entrar nisto, então, digo eu, entrará apenas como um conto breve, como um resumo para decorar, ou como um pedaço de barbante sucessivamente trançado, destrançado e tornado a trançar para fazermos de conta que somos capazes de atar o todo ao todo, imaginando-lhe uns princípios e uns fins que possam dar algum significado a quem se encontra no meio de tudo, no meio do tempo, no meio do universo — nós, sem mais instrumento que a razão, sem mais recurso que fiar-se dela. A mim, a definição de Schleiermacher convém-me: todos cabemos lá dentro, os ateus e os nem tanto. O que já está claríssimo é que ninguém acredita menos em Deus que os teólogos...

Quanto eu gostaria de ter estado em Coimbra, na Semana Social Católica, para ouvir criticar ao Eduardo Lourenço este capitalismo que desgraçadamente nos governa. Quanto teria aplaudido palavras como estas: "O que há de novo no mundo contemporâneo não é o facto, nem mesmo o grau de inumanidade que a persistência da fome, da doença, da total exclusão de milhões de homens [teria preferido que dissesse seres humanos] de um mínimo de dignidade ou até de hipótese de sobrevivência revela, mas o facto de que esse fenómeno coexiste com o espetáculo de uma civilização aparentemente dotada de todos os meios, de todos os poderes para a abolir". Com uma violência que não está no seu natural (o que mostra a que ponto terá já chegado a sua exasperação), Eduardo Lourenço afastou a cortina beatífica dos otimismos finalistas e mostrou o que está por trás dela: o espetáculo monstruoso do mundo em que vivemos. Só não entendo o que quis ele dizer quando afirmou que "o capitalismo não cumpriu as promessas que fez décadas atrás". Que eu saiba, o capitalismo não fez nem faz promessas, nem então nem nunca, e essa, permito-me dizê-lo, é a sua honestidade, a única: não promete nada. Agora só falta que o Eduardo Lourenço se decida a proclamar, alto e bom som, que é urgente regressar ao pensamento socialista, que não existe outro caminho que possa restituir-nos, de forma plena, ao menos satisfatória, um sentido humano, humano autenticamente, de dignidade e de solidariedade. E que — digo eu agora — não devemos aceitar que a justa acusação e a justa denúncia dos inúmeros erros e crimes cometidos em nome do socialismo nos intimidem: a nossa escolha não tem por que ser feita entre socialismos que foram pervertidos e capitalismos perversos de origem, mas entre a humanidade que o socialismo pode ser e a inumanidade que o capitalismo sempre foi. Aquele "capitalismo de rosto humano", de que tanto se falou nas tais décadas atrás, não passava de uma máscara hipócrita. Por sua vez, o "capitalismo de Estado", funesta prática dos países ditos do "socialismo real", foi uma caricatura trágica do ideal socialista. Mas esse ideal, apesar de tão espezinhado e escarnecido, não morreu, perdura, continua a resistir: talvez por ser, simplesmente, embora como tal não venha mencionado nos dicionários, um sinónimo da esperança.

7 de dezembro

Da *História do cerco de Lisboa* (1989): "[...] em minha discreta opinião, senhor doutor, tudo quanto não for vida, é literatura, A história também, A história sobretudo, sem querer ofender, E a pintura, e a música, A música anda a resistir desde que nasceu, ora vai, ora vem, quer livrar-se da palavra, suponho que por inveja, mas regressa sempre à obediência, E a pintura, Ora, a pintura não é mais do que literatura feita com pincéis [...]".

Do *Doktor Faustus* (1947): "Música e linguagem, segundo ele [Adrian Leverkühn], andavam juntas: na realidade, formavam uma coisa só: a linguagem era música, a música, linguagem, e, separadas, cada uma delas esforçava-se por chegar à outra, imitava-a, tomava dela os meios de expressão, pois cada uma tentava substituir a outra sempre".

O Eclesiastes tinha razão: "O que foi, ainda será; o que foi feito, far-se-á: não há nada de novo, debaixo do sol. Ninguém pode dizer: 'Aqui está uma coisa nova', porque ela já existia nos tempos passados".

Um pé na realidade, que é verdade provavelmente, outro pé na imaginação, que é mentira necessariamente.

8 de dezembro

Reflexão depois da leitura do ensaio *Il viaggio come metafora della conoscenza nel "Manual de Pintura e Caligrafia"*, de Roberto Mulinacci: Toda a viagem é imaginária porque toda a viagem é memória.

9 de dezembro

De há uns dias para cá que anda a frequentar-me, de modo recorrente, obsessivo, um sonho que é, creio eu, uma variante de um outro que muitas vezes sonhei em tempos passados. Nessa época, o sonho consistia em estar folheando, passando sucessivas páginas impressas, muitas páginas, que eu *sabia* terem sido escritas por mim, mas que não conseguia ler, embora não houvesse dúvida de que se tratava de palavras portuguesas. A diferença, agora, é que as palavras são de uma língua que *parece* portuguesa, ou, melhor dizendo, no meu sonho tenho a certeza de que as palavras são portuguesas, todas elas, mas encontro-as deformadas, há letras que *vejo* estarem ali no lugar doutras, porém não consigo *ver* que palavra foi, por este processo, escondida no interior daquela que os olhos veem. De tudo isto resulta um forte sentimento de inquietação, tantalizante, que roça a angústia, como alguém que, no limiar de uma porta, fizesse esforços contínuos para entrar, sem o conseguir... A análise mais óbvia deste sonho não deixaria de explicá-lo como consequência de eu estar vivendo rodeado de castelhano por todos os lados, como uma ilha no centro de outra ilha, mas a curiosa verdade é que nenhuma dessas palavras enigmáticas me *parece* espanhola. No caso de o sonho voltar, procurarei estar atento, a ver se percebo melhor o que tudo isto significa, mas o mais provável, depois do que aqui fica escrito (se os psicanalistas têm razão), é que o sonho não volte...

11 de dezembro

Voando de Lanzarote para Madrid, em pleno céu, portanto em lugar bem mais propício a revelações que a confusa e mal-avinda terra onde se diz que tais coisas têm sucedido, sobreveio-me, não como ao Alberto Caeiro "um sonho como uma fotografia", mas a percepção de uma hipótese cosmogónica que me parece merecedora de alguma atenção. A minha proposição inicial, que me atrevo a considerar indiscutível, é de que Deus criou o universo porque *se sentia* só. Em todo o tempo antes, isto é, desde que a eternidade começara, *tinha estado* só, mas, como não *se sentia* só, não necessitava inventar uma coisa tão complicada como é o universo. Com o que Deus não contara é que, mesmo perante o espetáculo magnífico das nebulosas e dos buracos negros, o tal sentimento de solidão persistisse em atormentá-lo. Pensou, pensou, e ao cabo de muito pensar fez a mulher, *que não era à sua imagem e semelhança*. Logo, tendo-a feito, viu que era bom. Mais tarde, quando compreendeu que só se curaria definitivamente do mal de estar só deitando-se com ela, verificou que era ainda melhor. Até aqui tudo muito próprio e natural, nem era preciso ser-se Deus para chegar a esta conclusão. Passado algum tempo, e sem que seja possível saber se a previsão do acidente biológico já estava na mente divina, nasceu um menino, esse sim, *à imagem e semelhança de Deus*. O menino cresceu, fez-se rapaz e homem. Ora, como a Deus não lhe passou pela cabeça a simples ideia de criar outra mulher para a dar ao jovem, o sentimento de solidão que havia apoquentado o pai não tardou a repetir-se no filho, e aí entrou o diabo. Como era de esperar, o primeiro impulso de Deus foi acabar logo ali com a incestuosa espécie, mas deu-lhe de repente um cansaço, um fastio de ter de repetir a criação, porque de facto nem o universo lhe parecia já tão magnífico como antes. Dir-se-á que, sendo Deus, podia fazer quantos universos quisesse, mas isso equivale a desconhecer a natureza profunda de Deus: logicamente, fizera este porque era o melhor dos universos possíveis, não podia fazer outro porque forçosamente teria de ser menos bom que este. Além disso, o que Deus agora menos desejava era ver-se outra vez só. Contentou-se portanto com expulsar as suas desonestas e mal-agradecidas criaturas, jurando a si mesmo que as não perderia de vista no futuro, nem à perversa descendência, no caso de a terem. E foi assim que começou tudo. Deus teve portanto duas razões para conservar a espécie humana: em primeiro lugar, para a castigar, como merecia, mas também, ó divina fragilidade, para que ela lhe fizesse companhia.

12 de dezembro

Em Roma. O Prémio União Latina foi para Vincenzo Consolo. Depois da primeira roda, em que, como era natural, cada membro do júri começou por votar no autor que havia proposto, tornou-se imediatamente claro que o escritor que se seguia na ordem de preferência era Consolo. Daí à unanimidade foi um passo.

13 de dezembro

Conversa com alunos e professores, mais de uma centena de assistentes, no Centro de Estudos Brasileiros, na Piazza Navonna. Para não fugir à regra, falei de mais (passou de duas horas), mas acho que não aborreci ninguém. Maria Lúcia Verdi, a diretora do Centro, comentava comigo no fim: "Que bom deve ser dizer exatamente o que pensa, sem outro cuidado que o respeito devido a quem ouve, mas sem que esse cuidado o faça calar". Respondi-lhe que há um momento em que compreendemos que todo o fingimento é infame.

Havendo Deus, há só um Deus. Dele, desse Deus único, é que teriam provindo as revelações que levaram ao judaísmo, ao cristianismo e ao islamismo. Ora, como essas revelações, quer no espírito quer na forma, não são iguais entre si (e deveriam sê-lo, uma vez que nasceram da mesma fonte), infere-se que Deus é histórico, que Deus é simples História. Por outras palavras: quando a História precisa de um Deus, fabrica-o.

14 de dezembro

Quando nos dirigíamos à Embaixada de Portugal, onde desta vez se faria a entrega do prémio, Vincenzo Consolo disse-me que Leonardo Sciascia lhe falara um dia da estima em que tinha o meu trabalho: "A sua escrita e a sua personalidade", foram as palavras de Consolo. Fiquei muito feliz porque poderia esperar tudo menos que me dessem em Roma um prémio assim, mas melancólico também porque Sciascia (a quem nunca encontrei) já cá não está para lhe agradecer o bom juízo que fazia de mim...

Decidi retirar-me do júri do Prémio União Latina. Por nenhum motivo especial, apenas por cansaço, ou por compreender que cinco anos a decidir sobre méritos alheios tinham ido desaguar numa pergunta: "Com que direito?". Desejo ao escritor português que me substituirá uma satisfação igual à que recolhi do facto de ter representado Portugal num foro literário com tanto de discreto quanto de sério.

19 de dezembro

O mundo muda, mas menos do que parece. Vai para uns vinte e três ou vinte e quatro anos, não recordo agora se na *Capital* ou no *Jornal do Fundão*, publiquei uma crónica (um tanto sibilina como elas tinham de ser na época) a que chamei "Jogam as brancas e ganham". Nela estranhava (ou fingia estranhar) que nos problemas do jogo de damas, por baixo da representação das pedras no tabuleiro, sempre aparecessem essas palavras: jogam as brancas e ganham. Depois de uns quantos rodeios tácticos, destinados a levar mais convincentes águas ao meu moinho, e com uma inocência obviamente falsa, perguntava: por que é nunca se diz jogam as pretas e ganham, ou jogam as brancas e perdem? E rematava assim: "Uma frase numa página de jornal, meia dúzia de palavras insignificantes, impessoais — e vai-se a ver, há nelas motivo de sobra para reflexão. Só me falta recomendar ao leitor que aplique o método no seu dia a dia: pegue nas palavras, pese-as, meça-as, veja a maneira como se ligam, o que exprimem, decifre o arzinho velhaco com que dizem uma coisa por outra — e venha-me cá dizer se não se sente melhor depois de as ter esfolado...".

Tantos anos passados, continuo a pensar que às palavras há que arrancar-lhes a pele. Não há outra maneira para perceber de que são feitas. A velha crónica veio-me à memória quando estava a ler num jornal daqui a notícia de que Mario Conde ia ser ouvido pelo juiz instrutor do processo movido contra ele e outros ex-administradores do Banco Espanhol de Crédito, ou Banesto, como é mais conhecido. Dizia o jornalista: "Frente a frente, durante dez ou vinte horas, Mario Conde e Manuel García Castellón vão protagonizar um desses episódios da nossa história democrática que ficarão na retina de todos os espanhóis. Sem mais testemunhas que o procurador Florentino Ortín, o advogado Mariano Gómez de Liaño e Teresa, a secretária...". A transcrição acaba aqui, o que se segue não interessa. As palavras que temos de esfolar são só estas. Observemos então os nomes: Mario é, claro está, quase por antonomásia, Mario Conde, Manuel não se satisfaria com ser García, é também Castellón, Florentino é indubitavelmente Ortín, Gómez de Liaño está lá para arredondar o sentido de Mariano. E Teresa? Teresa é simplesmente isso, Teresa, a secretária... Primeira conclusão: tratando-se de uma subalterna, de uma inferior ("Teresa, traga-me um café"), os apelidos são postos de lado porque complicariam a fluidez da comunicação... Muito bem. Puxemos agora um pouco mais a pele das palavras, não nos preocupemos com o sangue que corre, este sadismo é dos bons. E se em vez de secretária fosse secretário, se em vez de mulher fosse homem? Teria o autor do artigo escrito, por exemplo, Alfonso, o secretário? Ou acrescentar-lhe-ia os apelidos todos, como a homem se deve?... Meditemos, irmãos.

20 de dezembro

Não sei se diga. Não sei se diga que vim a Paris, não sei se diga que participei pela primeira vez na assembleia da Academia Universal das Culturas e que nela botei fala crítica, tão protestativa quanto doridamente patriótica. Se digo, que dirão? Que não devia dizer, que deveria ter dito outra coisa, tudo menos que fui a Paris e que me receberam na Academia, aquela. Portanto não digo que infelizmente Jorge Amado não estava, mas que estavam, entre outros de que não tinha notícia anterior, Elie Wiesel, Umberto Eco, Wole Soyinka, Paul Ricoeur, Jacques Le Goff, Ismail Kadaré, Jorge Semprún. Também não digo que conheci com gosto e proveito o libanês Amin Maalouf, o tunisino Mohamed Talbi, o israelita Joseph Ciechanover, uns tantos outros de aqui e de além, de que não farei menção para não alongar mais o que não digo. Limitar-me-ei a dizer umas quantas palavras daquelas que não disse:

"Quando se pede a um português uma definição breve do seu país, as explicações previsíveis, pondo de parte alguma diferença de pormenor, são, invariavelmente, duas: a primeira, ingénua, otimista, proclamará que jamais existiu, debaixo do Sol, outra terra tão notável e tão admirável gente; a segunda, pelo contrário, corrosiva e pessimista, nega essas sublimadas excelências e afirma que, últimos entre os últimos no continente europeu desde há quatro séculos, nessa situação ainda hoje nos comprazemos, mesmo quando protestamos dela querer sair.

"Procuram os otimistas encontrar em tudo razões para que os portugueses possam vangloriar-se duma identidade, duma cultura, duma história alegadamente superiores, como se história, cultura e identidade, qualquer que seja o grau de comparabilidade recíproca admissível, não fossem radicalmente inseparáveis, em causa e efeito, da própria relação social, conflitiva ou harmoniosa, dos seres humanos no tempo.

"Já os pessimistas, propensos, em geral, a uma percepção relativizadora dos factos, afirmam que a história e a cultura portuguesas, projetadas na época dos Descobrimentos em todas as direções do globo, não foram, depois deles, e hoje, no limiar de integrações de todo o tipo que se anunciam arrasadoras, igualmente não parecem, essa história e essa cultura, bastante sólidas para defender, preservar e intensificar a identidade de um povo que, com demasiada frequência, cai na simpleza de gabar-se de viver dentro das mais antigas fronteiras da Europa, como se o facto, inegável, se devesse exclusivamente a méritos próprios, e não, como a história ensina, aos acasos da geografia e à evidente insignificância estratégica da região."

Também não disse:

"Ao longo de quatro séculos vivemos o que poderia denominar-se a expressão endémica duma subalternidade estrutural, atravessada por surtos agudos de intervenção estrangeira direta, como foi o caso do pró-consulado de William Beresford, o general inglês que foi para Portugal em 1809, com a missão de reorganizar o exército desmantelado em consequência da primeira invasão napoleónica, e que no país se manteve até 1820, exercendo um poder que foi, primeiro, rigoroso, depois abusivo, e finalmente ditatorial. Do mesmo nosso aliado britânico viria mais tarde, em 1890, a brutalidade e a humilhação do Ultimatum, sem dúvida um episódio menor no quadro mundial das disputas coloniais da época, mas que se configurou como ocasião para uma daquelas erupções de passionalidade patriótica com que, de longe em longe, procura equilibrar-se vitalmente a habitual passividade portuguesa. Chegou-se ao ponto de promover uma subscrição nacional para a compra de navios de guerra, a qual, sendo tão escassos os recursos do país, não deu para mais que a aquisição de um cruzador, construído em Itália, que entrou em Lisboa sete anos depois. Tinha razão Antero de

Quental quando escreveu, no meio do mais indignado ardor das manifestações públicas, estas lúcidas e implacáveis palavras que deveriam ter-nos servido de lição para o futuro: 'O nosso maior inimigo não é o inglês, somos nós mesmos...'."

Igualmente não disse:

"Acabados de sair duma longa e traumatizante guerra colonial, teria sido desejável que os Portugueses tivessem podido pensar sobre si mesmos, examinando o seu passado e o seu presente, para depois, pelos caminhos de uma consciência criticamente nova, acertarem o passo com a Modernidade, sendo, porém, primeira condição desse ajuste novo o apuramento e desenvolvimento de mais amplas capacidades de autorregeneração, e não a simples adoção, voluntária ou forçada, de modelos alheios que, no final das contas, já demasiado o sabemos, muito melhor servem a alheios interesses.

"Porém, a História tinha pressa, a História não podia esperar que os portugueses parassem para pensar em si mesmos, fazendo algo parecido com um exame do seu sentido histórico, num trabalho sério de reflexão coletiva que lhes permitisse identificar claramente as causas estruturais, mas também ideológicas e psicológicas, da sua tendência a aceitarem ser, como por uma espécie de determinismo congénito, um parceiro menor, e de certa maneira nisso se satisfazerem, talvez porque essa subordinação lhes permite, por um lado, exercitar a paixão da lamentação e do protesto contra as constantes incompreensões e injustiças dos poderosos, paixão essa acrescida de um fechar-se em si mesmos a que chamam orgulho nacional, e, por outro lado, persistir em interpretações messiânicas do destino português, atualizando-as e adaptando-as, melhor ou pior, às novas realidades exteriores.

"Bastará recordar a *Mensagem* de Fernando Pessoa, agora retomada por novos visionários de todas as idades, porventura de uma maneira menos primariamente 'patriótica', dificilmente adotável por aqueles outros, os pragmáticos, que se preocupam, sobretudo, com decorar e repetir, como se seu fosse, o discurso europeu oficial, abandonando, por antiquados, os sonhos pessoanos de um império espiritual português, exceto nos casos em que tal discurso se mostre ainda ideologicamente vantajoso para uso interno, ainda assim muito mais com o objetivo de ornamentar com citações literárias a banalidade da nova retórica política do que por convicta adesão a esses retardados messianismos."

O que vem a seguir também não foi dito:

"Interessante, porém, será observar como uns e outros, os visionários e os pragmáticos, coincidem numa visão finalmente providencialista: enquanto os primeiros teimam em colocar num tempo sucessivamente adiado a hora em que Portugal se *achará* a si mesmo, os outros, prosseguindo um percurso mental semelhante, colocam as suas esperanças nas benesses materiais da União Europeia, graças ao que, com mínimo esforço próprio e como por um efeito mecânico de 'arrastamento', consequência do processo integrador geral, todos os problemas portugueses se *acharão* resolvidos, com as evidentes vantagens do dinheiro fácil, do curto prazo, das datas à vista, em lugar da infinita espera de um infinito futuro.

"Tudo considerado, creio poder dizer-se, quanto aos primeiros, que lhes é bastante indiferente o que Portugal venha a ser, desde que *seja* (mesmo apresentando-se tão pouco nítido o *ser* que é possível deduzir das suas nebulosas especulações); quanto aos segundos, tão-pouco essa questão lhes parece importante, porque, não tendo uma ideia precisa do que Portugal poderia ser, estão decididos a transformá-lo *noutra coisa* o mais depressa possível, e, sendo tão faltos de imaginação criadora, não serão capazes de fazer melhor que pagar, por qualquer preço, o modelo europeu prêt-à-porter, onde o corpo português terá de entrar, com jeito ou à força, consoante as exigências de cada momento, reduzindo-o no que sobrar ou esticando-o até à completa ruptura social e cultural."

E finalmente não disse:

"Portugal não foi capaz, até hoje, nem parece preparado para o fazer, de definir e executar um projeto nacional próprio, obviamente enquadrável, sendo as coisas o que são, na União

Europeia, mas não exclusivamente tributário dela, porquanto uma definitiva dependência económica (ressalvando o que na palavra *definitivo* há de demasiado categórico) não deixará de acarretar uma dependência política e cultural não menos definitiva. O que, no decorrer dos tempos, foi começado por incipientes interesses dinásticos, depois continuado por razões imperiosas de estratégia militar, será inevitavelmente consolidado pela lógica de ferro dos condicionamentos políticos e culturais que resultarão duma organização planificada, não só da produção e da distribuição, mas também do consumo...

"Não parecem estas evidências perturbar excessivamente os governantes europeus. Menos ainda, talvez, os governantes portugueses, se tenho em conta a resposta dada por um deles — hoje festejado comissário da União Europeia —, ao serem-lhe apontados os perigos duma diminuição da soberania nacional por efeito da aplicação do Tratado de Maastricht: 'Ainda no século passado, um governo português não chegou a tomar posse por a isso se ter oposto o almirante duma esquadra inglesa fundeada no Tejo...'. E sorriu ao dizê-lo, provavelmente porque, a partir de agora, as ordens, ferindo ou não a legitimidade dos governos e a dignidade dos povos, vão passar a ser dadas por um civil — e de Bruxelas."

Realmente, não sei se diga. É que teria de dizer que vim a Paris, que vim à assembleia da Academia Universal das Culturas, e isso já se sabe que não pode ser dito. Não faltaria mais.

22 de dezembro

Chegou a revista mexicana *Plural*, aquele anunciado número sobre o autor dos *Cadernos de Lanzarote* e outras obras. Registar o facto dá-me a ocasião de agradecer publicamente a quantos nela escreveram (do México, de Espanha, do Uruguai, do Brasil, de Portugal), a saber, pela ordem por que aparecem publicados os textos respectivos: Adrián Huici, Saúl Ibargoyen, José Manuel Mendes, Fernando Venâncio, Teresa Cristina

Cerdeira da Silva, Eduardo Lourenço, E. M. de Melo e Castro, Rodolfo Alonso, Ángel Crespo, Fermín Ramírez e Claudia San Román. Durante horas, ou dias, ou semanas, estas pessoas andaram a pensar no autor dos *Cadernos de Lanzarote* e depois escreveram sobre ele, neste caso para dizerem bem. Quanto lhes agradeço. Neste momento não encontro melhor modo de expressar-lhes a minha gratidão que passar para aqui os versos de uma canção espanhola recentemente ouvida:

> *El amor es una barca*
> *Con dos remos en la mar*
> *Un remo lo mueven mis manos*
> *Otro lo mueve el azar*

Quem diz amor, também diria obra ou vida. Escrever sobre o que outro escreveu é, quase sempre, um ato de amor, e mesmo quando a tinta é, ou parece que seja, a do ódio, provavelmente, se bem procurássemos, encontraríamos lá no fundo uma certa porção de amor que a inveja e o despeito acabaram por aniquilar. Neste *Plural* está o meu remo — obra, vida — remando tão a direito quanto sabe e pode, e está também o remo de *el azar*, esse acaso feliz que trouxe à minha existência tantos e tão inteligentes, tão sensíveis amigos.

23 de dezembro

Recebo três exemplares do livro de Francisco Umbral, *Madrid 1940*, para o qual escrevi a introdução que passo a transcrever, tentado pela ideia de que, juntando a tiragem dele à tiragem destes *Cadernos*, quase atingiremos as estrelas... Eis o que digo:
"Espanha tem mil portas, muitas mais que as do castelo do Barba-Azul, que não passavam de sete. Mas, assim como à humanidade talvez fosse possível compendiá-la em uma pessoa única, a partir da qual, depois, invertendo taumaturgicamente a operação, voltaríamos a encontrar a multiplicidade inicial,

também essas mil portas de Espanha, malha labiríntica por excelência, poderiam ser convertidas nas sete portas simbólicas do conto de Perrault, atenuado ou não o seu horror final pelas revisitações do mito. Mil ou sete elas sejam, as portas de Espanha abrem-se, uma após outra, para o sangue, para as armas, para os tesouros, para as rosas, para o sol deslumbrante, para as lágrimas, para a sombra. Dir-se-á que destas contradições, relativamente suportáveis no quotidiano, agónicas nas crises, se fez e faz a história de todos os povos, não apenas a de Espanha. Assim é, mas as medidas de Espanha oscilaram sempre entre o excelso e o terrível, como um pêndulo que parecesse implacável simplesmente por não poder escolher outro caminho.

"Este livro de Francisco Umbral, romance de um acontecido ou reinvenção literária de factos, escancara com violência, como quem desbridasse uma chaga para atingir o fundo do mal, a mais trágica porta da Espanha moderna: a guerra civil. Que o título da obra não nos iluda ao parecer situar-nos, temporalmente, no ano seguinte ao do termo do conflito, e, localmente, no martirizado Madrid. A verdade das páginas de Umbral é outra: a guerra não acabou, a guerra vai continuar, abrange toda a Espanha e não apenas um espaço habitado entre Fuencarral e Carabanchel. Os bombardeiros descansam no chão, as bandeiras recolheram a quartéis, mas a guerra prossegue, uma guerra larvar, de extermínio insidioso, lento, que procede as mais das vezes a ocultas, escondendo-se em câmaras abomináveis de tortura, por trás de portas que só se abrem para deixar entrar e sair a morte.

"Um tal ajuste de contas, frio, cruel, para ser metodicamente desenvolvido, necessitava um novo protagonista: o delator. Esses seres, feitos de abjeção, inveja e ódio, herdeiros e continuadores de um espírito inquisidor que sempre prosperou na Península Ibérica, tinham já feito o seu trabalho sujo durante a guerra, mas agora, quando a linha da frente deixou de separar os combatentes, quando os uniformes e as insígnias, por serem todos do mesmo lado, o dos vencedores, deixaram de servir para distinguir os 'maus' dos 'bons' eis que se oferecia, de par em par, repleto de promessas de triunfo social e seduções de poder, o campo de ação do delator ideológico, ou simplesmente vingativo, ou ambicioso simplesmente. Que obscuras razões, porém, terão levado Francisco Umbral a escolher para desempenhar o miserável papel de delator 'disposto a tudo' um aspirante ao exercício das letras, com algumas provas dadas em jornais da província — não sabemos. É certo que para o seu Mariano Armijo, regressado a Madrid depois de ter vivido a guerra 'em zona nacional e tranquila', tanto se lhe dava, em princípio, vir a instalar-se em jornais como em repartições, em editoriais como em esquadras de polícia — mas, tendo começado por exercitar-se em um pouco de tudo, não tardará a encontrar a sua autêntica vocação: denunciante pela pena. Umbral, conhecedor completo das teias mortais em que se enreda a vida, busca entender a personagem. Identifica as causas da sua perversão, enumera-lhe os desvios, expõe o itinerário das suas fragilidades (sem esquecer aquelas que, apesar de tudo, são ainda selo de humanidade) — mas o juízo final não é por isso menos implacável: nenhum delator merece perdão, a nenhum será lícito conceder a graça do olvido.

"Esta história do contínuo rebaixamento de um espírito que atinge o último grau de baixeza ao servir-se cientemente dos demais, creio tê-la escrito Francisco Umbral como um protesto contra o esquecimento, contra o que chamamos 'a curta memória dos povos'. Os factos estão aí, tão trágicos em si mesmos que o romancista quase poderia ter-se limitado a encadeá-los numa intriga linear que desse satisfação mais ou menos lógica às expectativas do leitor. Ora, nem a intriga é linear, nem a linguagem — o estilo incomparável de Umbral — se contentou com ser o mero suporte de um curso narrativo. Esse ninho de escorpiões entrelaçados, mordendo-se uns aos outros, que foi a primeira Espanha franquista, encontrou em Francisco Umbral um analista corajoso e frontal: que ninguém se atreva agora a dizer 'não sabia', ou 'sim, ouvi falar, mas são histórias que pertencem ao passado'. Puro engano. Por muito que possa doer àqueles que ainda se obstinam em confiar que um dia se há-de humanizar a espécie a que pertencemos, Mariano Armijo é imortal. Não o esqueçamos."

24 de dezembro

Santana Lopes saiu do governo, transferiu-se para a reserva de candidatos a futuros chefes. Pergunto-me que terei eu que ver com estes novelos, se vivo em Lanzarote? De facto, a notícia nem me aqueceu nem me arrefeceu. Sejam quais forem as suas causas, esta demissão não muda nada. Dos políticos que continuam, dentro do governo ou que o governo apoiam, começando por Cavaco Silva (de quem se diz que também está de malas aviadas, o que me parece história da carochinha), é justificado dizer que uns serão mais Santanas que Lopes e outros mais Lopes que Santanas, mas todos são Santana Lopes...

25 de dezembro

Há cerca de um mês apareceu-nos aqui outro cão, uma cadela terrier de Yorkshire, de raça pura. Não sabemos donde veio, até agora não apareceram a reclamá-la, apesar de termos informado imediatamente a polícia e a associação protetora de animais. Pepe começou por recebê-la com desconfiança, perplexo diante do tamanho diminuto da intrusa, depois confundido pelas liberdades e descaros que ela desde logo passou a permitir-se, como se a casa fosse sua. Agora começa a olhá-la com um ar que eu classificaria de resignada benevolência, suponho que disposto a esperar que ela venha a tornar-se naquilo que ele já é: um cão sério, maduro, ciente do seu papel de guarda e protetor da família. Ora, disse Marga, a veterinária, que a cadelinha ainda não fez um ano, portanto Pepe terá de esperar... Ou não. Algo me diz que a cadela não ficará connosco. Mais dia menos dia aparecem-nos aí os donos: um bichinho destes vale cento e cinquenta contos, não é nenhum desperdício. Esse não foi o caso de Pepe, evidente produto de uma irregularidade de acasalamento. Pepe, quando nos apareceu, era um cão infeliz, abandonado. Esta fulana não, impertinente, irresponsável, ou se perdeu, ou fugiu. E tanto se lhe dá que os donos chorem o dinheiro perdido e o amor transviado, o que ela quer é que lhe cocem a barriga.

26 de dezembro

Dizem-me que em Nápoles há o costume, não sei se de sempre ou destes dias, de mandar vir um café e pagar mais do que se tomou. Por exemplo, quatro pessoas entram, sentam-se, pedem quatro cafés e dizem: "E mais três em suspenso". Passado um bocado aparece um pobre à porta e pergunta: "Há por aí algum café em suspenso?". O empregado olha o registo dos adiantados, a verificar o saldo, e diz: "Há". O pobre entra, bebe o café e vai-se embora, suponho que agradecendo a caridade. A mim, parece-me isto bem. Trata-se de uma solidariedade barata, é certo, mas se este espírito se fortalece acabaremos por ir ao restaurante e pagar dois almoços, entrar numa sapataria e pagar dois pares de sapatos, comprar um frango e deixar dois pagos, e tudo na mesma conformidade. Aliás, parece que não iremos ter outro remédio. Como o Estado cumpre cada vez menos e cada vez pior as suas obrigações para com os cidadãos, caberá a estes tomar conta da sociedade antes que nos tornemos todos, exceto os ricos e riquíssimos, em pobres de pedir, e portanto sem ninguém que nos pague um cafezinho.

27 de dezembro

O meu último ato como presidente da Assembleia Geral da SPA (que o sou até 31 de dezembro) deve ter sido este de enviar aos quatro principais partidos espanhóis (Partido Socialista Obrero Español, Partido Popular, Izquierda Unida e

Convergencia i Unió) uma carta pedindo que não seja aprovada nas Cortes uma proposta de emenda à Lei de Propriedade Intelectual apresentada pelo PP e por CiU no sentido de a comunicação de emissões de rádio e televisão em lugares públicos ser isenta do pagamento de direitos. PP e CiU pretendem, desta maneira, lançar às malvas a Convenção de Berna, de que a Espanha é signatária. Caso as Cortes espanholas venham a aprovar a desastrosa emenda, e considerando quão facilmente prosperam os maus exemplos, não tardará muito que o precedente contagie Portugal, onde a Procuradoria-Geral da República continua a abundar em idêntico e aberrativo parecer. Felizmente os tribunais portugueses têm decidido até agora pelo acatamento da Convenção. A votação nas Cortes está marcada para hoje e já leva voto favorável do Senado. Temo bem que, graças à gula de eleitores do Partido Popular e de Convergencia i Unió (porque é disso que se trata, nada mais), os bares, cafés, restaurantes, hotéis etc., tenham saído vencedores. Entre os votos, aliás sempre duvidosos, de uns quantos artistas e compositores e os da multidão daqueles que virão a lucrar com a emenda, os partidos proponentes acharam que a escolha era óbvia, fácil e conveniente. Resta saber como se teriam comportado PSOE e Izquierda Unida. Foram lidas as cartas? Duvido. E se foram, que atenção lhes deram? Calculo que pouca... Tanto mais que eu não voto em Espanha.

29 de dezembro

A emenda não passou. Por escassa diferença de votos, é certo, mas não passou. A "maioria de esquerda", a tal que existe, mas não funciona, funcionou desta vez...

30 de dezembro

Tenho andado, nestes dias, a esforçar-me por dar suficiente

satisfação à correspondência que recebo, sabendo de antemão que os resultados, como de costume, irão ficar aquém dos desejos, o mesmo que querer esvaziar o mar com um balde... Com quase dois meses de atraso consegui responder hoje a uma carta de um leitor alemão que vive em Portugal. O que eu lhe escrevi importa pouco, não vale a pena passá-lo para aqui, mas a carta dele, sim, é-me gratíssimo transcrevê-la. Não tem mais erros de ortografia nem mostra mais dificuldades de expressão do que teriam e mostrariam as cartas de alguns milhões de portugueses... Reza assim:

"Cinco minutos antes lia o seu artigo na revista *Merian* de Alemanha. [Trata-se de um texto crítico sobre a vida portuguesa que ali publiquei em 1993.] Posso assinar este artigo absolutamente! Oh, desculpe esquecia de apresentar-me. Chamo-me Tom Hamann, sou alemão e vivo em Portugal um Ano e meio agora. Gosto muito o país. Porquê? Não sei. É um sentimento so. Foi por aqui primeira vez com dezasseis anos e tenho um sentimento muito mais forte por Portugal do que por Alemanha. Agora provo fazer uma vida aqui junto com minha mulher (ela é de Suíça). Moramos em umas tendas sobre um tereno de amigos portugueses. Fazemos trabalhos pequenos (limpar, pintar etc.) e também negoçios pequenos (vendemos cousas nas feiras etc.). Chega? Chega!

"O seu artigo desenha um quadro muito exato do situaçao aqui em Portugal. Sento e penso mesma cousa. É uma pena! Conheco o Portugal agora por quize anos e o país já muda muito! Europa vai matar a identidade e o curaçao de Portugal. Dinheiro, negoçio e burrograçia não fazem a vida, mas matam os sentimentos e os sonhos. Não sei quando o senhor tem interessa para os meus sentimentos, mas tinha escrever isto. Pinto um bocadinho só para me, e porque lia o seu artigo agora vo mandar umas fotografias de os meus quadros. Quando o senhor gosta, tenho muito prazer! Boa sorte e energia para você, e faça favor nunca fecha a boca? Obrigado."

Eu é que agradeço, Tom Hamann. E prometo-lhe que não fecharei a boca...

31 de dezembro

Escrevo entre as 12 da noite e as 12 da noite. A Península já entrou em 1995, aqui ainda nos restam vinte minutos de 1994 para viver. Em Canárias não fazemos as coisas por menos: necessitamos vinte e quatro badaladas para passar de um ano a outro. Os amigos que vieram de Portugal e de Espanha olham desconfiados os relógios, por pouco dirão que não sabem onde se encontram. De um deles, Javier Ryoio, sociólogo e escritor, sei eu que dormiu há dez anos no Hotel Bragança, de Lisboa, na cama que foi de Ricardo Reis. O tempo é uma tira de elástico que estica e encolhe. Estar perto ou longe, lá ou cá, só depende da vontade. Na Península já se apagaram os fogos-de-artifício. A noite de Lanzarote é cálida, tranquila. Ninguém mais no mundo quer esta paz?

DIÁRIO III

A Pilar
A José Manuel Mendes

2 de janeiro de 1995

Assim como veio, assim se foi. Não vieram reclamá-la os donos, simplesmente saltou o muro baixo e desapareceu. Mais ou menos a essa hora, em La Santa, debatíamos com amigos a grave questão do nome que teríamos de pôr-lhe. Saltou o muro e desapareceu, foi a notícia que nos deu Juan José quando regressámos a casa, ao fim da tarde. Buscá-la no meio destes campos pardos, enegrecidos, não poderia ser diferente de procurar uma agulha num palheiro. Ainda assim, batemos os arredores até que se fez noite. Sumiu-se a cadelinha a que chamei impertinente e irresponsável, deixando-nos com esta pergunta: que impulso subido de dentro ou que tentação do mundo a levaram a abandonar o bom trato e o carinho que lhe dávamos, a renunciar à festa de viver que foram para ela as semanas que esteve connosco?

3 de janeiro

Não tenho culpa de que o *Evangelho* volte tantas vezes a estas páginas. Quem o traz aqui são os leitores, os que gostaram e os que detestaram, aqueles que foram tocados no coração e aqueles a quem se lhes revolveu a bílis. Esta carta veio de Israel e assinam-na Martha e Yakov Amir. Suponho que são mulher e marido. Agradecem-me a "grande experiência espiritual" que representou, para eles, a leitura do romance, louvam-me pelo conhecimento que demonstro ter das "condições" do país, vão mesmo ao ponto de dizer: "É como se o senhor estivesse em Israel há anos e soubesse mais sobre ele do que muitas pessoas que passaram a vida inteira aqui". Depois perguntam-me por que coloquei eu o nascimento de Jesus no tempo da Páscoa, em lugar da época em que a Igreja o situou, em dezembro. Responder-lhes-ei com o que já nem sequer é um ponto discutível: que a data de 25 de dezembro só desde o século IV é celebrada como Natal de Cristo e que a escolha do dia, feita pelas antigas autoridades cristãs, obedeceu a razões práticas e simbólicas. No Império Romano, esse dia marcava o começo das saturnais, que eram as festas mais populares do ano. Também astronomicamente esse dia era importante porque o sol de inverno principiava a regressar ao zénite dos céus de verão. Após a morte literal e simbólica do inverno, o ciclo das estações continuava e a vida recomeçava. Situar nessa época o nascimento de Jesus significava, no plano simbólico, que a vida se renovava e que o renascimento espiritual era possível.

 Quanto a ter feito nascer Jesus na Páscoa, suponho que são bastante convincentes (são-no para mim) as razões que decorrem de duas passagens evangélicas. A primeira passagem (Lucas 2,7) refere-se aos pastores, e diz assim: "Na mesma região, encontravam-se uns pastores, que pernoitavam nos campos, guardando os seus rebanhos durante a noite". (Não é crível, penso, que no inverno os rebanhos passassem as noites ao ar livre...) A segunda passagem (Lucas 2,41-42) é ainda mais explícita: "Seus pais [de Jesus] iam todos os anos a Jerusalém, pela festa da Páscoa./ Quando chegou aos doze anos, subiram até lá, segundo o costume dos dias de festa". (Não creio que seja forçar o texto e concluir ao arripio da lógica admitir que Jesus fazia anos precisamente na Páscoa, coincidindo portanto o seu aniversário com a subida a Jerusalém.)

4 de janeiro

A cadela está novamente em casa. Não tornou por seu pé, porque, mesmo que tal quisesse, não saberia dar com o caminho, a primeira vez trouxe-a o acaso. Foi encontrada por Pilar e Javier, perto daqui, no meio da estrada. Teve sorte. É verdade que nestes sítios o trânsito é menos que moderado, mas um condutor, como os há tantos, desatento ou indiferente, podia ter-lhe acabado com a vida. Já lhe demos nome — passou a chamar-se Greta, pode ser que com um nome de gente se deixe convencer de que faz parte da família. Este era um dos nomes em debate, e ela escolheu-o: no alvoroço do inesperado encontro, Pilar gritou *Greta!*, e ela virou a cabeça...

5 de janeiro

Leio *Diálogos sobre el mito de Antígona y el sacrifício de Abraham*, de Pierre Boutang e George Steiner. Na introdução de Boutang há uma referência a uma conversa que Steiner manteve com Ramin Jahanbegloo, em 1992, em que ele expressa o "pessimismo profundo que lhe inspiram o nosso século e o mundo moderno, o domínio norte-americano, mas também a probabilidade de uma situação imperial da Alemanha na nova Europa". Está bem que seja George Steiner a dizê-lo: a ele não se lhe pode chamar ignorante, conservador ou comunista... É cada vez mais necessário afirmar, com toda a clareza, que em nenhum momento da História (e este em que vivemos não é excepção) o mundo terá sido o melhor dos mundos possíveis. E que não serão os supostos benefícios de um progresso e de um desenvolvimento como os entende e propina o senhor dos nossos destinos — o poder financeiro internacional —, que tornarão o mundo no lugar simplesmente decente em que, apesar de tudo, mereceríamos viver. Quanto ao domínio norte-americano, creio ser ele uma invencível fatalidade: conhecemos-lhe as causas, não lhe ignoramos as intenções, e nada disso foi suficiente para que soubéssemos resistir aos metódicos processos de compressão e laminação cultural de que estamos a ser objeto, com as nossas culturas históricas a perderem rapidamente a espessura vital e a coesão. Numa Europa incapaz de questionar-se a si própria, a postura hoje mais comum é a de uma resignação que tocou o fundo. Escusado será dizer que nenhum estado de espírito poderia convir melhor a um projeto imperial alemão que deixou de dar-se ao trabalho de se disfarçar: ainda o jogo ia no princípio, e já o tínhamos perdido...

6 de janeiro

A sugestão que fiz em Lisboa, de que o Prémio Stendhal, para melhor justificar o nome que tem, passasse a interessar-se também pelas questões culturais, tomou por um desvio que a vai retirar do âmbito dos meios de comunicação social, em que supus vantajoso mantê-la. A minha ideia continua a parecer-me simples e efetiva: não entendo por que os *media* europeus se têm aplicado exclusiva e obsessivamente a comentar, com melhor ou pior proveito e fortuna, o processo de integração da Europa nos seus aspectos económicos, financeiros e políticos, deixando de parte a análise das consequências que vai ter na cultura, umas já visíveis, outras bastante previsíveis. Sugeri portanto que a imprensa, a rádio e a televisão fossem solicitadas a orientar igualmente o foco das suas atenções para as questões culturais, tanto no plano geral europeu como no nacional e particular. Do que se vai tratar, informa-me agora Dorio Mutti, presidente da Fundação Adelphi, organizadora do Prémio Stendhal, é de analisar os projetos culturais (nos domínios literário, arquitetónico, social etc.) já em curso na Europa, após o que serão propostos ao júri três ou quatro finalistas. É alguma coisa, mas não alcança os objetivos da sugestão que apresentei: trazer ao conhecimento e ao debate públicos os problemas culturais resultantes da integração europeia.

7 de janeiro

Monstros... Nem Frankenstein, nem Drácula, esses são uns pobres inocentes feitos de papel e celuloide, quando parece que matam, não mataram, quando parece que morrem, ressuscitam, tanto fingem a morte como fingem a vida, provavelmente por isso é que não temos a coragem de matá-los de uma vez. Os autênticos monstros são outros, dormem sem pesadelos, tomam o pequeno--almoço com a família, queixam-se de quanto lhes custa o esforço quotidiano, mas que remédio, um homem tem o dever de cuidar dos seus, da educação dos filhos, e depois vêm para a rua, conversam com os amigos e os conhecidos, leem o jornal e abanam a cabeça, dorida do estado em que se encontra o triste mundo em que vivem. Alguns gostam de música, alguns cultivam flores, têm animaizinhos de estimação, sofrem e rejubilam por causa do seu clube de futebol, e há-os até que, neste tempo de pouca e mal sentida fé, continuam a frequentar a igreja. Hoje vão fechar uns negócios, em primeiro lugar uma partida de fetos humanos originários da Rússia, que serão exportados para a Alemanha e para o Japão, onde têm grande necessidade deles as indústrias de cosmética: certos cremes de beleza e unguentos do mesmo estilo não são nada se não levam o seu fetozinho tenro. O outro negócio pendente que hoje rematarão é um fornecimento de rins e córneas em excelentes condições, que algumas clínicas ocidentais pagam por qualquer preço, a bem de pacientes que necessitam transplantes e que por qualquer preço estão dispostos a pagá-los. Fui ver ao mapa onde fica Urqueira, povoação de que nunca tinha ouvido falar, e mais prezo-me de conhecer menos mal o país em que nasci, terra de brandos costumes, como toda a gente sabe. Está mesmo ali, no norte do distrito de Santarém, a uns dez quilómetros de Vila Nova de Ourém. Tem uma Caixa de Crédito Agrícola que, segundo se descobriu e a polícia investiga, fazia parte duma rede de falsificação de meios de pagamento a traficantes de órgãos humanos. Graças a Deus, imagino, os diretores da Caixa nunca tocaram com as suas honestas mãos os fetos congelados: só faziam a contabilidade, passavam cheques e guardavam as comissões. Para a educação dos filhos, claro.

8 de janeiro

Há tempos prometi a Lakis Proguidis, para o seu *L'Atelier du Roman*, um ensaio sobre Ernesto Sabato, para o qual até já dispunha de título, uma vez que, como é minha incorrigível tineta, batizo sempre a criança antes de ela ter nascido. Chamar-se-ia *O olhar sobrevivente*. O condicional já está aí a dizer que a promessa não chegou a ser cumprida. Talvez regresse um dia a esse projeto, mas nunca antes de me libertar da legião de cegos que me rodeia. Aliás, é bem possível que o título me tenha vindo, por desconhecidos caminhos, daquele "olhar sobrevivente" que, em sentido literal, existe no *Ensaio sobre a cegueira*. Isso e, por diferentes vias, o *Informe sobre cegos* do mesmo Sabato (onde o número de cegos não conta comparado com os do *Ensaio*...), é o que provavelmente me terá levado ao título desse outro "ensaio" que ficou por escrever.
Ocorrem-me estas lembranças ao terminar de ler a recensão que Ignacio Echevarria faz do livro *Diálogos sobre el mito de Antigona y el sacrifício de Abraham* a que fiz referência há poucos dias, e de um outro livro, também mencionado na mesma ocasião, *George Steiner en diálogo con Ramin Jahanbegloo*. Não conheço com suficiência bastante a obra de Steiner para confrontar pontos de vista meus com os de Echevarria. Em todo o caso, parece-me redutora e parcial uma leitura que atribui a Steiner o propósito de recuperar o sentido perdido do mundo "através da experiência estética, da restituição de uma transcendência que emana da obra de arte". Bem ingénuo seria Steiner, acho eu, se pusesse na experiência estética, por mais sublime que ela fosse, as esperanças que tenha (se é que as tem) de dar sentido a um mundo que ele próprio declara ter já deixado de ser o seu. Nem vejo como se transitaria da percepção de uma suposta transcendência de raiz estética àquilo que, no fim de contas, é o moti-

vo condutor do pensamento de Steiner, condensado nestas suas palavras: "Todas as minhas categorias são éticas". Partindo daqui, creio que se tornam claras as razões por que George Steiner se considera a si mesmo um "sobrevivente", razões que serão semelhantes, se não analiso mal, às que julgo ter encontrado em Sabato, semelhantes também às de Leonardo Sciascia, semelhantes ainda às de Günter Grass... Afinal, talvez o mundo devesse dar um pouco mais de atenção ao que ainda têm para dizer-lhe os "sobreviventes". Antes que se acabem...

9 de janeiro

Duzentas e vinte milhas a nordeste de Lanzarote, o mar grosso meteu no fundo um barco de pesca português. Leio que, entre tripulantes marroquinos e portugueses, morreram vinte pescadores. O barco era de Sesimbra e chamava-se *Menino de Deus*. Têm-me dito que Deus e Alá estão em toda a parte, como é próprio de deuses. Não duvido que estejam, mas não salvaram os seus meninos...

11 de janeiro

Carlos Câmara Leme, do *Público*, pediu-me, a propósito da próxima publicação duma edição crítica dos poemas de Ricardo Reis, umas palavras que recordassem as circunstâncias em que os li pela primeira vez. Escrevi o que segue:
"Não era risonha, e de certeza não era franca completamente. Refiro-me à escola. Chamava-se de Afonso Domingues, vizinha do lado da Igreja da Madre de Deus, paredes meias com o Asilo de Maria Pia, que era onde se corrigiam os rapazes maus daquele tempo. A escola era industrial, mas está claro que não preparava industriais: preparava gente para as oficinas. Também, havendo na família suficientes teres e cumpridos os necessários exames de admissão aos escalões seguintes — Instituto Industrial e Instituto

Superior Técnico —, podia-se chegar a agente técnico ou a engenheiro. A maior parte tinha de contentar-se com os cinco anos do curso (que podia ser de serralharia mecânica, serralharia civil ou carpintaria) e ia à vida. Levava umas luzes gerais de matemática e de mecânica, de desenho de máquinas, de física e química, de francês, de ciências da natureza, o suficiente de português para escrever sem erros — e literatura. Sim, nos remotíssimos anos 30 aprendia-se literatura portuguesa no ensino industrial. Ora, quem diz literatura, diz biblioteca: a Afonso Domingues tinha uma biblioteca, um lugar escuro, misterioso, com altas estantes envidraçadas e muitos livros lá dentro. Nisto de livros, os meus amores (estava na idade, andava pelos 16, 17 anos) iam sobretudo para a Biblioteca Municipal do Palácio das Galveias, no Campo Pequeno, mas foi em Xabregas, na Escola de Afonso Domingues, que começou a escrever-se *O ano da morte de Ricardo Reis*. Um dia, numa das minhas incursões à biblioteca da escola (estava a chegar ao fim do curso) encontrei um livro encadernado que tinha dentro, não um livro como se espera que um livro seja, mas uma revista. Chamava-se *Athena*, e foi para mim como outro sol que tivesse nascido. Talvez alguma vez seja capaz de descrever esses momentos. O que certamente não conseguirei explicar é a razão por que me abalaram tão profundamente as odes de Ricardo Reis ali publicadas, em particular as que começam por *Seguro assento na coluna firme/ Dos versos em que fico*, ou *Ponho na altiva mente o fixo esforço*, ou *Melhor destino que o de conhecer-se/ Não frui quem mente frui*. Nesse momento (ignorante que eu era) acreditei que realmente existia ou existira em Portugal um poeta que se chamava Ricardo Reis, autor daqueles poemas que ao mesmo tempo me fascinavam e assustavam. Mas foi anos mais tarde, poucos, no princípio dos anos 40, quando Adolfo Casais Monteiro publicou uma antologia de Pessoa (então já eu sabia isso dos heterónimos), que uns quantos versos de Ricardo Reis se me impuseram como uma divisa, um ponto de honra, uma regra imperativa que iria ser meu dever, para todo o sempre, cumprir e acatar. Eram eles estes:

Para ser grande, sê inteiro: nada
Teu exagera ou exclui.
Sê todo em cada coisa. Põe quanto és
No mínimo que fazes.
Assim em cada lago a lua toda
Brilha, porque alta vive.

Durou uns anos. Fiz o que pude para não ficar atrás do que se me ordenava. Depois compreendi que não podiam chegar-me as forças a tanto, que só raros deveriam ser capazes de *ser tudo em cada coisa*. O próprio Pessoa, que foi grande mesmo, ainda que de outra forma de grandeza, nunca foi inteiro... Logo... Não tive outro remédio que tornar-me humano."

12 de janeiro

E vão três. Suspeito que os cães de Lanzarote andam a passar palavra uns aos outros. Agora é uma cadela de uma raça a que aqui chamam sato, cor de amarelo-torrado, de pernas curtas e cauda flamejante, com uma cabeça lindíssima e terna. Tem uma anca derreada, de alguma pancada que levou. Desde há três dias que não nos larga a porta. Demos-lhe comida e água, em que começou por não tocar. Tremia, assustada. Depois foi-se tranquilizando, comeu e matou a sede. Pepe e Greta não foram simpáticos ao princípio, mas não tardaram muito a aceitá-la, depois do costumado cerimonial de rodeios, rosnidos e fungadelas. A situação agora é esta: a cadela passa a noite aqui, pela manhã sai, anda por fora o dia todo, e regressa ao cair da tarde. Hoje trazia companhia: uma cadela grande, esbelta, preta, de pernas altas e orelha fita. Contra o desejo de Pilar, não as quis deixar entrar, nem a uma nem a outra, mas arranjaram modo de saltar o muro, subindo a umas pedras que estão do lado de fora. Olhando, por acaso, da janela do escritório, dei com a cadela preta no meio do jardim, enquanto a amarela levantava interrogativamente o focinho para mim, imagino que a ver se eu me zangava. Da cadela grande não temos nada a temer: a sua casa está lá em baixo, ao fundo da encosta. Apeteceu-lhe dar um passeio, encontrou a amiga, ela disse-lhe: "Anda daí, conheço uma gente gira", e veio ver que tal. Mas o problema agora é a sato: Pilar diz que vai contra a sua religião pôr fora um animal que a procurou, muito menos se está achacado. Hoje, enquanto jantávamos, os três caninos estiveram na bela camaradagem. Tinham comido, achavam que o mundo é formidável. Que vamos fazer?

José Manuel Mendes pergunta-me num fim de carta: "Como vai o *Ensaio*?". Vou responder-lhe com uma palavra simples: "Avança". Provavelmente, ele pensará: "Enfim... já não era sem tempo".

13 de janeiro

A experiência pessoal e as leituras só valem o que a memória tiver retido delas. Quem tenha lido com alguma atenção os meus livros sabe que, para além das histórias que eles vão contando, o que ali há é um contínuo trabalho sobre os materiais da memória, ou, para dizê-lo com mais precisão, sobre a memória que vou tendo daquilo que, no passado, já foi memória sucessivamente acrescentada e reorganizada, à procura de uma coerência própria em cada momento seu e meu. Talvez essa desejada coerência só comece a desenhar um sentido quando nos aproximamos do fim da vida e a memória se nos apresenta como um continente a redescobrir.

15 de janeiro

Contra mim falo: o melhor que às vezes os livros têm são as epígrafes que lhes servem de credencial e carta de rumos. *Objeto quase*, por exemplo, ficaria perfeito se só contivesse a página que leva a citação de Marx e Engels. Lamentavelmente, a crítica salta por cima dessas excelências e vai aplicar as suas lupas e os seus escalpelos ao menos merecedor que vem depois. Não foi esse o caso de um certo crítico que, atento à matéria, não deixou passar em claro a epígrafe da *História do cerco de Lisboa*, aquela que diz: "Enquanto não alcançares a verdade, não poderás corrigi-la. Porém, se a não corrigires, não a alcançarás". São palavras do *Livro dos conselhos*, confirmava com toda a seriedade, movido provavelmente por uma reminiscência, de direta ou indireta via, do *Leal conselheiro* de d. Duarte. Ora, convém dizer que são também palavras do *Livro* as que irão servir agora de epígrafe ao *Ensaio sobre a cegueira*, em andamento. Estas rezam assim: "Se podes olhar, vê. Se podes ver, repara". Espero que o bem-intencionado crítico, tendo refletido sobre a profundidade do asserto, não se esqueça, com idêntica circunspeção, de mencionar a fonte, salvo se, desta vez, tomado de súbita desconfiança ou de científico escrúpulo, se decidir a perguntar: "Que diabo de *Livro dos conselhos* é este?".

16 de janeiro

O *Livro dos conselhos* não existe.

17 de janeiro

Sempre se morre demasiado cedo. Miguel Torga sai do mundo aos 87 anos, depois de uma longa e dolorosa doença. Dirão os piedosos que foi um alívio para ele, os resignados que já vivera bastante, os pragmáticos que a sua obra estava feita. Todos têm razão, nenhum a tem toda — se a minha opinião serve para alguma coisa. Porque há uma diferença entre estar morto Torga e estar Torga vivo. Talvez ele já não tivesse muito para dizer: chega sempre o momento em que a energia da palavra se esgota. Além disso, sabemos que a morte não poderá apagar nenhuma das palavras que escreveu. O que extingue a vida e os seus sinais não é a morte, mas o esquecimento. A diferença entre morte e vida é essa. O que conta para nós, neste caso, é outra diferença muito mais humana: a diferença entre estar e não estar. Podia Torga não escrever uma linha mais — mas estava aí. E agora deixou de estar.

Não conheci Miguel Torga. Nunca o procurei, nunca lhe escrevi. Limitei-me a lê-lo, a admirá-lo muitas vezes, outras não tanto. Foi só de leitor a minha relação com ele. Algumas vezes, nestes últimos tempos, os nossos nomes apareceram juntos, e sempre que tal sucedia não podia evitar o pensamento de que o meu lugar não era ali. Por uma espécie de superstição induzida pela pessoa que foi e pela obra que criou? Não creio. O motivo é certamente muito mais sutil do que aquele que se poderia deduzir de um mero balanço de qualidades suas e defeitos meus. Achava que havia em Torga algo que eu gostaria de ter, e não tinha: o direito ganho por uma obra com uma dimensão em todos os sentidos fora do comum, a música profunda de uma sabedoria que nascera da vida e que à vida voltava, para se tornarem, ambas, mais ricas e generosas. Que Torga não era generoso, dizem-me. Mas eu falo de outra generosidade, a que se entranha nesse movimento de vaivém que em raríssimos casos une o homem à sua terra e a terra toda ao homem.

Demasiado cedo morreu Miguel Torga. Compreendo agora quanto gostaria de tê-lo conhecido. Demasiado tarde.

18 de janeiro

Sou, simplesmente, uma pessoa com algumas ideias que lhe têm servido de razoável governo em todas as circunstâncias, boas ou más, da vida. Costuma-se dizer que o melhor partido para um crente é comportar-se como se Deus estivesse sempre a olhar para ele, situação, imagino eu, que nenhum ser humano terá estofo para aguentar, ou então é porque já estará muito perto de tornar-se, ele próprio, Deus. De todo o modo, e aproveitando o símile, o que eu tenho feito é imaginar que essas tais ideias minhas, estando dentro de mim como devem, também estão fora — e me observam. E realmente não sei o que será mais duro: se prestar contas a Deus, por intermédio dos seus representantes, ou às ideias, que os não têm. Segundo consta, Deus perdoa tudo — o que é uma excelente perspectiva para os que nele acreditem. As ideias, essas, não perdoam. Ou vivemos nós com elas, ou elas viverão contra nós — se não as respeitámos.

19 de janeiro

Chegou-me uma carta de Itália, de um autor teatral chamado Francesco di Maggio, que me informa estar a trabalhar nas crónicas de *A bagagem do viajante* e *Deste mundo e do outro*, com vista a um espetáculo sobre o tema da infância e da memória, destinado a crianças, e também a programas de promoção de leitura nas bibliotecas. Tem título: *Dieci storie di José*... Di Maggio diz-me que já trabalhou com Yannis Ritsos, o autor de *Crisótemis*, e agora propõe-se vir a Lanzarote para conversar comigo. Não há dúvidas, o teatro persegue-me...

Como era de esperar, a cadela sato ficou a fazer companhia a Pepe e Greta... Agora são três os cães que andam pela casa. De vez em quando Pepe irrita-se com Greta, que é o mais impertinente dos seres vivos, persegue-a com toda a ferocidade de que é capaz, mas é a fingir, não chega nunca a morder-lhe. A descarada responde ladrando num tom de tal maneira agudo que parece perfurar-nos os ouvidos. Por fim, rende-se, e fazem as pazes. A tudo isto assiste impávida Chica — foi o nome que lhe demos —, com a serenidade de quem já viu muito mundo e comeu o pão que o diabo dos cães amassou... Digo que são três os cães, mas de vez em quando aparece-nos no jardim a cadela preta, aquela grande, de pernas altas. Por mim, acho bem. Uma amizade não se acaba só por os amigos estarem a viver em casas diferentes.

20 de janeiro

Uma empresa produtora de filmes inglesa quer saber se ainda se encontram livres os direitos de adaptação cinematográfica da

Jangada de pedra. As coisas complicam-se, portanto. Primeiro, a minha estimada Yvette Biro, de Nova Iorque, agora estes de além-Mancha. Não sei aonde isto irá parar. Evidentemente, a prioridade tem-na Yvette, e não é nem vai ser minha intenção retirar-lha. O melhor é que se entendam uns com os outros, e logo veremos.

21 de janeiro

Sobre a fotografia:
As mãos levantam a câmara fotográfica à altura dos olhos e o mundo desaparece. Rápido ou lento, segundo o grau de urgência ou de provocação da imagem que vai ser captada, o movimento das mãos respondeu a um estímulo visual. Agora, por trás do visor, o olho fará reaparecer, não o mundo, mas um fragmento dele, o pouco que pode caber num retângulo cujos lados, como lâminas insensíveis, talham e cerceiam o corpo da realidade. Naquele derradeiro e ínfimo instante que precede o disparo da objetiva, e como se ao longo das linhas que imperativamente limitam o visor existisse uma rede de microscópicas condutas, o mundo exterior ainda procurará penetrar no espaço que lhe foi retirado, para nele deixar um sinal da sua obliterada dimensão. Fragmento de um todo ou da sua aparência, cada fotografia, por sua vez, é fragmento de fragmentos, e, por um movimento de aproximação e expansão em todas as direções, ao mesmo tempo que pelo movimento contrário de conversão ao ponto de resolução que finalmente é, torna-se, na imagem única que apresenta, leitura múltipla do mundo. Mas isso só mais tarde nos será mostrado, quando a imagem apreendida tiver passado, *revelada*, ao papel. Então saberemos verdadeiramente o que havíamos visto quando e onde apenas julgávamos não ter feito mais do que olhar.
Espalhamos as fotografias diante de nós, dispomo-las por temas, assuntos, afinidades, queremos que umas façam perguntas e outras respondam, desejaríamos que contassem uma história,

mesmo que breve, mesmo que não viéssemos a conhecer-lhe o fim. Mas parece ser do natural das imagens, ainda quando colhidas de um mesmo objeto e num período mínimo de tempo, resistirem a perder a sua identidade: cada uma delas quererá ser, por supostas e exclusivas virtudes suas, o alfa e o ómega, não só da compreensão de si mesma mas também de todas as decifrações possíveis do espaço invisível que a rodeia, dessa ausência representada pela brancura das margens. O que a fotografia não pode mostrar é precisamente o que emprestaria sentido de realidade ao que estiver mostrando. Por isso talvez seja correto afirmar que o olho que vê a fotografia, justamente por ser fotografia o que vê, não é o mesmo, ainda que o mesmo seja, que olhou e viu uma parte do mundo para fotografá-la.

22 de janeiro

Sobre rostos e mãos:
Há quem fotografe rostos procurando nos seus traços o caminho para um espírito que se crê habitar por detrás deles; há quem se contente com captar a superfície plana e óbvia de uma beleza ou de uma fealdade inexplicáveis em si mesmas; há quem aceite deixar-se surpreender pela fotografia que fez, tal como espera que venha a surpreender-se o observador dela. Além de uma imagem, que será então o rosto para o fotógrafo? Um discurso, uma voz, uma pluralidade de discursos e de vozes? Expressivos até à fronteira do inefável, os rostos são o que mais facilmente mostramos e o que mais frequentemente ocultamos. Os rostos só são verdadeiramente autênticos quando desprevenidos: o medo, a cólera, um impulso que não pôde vigiar-se, exprimem a verdade total de um rosto. Em situações não extremas, o rosto é quase sempre, e só, *um certo rosto referido a uma certa situação*. É por isso que ele é capaz de revestir-se tão facilmente de expressões *úteis*, simulando um sentimento que não experimenta, uma emoção quando o pulso se mantém firme e o coração sossegado, um interesse quando está indiferente. Ou o contrário.

Sendo, sem dúvida, instrumentos da vontade, da necessidade ou do desejo, as mãos são, não obstante, incomparavelmente mais livres que o rosto. Compomos a expressão da cara, não guiamos a expressão das mãos, e, se em alguma ocasião o tentamos, não tarda que recuperem o seu autónomo modo de ser, contradizendo muitas vezes, sem que nos dêmos conta, o que o rosto, artificiosamente, quer fazer acreditar. Dizem os antropólogos que a elas, em grande parte, devemos o cérebro que temos. Não custa nada a crer que assim seja, tão fácil é saber o que um cérebro é, só por olhar o que fazem as mãos.

24 de janeiro

Cavaco Silva anunciou a sua retirada política: que deixará a presidência do PSD, depois do congresso do partido, e que não será candidato a primeiro-ministro nas eleições legislativas, em outubro. Sobre a eleição para a presidência da República, no ano que vem, não disse palavra. O silêncio poderia significar que conservará essa carta de reserva, à espera de que as circunstâncias venham a convertê-la em trunfo, mas o mais provável é ser ele o refúgio que ainda resta a quem resiste a reconhecer o seu falhanço político. Aliás, é duvidoso que depois da guerra de sucessão que vai principiar, com precários primeiros vencedores e vencidos não resignados, um PSD dividido, mal curado da longa orfandade de Sá Carneiro e agora sob o trauma de um abandono inesperado, estivesse de humor pacífico para apresentar como seu candidato à presidência da República alguém que, ou muito eu me engano, vai ser apontado como responsável de todos os males presentes e futuros do partido. Nunca estimei este homem, mas confesso que gostaria de conhecer o percurso mental, os movimentos de razão e de psique que o levaram a tomar esta decisão. Caso singular: ao anunciar a sua retirada, Cavaco Silva tornou-se num sujeito relativamente interessante...

25 de janeiro

Por causa de um artigo publicado em *Der Spiegel*, o escritor turco Yashar Kemal foi processado pelas autoridades do seu país sob a acusação de "propaganda separatista". Imagino que o "crime" do autor de *Memed* terá sido uma tomada de posição em defesa dos curdos e contra o implacável extermínio de que vêm sendo vítimas perante a indiferença da chamada comunidade internacional. À NATO, tão intransigente defensora de liberdades alheias quando isso sirva de proveito ao interesse das suas, não lhe causa nenhuns engulhos ter no seu seio um país cujo governo comete todos os dias crimes contra a humanidade. E se um escritor se levanta e diz a palavra necessária, aquela que poderia, se fosse escutada, ajudar a limpar e reconstruir a honra perdida, o Estado, essa criação sobre todas monstruosa, sai-se a dizer que é traição e separatismo, e mete o escritor na cadeia. Yashar Kemal ainda não está preso, mas talvez não tarde. Assim vai o mundo em que temos a dita de viver.

26 de janeiro

Uma boa notícia. O programa radiofónico inglês *Pensamento do Dia*, até agora reservado a teólogos e sacerdotes, decidiu conceder também uns minutos aos ateus que professem publicamente a sua fé na inexistência de Deus. Segundo leio, a BBC fala do ateísmo como "uma das grandes fés da humanidade". Pois não é malvisto, não senhor. Uma vez que nem a existência nem a inexistência de um Deus podem ser provadas e demonstradas, tudo se resumirá a ter fé em uma ou em outra... Por mim, já se sabe: fico com aquela que já tinha. E agradeço à BBC o seu respeito pelo ateísmo, chame-se ele fé, filosofia ou ética. O nome é o menos, o que conta é a atitude.

27 de janeiro

Continuamos na mesma onda. José Felicidade Alves publicou agora um livro — *Jesus de Nazaré segundo os testemunhos da primeira geração cristã* — que, segundo ele próprio diz, terá sido mais ou menos suscitado pela leitura do (meu) *Evangelho*. Por uma leitura discordante, acrescente-se. Não se pronunciando sobre "a parte literária" do romance por "não ser extremamente sensível" a esse aspecto (declaração desconcertante, vinda de alguém que precisamente é assessor literário de uma editora...), Felicidade Alves, embora esteja de acordo com os maus-tratos que dei a Deus, considera que não mostrei suficiente acatamento pela "figura respeitável que é Jesus de Nazaré". Diz mais: que o Jesus do meu livro "é um imbecil, um indeciso". Por muitas e distintas razões, estimo José Felicidade Alves, mas estas palavras deixaram-me perplexo. Que demónio de leitura terá ele feito do romance para concluir que fiz de Jesus um "imbecil"? Indeciso, talvez, pelas mesmas razões que um qualquer de nós o poderá ser diante de circunstâncias que nos excedam — e que maior excesso que ver-se um pobre ser humano às voltas com Deus? Mas "imbecil"? Será "imbecil" o rapazinho que discute com o escriba no Templo? Será "imbecil" o homem capaz de viver e partilhar um amor como o de Maria de Magdala? Será "imbecil" o taumaturgo que renuncia a ressuscitar Lázaro porque essa ressurreição não seria mais do que um truque, uma prestidigitação, uma demonstração gratuita do poder de Deus? Será "imbecil" o agonizante que, espetado na cruz aonde Deus o levou, lucidamente grita "Homens, perdoai-lhe porque ele não sabe o que fez"? Felicidade Alves diz que leu o romance duas vezes. Agradeço-lhe o escrúpulo, mas já agora permito-me sugerir-lhe, se tiver paciência para tanto, que o leia ainda uma terceira. Com a condição, se me permite também, de ir olhando mais para o homem que se chama Jesus e menos para o "filho de Deus" que se vai chamar Cristo...

29 de janeiro

Sucede com as "contradições" o mesmo que nos últimos anos sucedeu com a "cultura". De tanto se ter dito que "tudo é cultura", quase acabou por perder-se, na prática e na comunicação, a noção de relatividade dos diferentes atos e produtos culturais. Também, ao afirmar que "tudo são contradições", como que ficamos à espera de que nos dispensem da obrigação de identificá-las e analisá-las. É patente que vivemos num mundo em que coabitam e muitas vezes se confundem duas tendências principais de organização da sociedade: uma, evidente, é a da globalização; outra, difusa, é a da fragmentação. Em geral, as afirmações de identidade e as reivindicações de tipo nacionalista têm vindo de grupos étnicos e linguísticos caracterizados, quando não de bem definidas nacionalidades, que a História de uma maneira ou outra submergiu. Perguntar-se-á como se explica que num mundo que avança para a formação de gigantescos conjuntos económicos, estrategicamente concebidos e dotados de meios de captação e aliciação de massas ainda há poucos anos inimagináveis, tenha surgido este súbito apetite de afirmação própria, particular, que tem feito estalar e fragmentarem-se países que pareciam consolidados, harmonicamente articulados nas suas partes pela convivência e interdependência dos cidadãos. A esta pergunta responderia com outra: se está claro que o indivíduo "se libertou" (entendidos como fatores dessa libertação os movimentos de contestação dos últimos trinta anos), como se poderia esperar que o "prazer" pessoal resultante da afirmação de uma diferença determinada não iria ser, direta ou indiretamente, absorvido, reelaborado e, mais tarde ou mais cedo, reivindicado, sob distintas formas, pela consciência coletiva?

31 de janeiro

A publicação do que escrevi sobre o meu descobrimento de Ricardo Reis fez-me recordar, com uma intensidade inabitual, a velha Escola de Afonso Domingues, em especial as oficinas de serralharia mecânica, a dos primeiros anos, iluminada por altos janelões que davam para a Rua da Madre de Deus, as outras mais para dentro, mas todas com luz natural. Agora mesmo sou capaz de rever com a memória os tornos de bancada a que trabalhei, as fresas, os tornos mecânicos, ouço o rugir do fogo na forja, os golpes de malho com que tínhamos de modelar um grosso cilindro de ferro incandescente até fazer dele uma esfera mais ou menos perfeita, conforme a habilidade e a força de cada um. Sinto na cara o vapor que subia do balde da água quando lhe metíamos dentro, para ganhar têmpera, um ferro ao rubro, passo as mãos na ganga azul do fato-macaco para que o suor não me faça escorregar o cabo do malho. Afino o ângulo de corte das navalhas do torno, meto-lhes calços para que o ataque do gume se faça à altura justa, vejo enroscarem-se as aparas, ora grossas e denteadas ora finas e lisas, segundo o adiantamento e o apuro do trabalho, por trás de mim aparece o Mestre Vicentino a ver como se está comportando o aprendiz de torneiro. Havia mais dois mestres de oficina, o Teixeira, Teixeirinha lhe chamávamos por ser baixo, que chegou a dar-me, benevolamente, na minúscula casa em que vivia, em Alfama, explicações de álgebra, e com quem, alguns anos depois, adulto já, "conspirei" um pouco, e o Gião, do último ano, homem gordo, alto, de poucas falas e nenhuma confiança. Com o Mestre Vicentino sucedeu-me um caso. O primeiro trabalho que nos davam para fazer era limar um pedaço de vergalhão, de cerca de um palmo de comprimento, mantendo--lhe o mais rigorosamente possível a seção quadrada. Não era fácil. Manejar uma lima com perfeita horizontalidade requer firmeza, sobretudo equilíbrio de forças entre a mão que vai movendo a lima para a frente e para trás, e a mão que se apoia na outra extremidade. Se esse equilíbrio falhava, se a lima dançava para baixo e para cima, em lugar de uma superfície plana saía-nos uma superfície curva, esbambeada, que o esquadro logo denunciava. Era impossível enganar o esquadro. A mim, o trabalho não me saiu de todo mal, as faces do vergalhão apresentavam-se paralelas, as arestas vivas, os ângulos exatos, o conjunto brilhava por todos os lados. O pior é que havia em um dos topos um pequeno defeito, uma limalha grossa tinha cavado no ferro, por sua própria conta, um sulco fundo que resistia a todos os esforços. Da apresentação e aprovação do trabalho dependia a passagem a obra mais complexa. Resolvi então disfarçar a mazela assentando-lhe em cima um dedo engordurado de massa consistente e fui mostrar o ferro ao Mestre Vicentino. Ele olhou, abanou a cabeça e apontou o topo defeituoso. Voltei para a bancada, limei um pouco, passei outra vez o dedo pelo maldito sulco e tornei ao exame. O mestre repetiu a mímica, acrescentando-lhe uma palavra, Isto. Então compreendi. Mestre Vicentino estava disposto a aceitar que eu não pudesse atingir a perfeição, mas não que lhe apresentasse uma peça suja. Regressei ao meu lugar, limpei e poli o ferro com todo o cuidado e levei-lho. Agora está bem, disse ele.

1 de fevereiro

Um velho sonho que regressou. Rodeiam-me grandes arquiteturas inacabadas, pórticos, colunatas, abóbadas de enormes vãos, arcos que se entrelaçam. O trabalho ornamental na pedra parece-me às vezes "renascentista", às vezes "barroco". Não são ruínas, é uma obra gigantesca que não chegou a ser terminada. O meu papel no sonho é percorrê-la de um extremo a outro, subir e descer escadas, buscar perspectivas, assombrar-me. Sempre sozinho. Não há imagens esculpidas. Aliás, estas construções não têm caráter religioso. Se tivesse de defini-las, diria que há nelas algo das falsas ruínas de Hubert Robert e das prisões de Piranesi... Que quererá dizer-me este sonho? Que estarei eu dizendo, ao sonhá-lo?

2 de fevereiro

Revejo as provas do segundo volume destes *Cadernos*. Não altero nada, as correções introduzidas são de natureza meramente formal. Pergunto-me: "Vivi melhor este ano? Dizem-no estas páginas?". Quando me pergunto se vivi "melhor", não me refiro, obviamente, às condições materiais da existência, refiro-me, sim, ao teor e gravidade dos erros que cometi, à injustiça de juízos que tenha formulado, à irresolúvel dificuldade de compreender e ser compreendido. Por muito que se diga, um diário não é um confessionário, um diário não passa de um modo incipiente de fazer ficção. Talvez pudesse chegar mesmo a ser um romance se a função da sua única personagem não fosse a de encobrir a pessoa do autor, servir-lhe de disfarce, de parapeito. Tanto no que declara como no que reserva, só aparentemente é que ela coincide com ele. De um diário se pode dizer que a parte protege o todo, o simples oculta o complexo. O rosto mostrado pergunta dissimuladamente: "Sabeis quem sou?", e não só não espera resposta, como não está a pensar em dá-la.

3 de fevereiro

Para onde vai a música? Isto me perguntava enquanto ouvia, no auditório dos Jameos del Agua (esse assombroso tubo vulcânico onde se diria que os sons estão a desprender-se da própria rocha), a 3ª Sinfonia de Henryk Górecki, um compositor polaco nascido em 1939, de quem não tinha tido notícia até hoje. Segundo o calendário, esta música, sendo de 1976, é contemporânea, mas o que está claro, mesmo para um mal informado como eu, é que a sua estética flutua por cima das épocas todas, com preferência pelo canto gregoriano e por uma espécie de neoprimitivismo modal. O mais curioso, porém, é esta composição de Górecki ter-se transformado em autêntico objeto de culto nos dois ou três últimos anos, principalmente, ao que parece, entre o público jovem. Que não era o que se encontrava nos Jameos del Agua: oitenta por cento da assistência compunha-se de turistas idosos, para quem qualquer música provavelmente serviria, desde que o concerto estivesse incluído no programa de animação da agência de viagens... Não sei se gostei do que ouvi, precisaria de pelo menos uma audição mais para pôr alguma ordem nas minhas contraditórias impressões. Em sentido rigoroso, clássico, do termo, não se trata de uma *sinfonia*: o que Górecki nos propõe são três andamentos (lento: *sostenuto tranquilo ma cantabile*, largo: *tranquilissimo, cantabilissimo, dolcissimo, legatissimo*, e lento: *cantabile semplice*), com participação vocal, em todos, de um soprano. Como pode isto agradar a um público criado a biberões de rock duro, é para mim um mistério. A peça tem como subtítulos *Dos cantos de aflição* ou *Das lamentações*, e é, se não me equivoco demasiado (caso bem fácil de acontecer), menos uma sinfonia, ainda que em amplíssimo sentido, que uma cantata para voz solo. Vou escrever ao Mário Vieira de Carvalho. Nestes casos, como se dizia na aldeia, o melhor, sempre, é ir a fonte limpa.

4 de fevereiro

Não me lembro, desde que ando neste ofício, de ter dado tanto uso aos dicionários. E não é porque as dúvidas, agora, sejam mais frequentes ou mais incómodas que antes: o que sucede é que se me vem tornando exigentíssima a necessidade de estar perto das *minhas* palavras. Neste ir ao dicionário "com mão diurna e noturna", como recomendava o Camilo, o mau é quando fico a saber coisas que teria preferido ignorar, como me aconteceu hoje, ao procurar em " portugal-" algo que pudesse substituir, ao menos para meu uso particular, as detestadas palavras que são "lusófono" e "lusofonia". Não achei nada que servisse, e vim de lá pior do que tinha ido: fui por lã e vim tosquiado. É que a palavra "portugalização", além de ser, como deve, limpa e honestamente, "o ato ou o efeito de tornar português", também significa, ou significou, "em certa imprensa belga, a inteira subordinação de uma nação a outra, mantendo apenas um simulacro de independência". O estigma veio-nos do século XIX, mas felizmente a situação mudou muito desde então, hoje ninguém se lembraria de assacar-nos sujeições semelhantes... Censure-se no entanto o José Pedro Machado pela falta de patriotismo que demonstrou ao recolher, entre tanta palavra útil, esta mancha que enodoa a pura face da pátria. O que não entendo é por que justamente os belgas deram em menosprezar-nos desta maneira. Ou a coisa foi tão evidente que até um belga tinha de dar por ela? Espero que daqui por uns tempos valões e flamengos se lembrem de olhar-se num espelho, a ver como entretanto se lhes pôs a cara...

5 de fevereiro

Na escola primária, algumas ingénuas e crédulas pessoas que ensinavam pelos livros explicaram-me que o homem, além de ser um animal racional, era também, pela graça e benevolência de Deus, o único que podia gabar-se de tal privilégio. Ora, sendo aquelas primeiras lições as que mais perduram, mesmo que ao longo dos anos julguemos tê-las esquecido, andei quase toda a vida agarrado à convicção de que, apesar de umas quantas contrariedades de maior ou menor vulto, a espécie em que nasci usava realmente a cabeça como aposento e escritório da Razão. É certo que um tal Goya, surdo e sábio, filósofo sem nunca ter estudado filosofias, me tinha avisado de que o sono da dita Razão costuma engendrar monstros, mas eu argumentava, de mim para comigo, que sim senhor, não se podia negar o aparecimento periódico de avantesmas de todo o tamanho e feitio, mas isso só acontecia precisamente quando a Razão, cansada de razoar, se deixava render pela fadiga e afundar-se no sono, isto é, quando se ausentava de si própria. Agora, chegado a estes dias, os meus e os do mundo, vejo-me perante duas probabilidades únicas: ou a Razão, no homem, não tem feito mais do que dormir e engendrar monstros, ou o homem, sendo indubitavelmente um animal entre os animais, é, também indubitavelmente, o mais irracional de todos eles. Com grande desgosto, inclino-me para a segunda hipótese, e não por ser doentiamente propenso a filosofias pessimistas e negativistas, mas porque o cenário do mundo, de todos os pontos de vista, me parece uma demonstração clara da irracionalidade humana. O sono da Razão, esse que nos converte em irracionais, fez de cada um de nós um pequeno monstro. De egoísmo, de fria indiferença, de desprezo cruel. O homem, por muito cancro e muita sida, por muita seca e muito terramoto, não tem outro inimigo senão o homem.

6 de fevereiro

Recordação e registo. Há tempos, com outros autores, alemães e estrangeiros, fui de jornada até Wolfenbüttel, pequena cidade situada a uns 90 quilómetros de Hanôver, para ali falar da arte do romance e dos diversos artifícios de que os escritores se servem para convencer o mundo de que continua a valer a pena crer nas virtudes e malícias da imaginação. Por um qualquer misterioso motivo, que não cheguei a dilucidar, nenhum escritor espanhol tinha sido convidado para o colóquio, caso muito de estranhar, tão comum se tornou, nos últimos anos, encontrar presenças e sinais de Espanha em toda a volta do planeta, pelo menos até onde eu pude chegar, como se tivéssemos regressado aos tempos de Filipe II, quando o sol não conseguia pôr-se fora do castelhano império... Assim, naquela magnífica biblioteca barroca de Wolfenbüttel, onde ao longo dos dias, com maior ou menor convicção e proveito, perante um público tão atento quanto formal, os debates se cruzaram, fui, pesada responsabilidade, o único escritor ibérico presente. Porém, infinitos como os caminhos do destino, são as moradas dos homens, e aquela ausente Espanha, sem voz nem pauta no concílio, acabou por surgir-me durante uma descida à caverna de Ali-Babá, que são os tesouros bibliográficos de Wolfenbüttel. Ali estava ela, na figura de um mapa antigo, com data de 1572 (outra vez Filipe II...), riscado por um renomado e meticuloso cartógrafo alemão cujo nome a minha memória fatigada não reteve. No seu pequeno apartamento com vista para o mar, lá estava também Portugal, esse de 1572, precisamente o ano em que Camões, contra marés e ventos, viu enfim publicados os seus *Lusíadas*. Ora, não foi preciso ter sido dotado de antenas especiais à nascença, ou duma segunda visão, para, diante dos traços, dos sinais, dos nomes das cidades, montes e rios, perceber que o tempo e o mundo são uma coisa só, que os olhos do cartógrafo, do poeta e do viajante acabam sempre por se encontrar e reconhecer no mapa, na página, no caminho, na mesma procura de um sentido.

7 de fevereiro

Por experiência própria, tenho observado que, no seu trato com autores a quem o destino, a fortuna ou a má sorte não permitiram o benefício de um título académico, mas que, não obstante, produziram obra merecedora de alguma atenção, a atitude das universidades costuma ser de uma benévola e sorridente condescendência, parecida com a dos adultos, quando razoavelmente sensíveis, na sua relação com as crianças e os velhos, elas porque ainda não sabem, eles porque já esqueceram. É graças a essa generosa disposição que alguns professores de letras, em geral, e de teoria da literatura, em particular, têm acolhido com simpatia — mas sem que se deixem abalar nas suas certezas científicas — a minha ousada afirmação de que a figura do Narrador não existe, e de que só o Autor exerce função narrativa real na obra de ficção, qualquer que ela seja: romance, conto ou teatro. E quando (indo procurar auxílio a uma duvidosa, ou pelo menos problemática, correspondência das artes) me atrevo a observar que entre um quadro e a pessoa que o contempla não há outra mediação que não seja a do pintor, e que não é possível localizar uma figura de narrador na *Guernica* ou na *Ronda da noite*, respondem-me que, sendo as artes distintas, distintas também teriam de ser as regras que as definem e as leis que as governam. Esta resposta parece querer ignorar o facto, a meu ver fundamental, de que não há, objetivamente, nenhuma essencial diferença entre a mão que encaminha o pincel ou o vaporizador sobre o suporte e a mão que desenha as letras no papel ou as faz aparecer no mostrador do computador, que uma e outra são, com adestramento e eficácia semelhantes, prolongamentos de um cérebro e de uma consciência, mãos que são, uma e outra, ferramentas mecânicas e sensitivas capazes de composições e ordenações, sem mais barreiras ou intermediários que os da fisiologia e da psicologia.

8 de fevereiro

Chegaram exemplares duma nova edição da *Viagem a Portugal*, brochada e sem ilustrações. Realizou-se enfim o meu sonho de sempre (que Pilar, há uns anos, em conversa com Zeferino, reanimou), ver este livro ao lado dos seus irmãos, igualzinho a eles, sem tratamento especial. Até agora, a *Viagem* precisava de um lugar diferente na estante, um vão mais alto para poder acomodar a sua estatura de álbum rico. A partir de hoje, os leitores já podem andar por aí com ele debaixo do braço, familiarmente, despreocupados dos cuidados requeridos pelo papel *couché* e pelo acetinado das imagens. Catorze anos depois da sua primeira publicação, a *Viagem* é um livro como outro qualquer. Bem-vindo seja, pois, à comunidade dos livros comuns.

9 de fevereiro

Para a história da aviação. Em Badajoz foi hoje dado nome a uma rua. O motivo, a causa, o pretexto, a razão, ou como se quiser chamar-lhes, já têm mais de cinquenta anos, e muito fortes terão sido para sobreviverem aos olvidos acumulados de duas gerações, justificados estes, em geral, pelo facto de as pessoas terem mais em que pensar. Não direi eu que os habitantes de Badajoz levaram este meio século e picos a transmitir uns aos outros o certificado de uma dívida que um dia teria de ser paga, o que digo é que algum *badajoceño* escrupuloso deve ter tido um rebate de consciência mais ou menos nestes termos: "Muitos dos que hoje vivem estariam mortos, outros não teriam chegado a nascer". Parecerá um enigma da Esfinge, e afinal é só uma história da aviação. Há cinquenta e tantos anos, durante a guerra civil, um aviador republicano teve ordem de ir bombardear Badajoz. Foi lá, sobrevoou a cidade, olhou para baixo. E que viu quando olhou para baixo? Viu gente, viu pessoas. Que fez então o guerreiro? Desviou o avião e foi largar as bombas no campo. Quando regressou à base e deu conta do resultado da missão, comunicou que lhe parecia que tinha matado uma vaca. "Então, Badajoz?", perguntou o capitão. "Nada, havia lá gente", respondeu o piloto. "Pois", fez o superior, e, por impossível que pareça, o aviador não foi levado a conselho de guerra... Agora há em Badajoz uma rua com o nome de um homem que um dia teve pessoas na mira da sua bomba e pensou que essa era justamente uma boa razão para não a largar.

Chove depois de quatro meses sem cair uma gota. O vento tinha começado a rodar para noroeste ontem ao princípio da noite. Esta manhã, nuvens baixas, cinzentas, avançavam das bandas de Femés. Para leste, o céu ainda estava meio descoberto, mas o azul já tinha um tom aguado, sinal de chuva para breve. A meio do dia o vento cresceu, as nuvens desceram mais, começaram a descair pelas encostas dos montes, quase roçando o chão, e em pouco tempo taparam todo o horizonte daquele lado. Fuerteventura sumiu-se no mar. A primeira chuva limitou-se a umas esparsas e finas gotas, menos do que um chuvisco, uma poeira de água, mas quinze minutos depois já caía em fios contínuos, depois em cordas grossas que o vento vinha empurrando na nossa direção. Víamos avançar a chuva em cortinas sucessivas, passava diante de nós como se não tivesse intenção de deter-se, mas o chão ressequido respirava sofregamente a água. O mais puro de todos os odores, o da terra molhada, embriagou-nos durante um instante. "Que bonito é o mundo", disse eu. Pilar, em silêncio, apoiou a cabeça no meu ombro. Agora são oito horas da noite, continua a chover. A água já deve ter chegado às raízes mais fundas.

10 de fevereiro

Vá lá uma pessoa entender os cães. Desde que apareceu aqui a cadela Rubia (mudámos-lhe o nome, este é o que lhe vai bem à figura), Greta, por ciúme, despeito ou descabida inveja, declarou--lhe guerra total. Os escarcéus que as duas têm levantado nesta casa, só vistos e ouvidos. Por vontade de Rubia, discreta e tranquila, haveria paz, mas Greta não lhe deu, em todo este tempo, um minuto de descanso. Ladrava-lhe de manhã à noite, focinho contra focinho, irritada porque a outra se deitava, irritada porque se chegava a nós, irritada porque lhe fazíamos festas, irritada porque lhe púnhamos comida. Já dizíamos: "Isto não pode continuar, a ver se alguém quer ficar com a Rubia", o que seria a maior das injustiças, uma vez que a malcomportada era a outra — e eis que hoje de manhã viemos dar com as duas na mais bela brincadeira que imaginar se pode, qual de baixo, qual de cima, fervorosamente empenhadas num jogo que só elas devem conhecer. O jogo e as secretas razões dele. Agora mesmo, enquanto escrevo, aqui estão as duas, a rolar, caladas e felpudas, sobre os tapetes, felizes, apressadas, insistentes, como se quisessem recuperar o tempo que haviam perdido em vãs querelas. Um conflito que tinha visos de vir a terminar com a morte ou o afastamento de uma das contendoras, está resolvido. Não sei como. Que conversas terão tido estas duas a noite passada, enquanto a casa dormia? Se perguntasse a Pepe o que pensa ele do caso, sendo cão também ele, estou que me responderia: "Eu sou homem, de mulheres não percebo nada...".

12 de fevereiro

Uma jornalista argentina de origem polaca, Saba Lipszyc, veio até cá para fazer-me uma entrevista. Estará quatro dias em Lanzarote e aproveitará para ver as vistas. Pergunto-me por que aceito eu distrair-me do trabalho para ficar a papaguear durante horas sobre o que já foi dito e redito, como quem dá voltas a uma pastilha elástica que perdeu todo o sabor e só continuamos a mastigar porque os queixos lhe ganharam o jeito. Pelos cálculos, a conversa não irá durar menos de umas oito horas. Mas, já sei, a culpa será sobretudo minha. Estou como alguém a quem tivesse sido dada uma enxada para cavar um metro quadrado de terreno. Ao lado há outros cavadores com enxadas semelhantes, mas em terrenos muito maiores. As perguntas das entrevistas — cavar é dar a entrevista — são iguais para todos, a diferença está no terreno de cada um. Provavelmente bastariam quatro respostas para que o meu metro quadrado pusesse todas as raízes à vista, mas, para que não pareça mal trabalhar eu tão pouco enquanto os outros ainda têm por diante tanta terra a remover, continuo a cavar — para o fundo. Vamos ver o que sairá daqui, se Saba Lipszyc vier a concretizar o projeto que disse ter, publicar um livro com esta e outras entrevistas que tem feito, suponho que igualmente longas: verei então que figura faz, no meio das elegantes extensões que outros trabalharam, o buraco onde eu me enterrei.

13 de fevereiro

Três minutos para um programa de televisão sobre María de Molina, que foi rainha de Castela no tempo do nosso rei d. Dinis. Como de mim ninguém esperaria comentários históricos dignos desse nome, nem eu os havia prometido, limitei-me a exprimir uma obviedade: que às vezes a História parece um sonho que estivéssemos tentando recordar, e que, nesse esforço, ao mesmo tempo que vamos conseguindo pôr à vista alguns pormenores ocultos, vamos também modificando o próprio sonho, alterando-se portanto não só a sua significação imediata como o seu sentido profundo. Vamos de história em história como vamos de sonho em sonho.

14 de fevereiro

Não desarmam. Agora é uma carta de um leitor do Barreiro, Rijo de apelido e de expressão, que me manda abrir os olhos e me diz que se quero edificar e consolidar o meu lugar nos Céus, devo fugir da idolatria e frequentar a igreja evangélica mais próxima. Este não é católico, pois. Em todo o caso, nota-se que também não é dos que mastigam as palavras. Em certa altura da carta, o tom é mesmo claramente cominatório. Diz ele: "Deus não exige nada de ninguém, cumpre a sua lei quem quer, e um dia você vai ver que foram, são e serão muitos os seus cumpridores, seja você um deles, pare com esse livro, o tempo está a escassear, está na hora, eu aviso, eu aviso, eu aviso". Logo a seguir, para minha edificação, dá-me duas referências do *Apocalipse*. Fui ver, e eis como reza o 3,1: "Ao anjo da Igreja que está em Sardes, escreve: 'Isto diz Aquele que tem os sete Espíritos de Deus e as sete estrelas: Conheço as tuas obras, que és considerado vivo, mas estás morto'". Nada mais claro: primeiro, ele, isto é, Aquele, leu o *Evangelho*; segundo, eu, que julgava estar vivo, estou afinal morto. Mas o que a seguir vem, o 3,3, é muitíssimo pior: "Lembra-te de como recebeste e ouviste a palavra; guarda-a e arrepende-te. Se não vigiares, virei a ti como um ladrão, e não saberás a que virei". Ora isto, falemos franco e direito, é intimidação, é ameaça pura, é caso de polícia: não só ele, Aquele, virá como um ladrão, como não me avisará do que vem disposto a fazer-me. Apesar dessa inquietante incógnita, tranquiliza-me a certeza de que, por muito que se esforce, não poderá fazer grande coisa, uma vez que, segundo o 3,1, já estou morto. Que vida. Cada vez é mais claro para mim que os deuses foram feitos todos à imagem e semelhança dos homens, e que ele, Aquele, teve pouca sorte com os que o inventaram.

15 de fevereiro

Também não desarmam os espanhóis donos de bares e estabelecimentos congéneres. Tendo visto rejeitada pelo Congresso de Deputados a emenda que retiraria da Lei de Propriedade Intelectual a obrigação de pagamento de direitos pela emissão, através da rádio e da televisão, de obras pela mesma lei protegidas, dispõem-se agora a angariar meio milhão de assinaturas de proprietários de estabelecimentos do ramo com o fito de modificá-la. Não sei se uma iniciativa deste tipo, de tão radicais objetivos, se encontra contemplada nas leis espanholas (e estou em branco também quanto às leis portuguesas), mas, no caso de ser assim, tenho já uma ideia: recolher as assinaturas de meio milhão, que digo eu, de cinco milhões, de dez milhões, de vinte milhões de cidadãos pagadores de impostos — para acabar com os impostos. Ardo de curiosidade de ver como responderiam a tão insofismável demonstração da vontade popular os senhores deputados e os senhores governos...

16 de fevereiro

Por favor, sonhos destes, não. Sonho que estou a dormir na posição em que adormeci, que desperto na meia luz do amanhecer e vejo o quarto, a porta que dá para o corredor, a outra que dá para a casa de banho, a janela não, porque estou de costas para ela. Quero mover-me, levantar-me, mas percebo que o corpo não me obedece, faço um esforço, outro, é inútil, sou como uma pedra, sinto uma grande angústia, digo-me que não posso continuar assim, e isto dura, dura, o corpo imóvel, a vontade impotente, então entra no quarto Pilar, parece-me que vêm com ela duas ou três crianças, acaso serão os cães, nesse momento, sim, consigo mover-me um pouco, depois, como se estivesse a levantar todo o peso do mundo, consigo afastar para o lado as cobertas da cama, soergo-me, Pilar diz qualquer coisa, eu respondo-lhe, enfim, aliviado, torno a deitar-me, adormeço outra vez para continuar a sonhar outros sonhos. Mais tarde, quando realmente acordo, estou na mesma posição em que despertei no sonho, vejo o quarto, a porta que dá para o corredor, a outra que dá para a casa de banho, a janela não, porque estou de costas para ela.

17 de fevereiro

A mim estas coisas assombram-me, quase me deixam sem palavras, e desconfio que as poucas que restam não serão das mais apropriadas. O rapazito que andou descalço pelos campos da Azinhaga, o adolescente de fato-macaco que desmontou e tornou a montar motores de automóveis, o homem que durante anos calculou pensões de reforma e subsídios de doença, e que mais adiante ajudou a fazer livros, e depois se pôs a escrever alguns — esse homem, esse adolescente e esse rapazito acabam de ser nomeados doutor honoris causa pela Universidade de Manchester. Lá irão os três em maio, a receber o grau, juntos e inseparáveis, porque só assim é que querem viver. Tão inseparáveis e juntos que, mesmo agora, quando estou a procurar as palavras certas para deixar notícia do afago que me fizeram, estou também, de forquilha na mão, a mudar a cama aos porcos do meu avô Jerónimo e a rodar válvulas num torno de bancada. Benedetto Croce dizia que toda a História é história contemporânea. A minha também.

O Prémio Stendhal libertou-se finalmente da exclusiva fixação economicista e política em que, desatento ao nome com que o batizaram, andara a viver até agora. A proposta que fiz em dezembro do ano passado, em Lisboa, parece ter dado frutos. Para começar, reconhece-se que o processo cultural ligado à construção europeia se encontra em estado de letargia. Claro que a criação de um prémio não o arrancará ao seu mórbido sono, mas ao menos não continuaremos, como até aqui, a atribuir prémios congratulatórios e a fingir que o adormecido apenas descansa entre dois esforços. O novo prémio denomina-se A Europa e a Cultura, e na sua fundamentação leem-se as seguintes palavras: "Ser europeu é, em primeiro lugar, aprender a viver, na diferença, com os seus vizinhos. Isto significa dialogar e cooperar, estabelecer uma relação em que cada um existe porque reconhece a existência dos outros, em que cada um se define e exprime graças à sua cultura, em que cada um constrói a sua autonomia e a sua identidade, ao mesmo tempo que reconhece nos outros o direito e a possibilidade de construir igualmente a sua autonomia e a sua identidade". Dir-se-á que tudo isto é bastante óbvio. Simplesmente, não convém confundir o óbvio com o facto adquirido, como tantas vezes sucede. Enchemos a boca com o direito de

cada um à sua diferença, mas, no dia a dia, negamo-lo ou contrariamo-lo sem olhar a pretextos.
Escusado seria dizer que não espero milagres. Mas já não será mau que o prémio possa servir para que a resposta dos senhores eurocratas à palavra *cultura* não seja sempre *televisão*, que a isso, ou pouco mais, se têm limitado os debates culturais dos comissários. Fundamentando-se na circunstância de ter sido eu o "inspirador" da nova iniciativa da Fundação Adelphi, que é a promotora do Prémio Stendhal, Dorio Mutti, seu presidente, pede-me que assuma a presidência do Comité "A Europa e a Cultura". A cordialidade e a diplomacia do convite são evidentes (por aqui mandaria sempre a boa educação que se começasse), mas não o aceitarei: no honroso lugar deverá ser posto alguém com peso europeu e que ande a jogar no respectivo campeonato, o que, como se sabe, não é o meu caso.

18 de fevereiro

Peru e Equador andam às turras, desde há duas semanas, por causa de uns quantos quilómetros quadrados de selva amazónica que ambos juram a pés juntos pertencer-lhes. Como sempre acontece nestes episódios, o conflito foi motivo para que os "profissionais" do patriotismo dos dois lados saíssem à rua em manifestações de apoio mais ou menos histéricas, com a habitual abundância de bandeiras, hinos gloriosos, burguesas penteadas, donzelas atirando beijinhos e criancinhas à espera de crescer para irem também à guerra. Sem esquecer os títulos inconsequentes e garrafais da imprensa. Agora fui beneficiado com dois minutos de discurso do senhor Fujimori na televisão, que para alguma coisa há-de servir. Não me lembro de ter assistido, em toda a minha vida, a um espetáculo político mais sórdido, a uma demagogia mais repugnante. O que ali estava era simplesmente um traficante a querer passar por pessoa séria. Agora diz-se que foi acordado entre os dois beligerantes aquilo a que se chama "suspensão das hostilidades", excelente propósito que levará ou não à resolução do tal conflito de fronteiras. Entretanto, vai-se anunciando que andam por 500 os mortos, feridos e desaparecidos, uns mais mártires do que outros, segundo o ponto de vista, mas todos sacrificados nos altares das respectivas pátrias. Para que o Peru e o Equador fizessem pazes foi preciso primeiro levantar uma boa pilha de cadáveres, em cima da qual os senhores presidentes já poderão assinar o tratado de acerto definitivo da fronteira. Duas perguntas agora: a paz, a que é inevitável chegar algum dia, não poderia ter sido conseguida antes? Foi necessário que morressem estupidamente umas quantas centenas de homens e mulheres que *não tinham nada que ver* com o assunto? E uma pergunta mais: não se descobrirá uma lei universal que julgue e condene os responsáveis de tais crimes, que não são menos contra a humanidade por serem cometidos em nome das pátrias? Podia-se começar, já que estaríamos com a mão na massa, por estes presidentes do Equador e do Peru, últimos da infinita lista de criminosos do mesmo tipo a quem se devem as páginas mais desgraçadas da história da humanidade.

Proposta para um debate sobre os nacionalismos: o inimigo não é a nação, mas o Estado.

19 de fevereiro

Visão cosmogónica de um escritor de certa idade que não se resigna a não saber *onde* vive: e se o universo não fosse mais do que um corpo, a nossa galáxia uma célula, o sistema solar um átomo, o Sol o núcleo dele, e a Terra um dos seus eletrões? Que seres seriam esses que viveriam em cima de um eletrão?

20 de fevereiro

Uma vez mais. Sou um europeu cético que aprendeu tudo do seu ceticismo com uma professora chamada Europa. Não falando da questão do "ressentimento histórico", a que sou especialmente sensível, mas que, de todo o modo, é ultrapassável, rejeito a denominada "construção europeia" por aquilo que vejo estar a ser a constituição premeditada de um novo "sacro império germânico", com objetivos hegemónicos que só nos parecem diferentes dos do passado porque tiveram a habilidade de apresentar-se disfarçados sob roupagens de uma falsa consensualidade que finge ignorar as contradições subjacentes, as que constituem, queiramo-lo ou não, a trama em que se moveram e continuam a mover-se as raízes históricas das diversas nações da Europa. A União Europeia parece não querer compreender o que se está a passar na ex-União Soviética, nem sequer, apesar de tão à vista dos seus míopes olhos, nos Balcãs, para não falar do que irá passar-se amanhã em África, espaço já anunciado dos grandes conflitos do século XXI, se uma oportuna estratégia de hegemonias partilhadas não instaurar ali um colonialismo de novo tipo... A questão política principal do nosso tempo deveria ser o respeito pelas nações e a dignificação de todas as minorias étnicas, como meio de prevenir os nacionalismos xenófobos, reconhecendo em cada povo a sua capacidade própria de alargar as suas potencialidades criativas, naturalmente em diálogo com os outros povos, mas sem sujeições de qualquer espécie.

21 de fevereiro

Se a União Europeia fosse o que diz ser, nenhum dos países que a integram teria de temer a sombra de um vizinho economicamente mais poderoso, uma vez que as estruturas comunitárias lá estariam para velar pelo equilíbrio geral e resolver as tensões locais. Mas a União Europeia, como tenho dito, é a versão moderna do velho jogo das hegemonias, só na aparência diluídas de modo a dar a cada país pequeno a ilusão de ser parte importante no conjunto. O problema, hoje, está em que ninguém, sendo pequeno e pobre, quer aceitar a evidência da sua pobreza e da sua pequenez. Por isso é que não se aproximam nem se encontram os países atrasados do Sul, cada um deles vivendo a sonhar com o dia em que seja admitido em casa dos ricos, mesmo que seja só para abrir a porta aos convidados, a quem inveja, e servir o conhaque, que depois tentará beber às escondidas.

22 de fevereiro

Classificar um escritor como escritor-tipo do seu país, parece-me um abuso e uma simplificação só explicáveis pela inclinação à preguiça de pensar de que quase todos padecemos. Dizer, por exemplo, como já tenho lido, que Fernando Pessoa é o escritor-tipo de Portugal, sem antes se dar ao trabalho de conhecer algo dos outros, tanto os do presente como os do passado, é uma leviandade intelectual. Com a agravante adicional de que Pessoa, sendo de facto tão português, o foi de um modo radicalmente contrário ao que, tendo em conta as ideias feitas que correm sobre Portugal, deveria ser o nosso "escritor-tipo"...

São tão reais os factos a que chamamos da realidade, como reais são os *efeitos* duma ficção.

23 de fevereiro

Disse que vinha e veio mesmo. Francesco di Maggio esteve aqui ontem, e hoje voltará. Expôs com entusiasmo e precisão os seus projetos: um, em que a seleção dos textos estará orientada para crianças dos oito aos catorze anos, e outro, destinado a adultos, portanto de escolha mais ampla, com o objetivo de estimular a leitura. Concordei com tudo, sobretudo a partir do momento em que me apercebi da importância que para este moço de menos de quarenta anos tem a palavra na comunicação teatral. As "peças" serão interpretadas por um ator (dois em alguns casos) e com a participação de crianças, mas não reduzindo-as, como tantas vezes vemos suceder, a meros figurantes, elementos de decoração ou simulacro de uma necessidade participativa. O mais interessante, no que a mim diz respeito, é verificar, por outros olhos, que muitas das minhas velhas crónicas têm condições, tanto formais como de conteúdo, para servirem de algum proveito aos interesses da gente pequena, para quem, com sérios motivos, sempre me declarei incapaz de escrever... Lembro-me de que uma das piores humilhações da minha vida foi conhecer a perentória sentença pronunciada pelo Zé, filho da Maria da Graça Varela Cid, a quem tinha feito chegar as três páginas da minha *História para crianças*: "Não sabe escrever para crianças". (A repetição foi inevitável.) E agora aparece-me aqui um Francesco di Maggio a declarar, implicitamente, o contrário. Em quem hei-de acreditar?

Chega-me do Brasil, de Santa Catarina, uma novela de um jovem autor chamado Fábio Bruggemann. O título é *A lebre dói como uma faca no ouvido*. Estas sete palavras, dispostas por esta ordem, não formam *nenhum* sentido objetivo. Sendo assim, por que será que me parecem tê-lo *todo*? Que parte de mim *sabe e soube sempre* o que isto quer dizer?

24 de fevereiro

Para mim, filosoficamente (se posso ter a pretensão de usar tal palavra), o presente não existe. Só o tempo passado é que é tempo *reconhecível* — o tempo que *vem*, porque *vai*, não se detém, não fica presente. Portanto, para o escritor que eu sou, não se trata de "recuperar" o passado, e muito menos de querer fazer dele lição do presente. O tempo vivido (e apenas ele, do ponto de vista humano, é tempo *de facto*) apresenta-se unificado ao nosso entendimento, simultaneamente completo e em crescimento contínuo. Desse tempo que assim se vai acumulando é que somos o produto infalível, não de um inapreensível presente.

25 de fevereiro

Que é, ou quem é, Portugal? Uma Cultura? Uma História? Um Adormecido Inquieto? Por que é que, quando se fala de

Portugal, sempre hão-de ser invocadas a sua história e a sua cultura? Se estivermos a falar de outro país, a história e a cultura dele só serão chamadas à conversa se forem esses os temas em debate. Talvez que esta necessidade de apelarmos constantemente para a história e para a cultura portuguesas provenha de um certo caráter inconclusivo (não no sentido que sempre será o de um qualquer processo contínuo, mas no sentido de uma permanente "suspensão") que ambas parecem apresentar. Da história de Portugal sempre nos dá vontade de perguntar: porquê? Da cultura portuguesa: para quê? De Portugal, ele próprio: para quando? Ou: até quando? Se estas interrogações não são gratuitas, se, pelo contrário, exprimem, como creio, um sentimento de perplexidade nacional, então os nossos problemas são muito sérios. Como explicar esta "dormência", que é também "inquietude", sem cair em destrutivos negativismos? Como evitar que a "antiga e gloriosa história" continue a servir de derradeira e estéril compensação de todas as nossas frustrações? Como resistir à tentação falaz de sobrevalorizar o que há alguns anos se acreditou ser "uma certa renovação cultural", fazendo dela um álibi ou uma cortina de fumo? Ou chegámos já tão baixo que, depois de termos desistido de explicar-nos, nem nos damos ao trabalho de justificar-nos?

26 de fevereiro

Ontem à noite, como despedida, Francesco di Maggio deu um recital para a família reunida e alguns convidados. Recital de prosa, entenda-se, obra de uma carinhosa conspiração entre ele e Pilar. Quando percebi o que ia acontecer, detestei logo a ideia de que, por minha causa, umas tantas pessoas iriam ter de mostrar-se interessadas durante uma hora de leitura, quando o mais provável seria estarem a pensar nos seus assuntos e só por uma resignada condescendência pareceriam atentas aos meus. Afinal, creio que gostaram. Francesco leu meia dúzia de crónicas, sem exageros de "interpretação", discreto de gestos, apenas modulando as palavras. Ouvir aquelas páginas, que já levam de escritas um bom quarto de século, causou-me certo abalo. Muito maior, nem seria preciso dizê-lo, quando elas recordavam episódios da vida do rapazinho que fui: a imagem, para mim eterna, do avô Jerónimo caminhando debaixo da chuva, a ida à feira de Santarém para vender os bácoros, a jura que então fiz a mim mesmo de não morrer nunca... Na verdade, terá de vir procurar-me nestas crónicas quem verdadeiramente me quiser conhecer.

1 de março

Em Lisboa, para um congresso de Antropologia Literária, organizado pelo Instituto de Psicologia Aplicada. Confesso que não tinha a mais pequena ideia do objetivo ou do conteúdo desta disciplina, para mim totalmente nova. Havia lido, com toda a atenção de que sou capaz, o texto, não assinado, de apresentação do respectivo programa, mas não pude adiantar grande coisa. Dele retive apenas, por serem, ainda assim, de mais fácil compreensão, as seguintes palavras: "A fertilização cruzada da literatura, artes, teoria da cultura, psicanálise, nos seus saberes pelo menos quanto nas suas perplexidades, originam isso a que aqui se chama Antropologia Literária". É certo que não me deixaram mais informado quanto à substância real do assunto, mas sempre poderia dar uma definição se ma pedissem. Enorme foi, pois, o meu alívio, quando percebi que nem o Eduardo Lourenço nem a Luciana Stegagno Picchio sabiam mais do que eu e não se importavam de o declarar publicamente. Fizeram-no nas suas conferências inaugurais, que, por já virem escritas, não puderam beneficiar das luzes suplementares facilitadas por Frederico Pereira, diretor do ISPA, no discurso de abertura. Luciana fez rir toda a gente quando contou que, indecisa sobre se deveria aceitar ou não o convite, resolveu, de Roma, pedir socorro ao Eduardo, que, de Vence, lhe respondeu assim: "Antropologia literária é o que tens andado a fazer toda a vida". Seja ou não seja, o certo é que as conferências de um e outro fariam a mesma excelente figura em qualquer congresso simplesmente literário.

2 de março

Hoje foi a minha vez de confessar em público a ignorância que, apesar das ajudas ontem recebidas, não havia ficado dissipada. Para ser exato, duas ignorâncias. A segunda reportava-se ao tema da mesa-redonda em que me fizeram entrar: "Ficção: processos e modelos na narrativa". Declarei com franqueza que não sabia em que consistiria isso que se designava por "modelo na narrativa", e que, se tal coisa existisse, certamente não a utilizaria. Augusto Abelaira, que comigo esteve na mesa-redonda, abundou em idêntica opinião, e assim gastámos o tempo, ele e eu, até ao seu remate natural, isto é, quando achámos que estavam esgotadas todas as maneiras de dizer que não sabíamos o que ali se tinha querido que explicássemos.

3 de março

Encontrei Joaquim Benite na Baixa. Perguntou-me se tinha alguma coisa para ele (entenda-se: alguma peça para o Teatro de Almada), e eu, por minha vez, perguntei-lhe se não tinha recebido *In Nomine Dei*, que lhe enviara na altura da publicação. Que sim, mas que não tinha lido por pensar que se tratava de um libreto para a ópera. Expliquei-lhe que era *mesmo* uma peça, e então prometeu que iria lê-la. Quando nos separámos entretive-me a pensar durante um minuto se um libreto não será, também ele, bastantemente, uma peça.

Leio no *Jornal de Letras* uma curiosa afirmação de Vergílio Ferreira, catada duma *Conta-corrente* por Fernando Venâncio. Diz Vergílio: "Os autores mais traduzidos são normalmente os autores menores, ou sejam os que falam à mediocridade da generalidade humana". Apesar daquele cauteloso "normalmente", que está ali, para admitir, com alguma má vontade, que às vezes não será tanto assim, não resisti à tentação de sacudir um poucochinho a frase para ver que mais lhe saltaria de dentro, além do que já estava à vista. Eis o que saiu: "Os autores menos traduzidos são normalmente os autores maiores, ou sejam os que não falam à mediocridade da generalidade humana...". E isto: "Os autores mais traduzidos são anormalmente os autores menores, ou sejam os que falam à mediocridade...". E ainda: "Os autores menos traduzidos são anormalmente os escritores maiores, ou sejam os que não falam...". Perante este sortido de possibilidades, não creio que seja um despropósito perguntar: Se Vergílio Ferreira tivesse tantas traduções como Dostoiévski, escreveria o que escreveu? Ou aquilo foi mais um dos costumados e confrangedores gemidos vergilianos? Aceita assim Vergílio Ferreira aparecer aos olhos do leitor atento como a raposa da fábula? São as traduções, para ele, como as uvas altas, donde só caem enganosas parras que os escritores menores tomam por suculentos bagos? Como é possível que um espírito como este se rebaixe a tão mesquinhas contabilidades?

4 de março

Dia de chuva e frio em Braga. Colóquio de inauguração da Feira do Livro, com a escritora espanhola Soledad Puértolas e Luísa Mellid Franco, que foi a moderadora. Apesar do mau tempo, que terá retido muita gente em casa, o auditório esteve cheio durante as duas horas que o colóquio durou. Soledad Puértolas falou em castelhano (a sorte dos espanhóis, que os portugueses sejam tão benévolos...) e foi escutada com a maior atenção. Deve ter ido satisfeita com o público de Braga. Quanto a mim, porque não tinha nenhum livro recente que pudesse servir-me de bengala, resolvi levantar um pouco mais o véu que ainda cobre o *Ensaio sobre a cegueira* e desenvolver algumas reflexões a propósito. À medida que ia falando, tornava-se-me cada vez mais claro quanto a mim próprio me inquieta o pessimismo deste livro. *Imago mundi* lhe chamei, já em conversa com o Luiz Francisco Rebello, visão aterradora de um mundo trágico. Desta vez, a expressão do pessimismo de um escritor de Portugal não vai manifestar-se pelos habituais canais do lirismo melancólico que nos caracteriza. Será cruel, descarnado, nem o estilo lá estará para lhe suavizar as arestas. No *Ensaio* não se lacrimejam as mágoas íntimas de personagens inventadas, o que ali se estará gritando é esta interminável e absurda dor do mundo.

6 de março

Escreve-me um artista plástico (não há dúvida, temos falta de palavras: não passaria pela cabeça de ninguém designar um músico por artista musical, mas a um artista que desenhe, pinte ou esculpa andamos a chamar-lhe plástico, não obstante os outros sentidos, nada artísticos, que a palavra também tem: explosivo e substância química com base em polímeros orgânicos...), índio *cherokee*, como ele próprio quis apresentar-se, que viveu oito anos no México e agora vive na Bélgica. Entre outras declarações igualmente arrebatadas, demasiado excessivas para serem transcritas aqui, diz-me que, se fosse Rockefeller, me daria um milhão de dólares por ter escrito *Ricardo Reis*... Vai expor, em junho próximo, na Galeria Módulo, de Lisboa, e pede-me que o autorize a utilizar algumas passagens do romance como complemento, legenda ou comentário das suas obras. Chama-se Jimmie Durham e, evidentemente, pode contar com a autorização. Se a exposição abrir no princípio de junho (nessa altura estarei em Lisboa por causa da Feira do Livro), espero ter ocasião de ver de que modo se conjugam as palavras que escrevi com as imagens e as figuras nascidas noutra imaginação. Não há dúvida de que o sr. Fernando Pessoa continua a ter muita vida...

7 de março

É notório que as indústrias culturais dos países poderosos, servidas por um uso avassalador dos meios de comunicação de massas, que virá a tornar obsoleto o recurso a ações diretas, têm vindo a reduzir a mero papel de figurantes os países que, por falta de meios tecnológicos e financeiros, não podem responder na mesma moeda e portanto estão condenados ao que chamarei um primeiro grau de invisibilidade. A estes países, não os sabem ver aqueles outros. Mais: não os querem ver. É necessário que se torne claro aos olhos de toda a gente que as hegemonias culturais de hoje resultam, fundamentalmente, de um nem sempre sutil processo de evidenciação do próprio e de ocultação do alheio, imposto como algo inelutável, e que conta com a resignação, muitas vezes com a cumplicidade, das próprias vítimas. Será preciso ainda lembrar que as geoestratégias modernas não são só económicas e militares mas também, de um modo muito mais sinuoso, linguísticas e culturais?

9 de março

De repente, foi como se milhões de pessoas tivessem despertado de um longo sono, surpreendidas pela admirável revelação de serem europeias, sem que antes o tivessem percebido, ou tendo dessa qualidade uma percepção apenas tácita, não problemática. Subitamente, cada europeu viu-se a si mesmo como uma cópia atualizada daquela personagem de Molière que descobriu, com deslumbramento, que, sem o saber, andava a fazer prosa desde que nascera. E agora apetece-me perguntar: Onde estava Molière quando escreveu *Le bourgeois gentilhomme*? Em sentido lato, geograficamente, estava na Europa, mais latamente ainda no planeta Terra. No entanto, se verdadeiramente quisermos chegar a ele, teremos de abandonar essas grandezas superiores e procurá-lo em França, ou nem mesmo em França: provavelmente em Paris, que aí é que viveria, culturalmente, Jean-Baptiste Poquelin... De facto, que saberia Molière da Europa teatral do seu tempo? Admito que não lhe fossem desconhecidos os nomes e as obras dos seus contemporâneos próximos, mas, para não sairmos da arte em que floresceu, é lícito perguntar se Lope de Vega e Calderón de la Barca, por exemplo, alguma vez foram leituras suas. O que esta dúvida pretende evidenciar é que Molière foi, sobretudo, senão exclusivamente, um produto da cultura francesa, e que é nessa estrita relação que a sua obra se define, constrói e projeta, aparecendo-nos depois como expressão de um certo espírito francês, sem paralelo no resto da Europa, exceto como imitação. A Europa não fez Molière nem poderia tê-lo feito, sob pena de haver gerado uma espécie de Frankenstein cultural, monstruosamente heterogéneo e, enquanto identidade, irreconhecível. Como em tantos outros casos, foi o particular que se tornou universal, e essa é a boa direção, não a inversa, com a qual se tenderia inevitavelmente a uniformizar os tipos e a apagar as diferenças.

10 de março

Pedem-me de *A Capital* uma declaração a propósito do segundo aniversário da morte de Manuel da Fonseca. Digo que sim, que escreverei algo, e quando desligo o telefone pergunto-me se a jornalista (chama-se Ana Fonseca, talvez seja da família) saberá que as minhas relações com Manuel da Fonseca, nos últimos anos, foram praticamente inexistentes. Se saberá também que não me cabe qualquer culpa no corte de uma amizade que, por outro lado, não chegou nunca a ganhar substância, sobretudo a partir da publicação de *Levantado do chão*. Contar-lhe-ei no entanto uma pequena história, antiga do princípio dos anos 70, quando, com outros amigos e conhecidos (o Baptista-Bastos, o Manuel de Azevedo, o Ribeiro de Melo, alguns mais), almoçávamos regularmente num restaurante do Bairro Alto, a Regional de Coimbra, ou, simplificando, o 13, que era o número da porta. Manuel da Fonseca aparecia de vez em quando, e quando chegava acabavam-se as nossas conversas: regalávamo-nos a ouvi-lo, tanto fazia que os casos que contava fossem novos ou velhos, o importante era a voz, o tom, a substância profunda que fazia de cada palavra um tesouro. Um dia, terminado o almoço e adiado o resto da conversa, Manuel da Fonseca pediu a sua conta, e a empregada do restaurante, a Esmeralda, que evidentemente não partilhava do nosso prazer, gritou para o balcão: "Sai a conta daquele fala-barato!". Eu era, nesse tempo, bastante ingénuo, tinha veleidades de Quixote, e ao ouvir o despautério levantei-me da mesa e fui passar uma rabecada à aturdida criatura: que aquele "fala-barato" era um grande escritor, que eu não podia admitir semelhante falta de consideração, que a partir daquele dia não punha mais os pés no restaurante. Disse e cumpri. Algum tempo depois, porém, vim a saber que Manuel da Fonseca, obviamente mais sábio e calejado do que eu, continuava a ir almoçar lá, como se nada se tivesse passado. Não tive mais remédio que engolir a indignação e regressar a uma mesa onde se comia por 30 escudos, com direito ao doce grátis de umas quantas histórias maravilhosas...

Espero que Manuel da Fonseca não esteja agora no céu dos escritores, que de ciência muito certa sei eu que é uma repetição exata do que foi o mundo deles enquanto viveram. Que esteja, sim, no céu dos leitores, que esse é céu autêntico. E que lhes vá contando as suas histórias enquanto não chega a minha vez de ir ocupar o meu lugar, esquecidos, ele e eu, do que absurdamente nos separou.

11 de março

Toda a manhã com seis escritores jovens da Península. (Aqui diz-se que vêm da Península as pessoas que nos chegam de Espanha. Os portugueses que não se preocupem: Portugal tem direito ao seu próprio nome.) A viagem foi organizada pela Fundação Santa María, instituição particular de caráter cultural que se dedica especialmente à difusão da literatura infantil e juvenil. Todos trabalham nesta área, embora não de modo exclusivo. A dois deles já eu conhecia do encontro em Mollina. Queriam saber tudo quanto me aconteceu e fiz, desde que nasci como escritor e como pessoa. Era como se procurassem a receita mágica, ou não tanto, que faz passar alguém do anonimato nas letras (sempre relativo) às letras da fama (relativa sempre). Falo-lhes de trabalho e de disciplina, digo-lhes que não ter pressa não é incompatível com não perder tempo, que o pecado mortal do escritor é a obsessão da carreira, ilustro tudo isto com a minha própria vida, valha ela o que valer, e não me esqueço de acrescentar que para tudo se necessita sorte: a sorte grande de que os leitores nos descubram a tempo, ou, menor sorte essa, que nos descubram ainda que já seja demasiado tarde para que o saibamos nós.

12 de março

Em Milão, no hotel, ligo a televisão para saber como vai o mundo. Em dada altura, depois de me saírem italianos, alemães, franceses, luxemburgueses e norte-americanos, aparece-me uma estação japonesa a apresentar combates de sumo. O sumo, segundo a enciclopédia, "é um desporto tradicional que consiste na luta entre dois adversários dentro de um círculo traçado no solo, do qual um dos lutadores deve expulsar o outro, podendo mesmo fazê-lo por meio de empurrões ou pontapés. Alguns dos golpes utilizados assemelham-se ao judo. Os lutadores de sumo seguem um regime alimentar especial, sendo homens habitualmente com mais de 100 quilos". Isto é o que diz a enciclopédia, mas o meu azar foi tanto que não vi qualquer espécie de luta, não vi golpes de judo, nem um simples pontapé. Vi, sim, um jogo de empurra, uma mole de carne contra outra mole de carne. Depois duma longa preparação, os combates resolviam-se em poucos segundos, os suficientes para que 230 quilos levassem por diante, de empurrão, 180, como foi um caso. Imagine-se o que poderá ser um homem com quase um quarto de tonelada de peso... O recinto estava cheio de japoneses e japonesas de tamanho normal que aplaudiam não sei o quê. Não há que estranhar a ignorância: sou um ocidental espiritualmente bastante insignificante, revesso às transcendentais sabedorias do Oriente.

13 de março

Conferência de imprensa de Ferrara Musica para anunciar a próxima representação de *Divara*. Estavam presentes Mauro

Melli, diretor artístico do Festival, Mimma Guastoni, diretora da Casa Ricordi, Azio Corghi, Will Humburg. Não havia só jornalistas, as perguntas vieram tanto deles como de outros assistentes. Marco del Corona, jornalista do *Corriere della Sera*, quis saber se as posições que antes defendi (condenação dos conflitos religiosos como última expressão de uma miséria ideológica, respeito das diferenças, defesa da bondade como princípio básico de uma relação autenticamente humana) não soavam como vozes gritando no deserto. Respondi-lhe que um deserto onde ainda soem vozes não está completamente deserto... Depois da reunião, Mauro Melli informou-me que o jornal católico *Avvenire* já começou a protestar contra a anunciada apresentação, na semana da Páscoa, da cantata de Corghi, *A morte de Lázaro*, sobre uma passagem do *Evangelho segundo Jesus Cristo*: dizem que não só a representação de um Lázaro que não ressuscita é blasfema, como é inoportuno e provocador fazê-lo em plena Páscoa e numa igreja, a de San Marco... Que protestem. Enquanto protestarem, estarão, enfim, sem o saberem, a tratar de coisas sérias. Que dirão estes catolicões do tempo da outra senhora quando descobrirem que os espectadores de *Divara* vão poder tomar parte no batismo dos anabatistas que em certo momento decorre no palco?

14 de março

Olhando de cima, tudo parecia normal. Meia hora antes, já iniciada a descida, tínhamos sido informados de que estava a chover em Lanzarote. Imagino o que os turistas pensaram: que as suas esperanças de lazer e sol estavam a ir, literalmente falando, por água abaixo. Quanto aos residentes, que simplesmente regressavam a casa, tenho a certeza (por mim falo) de que, no íntimo, aplaudiram a notícia: desde outubro do ano passado que não chovia na ilha. A impressão de havermos pousado num lago lamacento (era o que a pista alagada mais parecia), e não em terra firme, foi o primeiro sinal de que o provedor celeste das chuvas tinha exagerado. Mas ainda nos faltava saber quanto. Tivemos de esperar uns bons dez minutos dentro do avião enquanto se decidia para onde deveríamos ser levados, uma vez que, segundo a primeira informação recebida, o terminal de chegadas se encontrava inundado. Não devem ter encontrado alternativa: esparrinhando água e lama, o autocarro, depois de duas ou três paragens pelo caminho, transportou-nos ao caos. O terminal era um enorme charco, havia turistas descalços a empurrar, água adentro, os seus carrinhos, outros pescavam, não há outra maneira de dizê-lo, as bagagens que tinham ficado nos tapetes rolantes, agora imobilizados, e todos, mais ou menos, pareciam esperar que o pior já tivesse passado. Abri caminho à procura de ancoradouro, pensando vagamente no extraordinário que era o silêncio das duas ou três centenas de pessoas que ali se encontravam, nenhum protesto, só perplexidade e desconcerto, e também uma paciência que habitualmente não se vê em turistas contrariados. Talvez muitos deles ainda tivessem na lembrança as inundações deste inverno nos seus países. Realmente, em comparação, isto não passava de um bochecho. Cá fora, enquanto dificilmente caminhava, atascando-me numa lama ora espessa ora quase líquida, lembrei-me do tempo em que, rapazinho, gostava de atravessar as terras baixas entre o Almonda e o Tejo depois de as águas da cheia se terem retirado... Consegui por assombroso milagre o único táxi à vista. O motorista disse-me que chovera torrencialmente durante uma hora, que tinha sido de meter medo, que havia estradas cortadas, que só poderíamos chegar a Tías dando a volta por San Bartolomé. Por mim, nem que a volta fosse pelo inferno, o que eu queria era chegar a casa. Andámos um quilómetro para o interior, e a terra estava seca, ali não tinha chovido... Lanzarote é assim: ou tudo, ou nada. Vem uma nuvem, escolhe sítio, despeja quanto tem dentro, arrasa, leva tudo adiante, sem nenhum dó da terra sedenta que mesmo ao lado está.

 Palavras de Fernando Savater: "Fui um esquerdista sem crueldade e espero chegar a ser um conservador sem vileza". Já sabemos que qualquer frase retirada do seu contexto tem grandes probabilidades de ser mal-entendida, mas esta, assim redonda, assim completa, assim acabada, com todos os predicados nos lugares certos e o seu inconfundível sujeito, dificilmente se prestará a equívocos. Deduzo do que diz Savater que é *natural* um esquerdista ser cruel (ele afirma que não o foi) e que é igualmente *natural* um conservador ser vil (ele espera não o vir a ser). Deduzo e fico confundido. Tratar-se-á de um mero jogo de palavras, dos tantos com que Fernando Savater se diverte e que algumas vezes conseguem divertir-nos a nós? Não creio. A frase foi sentida, pensada, está ali como uma moralidade exemplar, como se dissesse: "Aprendam comigo". Um espírito sarcástico dirá que são as declarações típicas de todo o esquerdista *défroqué* (de facto, não é raro ouvirem-se das bocas deles comentários deste jaez), mas nem por isso a anunciada viagem ideológica de Savater (note-se que a primeira parte do caminho já ele a andou) dará menos que pensar. Lembra-me aquela outra frase, muito usada, parece que de um dos Alexandre Dumas, creio que o pai, que paternalmente nos avisava: "Quem não for revolucionário aos vinte anos, não tem coração; quem o for depois dos quarenta, não tem cabeça". Estas suaves palavras, como as de Fernando Savater, são uma certidão de auto-óbito passada pelo próprio, uma norma para o conformismo esperto sob a aparência de uma sabedoria que pretende meter tudo no mesmo saco, uma espécie de água benta universal destinada a limpar o espírito das nódoas que nele tinha deixado a irresponsável juventude. Lendo coisas como estas, e cada vez mais se vão elas lendo, dá mesmo vontade de odiar os velhos.

15 de março

Chegou Baptista-Bastos. Vem recolher elementos para um livro que a Sociedade Portuguesa de Autores projeta publicar sobre este habitante de Lanzarote, a propósito do Prémio Consagração que em maio me será entregue: entrevista, escolha de fotos antigas e modernas, casos da vida e do trabalho. Adivinho que vou falar mais do que o necessário porque não é todos os dias que me aparecem aqui ocasiões de praticar a língua... A fim de preparar os espíritos levei-o a El Golfo, a Femés, a Famara, a La Geria: foi fácil perceber que temos mais um enamorado de Lanzarote. E ainda lhe falta ver o melhor.

Leio nos jornais que Do Muoi, secretário-geral do Partido Comunista do Vietname, declarou, na abertura do congresso da associação de escritores de lá, que a arte e a literatura devem permanecer sob a orientação do Partido, que "a liberdade de criação literária e artística é a liberdade de servir o povo", que "a literatura nunca está separada da política". Pergunta minha, urgente: não há por aí ninguém que vá explicar a este homem que acaba de precipitar-se, cabeça, tronco e membros, no mesmo fatal engano em que tropeçaram e se afundaram outros dirigentes comunistas, com as conhecidas consequências? A revolução vietnamita, será inútil dizê-lo, é merecedora de toda a admiração e de todo o respeito, mas não é assim que a defenderão. Diz Do Muoi que as artes são um fator importante na guerra que o Vietname mantém "contra as forças hostis que tentam desunir-nos para acabar com o nosso regime". Como vivo neste mundo, não duvido nada da existência de tais forças hostis, nem de que seja esse o seu objetivo, mas verifico, uma vez mais, que a História, por muito que se esforce, não encontra quem seja capaz de receber-lhe as lições a tempo e horas. O resultado destes e semelhantes comportamentos tem sido perderem-se as literaturas e as revoluções.

16 de março

Baptista-Bastos diz que a entrevista valeu a pena. Eu, como de costume, duvido, talvez porque já esteja cansado de me ouvir. O que para os outros ainda parece novidade, tornou-se para mim, com o andar do tempo, caldo requentado. Ou então, pior, azeda-me a boca a certeza de que umas quantas coisas sensatas que acaso tenha dito na vida, não irão ter, no fechar das contas, importância nenhuma. E por que haveriam de tê-la? Que significado terá o zumbido das abelhas no interior da colmeia? Serve-lhes para comunicar? Ou é um simples efeito da natureza, a mera consequência de estar vivo, sem preconcebimento nem intenção, como uma macieira dá maçãs sem ter de preocupar-se se alguém virá ou não a comê-las? E nós? Falamos pela mesma razão que transpiramos? Apenas porque sim? O suor evapora-se, lava-se, desaparece, mais tarde ou mais cedo chegará às nuvens. E as palavras? Quantas permanecem? Por quanto tempo? E, finalmente, para quê?

17 de março

Manhã de passeio, manhã de palavras. Conheço o Baptista-Bastos há muitos anos, somos amigos desde então, portanto temos conversado muitas vezes, mas nunca desta maneira, com esta franqueza, a despejar o saco. Uma ilha, mesmo não sendo deserta, é um bom sítio para falar, é como se estivesse a dizer-nos: "Não há mais mundo, aproveitem antes que este resto se acabe". Levei-o ao Mirador del Río, aos Jameos del Agua, a Timanfaya, ofereci-lhe tudo isto como se fosse meu, a paisagem, o mar, o céu, o vento. Amanhã regressará a Lisboa, aos seus velhos lugares, à Ajuda onde nasceu, à Alfama onde mora, e, aí, o melhor que eu posso desejar-lhe é que feche os olhos de vez em quando e peça à memória a graça de restituir-lhe aquelas sombras de nuvens que passavam por baixo de nós na falda da montanha fronteira à Graciosa, as escarpas roxas de Famara, ao crepúsculo, entre a neblina, a bocarra hiante da Caldera de los Cuervos, o desenho japonês de duas palmeiras sobre a anca deitada duma colina. Que essa memória não lhe falte, e gozará da vida eterna.

19 de março

Mexendo em antigos papéis, veio-me às mãos a apresentação que, vai em doze anos, escrevi para o catálogo duma exposição de João Hogan. Reli-a, sorri de algumas ingenuidades, mas achei que não era justo fazê-la regressar à obscuridade do gavetão donde tinha saído, sem lhe dar a oportunidade de submeter-se a outros juízos que não tivessem sido os meus, evidentemente suspeitos de parcialidade, ou os de Hogan, que nunca me disse o que pensou do palavreado. Por isso, aqui fica:

"Sobre o cavalete, o pintor colocou uma tela branca. Olha-a como a um espelho. A tela é aquele único espelho que não pode refletir a imagem do que está diante de si, daquilo que com ele se confronta. A tela só mostrará a imagem do que apenas *noutro lugar* é encontrável. É isso a pintura. A pintura não está no espelho branco e opaco que é a tela. A pintura não está, sequer, no mundo que, por todos os lados, rodeia tela, cavalete e pintor. A pintura está, inteira, na cabeça do pintor. Ao pintar, o pintor não vê o mundo, vê a representação dele na memória que dele tem. A pintura é, em suma, a representação duma memória.

"João Hogan, pintor, está na sua oficina. São quatro paredes apertadas, um casulo minúsculo de silêncio, fechado por sua vez num claustro antigo. Os quadros encostam-se uns aos outros, esteiam-se como placas geológicas, descem do teto como severos jardins suspensos, formam um labirinto de três dimensões, porventura inextricável. Não faltariam, ao correr da comparação, outras analogias: é o bruxo na sua caverna, é o criador criando universos novos para emendar os antigos, é Fausto convocando os espíritos. Afinal, é só, e basta, João Hogan, pintor. Move-se devagar, tranquilo, no reduzido espaço desafogado que ainda lhe resta, todos os seus passos e atitudes são rigorosos, precisos, nenhuma exuberância, a palavra breve, se tem de a dizer, o sorriso sossegadamente irónico, de mansa ironia, porque a si mesmo primeiramente se terá julgado, e, tendo-o feito, compreendeu que não precisava doutro tribunal nem doutro réu. A isto se chama, às vezes, sabedoria.

"Fala-se facilmente da sabedoria do filósofo, do sábio, do escritor, não se fala da sabedoria do pintor. E, contudo, um artista como este, que parece estar trabalhando desde o princípio do mundo, transporta, no gesto que mesmo antes de chegar à tela ou ao papel é já traço e cor, um acúmulo de experiências, um saber que transcende a simples técnica que tem de haver no desenhar e no pintar, para se localizar nas camadas profundas onde o inconsciente pessoal e coletivo a todo o momento está procurando as formas e as vozes da sua expressão possível. A pintura, como Leonardo da Vinci disse um dia, é realmente coisa mental.

"Mas, em João Hogan, a expressão dessas vozes e dessas formas percorre caminhos que o levam, simultaneamente, a procurar reproduzir o sentido máximo das coisas (ou a máxima concentração do sentido que têm) e o despojamento de todo o sentido (ou o instante primitivo, se não o primitivo olhar, em que as coisas não têm mais sentido que serem-no). São dois extremos que se tocam, é uma contradição aparente. Tentarei ser mais claro.

"De toda a obra de João Hogan escolho uma das suas paisagens de subúrbio ou um amontoado de pedras, aí onde não se divisa um vulto humano, um mero rasto de passagem, exceto, talvez, por aqui e além, o afloramento impreciso de uma cor, de um volume, acaso já obra das mãos, acaso ainda acidente natural. Em rigor, tal paisagem não existe na realidade. O pintor, como foi dito já, representa no quadro a memória, agora reelaborada pela consciência, duma memória de paisagem. Vemos colinas redondas, cobertas de verde, não de verdura, vemos penhascais cortados de planos, não de pedreiras. Entendamo-nos: não é de paisagem que estamos tratando aqui, mas de pintura, não é o parecido que devemos procurar, mas o profundo. João Hogan não se oferece para guiar o contemplador do quadro a um certo arrabalde de Lisboa, o que João Hogan propõe é um lugar de pintura. Qualquer coincidência entre isto e aquilo será sempre fortuita e irrelevante.

"Ora, esta paisagem, que justamente é confluência de memórias, espaço de reunião cumulativa, foco de sugestões e apelos — esta paisagem vem a definir-se em síntese essencial por via de um processo seletivo que precisamente faz da verdura a cor verde e da pedreira corte e plano. Então, e é aqui que reside a resolvida contradição entre os pontos de partida e o ponto de chegada, é quando o quadro aparentemente *menos diz* que *mais exprime*, e a paisagem surge diante dos nossos olhos como se *ninguém* a tivesse visto antes, como se fosse nosso o primeiro olhar que a encontra e nesse mesmo ato a mostra. A arte de João Hogan é, como por uma espécie de prodígio inesperado, a arte do primeiro olhar. "Pelo seu próprio, natural caminho, Hogan atinge, duplamente, a raiz da pintura e a raiz do ser. O mundo em que nos introduz está, quase sempre, desabitado. Mas é um mundo em expectativa, um mundo que espera os seus homens, ou porque eles ainda não nasceram, ou porque dele foram retirados. Porém, não esqueçamos que diante desta paisagem solitária esteve o homem que a criou. Foi dele o primeiro olhar. Cabe-nos a nós olhar agora, para podermos ver o que ele viu já: os homens que habitarão, por direito, este lugar. De pintura, como foi dito. De vida, como se acrescenta. Que tudo é o mesmo."

No conjunto, não está mal. E a propósito: como pintaria João Hogan, se ainda fosse vivo, esta ilha de Lanzarote?

20 de março

José Manuel Mendes, que já leu o segundo volume dos *Cadernos*, preocupa-se com as minhas pelos vistos demasiado frequentes alusões ao que chama a "morte própria", mencionando mesmo duas passagens do livro que considera arripiantes. Não creio que o sejam assim tanto, salvo para naturezas predispostas a sofrer duma espécie de vertigem mental semelhante àquela outra, física, que nos toma quando nos debruçamos sobre um abismo. Se falo da "morte própria", é em ocasiões em que não falar equivaleria a esconder-me, e disso não gosto eu: prefiro, tanto quanto me é possível, olhar de frente a Velha Senhora da Gadanha, e dizer claramente o que penso e sinto, não a ela, que é surda, mas a mim mesmo. Tento ser, à minha maneira, um estoico prático, mas a indiferença, como condição da felicidade, nunca teve lugar na minha vida, e se é certo que busco afincadamente o sossego do espírito, também é certo que não me libertei nem pretendo libertar-me das paixões. Procuro habituar-me sem excessivo dramatismo à ideia de que o corpo não só é finível, como de certo modo é já, em cada momento, finito. Que importância tem isto, porém, se cada gesto, cada palavra, cada emoção são capazes de negar, também em cada momento, essa finitude? Na verdade, sinto-me vivíssimo quando me calha ter de falar da morte...

21 de março

Em sentido amplo, embora a afirmação possa parecer algo pretensiosa, a *História do cerco de Lisboa* (que em breve vai ser, enfim, reeditada) é um livro contra os dogmas, isto é, contra qualquer propósito de arvorar em definitivo e inquestionável o que precisamente sempre definiu o que chamamos condição humana: a transitoriedade e a relatividade. Sem esquecer que os dogmas mais nocivos nem sequer são os que como tal foram expressamente enunciados, como é o caso dos dogmas religiosos, uma vez que esses apelam à fé, e a fé não sabe nem pode discutir-se a si mesma. O pior foi ter-se transformado em dogmas laicos o que, por sua mesma natureza, a tal nunca aspirou. Marx, por exemplo, não dogmatizou, mas não faltaram depois pseudomarxistas para converter *O capital* em outra bíblia, trocando o pensamento ativo pela glosa estéril ou pela interpretação viciosa. Viu-se o que aconteceu. Um dia, se formos capazes de largar os antigos e férreos moldes, a pele que parecia velha e afinal não nos deixou crescer, voltaremos a encontrar-nos com Marx: talvez um "reexame marxista" do marxismo nos ajude a abrir caminhos mais generosos ao ato de pensar. Que terá de começar por procurar respostas à pergunta fundamental: "Por que penso eu como penso?". Por outras palavras: "Que é a ideologia?". Parecem questões de lana-caprina, e não creio que haja outras mais importantes...

22 de março

Cada poeta entende a liberdade de maneira diferente, suponho eu. Tal como o homem vulgar, desses que não são poetas.

Mas não creio que a liberdade do poeta (por muito alto que a ponham) seja mais dura de conquistar que a do homem comum. E ainda por cima este tem muito menos compensações.

Há aves que levam a vida a dizer: "Ah, se eu quisesse!..." — e nunca levantam voo, só andam. Provavelmente, o melhor ainda será nascer sem asas e fazê-las nascer e alargar à nossa própria custa. Sonhar que voamos é sinal de crescimento.

Só escrevo sobre aquilo que não sabia antes de o ter escrito. Deve ser por isso que os meus livros não se repetem. Vou-me repetindo eu neles, porque, ainda assim, do pouco que continuo a saber, o que melhor conheço é este que sou.

23 de março

O que costumamos chamar "compromisso do escritor" não deveria ser determinado simplesmente pelo caráter mais ou menos "social" ou "socializante" da tendência, do grupo ou da escola literária em que se inscreveu ou em que o meteram. O compromisso não é do escritor como tal, mas do cidadão. Se o cidadão é escritor, acrescentar-se-á à sua cidadania pessoal uma responsabilidade pública. Não vejo aonde poderão ir buscar-se argumentos para eludir essa responsabilidade.

24 de março

Maria Alzira Seixo diz-me que comecei a pagar o ter estado tanto tempo na mó de cima e dá como indício de uma passagem para a mó de baixo a reação que estes *Cadernos* têm provocado nuns quantos modestíssimos portugueses, cujo virtuoso recato tenho andado a escandalizar com a exibição impudica dos meus "triunfos" literários e sociais... Como se isto fosse pouco, conta--me de alguém que, tendo-lhe ela falado de andar eu às voltas com um romance onde há uma porção de cegos, declarou rotundamente que o Ernesto Sabato já tinha feito coisa parecida, o que, trocado por miúdos, significa que, na opinião deste polícia dos costumes, devo ter caído em flagrante delito de imitação ou plágio... Não importa que o tal censor não tenha lido uma única palavra do *Ensaio*, se calhar não fez mais do que ouvir falar de *Sobre heroes y tumbas*, mas nada disso conta perante a ocasião de insinuar que os meus cegos provêm em linha torta dos cegos de Sabato. Discreta mais do que deveria, Maria Alzira não disse de quem veio a perfídia. É pena. Calar o nome do autor duma calúnia não serve ao caluniado, serve, sim, ao caluniador porque lhe assegura a impunidade. Amanhã encontro por aí o sujeito, capaz ele de me dar um abraço, uma palmadinha nas costas, de amigo, e eu não saberei que se trata dum pequeno velhaco.

25 de março

Lanzarote não é sempre o paraíso. Ontem amanhecemos com o céu tapado pela calima, um ar espesso e soturno que transporta para aqui, por cima de cem quilómetros de oceano, a poeira do Sara, e nos põe à beira da sufocação. O avião que veio de Madrid e a Madrid deveria levar-nos foi, por prudência, desviado para Las Palmas. Durante seis horas esperámos no aeroporto que o tempo aclarasse, que outro avião estivesse disponível, que outra tripulação se apiedasse dos frustrados viajantes. Perdemos o voo de ligação com Lisboa, tivemos de dormir em Madrid. O resultado foi só ter chegado hoje a Lisboa, quase em cima da hora da sessão de encerramento dos "Diálogos com o país", a que devia presidir. Foi um "presidente" estafado a mais não poder que entrou no Hotel Altis para cumprir a missão para que tinha sido convocado, mas o cansaço passou-me logo perante a cordialidade (cordialidade é pouco, acho que a palavra certa é afeto) com que os amigos me acolheram. Fiz um discurso breve, que assentou em três pontos principais: se como partido nos cristalizámos, é tempo de que nos descristalizemos; se não temos andado a refletir o necessário, comecemos a refletir já, antes que se torne demasiado tarde; se é verdade que os partidos socialistas se deslocaram para o centro, coisa que nem eles próprios se atrevem a negar, então o espaço da esquerda, todo ele, terá de ser ocupado pelos partidos comunistas. As propostas, supondo que merecem essa denominação, obviamente simples e simplesmente óbvias, foram bem acolhidas, talvez também por tê-las envolvido em um certo tom de humor que deve ter soado como heresia grossa a alguns ouvidos politicamente mais puritanos. Não terão sido muitas as reuniões do Partido em que se ouviram tantos e tão saudáveis risos.

27 de março

Em Alicante, para um seminário dirigido pelo diretor do *Monde Diplomatique*, Ignacio Ramonet, sobre o tema "Informação, comunicação e sociedade. Virtudes e perigos da democracia mediática". Recordo a Ramonet que não percebo nada desse mundo misterioso das "autoestradas de informação", dos "cd--rom" e da "internet", que sou como um selvagem vindo doutra época, doutras paragens tecnológicas, capaz, quando muito, de pôr os dedos nas teclas certas e embasbacar-se depois com o que acontece. Responde-me que o que ele espera dos conferencistas convidados (Eduardo Haro Tecglen e John Berger, além de mim) é "um olhar de cima", expressão lisonjeira que, no meu caso, decidi logo ali traduzir pela contrária: "um olhar de baixo"... Enfrentarei pois, corajosamente, o tema que me foi destinado, fiado de que os completos conhecimentos de Ignacio Ramonet supram os inevitáveis desfalecimentos dos meus. Ele falará das grandes rupturas tecnológicas atuais, da conexão com a indústria (o vice-presidente dos Estados Unidos da América do Norte, Al Gore, afirmou recentemente que a informação é a indústria do século XXI...) e dos sonhos futuristas e utópicos propostos pelos teóricos da chamada "comunicação total". Eu tentarei responder com a minha própria visão dessas utopias. Pessimista, já se sabe.

29 de março

À margem do seminário, Ignacio Ramonet esteve hoje de manhã na Faculdade de Direito de Alicante para dar uma conferência. Fui lá também, para aprender, e aprendi muito mais do que contava. Já ontem, na conferência de abertura do seminário, dada por Ramonet, tinha eu começado a compreender que o mundo em que estou tem pouquíssimo que ver, nestes particulares, com aquele em que acreditava viver. Para dizê-lo de uma forma que toda a gente entenda: ainda me encontro no "terceiro mundo" da informação... Não sou o único, porém. Logo no princípio do seu discurso, Ignacio Ramonet contou algo que a assistência toda desconhecia e a mim me deixou sem fôlego. Disse ele que, ao contrário do que se crê, nem uma só imagem do genocídio dos tutsis do Ruanda chegou a ser vista: não a mostraram os fotógrafos, não a mostraram as câmaras de televisão. De um milhão de tutsis mortos, vítimas das chacinas, não chegámos a ver um só cadáver. Aqueles milhares de seres que víamos arrastando-se pelos caminhos em direção à fronteira do Zaire, eram hutus e não tutsis. Aqueles que à nossa vista morriam de fome e de todas as doenças nos acampamentos zairenses não eram tutsis, mas hutus. Os alimentos, os medicamentos, a ajuda do sensível coração do "mundo ocidental", tudo foi parar às mãos dos hutus, não os receberam os tutsis. O êxodo, impressionante, foi de hutus que fugiam do exército tutsi vindo do exterior, e não, como pensávamos, de tutsis tentando escapar à chacina. Quer dizer: apiedámo-nos dos massacradores, não dos massacrados. Portanto, fomos enganados. Pelos vistos, a informação também para isto serve. E nós, que fazemos? Viramos a página, passamos à notícia seguinte, onde outro engano nos espera.

Não falo da minha conferência, que creio ter corrido bem. Assistiu muita gente, aplaudiram, mas o mais importante já tinha sido dito por Ignacio Ramonet na Faculdade de Direito. O que eu me pergunto é se a impressão causada pelas suas palavras nos jovens estudantes de leis terá sido bastante forte para que eles, amanhã, se recusem a ser meros servidores da Grande Lei Hipócrita que rege o mundo.

Joaquín Manresa, o jovem sociólogo que leva às costas todo o peso da organização do seminário, disse-nos que Roberto Fernández Retamar, presidente da Casa de las Americas, está em Alicante. Desacertos de horas, telefones que não respondem, recados que não chegam ao destino, vão impedir que nos encontremos. Tive pena de perder esta excelente ocasião de saber notícias diretas de Cuba, além de estar com alguém a quem estimo e admiro.

30 de março

Nos cinco metros de "faxes" que estavam à nossa espera em casa encontrámos a informação de que Jorge Amado ganhou, por unanimidade, o Prémio Camões. Finalmente. Este fruto precisou de uns quantos outonos para amadurecer... O que me alegra é pensar que o voto dos jurados brasileiros não terá sido dado com mais entusiasmo que o dos portugueses. E atrevo-me a suspeitar (para não dizer que o tenho por certo) que do Brasil foi que vieram, em anos passados, os obstáculos a um prémio que chegou manifestamente fora do horário da tabela. Vale mais tarde do que nunca, dirá o otimismo daqueles que nunca sofreram injustiças. Mas esses não podem saber quanto elas doem.

31 de março

A propósito da próxima representação de *Divara* no Festival de Ferrara, a revista italiana *Panorama* faz-me algumas perguntas, a saber:
a) Porquê, da parte de alguém que se afirma ateu, tão grande interesse pelas questões religiosas?;

b) *Divara* denuncia a intolerância religiosa no século XVI, ou é uma metáfora da atualidade?;

c) Quais são o maior merecimento e o maior perigo da fé?;

d) Se a fé religiosa comporta a conversão de quem não crê, pode um homem de fé ser realmente tolerante?;

e) Tendo em conta as ameaças do integralismo, é possível esperar que chegue um tempo de respeito pelas diferenças de raça, opinião e religião?;

f) Que pensa do antagonismo, sublinhado pelo papa na sua recente encíclica, entre "lei de Estado" e "lei moral"?;

g) Finalmente, em que crê?

Com a certeza de que me vou repetir, mas com a certeza igual de que a repetição nunca prejudicará a clareza, eis o que respondi:

a) A mim o que me surpreende é precisamente o pouco interesse que os ateus demonstram em geral pelas questões religiosas. Só porque um dia se declararam ateus, passaram a comportar-se como se a questão tivesse ficado definitivamente arrumada. O meu ponto de vista é diferente. O facto de eu negar a existência de Deus não faz com que a Igreja Católica desapareça, nem tem seguramente qualquer influência nas convicções (na fé, quero dizer) dos seus fiéis. A religião é um fenómeno *exclusivamente* humano, portanto é natural que provoque a curiosidade de um escritor, ainda que ateu. Além disso, há uma evidência que não deve ser esquecida: no que respeita à mentalidade, sou um cristão. Logo, escrevo sobre o que fez de mim a pessoa que sou.

b) Desgraçadamente, *Divara* não pode ser entendida como uma mera reconstituição histórica nem como uma metáfora. O estado do mundo mostra-nos como a evocação de manifestações de intolerância ocorridas há quatro séculos tem, afinal, uma flagrante atualidade. Realmente dá que pensar o pouco que aprendemos com a experiência.

c) O maior merecimento da fé, como ideologia que é, está na capacidade de fazer aproximar seres humanos uns dos outros. O seu maior perigo encontra-se no orgulho de considerar-se a si mesma como única e exclusiva verdade, e portanto ceder à vontade de poder, com todas as consequências.

d) A fé religiosa não comporta apenas a vontade de conversão de quem não crê, comporta também a vontade de conversão daqueles que seguem outra religião. Atitude, a meu ver, totalmente absurda. Se há Deus, há um só Deus. Logo, equivalem-se todos os modos de adorá-lo. Por isso mesmo, um crente, qualquer que fosse a sua religião, deveria ser um exemplo de tolerância. Não é assim, como todos os dias se vê. E ouso dizer que ninguém é mais tolerante que um ateu.

e) O integralismo não é só islâmico, a intolerância não é praticada apenas por aqueles que andam a matar em nome de Alá. Hoje mesmo, sem chegar aos crimes que mancham o seu passado, a Igreja Católica continua a exercer uma pressão abusiva sobre as consciências. Respeito pela diferença de raça, de opinião e religião não o prevejo para um futuro imediato, nem sequer próximo. Continuaremos a ser intolerantes porque não queremos compreender que não basta ser tolerante. Enquanto formos incapazes de reconhecer a igualdade profunda de todos os seres humanos não sairemos da desastrosa situação em que nos encontramos.

f) A história da humanidade é um processo contínuo de transformação de valores. É verdade que o tempo que vivemos se caracteriza pelo desaparecimento de valores tradicionais, sem que apareçam, de uma forma clara, valores novos capazes de informar eticamente as sociedades. Porém, esse antagonismo apontado pelo papa não é de hoje, mas de sempre. Alguma vez, na história, a "lei de Estado" coincidiu com a "lei moral"? Ou será que o pensamento de João Paulo II se orienta agora no sentido duma "cristianização" dos Estados laicos? Se assim é, deveria começar talvez por "cristianizar" o seu próprio Vaticano.

g) Creio no direito à solidariedade e no dever de ser solidário. Creio que não há nenhuma incompatibilidade entre a firmeza dos valores próprios e o respeito pelos valores alheios. Somos todos feitos da mesma carne sofrente. Mas também creio que ainda nos falta muito para chegarmos a ser verdadeiramente humanos. Se o seremos alguma vez...

1 de abril

O Coletivo Andersen de Literatura Infantil e Juvenil, uma associação de professores que tem assento em Las Palmas, veio a Lanzarote celebrar, na Fundação César Manrique, o VII Dia do Livro Infantil de Canárias. Tinham-me convidado há tempos para dar, no dia 30 de março, a conferência inaugural, mas a hora tardia a que chegava de Alicante não o iria permitir. Passaram-me portanto para o encerramento. Como o tema do encontro era a Idade Média, já se sabe que teria de falar do *Cerco de Lisboa*, mas o miolo da conferência armei-o a partir duma frase, já aqui antes citada, de um certo filósofo espanhol, mais conhecido como pintor, que se chamou Goya... A frase, posta por baixo da gravura que a ilustra, é esta: "O sonho da razão engendra monstros...". Não preciso dizer quanto me foram úteis os monstros que trouxe de Alicante...

Muito universo, muito espaço sideral, mas o mundo é mesmo uma aldeia. Pois não é que me disseram na Fundação César Manrique que Roberto Fernández Retamar, de quem irremediavelmente nos tínhamos desencontrado em Alicante, chegaria esta tarde a Lanzarote, aonde virá dar uma conferência sobre José Martí? Chegou de facto, telefonou-nos ao fim do dia e virá amanhã jantar. Não vou deixar escapar a ocasião de voltar ao assunto daquele Matias Peres, português, toldeiro de profissão, que um dia desapareceu nos céus de La Habana...

2 de abril

De Cuba falou-se o suficiente para saber que as dificuldades continuam. Nota-se, diz-nos Retamar, no imediato, uma certa melhoria, atribuível à maior flexibilidade do mercado de produtos alimentícios, mas sem efeitos realmente visíveis na situação económica global. As recentes crises, ainda em desenvolvimento, do México e do Canadá, países que, contrariando desde o princípio as pressões diplomáticas e económicas dos Estados Unidos, têm tido uma atitude colaborante em relação a Cuba, trarão, certamente, dificuldades novas. Também em nada ajudarão a ilha as previsíveis mudanças políticas de Espanha resultantes da provável vitória do Partido Popular nas próximas eleições gerais. Apesar de tantas e tão sombrias nuvens, Roberto e sua mulher, Adelaida, não perderam o sentido de humor: entre risos, contam-nos que um importante intelectual mexicano (nada mais nada menos que Carlos Fuentes), com quem haviam estado há poucos dias em Espanha, lhes perguntou se iriam regressar a Cuba...

Tal como me havia prometido, voltei ao assunto do "meu" Matias Peres. Comecei por pedir a Pilar que lesse "Una ascensión en La Habana", e depois, postos todos de acordo quanto à beleza da descrição de Eliseo Diego, chamei a atenção de Roberto e de Adelaida para as informações objetivas, pelo menos assim as considero eu, contidas no texto: *a*) Matias Peres era português; *b*) fabricava toldos; *c*) era poeta ("en versos magníficos dijiste adiós a las muchachas de La Habana"); *d*) quando subiu no seu balão, "la banda militar atronaba en el Campo de Marte"; *e*) em certo momento, o vento fê-lo descer ("te llamaron los pescadores prudentes, gritándote que bajaras, que ellos te buscarían en sus botes")... Isto não se inventa, insisti. Além disso, aquela "expressão de irónico desencanto e crioula tristeza", como Eliseo a definiu: "Foi-se como Matias Peres", não teria significado sem a existência real de um homem com esse concreto nome e esse concreto apelido. Algum cético, ainda que disposto a admitir a probabilidade de uma tal existência e a possibilidade de uma tal ascensão, dirá que apelido e nome lhe parecem muito mais de galego que de português, mas um outro Matias tivemos nós cá, Aires de sobrenome (que não só é galego, como castelhano), e português foi por inteiro, ainda que em São Paulo nascido... Benevolamente rendido às minhas razões, Roberto prometeu que iria fazer tudo para chegar aos fundamentos "históricos" do episódio. Que eu venha mesmo, depois, a escrever o romance do desventurado aeronauta, já será outra questão. Se Retamar não puder cumprir o prometido, será porque o desviaram do compromisso as grandes aflições da sua Cuba. São elas, sem dúvida, nos difíceis tempos que lá se vivem, bem mais importantes do que todos os aeronautas passados, presentes e futuros. Para que da Revolução Cubana não venha também a dizer-se: "Se fue como Matías Pérez!".

4 de abril

Em Turim, para um encontro na Universidade sobre o tema "O imaginário nas literaturas mediterrâneas" e um debate sobre "O papel do escritor no limiar do século XXI". Pablo Luís Avila e Giancarlo Depretis oferecem-nos a hospitalidade da sua casa, que tanto tem de espanhola (Pablo é granadino) e italiana (Giancarlo é piemontês) como de portuguesa: a coleção de barros alentejanos e minhotos, em particular de Estremoz e Barcelos, é das mais ricas e completas que tenho visto. Pablo e Giancarlo estão felizes porque, depois de anos e anos de uma luta obstinada, com altos e baixos de esperança e frustração, lograram finalmente que na sua Universidade fosse instalado um Leitorado de Português. E Giancarlo, que a partir do próximo ano letivo ocupará a cátedra de literatura portuguesa, deu-me o ar de quem saboreia sobriamente uma justa vitória, que, sendo sua, é muito mais daquilo que do seu ensino irá beneficiar: a literatura portuguesa, precisamente. Conversando depois acerca disto e daquilo, Pablo disse-me que Berlusconi e Fini alcançam os 60% nas previsões de voto, mas hoje li em *La Repubblica* que, segundo D'Alema, secretário-geral do PDS (ex-PCI), não só eles não ultrapassam os 44% como irá ser o PDS o primeiro partido. Parece-me isto uma perigosa maneira de colocar a questão: que adianta que o PDS venha a ser o primeiro partido italiano se sendo Fini e Berlusconi, no imediato e para o futuro próximo, aliados naturais, vão poder formar governo, embora de minoria? A impressão que colhi das conversas que mantive com diferentes pessoas ao longo deste dia, é de que há um nítido avanço das tendências fascistas em Itália. Alguns dos meus interlocutores manifestaram-se preocupados com a apatia dos intelectuais italianos perante a reviravolta de um processo político que, em certo momento, chegou a parecer que se encaminhava no sentido da esquerda.

5 de abril

Para o encontro sobre o "imaginário" reuniram-se dois italianos (Giuseppe Conte e Sebastiano Vassalli), uma francesa (Jacqueline Risset), um espanhol (Juan José Millás) e um português (este). Faltou o tunisino que estava convidado, Amin Maalouf. Não creio que tenhamos avançado grande coisa no território que devíamos explorar. Já se sabe que os escritores, sobretudo quando o são só do que afetadamente chamamos "criação literária", sempre estão mais inclinados a falar para o seu próprio reflexo no espelho que levam diante de si do que daquilo que no mesmo espelho os rodeia, e que é, em sentido mais do que figurado, o "fundo" real do seu trabalho. Não surpreende, portanto, que Conte tenha falado da poesia como de uma coisa-em-si, que Vassalli tenha afirmado que aos escritores não resta mais que "*racontare il nulla*" (contar o nada), que Risset tenha decidido voltar à cansadíssima questão da independência do artista contra as ideologias. Juan José Millás virou simplesmente costas ao tema e discorreu, naquele tom de ironia sorna que o caracteriza, sobre as suas próprias imaginações, as da infância e as de agora, tomando como matéria imediata de análise o seu recente romance *Tonto, muerto, bastardo e invisible*. No que a mim toca, pouco treinado em especulações deste calibre, e, por temperamento, nada propenso a elas, atrevi-me a pôr em dúvida a possibilidade de um debate conclusivo sobre o assunto. Parecia-me, disse, que era simplificar em excesso declarar, sem mais, que são "mediterrâneos" países como Espanha, França e Itália, para já não falar de Portugal, que está, todo ele, no Atlântico. Porque se é certo que, segundo a lição de Fernand Braudel, o Mediterrâneo terrestre estará onde os olivais estiverem, todos os países mencionados, incluindo o nosso, só por metade seriam mediterrâneos, e agora menos que metade, se tivermos em conta a rapidez com que as oliveiras estão a ser arrancadas. Citei o caso de Gonzalo Torrente Ballester, galego, que declarou que não é homem do Sul, mas do Norte, recordei que Claudio Magris, triestino, não escreveu sobre o Pó, mas sobre o Danúbio, sugeri, tentando ser ainda mais claro, que é expressão de um incurável eurocentrismo nosso o conceito de "literaturas mediterrâneas", formado, todo ele, e limitado, pela influência da herança cultural greco-romana. A presença de Amin Maalouf teria servido para melhorar o debate, uma vez que colocaria na balança o ponto de vista do Mediterrâneo do Sul, o qual, por sua vez, não o esqueçamos, é Norte de África... E mesmo assim a Tunísia não é Marrocos, nem o Egito é Argélia, por muito que de *mil e uma noites* se tenha alimentado o "imaginário" de todos eles. A uma objeção de que, apesar de tudo, devia ser possível falar de "literatura mediterrânea" do mesmo modo que se fala de "literatura hispano-americana" ou de "literatura anglo-americana", respondi que tanto em um caso como em outro é evidente a existência de uma "unidade" linguística, proporcionada, respectivamente, pelo castelhano e pelo inglês (é interessante verificar que o conceito "literatura hispano-americana" não costuma abranger a literatura brasileira), ao passo que o Mediterrâneo sempre se caracterizou por ser, em todos os sentidos, tempos e acepções, uma inextricável Babel...

O debate sobre "O papel do escritor" serviu depois para que Giuseppe Conte insistisse na poesia como quinta-essência de purezas e refúgio contra as fealdades do mundo, para que Sebastiano Vassalli declarasse ser unicamente um contador de histórias, sem obrigação, como escritor, de intervir na sociedade, para que Millás e eu (ibéricos, portanto pré-modernos, portanto pré-históricos...) protestássemos a nossa incompreensão perante posturas que mais nos pareciam provir doutro planeta. Em certa altura, tendo Conte, num arroubo lírico, falado das harmonias futuras de um mundo plurirracial, disse-lhe que por aí não chegará aonde quer. Na verdade, já estamos a viver (sempre vivemos) num mundo plurirracial: para o ver assim bastará imaginar os ricos como brancos, os remediados como cinzentos e os pobres como pretos... Enfim, a Jacqueline Risset, mulher fina e simpática que, além de romancista e poeta, é especialista em Dante, limitei-me a observar-lhe que a *Divina comédia* é, por excelência, e excelentemente, uma obra ideológica...

Não valeram a pena os encontros de Turim? Pelo contrário, valeram, e muito. E ficámos a conhecer, com provas na mão, algumas das razões por que o fascismo avança.

7 de abril

Em Ferrara, para apresentação, em Itália, de *Divara*, com a orquestra e a companhia do Teatro de Münster, sob a direção de Will Humburg, e a mesma encenação, de Dietrich Hilsdorf. Sinto no ambiente uma certa inquietação: como irá reagir ao tumulto, à violência desta *Divara*, um público de província habituado às comodidades sem surpresa da ópera lírica, em que a morte, na altura de aparecer, vem adornada, invariavelmente, de gorjeios floridos? Por mim, estou tranquilo, em parte porque sou quem menos arrisca, mas também por não poder acreditar que este público, qualquer público, onde quer que esteja, se mostre insensível à força avassaladora da música de Corghi, à encenação provocadora de Hilsdorf, à direção apaixonada de Humburg. Entretanto, enquanto a hora da verdade não chega, juntaram-se num salão do Teatro Comunale umas quantas pessoas para um debate sobre a intolerância religiosa: Mario Miegge, da Universidade de Ferrara, Valerio Marchetti, da Universidade de Bolonha, Ugo Gastaldi, historiador, autor duma *História do anabaptismo*, Franz Josef Jacobi, diretor do Museu da Cidade de Münster, e quem por estes cadernos responde. A coisa não resultou tão pacífica quanto se esperava, tendo em conta que não havia ninguém ali para defender a intolerância, religiosa ou qualquer outra. A labareda saltou por ter eu dito, em certa altura do debate, respondendo à interpelação de uma pessoa do público, que o problema não se resolverá enquanto não aprendermos a reconhecer e a respeitar as diferenças, todas as diferenças, que distinguem os seres humanos uns dos outros. Que foste tu dizer. Saltou-me do lado Valerio Marchetti, tipo acabado de pessoa que ama a discussão pela discussão, protestando que a reivindicação da diferença está cheia de efeitos perversos, que por um desses efeitos é que se chegou ao arianismo nazi, que aonde é preciso ir é à in--diferença, estado final em que as diferenças se apagariam precisamente porque tudo se haveria tornado in-diferente. A salva de artilharia ter-me-ia deixado arrasado se não fosse o calejamento que ganhei à custa da vida e de debates muito mais duros que este. Sossegadamente, aclarei e desenvolvi os meus pontos de vista, e rematei pedindo que me fosse explicado por que modo seria possível chegar à in-diferença sem passar, antes, por aquilo que precisamente falta: o reconhecimento, a aceitação da diferença. Valerio Marchetti respondeu que não tinha nada a acrescentar, e a sessão acabou friamente, depois de Mario Miegge, homem simpático, cordial, ter ainda tentado conciliar os opostos pensamentos dos controversistas, brincando um pouco com a mania discutidora do colega, pelos vistos habitual. Enfim, a intolerância ainda tem uma longa e próspera vida à sua frente.

Vimos, no Castelo Estense, uma exposição sobre Lucchino Visconti. Importante, mas melancólica. Muito jogo de luz e sombra, muito enquadramento, muito efeito cenográfico, mas aquelas fotografias, aquelas maquetas, aqueles figurinos, aqueles cartazes, tudo me pareceu como embalsamado, tocado pelo mesmo dedo que empurrou Visconti para fora deste mundo.

Sou tão rico de amigos que sempre eles me aparecem onde mais gostaria de os ter. Além de Carmélia, que viajou connosco desde Turim, chegarão hoje, para o espetáculo, Zeferino Coelho e Ana, Ray-Güde, María e Javier, com Teresa, uma outra irmã de Pilar, que ainda não tinha entrado nestas páginas e que é responsável pelo serviço de imprensa do Festival de Música de Granada. Amanhã virá Filipe de Sousa.

8 de abril

Afinal, não havia motivos para temer. A resposta do público foi entusiástica, a sala esteve a aplaudir durante quase quinze minutos, Azio sorria feliz como um *bambino*, eu disfarçava a comoção, fazendo de contas que de experiências como esta se amassa o meu pão de cada dia... No fim, os portugueses queriam saber: "E Lisboa, quando?", pergunta evidentemente retórica, porque, como ninguém ignora, as comunicações com a capital portuguesa estão muito difíceis.

No Palazzo dei Diamanti, a exposição Gauguin e a Vanguarda Russa. Quadros vindos do Ermitage de Sampetersburgo e do Museu Puchkine de Moscovo, desenhos e esculturas. Bem organizada, com um catálogo exaustivo, a exposição mostra quanto foi determinante a influência de Gauguin na obra dos vanguardistas russos, particularmente em Michail Larionov e Natalia Gontcharova, os mais importantes deles. Entrámos depois na Pinacoteca, onde o excelente, o bom e o medíocre convivem nas mesmas paredes, mas onde fui encontrar a imagem mais forte, mais impressiva de quantas me tocaram nesta manhã: uma pequeníssima tábua, menos de um palmo quadrado, pintada por Antonio da Crestalcore, de quem, em tantos anos de museus, nunca tinha ouvido falar, e que trabalhou em Bolonha desde 1478, vindo a morrer entre 1513 e 1525. Trata-se de um *Descimento da cruz*, tratado com minúcias de miniaturista obsessivo, com todos os traços precisos, exatos, rigorosos, mas em que a cor nunca é arrefecida pela secura do desenho. Os rostos são quase caricaturais, parece que foram achatados no sentido vertical. As figuras ocupam o terço inferior da tábua, como se tivessem sido empurradas para ali pelos montes do Gólgota e pelo peso das três cruzes. O braço direito de Cristo descansa nos ombros de Maria Madalena. Quanta pena tenho de que o papa Woytila não venha sentar-se aqui, num intervalo das suas encíclicas, a olhar esta pintura: talvez percebesse que o espírito é, admiravelmente, uma criação da carne. Fomo-nos depois ao Palazzo Schifanoia, a ver os frescos dos *Meses* de Francesco del Cossa e Ercole dei Roberti, mas eu tinha comigo a recordação viva daquele outro "quadro mais belo do mundo", a colocar, no meu museu imaginário, ao lado do *S. Jorge matando o dragão* de Vitale da Bologna, que em Bolonha está, e das duas paisagens de Ambrogio Lorenzetti que podem ser vistas em Siena. Quadros todos eles pequenos, para poderem caber no coração.

12 de abril

Nunca agradecerei bastante a Azio Corghi as alegrias que me anda a dar. Agora foi a sua cantata *A morte de Lázaro*, interpretada em Milão, na Igreja de San Marco, pelo coro do Teatro alla Scala, sobre textos extraídos do *Memorial*, do *Evangelho* e de *In Nomine Dei*. Uma atriz, Maddalena Crippa, foi uma magnífica "voz recitante", encarnando Maria de Magdala, aquela que ousou dizer a Jesus: "Ninguém na vida teve tantos pecados que mereça morrer duas vezes". Antes do concerto, que incluía também alguns *Motteti per la Passione* e *Tre cori sacri* de Petrassi, o pároco de San Marco, Don Marcandalli, botou fala. Já nos tinham chegado rumores de que assim iria ser: antes de que a heresia retumbasse sob as santas abóbadas haveria que tranquilizar os fiéis. Don Marcandalli começou por dizer que a decisão de permitir a execução da cantata naquela igreja havia sido tomada por quem, na Cúria, tinha competência e autoridade para tal (não foram exatamente estas palavras, mas o sentido, sim), após o que entrou no miolo do assunto: reconheceu que o texto evangélico do episódio era tratado "com uma certa fidelidade", exceto, claro está, no seu final, ao ser negada a ressurreição. "Acho compreensível", declarou o pároco, "que o autor, não sendo crente, não aceite o mistério da Ressurreição. Um teólogo ortodoxo vivo disse que 'a morte é a evidência da história, a Ressurreição é o segredo da fé'. Ora, Saramago não tem o dom da fé." O melhor, porém, vem agora: "Mas não poderá este concerto tornar-se numa espécie de 'pré-evangelização', quase como uma nova forma de Cátedra dos não crentes, iniciativa tão cara ao cardeal arcebispo de Milão, Carlo Maria Martini?".

Esta Igreja Católica, realmente, sabe-a toda: há-de arranjar sempre a maneira de levar a água ao seu moinho... Seja como for, se Don Marcandalli esperou ouvir balir indignadas as suas ovelhas contra os blasfemos autores, saiu frustrado: os aplausos foram muitos, as palmas e os bravos recompensaram o atrevimento. No final, deixei o Don Marcandalli completamente desconcertado: fui cumprimentá-lo e agradecer-lhe a hospitalidade da sua igreja...

17 de abril

Respeite-se o sofrimento de quem sabe próxima a morte. Perdoem-se as fraquezas, as cobardias das derradeiras horas, quando a percepção do fim vai fazer ruir o edifício duma inteireza construída no tempo fácil em que a saúde e o uso soberano de um poder quase faziam acreditar na possibilidade de ser-se, afinal, eterno... No entanto, pergunto-me se não haverá algo de indecoroso na obsessão em que anda Mitterrand, nestes seus últimos dias, de modelar a estátua com que quer entrar no panteão dos franceses ilustres. Não mandou edificar ele próprio o túmulo que o há-de recolher, como Mausolo no século IV antes de Cristo, mas vejo-o manipular muito conscientemente a imprensa e a televisão de hoje, servindo-se da sua doença como de um abre-portas para a admiração universal, para uma espécie de piedade magnificente que o tornará, assim parece crer, numa figura ímpar do seu tempo. Quando agora lhe perguntaram se gostaria que fosse dado o seu nome à grande biblioteca inaugurada junto ao Sena (capacidade: 40 milhões de livros; custo: 200 000 milhões de escudos), Mitterrand respondeu: "Não me importa o que suceda quando já cá não estiver". A bom entendedor meia palavra basta, a tradução para a linguagem da franqueza não parece difícil: evidentemente, é isso o que Mitterrand espera que aconteça. Atrevo-me mesmo a imaginar que a sua alma não terá sossego enquanto não lhe fizerem a vontade. Só não se atreve a pedi-lo em vida.

18 de abril

A razia continua. Agora foi a vez de ir-se deste mundo Nataniel Costa. Devia não ser preciso dizer hoje quem foi o Nataniel Costa, e eu mesmo me sinto absurdo ao deixar aqui uns quantos dados da sua vida: que nasceu no Algarve, que escreveu um livro, *Contos da aldeia e do mar*, que seguiu a carreira diplomática, dela se aposentando como embaixador, que estava casado com Celeste Andrade, a autora do excelente romance que é *Grades vivas*. Do Nataniel pode-se pensar que o grande leitor que foi calou nele o escritor que poderia ter sido. Nunca encontrei outra pessoa para quem a leitura representasse tanto, ao ponto de se constituir, por si só, em ação criativa. Conheci-o no antigo Café Chiado, aí pela segunda metade dos anos 50, quando o Humberto d'Ávila me introduziu num círculo de gente intelectual e mais ou menos conspiradora que ali se reunia. (Tem história, esta promoção minha. Um dia estava eu, sozinho, creio que a ler o jornal, com a bica à frente, à espera de que chegasse algum dos amigos com quem costumava encontrar-me, quando para um táxi à porta e dele sai o Ávila. Entra, olha em redor, põe a vista em mim, vem e diz-me: "Tenho aqui dois bilhetes para o recital do Pierre Fournier, no São Carlos. Quer aproveitar?". O Humberto d'Ávila fazia crítica musical, daí as duas entradas, e, tendo irrompido no café, confundido, talvez, pela passagem brusca da luz à sombra, não deve ter visto quem mais merecesse o segundo bilhete... O certo é que convidou uma pessoa com quem nunca havia trocado uma palavra, e por esse gesto de impulsiva generosidade nunca lhe agradecerei bastante. Lá fomos, pela primeira vez na vida dei por mim sentado na plateia do São Carlos, gata borralheira que foi ao baile e ainda crê que está a sonhar. Tocava para mim um dos maiores violoncelistas daqueles tempos, e no dia seguinte o Ávila apresentava-me ao Fernando Piteira Santos, e logo ao resto da companhia, à medida que iam aparecendo. Foi assim.) O Nataniel Costa fazia parte do grupo. Era, por essa altura, diretor literário da Editorial Estúdios Cor, falava-nos muito dos autores que escolhia para a coleção "Latitude", e dava-me, já então, a impressão de ter lido tudo quanto realmente valia a pena na história das literaturas antigas e modernas. Um dia anunciou que ia concorrer ao Ministério dos Negócios Estrangeiros, onde foi admitido, como todos contávamos. E veio a primeira colocação no estrangeiro. Então, num fim de tarde, quando o grupo, aos poucos, se ia desmanchando e recolhendo a penates, ou a ganhar forças para a boémia noturna, o Nataniel pediu-me que saíssemos juntos porque queria falar comigo. O destino procede sempre assim, de repente põe-nos a mão no ombro e espera que viremos a cabeça e o olhemos de frente. Demos uns quantos passos na direção da Livraria Sá da Costa, e o Nataniel diz-me: "Como você sabe, vou ser colocado em França. Continuarei a dirigir de lá as coleções da editora, mas preciso de alguém para orientar as coisas aqui. Quer ficar no meu lugar?". Caiu-me a alma aos pés, e pesava tanto que tive de estacar ali mesmo. Lembro-me de apenas ter dito: "Acho que sim, podemos experimentar". Havia ainda uma pergunta que eu queria fazer, mas não sabia como. O Nataniel adivinhou qual fosse e, serenamente, antecipou a resposta: "Claro que não faltam pessoas que desejariam que as convidasse, mas é uma questão de confiança, e essa tenho-a eu em si. Outros tratariam de aproveitar a situação para me dar uma navalhada pelas costas e pôr-me fora da editora". Foi assim que comecei a trabalhar nos Estúdios Cor. Ao princípio, depois do emprego que então tinha na Companhia Previdente, logo em tempo completo, durante doze anos de dedicação total, com alguns gostos e não pequenos desgostos. Quanto a navalhas, em toda a vida só as tinha usado na aldeia, quando era rapazinho, para talhar flautas de cana e afeiçoar barcos de cortiça. Trabalhos de muita responsabilidade em que também fui digno de confiança. Obrigado, Nataniel. Se houver uma editora no outro mundo e você vier de embaixador a este, venha descansado, que eu trato de tudo.

19 de abril

A moda pegou. Agora veio o sr. Robert McNamara pedir perdão pela guerra contra o Vietname, de que foi, como é sabido, o principal responsável. Leio nos jornais que chegou ao extremo sentimental de derramar umas quantas lágrimas para benefício dos espectadores das televisões norte-americanas... Já havíamos tido o presidente da Alemanha a pedir perdão aos judeus, o papa a desculpar-se por a Igreja Católica ter condenado Galileu (esqueceu-se de Giordano Bruno, queimado vivo), o rei de Espanha a arrepelar-se pelo genocídio cometido por Cortez e seus parceiros — agora vem o McNamara bater no peito e dizer: "Fizemos mal". Quando rebentou a crise do Vietname, explica, aquela região era "terra desconhecida" para a administração norte-americana. Os principais peritos em questões do Sudeste Asiático, acrescenta, tinham sido afastados dos seus cargos durante a perseguição de McCarthy nos anos 50, e nem o próprio McNamara, nem o secretário de Estado, Dean Rusk, nem o conselheiro nacional de Segurança, McGeorge Bundy, nem o principal assessor militar do presidente Kennedy, Maxwell Taylor, tinham alguma vez pisado terra vietnamita, nem conheciam a sua cultura e a sua história. Ora, digo eu agora, tendo em conta o comportamento dos Estados Unidos desde então e até este dia em que estamos, é lícito pensar que os norte-americanos não avançaram grande coisa em matéria de conhecimentos básicos, quanto ao Vietname, por certo, mas também quanto ao resto do mundo.

21 de abril

Nova Iorque. Vinha a contar com uma conversa difícil na Imigração, como sucedeu há treze anos, quando o funcionário de serviço quis saber se eu achava realmente que o comunismo era uma solução para os problemas da humanidade. Agora limitaram-se a dar uma olhadela rápida ao passaporte, carimbaram sem uma palavra. Adiante, na alfândega, é que perguntaram: "Ocupação?". Respondi: "Sou escritor". Presentearam-me com um sorriso e fizeram um gesto como se estivessem a abrir-me a porta.

Foi bonito, gostei, mas com um certo mal-estar, como se tivesse usado de um truque para enganá-los.

Não sei quem teve a ideia de meter-me neste hotel. Chama-se Chelsea, tem tradições para dar e vender, tanto literárias como artísticas, por estes corredores andaram Sarah Bernhardt, Bette Davis, Janis Joplin, Arthur Miller, um outro Arthur, o C. Clarke, escreveu aqui o *2001*, sei lá quantos mais, mas agora é, simplesmente, uma espelunca. Aguentar cá as quatro noites que terei de passar em Nova Iorque, mereceria uma medalha que não estou disposto a ganhar. De raiva, meti-me cedo na cama, com os fusos desarrumados, tanto os horários como os do humor. Já estava deitado, vieram trazer-me ao quarto, tardiamente, da parte de Harcourt Brace, que é a minha casa editora, um cesto com frutos... Ainda bem. Assim não tinha de ser mais um a dar razão ao ditado que avisa: "Quem se deita sem ceia, toda a noite rabeia". Mas amanhã alguém vai ter de explicar-me por que estou eu sujeito a que me apareça por aqui o fantasma de Sarah Bernhardt.

22 de abril

Com a benévola assistência de Irwin Stern, professor da Columbia University, entrevista ao *Washington Post*, a pretexto da publicação, nestes dias, da tradução da *Jangada de pedra*. Comprida e minuciosa, refiro-me à entrevista. Mas a boa impressão que o jornalista, David Streitfeld, me estava a causar (era patente que me havia lido, e com atenção) foi-se por água abaixo quando, no final, tendo-lhe eu perguntado quando iria ser publicada a nossa conversa, me respondeu que sairia a não me lembro já quantos de maio, num suplemento dedicado à literatura *hispanic*, o que aqui significa literatura feita por naturais ou oriundos dos países de expressão castelhana desta parte do mundo, a viver nos Estados Unidos. Fiz-lhe ver que não sou um escritor *hispanic*, que não sou nem *hispanic* nem *spanish*, mas sim *a Portuguese writer*, como ontem tive ocasião de dizer ao senhor do aeroporto. Embaraçado, desculpou-se, esta era a informação que lhe haviam dado, agora compreendia a diferença, realmente não tinha sentido. Ficou de falar com o chefe. Por seu lado, Irwin Stem prometeu-me que irá acompanhar o assunto, mas eu duvido que os seus cuidados possam evitar o disparate: um perfeito norte-americano, tipo McNamara, por exemplo, vai sempre até ao fim, doa a quem doer. Quando dá com o nariz na parede e percebe que se enganou no caminho, põe em nós uns olhos cândidos, redondos, infantis, e confessa que realmente nunca lá tinha estado, que não sabia nada da história e da cultura do Vietname... Pede desculpa, jura que não tornará a suceder. Tolos seríamos nós se acreditássemos. Amanhã mudo de hotel.

23 de abril

Disseram-me que Humphrey Bogart frequentava muito o bar deste Gramecy Park Hotel para onde me transferi. Escaldado como vinha do Chelsea, comecei por temer os efeitos de mais esta celebridade na estrutura do edifício, mas logo respirei: o quarto, apesar de ser pequeno e de teto baixo, parece seguro, e é confortável.

Almoço com Yvette Biro. Longa conversa sobre a adaptação cinematográfica da *Jangada*. O seu entusiasmo não esmorece, eu deixo-me ir na corrente. Jantar agradável com Drenka Willen, da editora, ainda nervosíssima por causa da questão do Chelsea, e também com Yvette.

24 de abril

Pequeno-almoço no hotel com Susan Sontag, de quem já está combinado que apresentarei em Madrid, daqui a mês e meio, um romance, *El amante del volcán*, que retoma a conhecida história de Nelson e Emma Hamilton, porém deslocando e concentrando a intriga no ambiente político e social da Nápoles de então. Isto é, não se trata da mera repetição de uns quantos quadros sentimentais mais ou menos previsíveis, mas de um mergulho a fundo na sociedade napolitana e nos seus jogos de poder. A Susan Sontag apetece chamar simplesmente A Sontag, como usam os italianos quando se referem às grandes cantoras de ópera. Susan, que eu saiba, não canta, mas parece ter a mesma força, o mesmo lírico voo, a mesma arrebatada paixão, a mesma presença irrespondível. O mais curioso é que, contradizendo em absoluto esta impressão, não se encontra nela nenhum assomo de teatralidade, nenhum faz de conta, os seus gestos são naturais sempre, o tom sempre certo. Tinha coincidido com ela uma vez, há um bom par de anos, numa mesa-redonda do Salão do Livro de Turim. Nessa altura pareceu-me sobranceira, impertinente, até presunçosa. Para dizer tudo numa palavra, desagradou-me. Mas hoje, enquanto a ouvia falar com tanta singeleza do seu trabalho, enquanto respondia eu ao seu interesse pelo meu, pensei em como tantas vezes sucede não darmos atenção suficiente, não só ao tempo que passa, como às pessoas que ele nos vai trazendo e depois levando, deixando-nos, quantas vezes, o sabor amargoso das ocasiões perdidas.

Após outra demorada entrevista, esta para a Associated Press (um jovem nervoso e simpático chamado Niko Price), almoço com alguns professores da New York University. A seguir, na companhia de Irwin Stern, um salto à Columbia University para uma conversa rápida no Camões Center, um minúsculo enclave português no babilónico labirinto das instalações da Universidade. De uma janela via-se o Harlem, e era como outro mundo, um Sul colocado onde não é costume encontrá-lo: ao Norte, precisamente, de Manhattan. A conversa, afinal, não foi rápida, como esperava, mas apenas porque, quando tenho de falar em público, não costumo fazer diferença entre as dez pessoas que estão e as mil que nunca lá estariam. Será talvez porque não gosto de ficar a dever. Mas o que não consegui evitar foi a minha própria melancolia: pese à boa vontade de quantos ali se encontravam e ao meu esforço, acho que não valeu a pena.

Compreendi hoje como, afinal, é fácil ter comportamentos de racista. O restaurante onde ia jantar com Umberto Eco, Furio

Colombo, Yvette Biro e alguns outros amigos, ficava lá para baixo, na West Broadway. Apesar de ser um longuíssimo estirão, decidi fazer o caminho a pé, mas a certa altura confundi a Broadway com a West Broadway e percebi que me tinha perdido. Pus-me então a cruzar e a recruzar o Soho, a ver como poderia recuperar a direção certa, primeiro apenas preocupado por pensar que estavam à minha espera no restaurante, depois inquieto com o aspecto lúgubre, sórdido, das ruas quase desertas, onde a própria luz dos candeeiros, em lugar de me tranquilizar, como era sua obrigação, me parecia uma ameaça mais. Foi aí que, envergonhadamente, dei por mim a sentir algo que se assemelhava muito ao medo quando as pessoas que por mim passavam eram pretas, e como das três vezes que pedi a ajuda de uma orientação tive a precaução cobarde de escolher brancos, como se deles não me pudesse vir nenhum mal... Quando enfim entrei no restaurante tive a recepção calorosa que sempre está reservada ao último a chegar. Mas só eu podia saber que não a merecia.

25 de abril

O motorista do táxi que me leva a Grand Central Station pergunta-me se sou espanhol: algo lhe deveria ter soado desse género aos ouvidos. Do género ibérico, digo, uma vez que não admitiu a possibilidade de eu ser argentino ou mexicano. Respondi-lhe como devia, uma vez que à pátria não há que renegá-la nunca. Então vejo abrir-se no espelho retrovisor um sorriso feliz, cintilar um olhar deslumbrado, e ouço, deformada por uma pronúncia atroz, muito pior do que tinha sido a minha, a mágica palavra: "Eusébio". Surpreendido, julgando ter ouvido mal, pedi-lhe que repetisse, e ele repetiu: "Eusébio, Eusébio...". Tantos anos passados sobre os seus tempos de glória, o nosso Eusébio de Moçambique ainda tem quem o recorde no Novo Mundo. E, como se isto fosse pouco, um motorista de táxi, de quem não cheguei a apurar as origens, sabia que ele era português...

Entre Nova Iorque e New Haven, o comboio, quase tão pachorrento como o do vale do Vouga, atravessa uma imensa lixeira. Vai o forasteiro a contar com visões campestres, à americana, mesmo de pouco desafogo que fosse, porque nem tudo é Texas e Arizona, e o que lhe aparece de um lado e do outro da via-férrea são montureiras, detritos de toda a espécie, sinistros cemitérios de automóveis, plásticos de múltiplos tamanhos e cores, armazéns abandonados, fábricas que foram e deixaram de ser, como se uma grave crise tivesse caído sobre a região. Só consegui desanuviar-me três horas mais tarde, quando cheguei a New Haven, onde estava à minha espera o professor David Jackson, que conheci em Santa Bárbara, há alguns anos. Respondendo à minha pergunta, disse-me que de facto muitas indústrias foram transferidas para o Sul, que o desemprego na região é grande. Não sonhei, portanto...

Demos uma volta pela Yale University, que assim ela se chama. Foi aqui que Horácio Costa defendeu a sua tese de doutoramento sobre *O período formativo* deste agora visitante: lembrei-me dele quando almoçava com alguns dos professores que participaram no júri e que, alegando que à tese faltava o indispensável suporte bibliográfico, fizeram a vida negra ao pobre doutorando. Horácio Costa não tinha culpa de que até aí ninguém se tivesse interessado seriamente pelo que andei a fazer nos anos do eclipse, mas os meritíssimos professores não arredavam pé: uma tese em boa e devida forma, uma tese que se respeite, quer-se com bibliografia, e esta não a tinha. Levaram tempo a reconhecer que o trabalho de Horácio Costa até nisso teria de ser inovador: inaugurava a bibliografia que não existia.

Esta Yale University foi construída nos anos 30, os da Grande Depressão, quando a mão de obra, mesmo a mais qualificada, não tinha outro remédio que alugar-se barata. A arquitetura, pseudomedieval, pseudogótica, faz sorrir: foi como se tivessem querido transportar para aqui, num pé só, Oxford e a Abadia de Westminster... É tudo falso, mas o conjunto acaba por tornar-se aceitavelmente harmonioso, e por fim acha-se natural circular entre edifícios que, se não os olharmos de demasiado perto, parecem ter sido trazidos do século XV inglês... Já indiscutivelmente do século em que estamos é a Biblioteca de Livros Raros. Por fora não se distingue do que estamos habituados a encontrar num centro comercial qualquer: paredes sem janelas, cegas, feitas de placas que à vista parecem cimento deslavado. Só depois de entrarmos é que percebemos que se trata de uma pedra translúcida, provavelmente artificial, pois as cores parecem demasiado ricas e variadas para serem naturais. A claridade exterior transforma as paredes do edifício em quatro enormes painéis difusamente coloridos, como se nos encontrássemos dentro de um caleidoscópio. Onde está então a biblioteca? A biblioteca é a grande estrutura metálica que ocupa a parte central, uma espécie de enorme andaime negro que sobe quase até ao teto e se enterra pelo chão abaixo muitos metros. Numa plataforma ampla que a rodeia pelos quatro lados encontravam-se expostos objetos tão diferentes como um exemplar da *Bíblia* de Gutenberg (em todo o mundo existem dezasseis), uma tosca bandeira norte-americana, obra de costura elementar de Gertrude Stein, o diploma do Prémio Nobel conferido a Eugene O'Neill, outro de quem agora não recordo o nome, talvez Sinclair Lewis, uns quantos fósseis escolhidos, uma rosa vermelha ressequida que, a acreditar na explicação do letreirinho, foi beijada por Liszt... São exposições temporárias, organizadas de acordo com critérios que, pela amostra, têm muito de misterioso... Mais tarde, David Jackson contar-me-á, em tom resignado, que até hoje viu rejeitadas todas as suas propostas para aqui fazer admitir livros portugueses que lhe pareceram dignos de entrar na exclusiva biblioteca: nenhum foi considerado bastante raro para vir ocupar um lugar neste Olimpo.

    Mas a Biblioteca de Livros Raros não é a única maravilha da Universidade de Yale. Não longe dali está uma escultura da artista chinesa-americana Maya Lin, que é uma das coisas mais belas em que já pus os olhos. Imagine-se uma enorme pedra escura, maciça, de secção elíptica horizontal, talhada ao redor em forma de taça. De um orifício praticado na superfície superior lisa, mais ou menos onde estará situado um dos focos da elipse, brota uma nascente de água que se derrama por igual na pedra, numa fina película, e vai escorrer dos bordos de aresta viva, de maneira

uniforme, com um discreto rumor de cascata de jardim. Acaricia-
da continuamente pela toalha de água que cobre a pedra, uma
espiral de números gravados conta a história das mulheres que
frequentaram esta Universidade: desde 1874, quando não foram
mais do que treze, até 1994, quando já ultrapassaram largamente
as cinco mil... Nunca a simplicidade foi tão eloquente. Separar-
-me da *Bíblia* de Gutenberg não me custou mais do que ir-me
desta pedra, deste corpo feminino que a água protege, mesmo
quando não resisto a tocar-lhe com a ponta dos dedos. Conso-
lei-me depois na Yale University Art Gallery (atenção, museu
da Universidade, não de New Haven), que eu bem gostaria de
ter em Lisboa. E tive tanta sorte que fui lá encontrar uma pintura mais para colocar no meu museu particular do "quadro mais
belo do mundo": um *Santo Antão tentado pelo Diabo* do Mestre
da Observância, que andou a pintar em Siena pelos meados do
século xv.

Ao fim da tarde, numa aula da Universidade, David Jackson
apresentou o palestrante, que cumpriu a obrigação o melhor que
pôde. Havia cravos nas mãos e nas lapelas, trazidos por Pedro
Faria, o jovem e simpático empresário de limusinas que estava
no outro dia à minha espera, com a vice-consulesa de Portugal,
quando desembarquei no Aeroporto J. F. Kennedy, e que, generosamente, quis vir, com a família, assistir à conferência. Jamais
poderia imaginar que encontraria cravos em New Haven neste
dia. Pois aí estavam eles, vinte e um anos depois, apenas porque
alguém ainda não perdeu a memória. Não é só o Eusébio...

26 de abril

De comboio para Springfield, viagem tranquila, através de
campos de pouca beleza e cidades de nenhuma. Repete-se o lixo
ao longo da via-férrea, tão continuamente que acabei por ter
olhos apenas para ele... Esperava-me o professor José Ornelas,
da Universidade de Massachusetts, em Amherst. Almoçámos
num restaurante italiano, ao som de fados de Amália Rodrigues:

a expansão da cultura lusíada navega de vento em popa, o escritor não fazia cá falta. José Ornelas diz-me que sempre que há portugueses sai o disco. À tarde foi a conferência, que saiu na forma do costume e portanto também com alguma coisa de disco... José Ornelas e Glória, sua mulher, porto-riquenha, deram-me de jantar em sua casa. Têm uma filha, Ariana se chama, de uns doze anos, que tocou um pouco no seu piano depois do jantar. Nervosa diante da visita, enganou-se algumas vezes. Animámo-la todos, como devíamos, mas não se conformou. Quando me despedi para dormir (a hospitalidade incluía a pernoita), ela fingiu que estava à procura de uns sapatos num armário, e foi de joelhos no chão, com a cabeça metida lá dentro, que me deu as boas-noites, numa voz que não podia disfarçar as lágrimas. Pobre Arianazinha, ali perdida no meio do seu desgosto, a que só o tempo saberá dar remédio. De quanto tempo vai necessitar ela para esquecer? Umas horas? Uns dias? Quem sabe se daqui a muitos anos não lhe doerá ainda esta recordação?

27 de abril

José Ornelas levou-me de carro a Cambridge. Campos agora bem tratados, grandes maciços de árvores. De estreitas e sinuosas, as estradas que o meu companheiro escolheu podiam ser portuguesas... Melhor assim: tivemos paz para conversar e olhar a paisagem. Mas este dia tão bem começado veio a ser arrasador, com uma conferência na Universidade de Harvard, à tarde, e outra em Dartmouth, à noite. Em Harvard, de pé ao meio da escadaria exterior de um dos edifícios da Universidade, um estudante lia nomes diante de um microfone. Perguntei a Fátima Monteiro, que ia levar-me a Dartmouth, que significava aquilo. Respondeu-me que era um modo de assinalar os cinquenta anos do fim da Segunda Guerra Mundial, que os nomes que se ouviam eram de vítimas do nazismo, e que naquele mesmo instante outros estudantes, em outras universidades, faziam leituras como esta. Não me lembrei de lhe perguntar que nomes eram os tais.

De soldados norte-americanos mortos em combate? De crianças, mulheres e homens exterminados nos campos de concentração? Dos civis de todas as idades mortos pelos bombardeamentos das cidades? Depois perguntei-me se também virão a ser ditos assim, alguma vez, os nomes dos milhões de vietnamitas mortos por outros soldados norte-americanos: achei que não... Como os russos não dirão os nomes dos que foram morrer nos seus próprios campos de concentração, como nós não diremos os nomes dos africanos que matámos em doze anos de guerra colonial... Depois pus-me a imaginar que talvez fosse uma boa purga mental lerem-se em todos os países do mundo, sem exceção, de modo que pudessem ser ouvidos em todo o mundo os nomes das vítimas inocentes de que somos responsáveis: podia ser que essa ladainha alucinante nos curasse do vício de matar...

Em Dartmouth, além dos estudantes, havia emigrantes portugueses, quase todos idos de New Bedford. Pude portanto deixar um pouco de parte os temas literários e falar de algumas questões práticas e vulgares: de política, por exemplo. Desta vez o anfitrião académico foi o professor Francisco Sousa, a quem tratam aqui por Frank, meu conhecido desde Santa Bárbara (também foi lá que encontrei David Jackson pela primeira vez), creio que em 84, quando ali fui graças à boa vontade de Mécia de Sena, na companhia de Maria de Lourdes Belchior, Maria Velho da Costa, Vergílio Ferreira. Era o tempo em que a escola ainda me parecia risonha e franca... Francisco Sousa recordou que naqueles dias (era então estudante) tinha sido ele o meu condutor. Foi-o, por certo, se ele o diz, mas eu, por mais que puxasse pela memória, não conseguia vê-lo sentado àquele volante... Aliás, quando entrei no hotel e me atirei extenuado para cima da cama, a memória servia-me para tão pouco que cheguei a duvidar da minha própria existência.

28 de abril

Em Providence, na Brown University, com Onésimo Teotónio Almeida. Fiz o melhor que soube, espero ter feito o suficiente.

Respondi a todas as perguntas, demoradamente, como é costume meu, mas com clareza e simplicidade: este escritor, que tem famas e proveitos de egocêntrico e orgulhoso, torna-se na mais desarmada das criaturas sempre que tem de falar do seu trabalho. Desde hoje de manhã, quando me foi buscar a Dartmouth, Onésimo tem sido meu constante custódio, chave que me abriu todas as portas. Mas, com uma delicadeza de espírito pouco comum, discretamente, retirou-se da primeira linha quando o encontro começou, deixando-me com os que ali estavam para ouvir-me. Terminada a função, fomos jantar (um dos meus vizinhos de mesa decidiu contar-me toda a sua vida, sonhos literários incluídos...), depois ainda passei um bocado do serão em casa de Onésimo e Leonor, mas a fadiga acumulada obrigou-me a recolher ao hotel quando a festa mais prometia.

29 de abril

Muito cedo, antes do comboio para Nova Iorque, Onésimo levou-me a visitar a loja de um imigrante português — Friends Market, Loja dos Amigos, se chama ela — que é o mais desconcertante lugar que se pode encontrar por estes lados. Naquelas velhas prateleiras continua a viver o corpo e a alma de um país rural que quase já só tem existência na memória da minha geração. O melhor de tudo isto, porém, é o homem que está por trás do balcão: habita-o o mesmo espírito que tive a fortuna de descobrir em antigas andanças pela pátria, o espírito de Daniel São Romão e sua mulher em Rio de Onor, o de António Guerra e sua irmã em Cidadelhe, o do trabalhador de Torre da Palma, o do diretor do Museu de Faro — um modo de ser generoso sem alarde, de ser bom sem ostentação... Onésimo aponta-me uma fiada de somas pregadas no alçado duma secretária, dívidas de clientes, antigas muitas delas, como está a dizê-lo o tom amarelado do papel. Quando pergunto se ainda tem esperança de um dia virem a ser pagas, o dono da loja encolhe os ombros: "Não tem importância...". À despedida oferece-me jornais de Portugal, outros que são obra esforçada e ingénua da colónia portuguesa de Massachusetts. Onésimo sorri, está habituado: "Ele é assim", dirá depois, "dá sem que lhe peçam." Desta mesma espécie dadivosa é também um poeta daqui, João Teixeira de Medeiros, nascido em Fall River, no remotíssimo ano de 1901, que faz versos como quem respira e a quem o António Aleixo certamente gostaria de ter conhecido. Onésimo ofereceu-me um livro dele, *Do tempo e de mim*, que organizou e prefaciou, e de que deixo esta amostra:

> *No momento em que eu achar*
> *A verdade que me cabe,*
> *Deixarei de perguntar*
> *A quem responder não sabe.*

Para o rol das coincidências. Onésimo tinha-me dito ontem: "Olhe que há uma passagem do segundo volume dos seus *Cadernos* que parece descender em linha direta de um livro de Kierkegaard. Vou ver se lhe consigo uma fotocópia". Prometeu e cumpriu. O livro é *Either / Or*, a página, na tradução publicada pela Princeton University Press, é a 282, e diz assim: "A história pode ser traçada desde o princípio do mundo. Os deuses estavam aborrecidos, e por isso criaram o homem. Adão estava aborrecido porque estava só, e Eva foi criada. O aborrecimento deles cobriu o mundo e aumentou na proporção do aumento da população. Adão estava aborrecido sozinho; depois Adão e Eva aborreceram-se juntos; depois Adão e Eva e Caim e Abel aborreceram-se *en famille*; depois a população do mundo aumentou, e os povos aborreceram-se *en masse*". Ora, com a mão posta sobre todas as escrituras sagradas, havidas e por haver, juro que de Kierkegaard só li, há muitíssimos anos, *O desespero humano*, traduzido por Adolfo Casais Monteiro, na edição da Livraria Tavares Martins. Sendo assim, e jurado fica que assim é, como foi possível a este leigo em filosofias escrever o que está nas páginas 249 e 250 dos ditos segundos *Cadernos*? Responda quem puder.

30 de abril

Bem gostaria eu que as piedosas almas portuguesas passassem a dedicar a gente mais necessitada a sua potência salvacionista e as suas habilidades catequizadoras, tanto as do tipo blandicioso como as do género fulminatório, deixando em paz esta já perdida alma. Tinha à espera mais uma dessas cartas que andam a ser-me escritas em santa emulação, a ver quem ganha o céu por ter levado ao redil esta ovelha tresmalhada. Assim reza (palavra neste caso adequadíssima) a missiva deste meu novo anjo da guarda, que mora na Anadia:

"Vai estranhar e não pouco o conteúdo desta carta. E, contudo, escrevo-a. Para lhe dizer que li o seu *Memorial do convento*, li também as críticas (negativas ou positivas) ao seu *Evangelho segundo Jesus Cristo*. De tudo isto fiquei com a sólida impressão — com a certeza — de que o José Saramago é um agnóstico e assumido. Muita gente o é também, como o senhor. Mas quero dizer-lhe que o facto de haver uma multidão de pessoas que não creem em Deus, isso não invalida a certeza de Deus. Nem de Jesus Cristo. Nem de Nossa Senhora. Nem do julgamento das nossas ações no tribunal de Deus. Nem a certeza *certíssima* do Inferno, ou do Purgatório, ou do Paraíso. Você estará sorrindo da 'simplicidade de alma' desta 'alminha' que lhe está escrevendo. Sorria, se quiser. Mas o que este 'simplório' está escrevendo são coisas mais evidentes, mais certas, mais reais do que o próprio chão que o Saramago pisa, do que o próprio ar que o Saramago respira... Um dia — daqui a quantos anos, meses, semanas ou dias, José Saramago? —, Você deixará o mundo dos vivos e irá comparecer perante o Juízo de Deus. Irá só. Sem amigos, nem protegidos, nem familiares, nem partidários. Só. Espantosamente só, apenas acompanhado das suas ações, boas ou más. Será julgado por Deus — e desse julgamento se decidirá todo o seu destino futuro, para toda a Eternidade. Paraíso? Inferno? Creia ou não no que lhe escrevo — é isto, exatamente, o que lhe acontecerá a si, a todos nós. Chegue-se portanto a Deus enquanto é tempo, Saramago. Porque um dia poderá ser irremediavelmente tarde de mais. Claro que Você sente que, se se chegar a Deus, se estará afastando de tudo aquilo que é inimigo de Deus. E isso põe problemas, não é? Mas há uma maneira 'simples': pedir à Virgem Santíssima e ao Coração de Jesus que resolvem este dilema por nós. E Eles resolverão, se quisermos que Eles resolvam. Ainda se lembra da Ave-Maria? Vou repetir-lha: 'Ave-Maria cheia de graça, o Senhor é convosco, bendita sois vós entre as mulheres, bendito o fruto do vosso ventre, Jesus. Santa Maria, mãe de Deus, rogai por nós, pecadores, agora e na hora da nossa morte'. Repita esta oração, como o fazia há 60 anos, Saramago. E verá que não se arrepende."

Agradeço os conselhos. Uma coisa, porém, me surpreende muito: que seja preciso pedir ajuda à Virgem Santíssima e ao Coração de Jesus para deixar de ser comunista. Alguns conheço eu que resolveram a dificuldade sem recorrer a medianeiros tão altamente colocados, bastou-lhes olhar o galo do campanário e ver que o vento estava a mudar. E mais me surpreende: quem tiver lido esta carta pensará que o meu correspondente da Anadia me conhece desde menino, pois doutra maneira não se entenderia por que está ele tão certo de que eu andava a rezar ave-marias há 60 anos. Pois não senhor, nem ele me conhece, nem eu alguma vez rezei na vida. Mas, enfim, um conselho retribui-se com outro. Uma vez que do *Evangelho* só leu as críticas, faça-me o favor de ir agora ler o livrinho: ajudará o autor a viver e saberá de que está a falar. E se tornar a escrever-me, um outro favor lhe peço ainda: não me mande mais estampinhas do Coração de Jesus. O homem que Jesus foi devia merecer-lhe um pouco mais de respeito.

2 de maio

Afonso Praça, da *Visão*, telefonou de Lisboa. Queria saber se vou mesmo ser o candidato do PCP à presidência da República... Que a extraordinária "revelação" tinha aparecido numa revista cujo primeiro número acaba de sair, *Indiscreta*, mal nomeada de título, pois indiscrição seria não guardar um segredo que neste caso não existe. Fez-me rir a enormidade do disparate, mas pensei depois: "Estas coisas não se inventam do pé para a mão. Alguém deve ter posto o rumor a correr, sabe-se lá com que intenções". Talvez as conheça algum dia.

6 de maio

Madrid, escala para Manchester. Leio que o escritor turco Yashar Kemal está a ser julgado em Istambul por "atentar contra a unidade do Estado", o que, simplesmente, significa que teve a coragem de criticar o governo pela forma como tem tratado a questão curda. Kemal arrisca-se a nada menos que cinco anos de prisão. Razão julgo ter quando digo que o inimigo é o Estado, não a nação. A poeira propositadamente levantada nos debates sobre os "nacionalismos" só serve para ocultar a verdadeira fonte dos males: a intrínseca violência do Estado.

Como de costume aboletámo-nos em casa de Marisa Márquez. Ora, aconteceu que umas duas horas depois de nos termos instalado precisámos de sair, e nesse momento uma súbita dúvida fez-me perguntar: "Onde está o computador? Não me lembro de o ter subido". Diz Pilar: "Nem eu". Procurámos, não estava. "Talvez tenha ficado no táxi", disse um de nós. "Ou na rua", disse o outro. Fosse como fosse, dei-o logo ali por perdido. No fundo, não me importava muito: nunca me entendera bem com o sujeitinho, sempre com caprichos (ele, não eu), avarias pequenas, avarias grandes (em minha opinião, as avarias, num computador, são sempre avarias grandes), alguma vez teria de suceder desaparecer-me da vista, por decisão minha ou destino seu. Descemos, ainda a animar-nos mutuamente com a hipótese de um mais que improvável milagre, podia ser que estivesse abandonado na calçada entre dois carros estacionados, podia ser que encontrássemos debaixo da porta da rua um bilhete do taxista, honesto homem, a dizer: "Está comigo, não se preocupem". Nada. Eu disse: "Foi-se", e percebi na minha voz uma espécie de malévola alegria. Acontece, porém, que Pilar é a menos resignada das criaturas do orbe, por isso não me surpreendeu que propusesse: "Vamos ali à polícia, pode ser que saibam alguma coisa". A polícia está mesmo adiante, a uns cinquenta metros, e lá fomos, Pilar com a esperança intacta, como é de sua natureza, eu cético e irónico, como convém a uma pessoa que aprendeu com a idade. À porta da polícia, com ar que parecia de caso, estavam uns quantos homens, todos à paisana. Aproximámo--nos, eu dois passos atrás de Pilar, como quem não acredita no êxito da diligência e deixa o desdouro a quem quis aventurar-se. Pilar fez pois a pergunta: "Se uma malinha preta, com um computador dentro...". Diz um dos polícias: "Ah, era um computador?...", e o alívio lia-se-lhe na cara, não precisava de palavras. Foram precisas depois, sim, para compreender o que tinha acontecido. Alguém viu a mala no meio da rua, preta, ameaçadora, e chamou a polícia, não fosse dar-se o caso de estar ali uma bomba. A polícia veio, olhou, rodeou o objeto com todos os cuidados, com cuidados ainda maiores o levou, e agora, se entendi bem o que se dizia, estava lá dentro, debaixo de uma campânula de vazio, enquanto a brigada de minas e armadilhas não vinha tirar o caso a limpo... Trouxeram a malinha, abriu-se a malinha, era realmente um computador. Que, não tenhamos dúvidas, teria mesmo desaparecido se em Madrid não andassem a rebentar bombas. De facto, mais valia tê-lo perdido: era sinal de que a ETA não existia...

7 de maio

Em Manchester, para receber o grau de doutor honoris causa (Doctor of Letters). Giovanni Pontiero e Juan Sager, nossos grandes amigos, professores na Universidade, esperavam-nos no aeroporto. Antes de nos instalarmos no hotel, em Manchester, demos um passeio pelo parque da aldeia de Didsbury, onde Juan e Giovanni vivem. É um espaço belíssimo, com grandes e frondosas árvores, extensos relvados, uma extraordinária profusão de flores. Seria o paraíso recuperado se a malvada serpente não estivesse lá, mesmo ao lado, em forma de autoestrada: a passagem ininterrupta dos automóveis e dos camiões produz um zumbido forte, uma espécie de ronco contínuo, a que os residentes parece que já se habituaram. Pouco a pouco, vamo-nos tornando surdos, como já nos estamos tornando cegos.

8 de maio

Almoçámos em Prestbury, com o medievalista Jeremy Lawrance, a cordialidade em pessoa, outra vez mencionado nestas páginas, e Marta, sua mulher, que é colombiana. Em Prestbury há uma igreja normanda, do século XI, que, em novecentos anos, nunca deverá ter sido restaurada. Os santos da fachada, roídos pelo vento, queimados de tanto frio e tanto sol, parecem despedir-se do mundo, estão ali como se olhassem as lajes funerárias do cemitério que os rodeia, a escolher o sítio onde irão enfim descansar do esforço de viver, quem sabe se ao lado de um último resto dos antigos imaginários que os esculpiram. Fomos depois a Styal, a visitar uma fiação do começo do século XIX, movida, naquele tempo, por energia hidráulica. A roda ainda funciona. As dimensões dela são verdadeiramente impressionantes, como uma enorme turbina dos nossos dias. Movia-se devagar, a água levantada em baixo pelas pás ia escorrendo pela superfície do gigantesco cilindro, e eu sentia-me como hipnotizado, não queria dali sair. Lembrava-me de um certo romance de George Eliot, pensei que gostaria de voltar a lê-lo depois de tantos anos, creio que hoje seria capaz de compreender melhor os sonhos e as tristezas dessa inesquecível personagem que é o tecelão Silas Marner. Lá dentro funcionam, a eletricidade, alguns teares. Há letreiros que aconselham os visitantes a não permanecerem no local mais do que quinze minutos. Por causa do ruído, diz-se. Os tecelões daquela época trabalhavam aqui doze horas...

10 de maio

Informa-me Luís de Sousa Rebelo de que foi este o primeiro grau honoris causa conferido em Inglaterra a um escritor português. Mesmo sendo a vaidade o pecado que me há-de levar ao inferno, como não se cansam de mo dizer alguns teólogos da imprensa, fiquei satisfeito. Mas o mais assombroso de quanto aqui se passou foi que o meu apresentador, o professor B. S. Pullan, no discurso laudatório da praxe, entendeu não dever omitir dois dos atributos intelectuais mais discutidos do doutorando: ser ele ateu e ser ele comunista. Perguntei-me então, e agora me pergunto, se alguma vez terão sido pronunciadas tais palavras entre as veneráveis paredes de Whitworth Hall. O certo é que, ou fosse pela violência da revelação ou por motivos naturais próprios, um dos professores que assistiam ao ato, antigo secretário da Universidade, sofreu um desmaio e teve de ser retirado, primeiro em braços, depois em cadeira de rodas... A cerimónia prosseguiu (não me competiria a mim interrompê-la), os ingleses comportaram-se de acordo com as tradições: acima de tudo, a fleuma. Diante do acidente sucedido ao compatriota, diante do fenómeno moral a quem estavam distinguindo.

Ao fim da tarde, palestra e assinatura de livros na Livraria Waterstone, com a excelente ajuda da professora Amélia Hutchinson, de Salford, fidelíssima na interpretação e tradução das minhas palavras.

11 de maio

Outra vez em Madrid, para o lançamento de *Viagem a Portugal*, em edição brochada. Na Puerta del Sol encontro uma assessora de cultura da Comunidade de Madrid que se me apresentou para dizer que tinha precisamente acabado de redigir um parecer favorável à representação de *A noite*, com encenação de Joaquín Vida. Como o que está em causa é uma questão de subsídios e as eleições municipais estão à porta, vamos a ver o que daqui irá sair.

12 de maio

Pela primeira vez soube o que é um "pequeno-almoço de trabalho". (Pela primeira vez, não: estava esquecido de Frankfurt, aquele em que um jornalista me perguntou o que pensava da morte do comunismo...) Durante, antes ou depois, está claro que os jornalistas sempre comem alguma coisa, sobretudo os que se alimentam das respostas dadas aos colegas. Quanto ao pobre do entrevistado (porque para isso ali está, para dar a entrevista), se não teve a cautela de confortar previamente o estômago, levantar-se-á da mesa ainda com mais apetite do que o que tinha quando se sentou.

Ao meio-dia, na Universidade Complutense, palestra breve (e bastante frouxa) no âmbito do Encontro Luso-Espanhol sobre Literatura e Tradução, organizado por Luísa Mellid Franco.

13 de maio

Almoçámos com Enrique Barón Crespo e Sofía Gandarias, sua mulher, pintora, que vai fazer o meu retrato. Falou-se da época da transição política em Espanha, e em dado momento entrou na conversa a tentativa de golpe de Estado do 23 de Fevereiro, o assalto ao Parlamento pelo coronel Tejero. Enrique estava lá. Explicou-nos o que então se passou, com saborosos pormenores de que nunca tínhamos ouvido falar. Pergunto-me por que não se fez ainda um filme sobre este episódio: muitos dos principais atores estão vivos, e não faltam os comparsas para levar à história o seu próprio grão de sal, como aquele guarda civil que dizia: "E eu metido nisto, eu que até votei nos socialistas...".

14 de maio

Apresentação de *Viagem a Portugal* na Livraria Crisol. Lá estavam os amigos (Juan José Millás, Basilio Losada, Eduardo

Sotillos) para dizerem da obra o que o autor mais gostaria de ouvir... Acabadas as palavras, assinados uns quantos livros, fomos dali ao Lhardy, onde nos esperava, para quem quisesse, um *cocido a la madrileña*, aceitável quando muito, que fez acordar em mim a saudade do autêntico cozido à portuguesa, aquele de há quarenta ou cinquenta anos. Eduardo Naval contou-nos o caso de uma mulher que ia a ler no comboio *Casi un objecto* e a quem ele, seu tradutor, e portanto informado dos quês e porquês do que ali se narrava, explicou que o conto "Cadeira" descrevia a queda de Salazar. Que respondeu ela? Que não senhor, que o conto era assim como no cinema mudo, e que isso de Salazar não passava de um truque do editor para vender mais livros...

15 de maio

Dulce Chacón fala-me da possibilidade de uma leitura do *Ano de 1993* por José Luis Gómez, no Teatro da Abadia. A ideia agradou-me muitíssimo. Há poucos anos assistimos, Pilar e eu, no Escorial, a uma interpretação autenticamente extraordinária de José Luis: o monólogo Azaña, constituído por uma montagem de textos (entrevistas, discursos, correspondência) deste político. Foi uma noite daquelas que não esquecem. Imaginar o *1993* lido por José Luis Gómez pôs-me ansioso como uma criança...

16 de maio

De comboio, a caminho de Múrcia. Recordo o parque de Didsbury, as grandes árvores, os relvados, cem flores em cada palmo de terra. Aqui é o reino da sequidão e da sede. A via-férrea arrasta-se ao longo de encostas escalvadas, onde não se vislumbra nem um fio de erva. Há *cuevas*, que são morada de gente, como é comum no Sul de Espanha, mas aqui é como se os habitantes tivessem sido obrigados a refugiar-se nestes buracos para fugir aos dois lumes que implacavelmente vêm calcinando as terras: o do sol e o dos incêndios.

Reencontro de outros amigos queridos: Victorino Polo, Sagrario Ruiz. Hoje, houve mesa-redonda. A boa vontade dos participantes não foi bastante para salvá-la, e eu, cansado da viagem e de viagens, não tive cabeça para resumir as quatro intervenções, muito diferentes na forma e no conteúdo, encontrar-lhes um fio capaz de as unir e concluir a contento. Apesar disto, a assistência foi simpática.

17 de maio

Afinal, o tema da conferência que me trouxe a Múrcia — "A ilusão democrática" — não provocou o debate de que eu estava à espera, sobre as aparências (que também são realidades) e as realidades (que também são aparências) do que chamamos democracia. Talvez por cansaço da política espanhola atual, os assistentes preferiram levar a discussão para a literatura. Não nos saímos mal, nem eles, nem eu, mas não era isto o que eu desejava.

19 de maio

Em Badajoz, para uma palestra literária (em que meti toda a política que pude...) e para uma sessão de autógrafos (durante mais de uma hora, na livraria, enquanto assinava e conversava com os leitores, estiveram a cantar para mim José Afonso, Mísia, Madredeus...). É daqui, de Badajoz, a editora que publicará ainda este ano *O ano de 1993*, em tradução de Ángel Campos Pámpano. Chama-se Ediciones del Oeste e faz livros de uma qualidade gráfica verdadeiramente excepcional. O editor, Manuel Vicente González, fala-me do seu trabalho com simplicidade, como se não pudesse entrar na sua cabeça sequer a ideia de fazer livros doutra maneira...

20 de maio

De Badajoz a Lisboa, de automóvel. A entrada pela Ponte 25 de Abril, apesar do desfiguramento de que têm vindo a ser vítimas as colinas da cidade, continua a oferecer uma vista assombrosa a quem chega. *Una barbaridad*, como sonoramente exclamou há anos um espanhol que viajava no autocarro que me trazia de Sevilha. Vinha sentado no banco logo atrás de mim, não dera qualquer sinal de presença durante a viagem, e de súbito, quando o autocarro entrou na ponte e Lisboa se lhe ofereceu, formosíssima, aos olhos, ei-lo a exclamar irresistivelmente: *Qué barbaridad!* Examino hoje os meus próprios sentimentos e concluo que também eu estou aqui de visita. "Que maravilha", penso, "e isto está sempre aqui quando estou longe..." Confesso que me fez alguma inveja.

21 de maio

Na Feira do Livro, um leitor quer saber por que ponho eu a pontuação "ao contrário", e se não há perigo de que os leitores comecem também a escrever assim. Respondo-lhe que não, que dá demasiado trabalho fazer as coisas "ao contrário", mesmo que se trate de uma simples pontuação.

22 de maio

A Sociedade Portuguesa de Autores atribuiu prémios: foi homenageado o compositor Joaquim Luís Gomes, recebeu o prémio de revelação a realizadora de cinema Teresa Vilaverde, e Manoel de Oliveira e mais quem isto escreve foram, para dizê-lo assim, "consagrados". Aconteceu no Casino do Estoril, com discursos sensatamente breves, esculturas de Lagoa Henriques a levar para casa, muita música barulhenta, e duas canções que valeram o serão: uma de Jorge Palma, cuja linha melódica me recordou o espírito de Jacques Brel, insólita portanto para os tempos e os gostos de hoje;

a outra sobre um poema do José Carlos Ary dos Santos, "O país de Eça de Queiroz", de repente regressados, o poeta e o romancista, do outro mundo, para largarem uma bofetada na cara de cada um dos presentes: cem anos passaram, um século, minhas senhoras e meus senhores, e na sempre adiada terra portuguesa continuam a prosperar gloriosamente os Abranhos, os Acácios, os Dâmasos Salcede, os Gouvarinhos macho e fêmea, os Palmas Cavalão, enfim, usando as palavras duríssimas de Ary dos Santos, "os rabichos e os aldrabões". A música de Nuno Nazareth Fernandes, em jeito de tango burlesco, acentuou a sarcástica violência dos versos, esses que certamente fizeram sofrer o Ary até às lágrimas quando os escrevia. A interpretação de Simone foi esplêndida: pela veemência, pela paixão, pela própria dor do corpo cantante. Como a ordem do programa determinou que a entrega do meu prémio fosse logo a seguir, ninguém deve ter estranhado, conhecendo-me, que aproveitasse a ocasião para expressar o voto de que não continuemos a viver no "país de Eça de Queiroz" daqui por outros cem anos...

23 de maio

Uma leitora na Feira: "Para o ano que vem teremos mais *Cadernos*?". Respondo medievalmente como de costume: "Vida havendo e saúde não faltando...". E ela: "É que quero ler neles a notícia do Prémio Nobel...". Ponho a cara de sempre, sorriso contrafeito, tonto e de pouco caso, agradeço a gentileza do voto, e passo a assinar o livro que o leitor seguinte me apresenta. "Eu também...", diz este, que ouviu a rápida troca de palavras. Desta vez fico sem saber que sorriso pôr. O terceiro leitor, felizmente, é dos calados.

25 de maio

Vou subindo o Chiado. Passa por mim de relance uma mulher (não cheguei a ver-lhe a cara) e atira-me em voz sibilante: "Raios te partam". Duas horas mais tarde, ainda no Chiado, conversamos, Pilar e eu, numa esquina, com o Carlos Albino Guerreiro, quando dois homens se aproximam. Um deles, que se me apresentou como padre Geraldo, do Funchal, disse-me umas quantas frases bonitas a respeito do *Evangelho*. Deu uma coisa para a outra. E a praga da bruxa não caiu...

27 de maio

Almocei com Jacinto Manuel Galvão, que veio de Mogadouro, onde mora, para falar comigo acerca do seu projeto de tese sobre o tema *Historiografia cultural nos romances de J. S.* A ideia parece-me interessantíssima. Segundo ele, o seu trabalho começará pelo levantamento de elementos fundamentais da cultura portuguesa, como seja um matriarcado recalcado por um patriarcado que se veio impondo ao longo dos séculos graças ao cristianismo, religião marcadamente patriarcal. O matriarcado ficou presente na religião popular, no sonho, na saudade, no sentimentalismo, no mito do encoberto... Diz também que tenho procurado operar nos meus livros um diálogo de desmontagem desses elementos da nossa cultura, sobretudo através de uma crítica sarcástica à moralidade portuguesa, cobarde e egoísta, de uma religiosidade farisaica. Provavelmente tudo isto é certo. Durante o almoço não se falou tanto da tese como da minha vida, das razões conhecidas ou intuídas de fazer eu o que faço, das andanças boas e más por que passei. Talvez que depois de duas horas de conversa, que mais foi monólogo meu, o autor tenha conseguido mostrar o que há de pessoa própria em ficções que, literalmente falando, não têm nada de autobiográficas. Esse foi o meu objetivo, e isso, creio, era o que queria Jacinto Galvão: que eu *me explicasse*.

30 de maio

A Jacinto Simões, nosso médico e nosso amigo, não se pode fazer uma simples visita de amizade: pede imediatamente que lhe tragam as fichas clínicas, sem dar atenção aos nossos protestos de que não tínhamos ido lá para isso. Saímos com abraços e a obrigação de executar sem demora o extenso rol de análises e radiografias com que nos carregou.

1 de junho

Em Madrid, para a reunião do júri do Prémio Reina Sofía de Poesia Iberoamericana. Ganhou, e muito bem, o espanhol José Hierro.

Espero que chegue um dia a vez a Angel González, para mim o melhor poeta espanhol vivo, por quem, enquanto fizer parte do júri, continuarei a bater-me. Dele deixo aqui um breve e subtil poema chamado "Siempre que lo quieras":

Cuando tengas dinero regálame un anillo,
cuando no tengas nada dame uma esquina de tu boca,
cuando no sepas que hacer vente conmigo
— pero luego no digas que no sabes lo que haces.

Haces haces de leña en las mañanas
y se te vuelven flores en los brazos.
Yo te sostengo asida pelos pétalos,
como te muevas te arrancaré el aroma.

Pero ya te lo dije:

cuando quieras marcharte ésta es la puerta:

se llama Ángel y conduce al llanto.

Para quem não souber e tenha preguiça de ir perguntar ao dicionário, *haces* tanto significa *fazes* como *feixes*...

2 de junho

Uma leitora na Feira do Livro: "Quando há dez meses fiquei desempregada, depois de trinta anos de trabalho, foi a leitura dos seus livros que me permitiu aguentar o choque...".
Também na Feira. Palavras ouvidas de passagem a um adolescente que ia conversando com um amigo da mesma idade: "Eu gosto é dos livros daquelas pessoas que pensam". Maravilhei-me: ainda há disto?

3 de junho

Num descanso das sessões da Assembleia do Setor Intelectual do Partido, Mário Pereira diz-me que gostaria de levar à cena *In Nomine Dei* no Teatro Nacional, e quer saber se a peça está livre de compromissos. Respondo-lhe que sim, está livre, e que eu também gostaria de a ver alguma vez num palco, mas ao mesmo tempo manifestei-lhe todas as dúvidas de que o D. Maria queira alguma vez apresentar uma obra minha. Concluí dizendo que o autorizava a andar com o assunto para a frente e que ficava à espera de notícias. Que nunca chegarão, aposto.

6 de junho

Mais dois casos da Feira do Livro. O primeiro foi ter passado pelo pavilhão da Caminho alguém que, falando em nome da Associação dos Deficientes das Forças Armadas, manifestou o desejo de que eu fosse dar ali uma conferência, justificada a ideia com o facto de ter escrito um livro sobre um deficiente das forças armadas: Baltasar, evidentemente, com a sua mão amputada... O segundo caso foi ter-me felicitado um israelita pelos meus conhecimentos sobre o judaísmo. Agradeci a amabilidade enquanto mentalmente agradecia, uma vez mais, as sábias e generosas ajudas de Sam Levi quando eu marcava passo no limiar do *Evangelho*.

7 de junho

Críamos que Jacinto Simões se daria por satisfeito com os exames que nos tinha mandado fazer e cujo resultado veio a ser o mais normal do mundo, mas isso seria não o conhecer. Recordado de um certo mal-estar físico sentido por mim há precisamente um ano, em Coimbra, e que com grave imprudência registei nestes *Cadernos*, diz-me agora que podia ter-se tratado de uma extrassístole, e que para tirar-se de dúvidas irei fazer um electrocardiograma de 24 horas. Protesto que estou de pedra e cal, mas ele é como s. Tomé: necessita ver para crer... Enternecem-me estes cuidados.

10 de junho

Há três dias que vou de entrevista em entrevista: com uma professora eslovaca, Miroslava Petrovská; com o nosso Carlos Reis, para a Universidade Aberta; com um jornalista alemão, Egon Koch; e finalmente uma dessas conversas de televisão, sem tom nem som, que a montagem acabará por converter numa charada, mas que serviu para mostrar-me como uma pessoa pode chegar a enjoar-se de escutar a sua própria voz. Entretanto, durante vinte e quatro horas andei com um gravador enfiado no cinto e uns quantos elétrodos pegados ao peito, tudo para saber, enfim explicadamente, como anda a comportar-se o meu coração. Eu teimo que está bem, capaz de subir outra vez a Montanha Branca sem resmungar. Veremos o que o registo diz.

12 de junho

Em Madrid, para o lançamento do livro de Susan Sontag, *El amante del volcán*. Em entrevista que deu a *El País* declara que os seus escritores preferidos são Juan Goytisolo e José Saramago. Atire a primeira pedra o fariseu que presumir de não gostar de carinhos destes...

13 de junho

Oviedo. Casa cheia: duzentas pessoas sentadas, outras tantas de pé. Ambiente invulgarmente afetuoso. Oviedo tem dois braços abertos e um coração de amigo. Um dos dias mais perfeitos que me lembro de ter vivido como escritor "falante"...

14 de junho

Almoço com Susan Sontag, Juan Goytisolo, Vicente Molina Foix, Juan Cruz, José Luis Gómez. Fala-se de livros, de teatro, de pessoas, de personagens. Goytisolo conta-me que um certo poeta português, de visita a Marraquexe, onde Juan vive uma parte do ano, se mostrou indignadíssimo quando ele lhe falou do bem que pensava do *Ano da morte de Ricardo Reis*: "Como é possível que tu gostes desse livro, quando o Saramago faz de Ricardo Reis um heterossexual?". Discretamente, apesar de eu lho ter perguntado, Goytisolo não quis dizer-me de quem se tratava. Só disse que a pessoa em questão trabalha em Bruxelas, suponho que na Comunidade Europeia. Julgávamos nós que a raça dos militantes puros e duros se tinha extinguido, e aí os temos, impolutos, poetas em Bruxelas e homossexuais fanáticos...
Ao fim da tarde, no Círculo de Bellas Artes, apresentação do livro de Susan. Na mesa, todos os do almoço, com exceção de José Luis Gómez. Na minha interpretação, *El amante del volcán* é uma reflexão oblíqua sobre a morte, já patente, em todo o caso, talvez de modo involuntário, no obsessivo espírito colecionista de Lord Hamilton: a melancolia das coleções, o colecionismo como princípio de morte. Recordei uma das passagens mais impressionantes do romance, aquela que se refere a uma estátua de Vénus capaz de ouvir, não de falar ou ver, só ouvir, e mostrei a simetria desta "anormalidade" com os quatro últimos capítulos do livro, aqueles em que "falam" do outro lado da vida, tão mortas já como o morto mármore, Catherine, primeira mulher de Lord Hamilton, a mãe de Ema Hamilton, a própria Ema, e finalmente Eleonora

da Fonseca Pimentel, a portuguesa de Nápoles, personagem episódica do romance.

15 de junho

Num gesto de amizade hispano-portuguesa, José Luis García-Sánchez dedicou-me o seu último filme, *Suspiros de España* (*y Portugal*), uma bem contada história de pícaros modernos, os dois últimos frades de um convento em ruínas que se vão a conquistar a vida e a riqueza depois da morte do velho abade. Acabam tão míseros como começaram. Hoje foi a estreia, e a mim aplaudiram-me como se fosse eu o autor da obra: comove-me o carinho com que toda a gente me trata aqui. No fundo, creio, talvez seja uma simples questão de dar e receber. Se nós, portugueses, *decidíssemos* gostar de Espanha, se eles, espanhóis, *decidissem* gostar de Portugal, o sentimento de mútua gratidão que consequentemente se criaria reduziria a nada os receios de ontem e as desconfianças de hoje. Com a condição da nossa parte, já se sabe, de não nos deixarem os rios em seco... Para que, por mais alguns anos, possamos continuar a dizer, como o velho abade exclamou no momento de ir-se deste mundo, diante duma paisagem magnífica, de rio e de montanhas: "A Vida, que esplendor!".

16 de junho

Regressamos a casa depois de quase dois meses de ausência. Pepe quase endoidece de alegria, Greta pouco menos, Rubia é menos expansiva, mas vê-se que também está contente. A correspondência acumulada aterroriza-me. Não poderei responder a todas estas cartas (e às de antes), o tempo não me chega, e contudo não conseguirei impedir-me de pensar nas pessoas que me escrevem, na sinceridade, na entrega, na confiança de todas elas, no direito que eu próprio lhes reconheço de esperarem que lhes responda, simplesmente por me terem escrito e porque uma palavra que veio do coração não deveria ficar sem eco.

18 de junho

Voltei ao *Ensaio*. Com a disposição firme de levá-lo desta vez ao fim, custe o que custar. Durante todo o tempo que andei por fora, amigos e conhecidos não pararam de me perguntar pelos meus cegos. Chegou a altura de eles responderem por si mesmos.

20 de junho

Telefona-me Joaquim Benite, interessado em pôr em cena *In Nomine Dei* no Teatro de Almada, onde, em anos passados, vivi, com *A noite* e *Que farei com este livro?*, algumas das mais belas horas que posso recordar. Narrei-lhe a conversa que tive com Mário Pereira, da qual não espero muito, mas que, de todo o modo, representa para mim um compromisso. Disse-lhe que voltaríamos a falar, no caso de o Nacional decidir não pôr a peça. Darei a Mário Pereira um prazo razoável para a resposta que terá de dar-me. Mas que é um "prazo razoável" nestas coisas de teatro?...
Jimmie Durham mandou-me uma lista de vinte e quatro pequenos trechos de *Ricardo Reis* que servirão de legendas às obras que vai expor na Galeria Módulo. Pergunto-me que ligação poderá existir, ou criar-se, sensorial ou intelectualmente, entre a maior parte delas e o tipo de expressão plástica dos seus trabalhos, pelo menos os que conheço de fotografias. Não estarei em Lisboa durante o período da exposição, mas espero um dia poder aclarar esta dúvida. Para minha ilustração, acrescento.

21 de junho

Mone Hvass, a tradutora dinamarquesa, dá-me notícia de umas quantas palavras (arrasadoras...) de Soren Vinterberg, crítico de *Politiken*, sobre o *Evangelho*: "Se José Saramago não fosse tão humano, sem dúvida lhe teriam chamado um contador divino". E esta, hem?

23 de junho

Claro que sei algumas coisas, mas o importante não é isso. O que conta realmente não é o que sei, mas o que intuo.

27 de junho

De José-Augusto França chega-me esta carta:
"Li os seus *Cadernos II* numa ilha mais ou menos vizinha, a Terceira aonde fui pelo António Dacosta comemorado em festas do Espírito Santo que percorre a ilha, de Império em Império, de banda em banda, e de música em música, com pães adequados. Li e amistosamente colaboro, para o volume III: 'Recebi hoje carta de Fulano de Tal, meu exatíssimo coevo, como ambos sabemos (*'et néanmoins amis'*) a dizer-me que, tendo lido pelos ares, a caminho da Terceira (donde também não é) o 2º volume dos meus *Cadernos* de outro arquipélago, a alturas da página 11 (leu até à 268, que longa é a rota) se apressa a me confirmar, garantir, assegurar, pelo que sabe dessas coisas e tempos, que o *Memorial* é mesmo e vivamente uma obra de história, com informação necessária e certa, quanto acertam as ciências humanas. A prova é que lhe tem recomendado a leitura a estudantes seus de história de arte para entenderem, por dentro do tempo, como Mafra foi construída; e que, há poucos anos ainda, professor convidado na Sorbonne, fez um curso de mestrado sobre o dito romance, sobre o seu imaginário também, e por assim dizer, informativo. E acrescenta amistosamente o estimável correspondente que em tal opinião persiste, e a assina ou ensina'."

Consoladora missiva, digo eu, vinda de quem de tais coisas tanto sabe. Observe-se, entretanto, como ela, a carta, se parece com uma caixa chinesa ou uma boneca russa, materiais e objetivas antepassadas da celebrada mise en abyme, porque, ou vão entrando umas nas outras como mães que sucessivamente regressassem à barriga das mães, ou umas das outras vão saindo até tornar a repovoar-se o mundo, obra de mães (de pais também) e de mãos. Foi este em verdade o caso, que ficaram as minhas mãos sopesando depois da leitura uma antiga e leal amizade, e sendo nós tão absolutamente contemporâneos (nascidos naquele mesmo dia 16 de novembro de 1922, ele em Tomar, eu em Azinhaga), e além disso fadados para trabalhar (com abissal diferença de escalão e responsabilidade), muitos anos depois, num renomado *Dicionário da pintura universal* (onde com perplexidade e desgosto procurei e não encontrei Antonio da Crestalcore, "o melhor pintor do mundo"), não se há-de estranhar que, a partir das palavras "Recebi hoje...", José-Augusto França escreva nestes cadernos terceiros como se diretamente de mim se tratasse. Com vénia e agradecimento meus tomou-me a palavra e o espaço. Que o faça muitas vezes, e por muitos anos e bons.

4 de julho

Rubia desapareceu há alguns dias. Não creio que volte. Há que reconhecer que esta casa nunca foi verdadeiramente sua. Apesar do carinho com que a tratávamos, sempre me deu a impressão de estar a pensar *noutra coisa*. Na liberdade, provavelmente. Lá na aldeia já me diziam que "galinha do mato não quer capoeira"... Pois é. Para a Rubia esta casa era como uma capoeira, e ela tinha nascido para o mato. Ou então para viver um tempo aqui, um tempo ali, sem demasiados laços nem excessivos amores. Boa sorte.

10 de julho

Joaquín Vida diz-nos finalmente que a respeito de *Noite*, nada feito. É certo que a Comunidade de Madrid lhe concedera um subsídio para a montagem da peça, mas o Ministério da Cultura, a quem um subsídio complementar tinha sido também pedido, abanou-lhe com as orelhas. Não era esta a peça minha que eu mais desejava ver num palco espanhol, mas tenho pena que o projeto tenha ido assim por água abaixo, sobretudo pela deceção de Joaquín, que estava tão entusiasmado.

11 de julho

Tinha-me esquecido de registar que telefonei ao professor Jacinto Simões poucos dias depois de voltar a casa, para saber como se encontrava afinal este coração. "Como uma máquina", respondeu-me ele satisfeito. Eu bem lhe dizia... No fim de contas, quem pode saber mais de um coração do que aquele que o leva dentro?

15 de julho

Pausa de vinte e quatro horas no *Ensaio* para apresentar em Las Palmas o livro de Juan Cruz, *Exceso de equipaje*, que é uma brilhante demonstração da arte do fragmento intimista e da observação do quotidiano imediato. Fez-me bem o derivativo, aliviei a tensão que me andam a causar os cegos, conheci gente simpática e inteligente, reencontrei amigos, como o poeta Manuel Padorno, e Toni, Luz e María del Carmen, as professoras do Coletivo Andersen.

19 de julho

Recebo uma bela carta de María del Carmen Vallejo de la Fe, uma das professoras de Las Palmas com quem estive há cinco dias na apresentação do livro de Juan Cruz. Fala com entusiasmo do trabalho do Coletivo, da sua vida, da sua paixão pelos livros e pelas pessoas, e escreve saborosamente desta maneira (vai no seu próprio castelhano para que se entenda *melhor*):

"Debo pedirle disculpas por esta carta tan extensa. Oficialmente era para enviarle las fotos de las Jornadas de Lanzarote y agradecerle su conferencia; pero me temo que ha degenerado en una 'amalgama informativa' que nadie me ha pedido.

"— Es que me encanta escribir! — me excuso yo.
"— Muy bien, señora mía. Es usted muy dueña — se me contesta. — Pero, qué le importa a la gente sus aficiones literarias? Puede usted escribir; como puede ponerse cursi con el arco iris, pongamos por caso.

"Pero tengo aún otro argumento: sencillamente, no puedo escribir una carta 'a secas'. Las palabras se me deslizan, describiendo todo lo que veo y vertiendo en ellas mi 'filosofia mágico-cotidiana'. Me creerá usted, si le digo que eso es todo? Se lo agradecería.

"Mis escrúpulos se han convertido en una masa de harina que se hincha por momentos. Estará bien, estará mal, que alguien reciba semejante carta de una desconocida? Podría decir que yo tampoco escribo al primer desconocido que se cruza em mi camino; pero no es verdad: sí que lo haría. Le escribiría incluso a una piedra; siempre y cuando ese desconocido y esa piedra tengan algo que me mueva a dirigirme a ellos."

E ainda:

"Termino con una pequeña leyenda sobre Lanzarote: su paisaje se parece al de la Luna; y esto enfurece al Espíritu de la Isla, que tiene un genio muy vivo. Él insiste en que es la Luna que se parece a la Isla; cosa que ella tampoco acepta. Y así, discutiendo sobre quién se parece a quién, pasan eternamente las noches. Hasta que, al amanecer, sale el Sol y los manda callar."

São seis páginas assim: cálidas, afetuosas, espontâneas. Será possível responder-lhe com duas palavras rápidas de agradecimento, um simples "cá recebi não era pressa"? Quando me refiro aos problemas que me criam os meus correspondentes, sei perfeitamente de que estou a falar.

28 de julho

Chegam-me, por intermédio da revista *Visão*, notícias da exposição de Jimmie Durham. A única homenagem que posso prestar-lhe, neste momento, e ao seu trabalho, é transcrever, com a devida vénia, a crítica de Ruth Rosengarten:

"De origem cherokee, Jimmie Durham está envolvido há mais de duas décadas (não só como artista plástico mas também como ativista político) na questão da identidade cultural dos índios americanos e na sua relação com as linguagens hegemónicas da cultura euro-americana. O seu trabalho como artista inspira-se numa mistura pessoal de leveza e ira, poesia e paixão.

"Esta primeira exposição de Jimmie Durham em Portugal funciona como instalação (percurso) e como coleção de peças individuais. Uma das peças foi terminada, de uma forma surpreendentemente dramática, em público, e documentada em vídeo, juntando assim uma dimensão temporal e de performance a um corpo de trabalho heteróclito por vocação.

"O lema da exposição é *O ano da morte de Ricardo Reis*, de José Saramago. 'O melhor livro que li [...] e também a história do mundo na primeira metade do nosso século' (Jimmie Durham). Não existe uma relação ilustrativa entre as esculturas e as citações a elas anexas; mas sim uma relação neutralizante entre elas, emprestando-lhes assim uma certa ressonância poética. Desta maneira, tornam-se tanto as palavras como os objetos dissonantes que compõem as esculturas, fragmentos de uma bricolage, aparentemente construída com rapidez e urgência.

"A possível distinção entre a cultura e a natureza ('o cru e o cozido') dissolve-se através de uma áspera conjunção de elementos: palavras (rabiscos), pedaços de madeira, pedras, ferros, espelhos, loiça, roupa. Mas a rudeza das obras encobre o seu fundamento sofisticado e contemplativo, assim como um fio de ironia, cuja função é primariamente crítica."

8 de agosto

Pepe Dámaso, um conhecido pintor canário que vive em Las Palmas, autor de obra importante, e agora empenhado num trabalho sobre Fernando Pessoa, conta-me que César Manrique lhe dizia que as formas das tradicionais chaminés domésticas das Canárias foram para aqui trazidas por marinheiros portugueses do Algarve. Que se parecem, não há dúvida, mas o que me pergunto é se umas e outras não terão antes a sua origem em Marrocos.

Adeus, português. Leio que Moçambique aderirá em novembro à Comunidade Britânica. Provavelmente, com a África do Sul ali ao lado e uma relação de (inter)dependência económica que daqui em diante se tornará cada vez mais impositiva, Moçambique não tinha outra solução. O Governo de Lisboa afirma que a decisão, a confirmar-se, não põe em causa o português como língua oficial, mas nisto só os ingénuos serão capazes de acreditar. Dentro de vinte anos a língua portuguesa tornar-se-á em Moçambique num idioma quando muito sobrevivente, e se nós próprios formos então ainda sobrevivos, será a altura de reservar no orçamento do Estado algum dinheiro destinado à criação e manutenção de um ou dois leitorados de português, para uso de moçambicanos excentricamente interessados em idiomas exóticos.

9 de agosto

Terminei ontem o *Ensaio sobre a cegueira*, quase quatro anos após o surgimento da ideia, sucesso ocorrido no dia 6 de setembro de 1991, quando, sozinho, almoçava no restaurante Varina da Madragoa, do meu amigo António Oliveira (apontei a data e a circunstância num dos meus cadernos de capa preta). Exatamente três anos e três meses passados, em 6 de dezembro de 1994, anotava no mesmo caderno que, decorrido todo esse tempo, nem cinquenta páginas tinha ainda conseguido escrever: viajara, fui operado a uma catarata, mudei-me para Lanzarote... E lutei, lutei muito, só eu sei quanto, contra as dúvidas, as perplexidades, os equívocos que a toda a hora se me iam atravessando na história e me paralisavam. Como se isto não fosse bastante, desesperava-me o próprio horror do que ia narrando. Enfim, acabou, já não terei de sofrer mais. Seria agora a altura de fazer a pergunta de que nenhum escritor gosta: "Que ficou dessa primeira ideia?". (Não gostamos porque preferiríamos que o leitor imaginasse que o livro nos saiu da cabeça já armado e equipado.) Da ideia inicial direi que ficou tudo e quase nada: é verdade que escrevi o que queria, mas não o escrevi como o tinha pensado. Basta comparar a *inspiração* de há quatro anos com aquilo que o *Ensaio* veio a ser. Eis o que então anotei, com nenhumas preocupações de estilo: "Começam a nascer crianças cegas. Ao princípio sem alarme: lamentações, educação especial, asilos. À medida que se compreende que não vão nascer mais crianças de visão normal, o pânico instala-se. Há quem mate os filhos à nascença. Com o passar do tempo, vão morrendo os 'visuais' e a proporção 'favorece' os cegos. Morrendo todos os que ainda tinham vista, a população da terra é composta de cegos apenas. Um dia nasce uma criança com a vista normal: reação de estranheza, algumas vezes violenta, morrem algumas dessas crianças. O processo inverte-se até que — talvez — volte ao princípio uma vez mais." Compare-se... Quanto à palavra inspiração que aí ficou atrás, esclareço que a empreguei em sentido estritamente pneumático e fisiológico: a ideia andava a flutuar por ali, no oloroso ambiente da Varina da Madragoa, eu *inspirei-a*, e foi assim que o livro nasceu... Depois, pensá-lo, fazê-lo, sofrê-lo, já foi, como tinha de ser, obra de *transpiração*...

10 de agosto

Chegaram a Lanzarote, e instalámo-los cá em casa, José Luis García Sánchez e Rosa León. Vieram para a estreia, em Canárias, de *Suspiros de España (y Portugal)*, que ele dirigiu. Motivos para a viagem, apenas os da amizade, porquanto não é costume dos realizadores de cinema andarem atrás dos seus filmes, a estreá-los aqui e ali. Não sei como se agradece isto. Rosa e José Luis tiraram-se do seu trabalho, viajaram de Madrid a Lanzarote, muito mais para me festejarem a mim do que para receberem, eles, aplausos. A rever e a corrigir o *Ensaio*, não poderei fazer-lhes toda a companhia que deveria, mas dei hoje com eles uma rápida volta pela ilha, de que me resultou uma estranha impressão: encerrado em casa há tanto tempo, dei por que me inquietava o mundo exterior.

18 de agosto

Lá foram, uma cópia para Zeferino Coelho, outra para Maria Alzira Seixo, ele porque é o editor, ela por ter escolhido o *Ensaio* para tema do estudo que prometeu escrever para um volume que Giulia Lanciani está a preparar sobre o autor destes *Cadernos*. Daqui por poucos dias já saberei o que pensam estes primeiros leitores. Primeiros depois de Pilar, claro está. E que disse Pilar? Que o livro é bom. Será? Leitora exigente e criteriosa é ela, sem dúvida, mas sempre temo que se deixe iludir (enganar, cegar), pouco que seja, pelos sentimentos.

Um pensamento que me tem ocupado nestes dias: há vinte anos chamei "ensaio de romance" ao *Manual de pintura e caligrafia* (a designação só aparece na primeira edição, a da Moraes), hoje ponho ponto final num romance a que dei o nome de *Ensaio*. Vinte anos de vida e de trabalho para ir dar, por assim dizer, ao mesmo sítio: de falta de persistência e sentido de orientação não poderão acusar-me...

19 de agosto

Com o título de *O rosto e o espelho ou a pintura como memória*, escrevi hoje para o catálogo da exposição que Sofía Gandarias vai apresentar em Lisboa o seguinte breve texto, por onde se verá que ainda não pude libertar-me completamente dos cegos do *Ensaio* e que certas ideias do *Manual* se mantêm constantes:

"O pintor está diante do espelho, não de viés ou a três-quartos, conforme se queira designar a posição em que costuma colocar-se quando decide escolher-se a si mesmo para modelo. A tela é o espelho, é sobre o espelho que as tintas irão ser estendidas. O pintor desenha com rigor de cartógrafo o contorno da sua imagem. Como se ele fosse uma fronteira, um limite, converte-se em seu próprio prisioneiro. A mão que pinta mover-se-á continuamente entre os dois rostos, o real e o refletido, mas não terá lugar na pintura. A mão que pinta não pode pintar-se a si própria no ato de pintar. É indiferente que o pintor comece a pintar-se no espelho pela boca ou pelo nariz, pela testa ou pelo queixo, mas deve ter o cuidado supremo de não principiar pelos olhos porque então deixaria de ver. O espelho, neste caso, mudaria de lugar. O pintor pintará com precisão o que vê sobre aquilo que vê, com tanta precisão que tenha de perguntar-se mil vezes, durante o trabalho, se o que está a ver é já pintura, ou será apenas, ainda, a sua imagem no espelho. Correrá portanto o risco de ter de continuar a pintar-se infinitamente, salvo se, por não ter podido suportar mais a perplexidade, a angústia, resolveu correr o risco maior de pintar enfim os olhos sobre os olhos, perdendo assim, quem sabe, o conhecimento do seu próprio rosto, transformado num plano sem cor nem forma que será necessário pintar outra vez. De memória.

"As telas de Sofía Gandarias são estes espelhos pintados, de onde se retirou, recomposta, a sua imagem, ou onde, oculta, ainda se mantém, talvez sob uma camada de luz dourada ou de sombra noturna, para entregar ao uso da memória o espaço e a profundidade que lhe convêm. Não importa que sejam retratos ou naturezas-mortas: estas pinturas são sempre lugares de memória. De uma memória visual, obviamente, como se espera de qualquer pintor, mas também de uma memória cultural complexa e riquíssima, o que já é muito menos comum num tempo como o nosso, em que os olhares, quer o do quotidiano, quer o da arte, parecem satisfazer-se com discorrer simplesmente pela superfície das coisas, sem se darem conta da contradição em que se encontram, em confronto com um olhar científico moderno que transferiu o seu campo principal de trabalho para o não visível, seja ele o astronómico ou o subatómico.

"Para Sofía Gandarias, um retrato nunca é só um retrato.

Algumas vezes parecerá que ela se propôs contar-nos uma história, relatar-nos uma vida, quando, por exemplo, rodeia o seu retratado de elementos figurativos cuja função, ou intenção, se há-de supor alegórica, como um hieróglifo cuja decifração mais ou menos rápida irá depender do grau de conhecimento das respetivas chaves por parte do observador. É transparente, por exemplo, o significado da presença da pirâmide maia no retrato de Octavio Paz, ou o de uma Melina Mercuri atada ao Pártenon, é-o muito menos o de Graham Greene olhando por uma janela com as vidraças partidas, ou o de Juan Rulfo amarrado às tumbas de Comala. Encarada deste ponto de vista, a pintura de Sofía Gandarias, com independência do seu altíssimo mérito artístico e da sua evidente qualidade técnica, poderia ser entendida como um exercício literário para iniciados capazes de organizar os símbolos mostrados, e portanto completar, em nível próprio, a enigmática proposta do quadro. Tratar-se-ia de uma consideração flagrantemente redutora, em todo o caso absolvida pelo próprio imediatismo da leitura, se a pintura de Sofía Gandarias não fosse o que, de modo superior, é: a singularidade de uma memória de relação.

"De dupla relação, acrescentarei. A do retratado e da sua circunstância, exposta na distribuição dos elementos pictóricos secundários do quadro, e em que naturalmente se apreciarão questões como a semelhança, a pertinência, a concatenação plástica; e outra, a meu ver não menos importante, que é a relação cultural que Sofía Gandarias, a pintora, mas sobretudo a pessoa desse nome, mantém com a circunstância vivencial e intelectual dos seus retratados. Aqui trata-se claramente de pintura, mas trata-se também da expressão intensíssima de uma memória cultural particular. Mais do que simplesmente pintar retratos de figuras ditas públicas, o que Sofía Gandarias faz é convocar um por um os habitantes da sua memória e da sua cultura, aqueles a quem ela própria chama 'as presenças', transportando-os para uma tela onde terão o privilégio de serem muito mais do que retratos, porque serão os sinais, as marcas, as cicatrizes, as luzes e as sombras do seu mundo interior.

"Há melancolia nesta pintura. A melancolia de nos sabermos fugazes, transitórios, pequenos corpos cadentes que se apagam quando mal começaram a brilhar. O fundo quase sempre escuro dos quadros de Sofía Gandarias é uma noite, os rostos e os símbolos que como satélites os rodeiam são apenas os nossos pálidos e humanos fulgores. O mundo é o que somos, e esta pintura um dos seus sentidos."

20 de agosto

Zeferino Coelho telefonou para dizer que gostou do livro. O autor apreciou sabê-lo e disse consigo mesmo que, agora sim, o *Ensaio* está terminado. Mas Zeferino também avisou que a disquete que lhe enviei, juntamente com o escrito, e que deveria conter o romance, estava em branco... A minha falta de jeito para as informáticas foi confirmada uma vez mais. Felizmente que o José Serrão, responsável pelos assuntos gráficos da editora, me deu, pelo telefone, passo a passo, com paciência e competência, as instruções que antes eu havia saltado e trocado. Fiquei felicíssimo, como um garoto, quando pude comprovar que, finalmente sim, o romance tinha sido copiado inteirinho do disco duro para a disquete. Mas logo me perguntei: copiado, como? E como foi possível que a passagem de um a outro tenha sido praticamente instantânea? Que o romance esteja por aí algures dentro do computador, aonde os meus olhos não podem chegar, admito-o, tenho de admiti-lo. Mas que ele se encontre agora neste objeto tosco de plástico e metal que seguro com dois dedos e que, à vista, não difere em nada de quando estava vazio, isso é que não consigo fazer entrar-me na cabeça. Mais de trezentas páginas, mais de cem mil palavras, estão metidas aqui dentro? Digo-me: *estão, mas não são*. Estão porque as reencontro de cada vez que quiser ler a disquete no computador, mas ao mesmo tempo não são porque não podem existir lá como *palavras*, têm de ser uma outra coisa, algo inapreensível, algo volátil, como (estranha semelhança esta) as palavras dentro do cérebro. Não *estão*, e contudo *são*. Que monólogo não teria o Hamlet para dizer se Shakespeare vivesse hoje...

28 de agosto

Tinha acabado de escrever uma carta a Susan Sontag, tinha acabado de metê-la no sobrescrito, com um catálogo de pinturas de Sofía Gandarias, onde há um quadro sobre Sarajevo em que aparecem os retratos de Susan e de Juan Goytisolo. Era a última tarefa da manhã. Saí ao terraço para olhar o mar, para respirar o vento, para ver como vão crescendo as árvores. Depois entrei, sentei-me diante do televisor, liguei-o, eram horas de saber o que se estava a passar no mundo. Achei-me diretamente numa rua de Sarajevo. Não tinha visto nem ouvido o apresentador do noticiário, encontrei-me de choque com o horror. Gente estraçalhada, membros amputados, um homem esfacelado, dobrado pelo meio do corpo sobre uma guarda metálica do passeio, com metade do dorso arrancado, alguém sem pés que era levado de rastos deixando atrás de si dois regueiros de sangue, um ferido caído de costas que levantava os braços e os movia lentamente. Trinta e tantos mortos. Não aguentei. Chorei enquanto as imagens terríveis se sucediam, chorei por aqueles desgraçados, chorei por mim mesmo, por esta impotência, pela inutilidade das palavras, pela absurda existência do homem. Só me consola saber que tudo isto acabará um dia. Nesse derradeiro instante, o último ser humano vivo poderá dizer, enfim: "Não haverá mais morte". E terá de dizer também: "Não valeu a pena termos habitado este lugar do universo".

29 de agosto

Se a ética não governar a razão, a razão desprezará a ética...

1 de setembro

Regressados de uma viagem à Argentina e Bolívia, os meus cunhados María e Javier trazem-me o jornal *Clarín* de 30 de agosto. Aí vem a notícia de que vai ser apresentada ao Parlamento peruano uma nova lei de turismo que contempla a possibilidade de entregar a exploração de zonas arqueológicas importantes, como Machu Picchu e a cidadela pré-incaica de Chan Chan, a empresas privadas, mediante concurso internacional. *Clarín* chama a isto "la loca carrera privatista de Fujimori". O autor da proposta de lei é um tal Ricardo Marcenaro, presidente da Comissão de Turismo e Telecomunicações e Infraestrutura do Congresso peruano, que alega o seguinte, sem precisar de tradução: "En vista de que el Estado no ha administrado bien nuestras zonas arqueológicas — qué pasaría si las otorgaramos a empresas especializadas en esta materia que vienen operando en otros países con gran efectividad?". A mim parece-me bem. Privatize-se Machu Picchu, privatize-se Chan Chan, privatize-se a Capela Sistina, privatize-se o Pártenon, privatize-se o Nuno Gonçalves, privatize-se a Catedral de Chartres, privatize-se o *Descimento da cruz* de Antonio da Crestalcore, privatize-se o Pórtico da Glória de Santiago de Compostela, privatize-se a cordilheira dos Andes, privatize-se tudo, privatize-se o mar e o céu, privatize-se a água e o ar, privatize-se a justiça e a lei, privatize-se a nuvem que passa, privatize-se o sonho, sobretudo se for o diurno e de olhos abertos. E finalmente, para florão e remate de tanto privatizar, privatizem-se os Estados, entregue-se por uma vez a exploração deles a empresas privadas, mediante concurso internacional. Aí se encontra a salvação do mundo... E, já agora, privatize-se também a puta que os pariu a todos.

3 de setembro

Já encontrei o título para o livro que tenho de escrever sobre Lanzarote, o tal que será ilustrado com as fotos de Arno Hammacher. Chamar-se-á *Titerroigatra*, que era o nome que davam à sua ilha os naturais e habitantes, antes de terem aparecido por cá Lancelotto Malocello e os seus genoveses, no princípio do século XIV. Pôr no título o nome atual da ilha parecia-me que iria torná-los, a ela e a ele, insignificantes, da mesma família de quantos beneficiosos guias turísticos até hoje se compuseram. Não será preciso dizer que também estava a influir fortemente na minha relutância o facto patente de já serem de Lanzarote estes *Cadernos*... Um esclarecimento antecipado, antes que me venham fazer perguntas: ninguém sabe hoje qual era o significado de Titerroigatra...

5 de setembro

Dentro de poucos dias será publicado em Inglaterra um livro explosivamente polémico, se a fazenda de dentro vier a corresponder à amostra de fora, isto é, ao título anunciado: *O carcomido coração da Europa: a guerra suja pela Europa monetária*. O autor chama-se Bernard Connolly e faz parte do certamente qualificado grupo de altos funcionários que estão encarregados de gerir a política monetária da União Europeia. Presume-se, portanto, que seja alguém que sabe o que diz. E que diz ele? Diz, por exemplo, que o Sistema Monetário Europeu é uma "monstruosidade económica" e a união monetária um "perigoso logro". E vai mais longe: prenuncia que a união monetária levará a uma batalha aberta entre a França e a Alemanha para conseguir a hegemonia na União Europeia. A Comissão não gostou de vaticínios e opiniões tão contrários aos seus gostos e entregou o caso ao Comité de Disciplina. Ora, independentemente da substância e do mérito dos fundamentos objetivos que assistam ao funcionário rebelde (aliás, seguidor declarado de Margaret Thatcher) para ter formulado tão sombrios prognósticos (chega mesmo ao ponto de dizer que tais conflitos e contradições poderão vir a resultar numa guerra), aquilo que, a meu ver, deveria merecer toda a nossa atenção é a emergência cada vez mais exigente da questão em que toda a gente pensa, mas de que pouquíssimos têm a coragem de falar sem disfarces: a hegemonia sobre a Europa. Que a Alemanha se tenha tornado, por assim dizer, em candidato "natural" a essa hegemonia, é algo tão flagrante que parece já ter adquirido um estatuto de fatalidade inelutável; que a França comece a reagir desesperadamente à perspectiva de continuar, no quadro europeu, a ser o que é hoje, apenas o maior dos menores, e ver agravada a sua dependência política — tudo isto é mais um episódio do velho jogo chamado "quem-manda-na-Europa", a que, ingenuamente, alguns políticos "integracionistas" pensaram poder mudar as regras. E se, como dizia o Eduardo Guerra Carneiro dos antigos tempos, "isto anda tudo ligado", é caso para nos perguntarmos se as bombas atómicas que Paris vai fazer explodir no Pacífico não se destinam, afinal, a ser ouvidas em Bona.

Tempos difíceis para os cristãos. Não porque os romanos estejam a mandá-los outra vez para os circos, a matar a fome aos leões, mas porque as febres oportunistas do que se entende por "politicamente correto" estão a atingir o próprio texto fundacional do cristianismo, isto é, o Novo Testamento. Uma nova tradução inglesa, a sair proximamente, vai eliminar as referências a Deus Padre, o Filho do Homem converte-se em "o humano", os judeus já não são os culpados da morte de Jesus. Por causa das conotações racistas, a Escuridão deixará de equivaler ao Mal, e o princípio do Pai-Nosso, por assim dizer, hermafrodiza-se, perde o seu caráter milenariamente machista, ficando como segue: "Pai nosso e Mãe nossa que estás nos céus". Enfim, para que os canhotos não se sintam ofendidos suprimiram-se as alusões à mão direita de Deus. Se o objetivo de tão drásticas modificações é salvar as religiões cristãs do processo de decadência em que se encontram, não creio, observador curioso que sou destas formas superiores de ideologia, que a maneira de sair da dificuldade seja tirar uma religião e pôr outra no seu lugar. Tal como iam correndo as coisas, pelo seu passo próprio e natural, sempre era possível alegar que, perdida a religião, o mito fundador permaneceria, ao passo que agora, pelo caminho que levam, nem as alterações supraditas salvarão a religião, nem o mito poderá sobreviver depois delas.

6 de setembro

Começo a surpreender-me de estar vivo. Suponho que é o que deverão também sentir os bonecos lá nas barracas da feira quando percebem que os seus companheiros estão a ser deitados abaixo pelos amadores do tiro ao alvo, que, ainda assim, neste caso, nem sempre são dotados de boa pontaria. Um outro atirador há, chamado Morte, de quem se poderá dizer tudo, menos que seja amador. Esse um é profissional como se quer, de larga experiência, quando aponta acerta infalivelmente. Agora derrubou a Isabel Colaço depois de a ter feito passar por alguns meses de sofrimentos atrozes. Apesar de sabermos que já eram nulas as esperanças de cura, a notícia causou-nos o choque de uma desgraça inesperada. Lembrar-me-ei da Isabel Colaço, do seu entusiasmo, se a palavra adequada não seria antes paixão, de quando aqui veio para apresentar o seu projeto de documentário, e depois, com o João Mário Grilo e a Clara Ferreira Alves, discretamente, fazendo sem dar nas vistas o seu trabalho de produtora, como se não tivesse sido ela o generoso motor da ideia e o artífice da sua concretização. Os agradecimentos que então lhe expressei sabem-me agora a pouco: é sempre assim, ficamos sempre devedores de alguma coisa a quem morreu.

7 de setembro

Baptista-Bastos enviou-me a introdução que escreveu para o livro que a SPA vai publicar sobre mim e que ele, com um espírito de camaradagem que já não é deste tempo, tinha aceitado organizar. A Baptista-Bastos não se aplica o velho dito cético: "Quem é o teu inimigo? O oficial do mesmo ofício". A outros, sim, que não são nomeados no texto, mas que ele aponta como se aponta uma matilha. São suas estas claras e diretas palavras: "Sou testemunha das invejas mal escondidas, e, também, das declaradas; dos silêncios, das omissões, dos trocadilhos feitos com o seu patronímico; das calúnias e das infâmias com que alguns pretenderam manchar-lhe o trabalho e 'justificar' o êxito". Nada que eu não soubesse já ou não adivinhasse, mas é bom que tenha sido passado assim a escrito, para que conste, para que os leitores inocentes saibam de que repugnante massa está feita uma parte da classe literária portuguesa. Com aquelas palavras, e o muito mais que ainda diz, aí generoso e cordial, Baptista-Bastos vai atrair a si as iras daqueles em cujas tristes cabeças enfiou as carapuças da ignomínia. Não se importa, alega que tem as costas largas, e é verdade que as tem, as físicas e as morais. Das físicas não me poderia gabar eu tanto, quanto às outras suponho ser um digno parceiro seu. Porque é preciso tê-las, e fortes, para conseguir sobreviver no mesmo tempo e nos mesmos sítios com pessoas que, por exemplo, não tiveram vergonha de transformar Saramago em Saragago, como se só isso lhes estivesse a faltar para alcançarem uma glória qualquer, trancados existencialmente em casa como se tivessem medo do mundo, ou sentados a uma infortunada mesa de café, digna das atenções de Nicolau Tolentino, para não irmos mais longe... Não pensaram estes ulcerados de inveja que talvez, quem sabe, se eu tivesse a fala escorreita, não fosse o escritor que decidi ser. Será então caso para dizer que lhes saiu o gado mosqueiro...

8 de setembro

Já tenho a opinião da Maria Alzira Seixo acerca do *Ensaio*. Gostou, disse-mo pelo telefone, lá da sua praia de Odeceixe onde estava a passar um reanimador mês de agosto, e agora presenteia-me com seis páginas de uma lúcida e sensível análise, destinadas ao *Jornal de Letras*. Não as transcreverei, claro está, e não me atreveria a resumi-las. Apenas colho, um tanto ao acaso, uma certa passagem do artigo: "Que o leitor repare ainda em como esta cegueira epidémica corresponde a um mar de brancura luminosa e não às tradicionais trevas da privação da visão, e como, do ponto de vista poético e simbólico, Saramago nos guia através dessa perdição na luz pelos caminhos atulhados da imundície física e moral de uma comunidade inorgânica e carente [...]". Disse que tomei estas palavras ao acaso, o que obviamente não é verdade. Quis foi deixar constância da reflexão que elas me tinham suscitado, a saber: a possível verificação de uma simetria entre a situação ali descrita (uma "brancura luminosa" avançando *cega* "através de caminhos atulhados de imundície física e moral") e o atual consumo, já pouco menos do que obsessivo, dos produtos denominados de higiene e limpeza corporal, vivendo nós, como estamos a viver, intoxicados por todas as poluições imagináveis, em meios ambientes onde o lixo passou a ser soberano senhor. Saímos para a rua puros e luminosos, lavados da cabeça aos pés, desodorizados, perfumados, e caminhamos, outra vez cegos, pelas cidades, pelas praias, pelos campos de um mundo que nós próprios estamos a converter em estrumeira. Depois de termos destruído a natureza, arruinamos o meio tecnológico e cultural fora do qual nunca mais seremos capazes de imaginar a vida...

10 de setembro

O impulso inicial foi para agradecer a António Guterres. Em catorze palavras, simples cada uma delas, e simplicíssimas todas juntas, ele tinha-me revelado a natureza última da política, descobrimento que até agora se me havia antolhado, exceto em momentos de enganosa ilusão que me levavam a conclusões desvairadas, como inacessível às virtudes cognoscitivas do meu entendimento. Ao proclamar que "a política costuma ser a arte de, em primeiro lugar, não dizer a verdade", Guterres tirou-me as teias de aranha dos olhos. Mostrou-me como somos ingénuos ao tomar como verdades ao menos aceitáveis o discurso incontinente que jorra da boca dos políticos, esses *artistas da mentira* (segundo a definição de Guterres). Mostrou-me a que ponto chegava o meu engano quando imaginava que as advertências morais, certamente escutadas através do buraco do confessionário (Guterres é católico militante, homem de missa), deveriam ser para ele algo mais que umas quantas fórmulas ocas em que a morte da letra estaria a prenunciar a agonia do espírito. Anda a sua Igreja, há uma quantidade de anos, a pregar que a verdade nos fará livres, e Guterres não só não lhe dá ouvidos, como vem cá para fora gabar-se das falsidades que todos os dias profere, porquanto, colocado perante o dilema que seria, por exemplo, dizer a verdade ou calá-la, decidiu-se a usar as palavras que a negam e provocar-nos com elas. E nós? Nós calamo-nos, achamos natural que um político se nos ria assim na cara, provavelmente porque, no fundo, admitimos que somos merecedores do escárnio. Mas o pior de tudo ainda não foi Guterres ter declarado que a política é, em primeiro lugar, a arte de não dizer a verdade, o pior foi que depois de o ter dito não apareceu, que eu saiba, um só político, desde a esquerda à direita, a corrigi-lo, que não senhor, que a verdade terá de ser o objetivo único e último da política. Pela muito simples razão de que só dessa maneira poderão salvar-se ambas: a verdade pela política, a política pela verdade.

12 de setembro

Assim vai o mundo. Leio nos jornais que agentes secretos franceses planearam, em 1985, injetar um vírus nos ecologistas de Greenpeace, de modo a provocar-lhes diarreia e febre-amarela. O objetivo era impedi-los de chegar à área do Sul do Pacífico, onde iam realizar-se experiências nucleares... O projeto acabaria por ficar na gaveta, imagino que por não dispor nessa altura o Governo francês de enfermeiros bastantemente treinados em tornar-se invisíveis, para irem devagarinho, à falsa fé, espetar a seringa no rabo dos "arruaceiros" de Greenpeace, gente sobremodo insensata, inimiga declarada do progresso e uma nulidade do ponto de vista estético, uma vez que tão renitente se tem mostrado em apreciar a fulgurante beleza duma explosão atómica. A minha curiosidade, agora, está em saber quem aprendeu com quem: se o Governo francês, com os assaltantes de rua que nos ameaçam com uma seringa infectada, ou se foram os ditos assaltantes que, com provas dadas e aproveitamento evidente, passaram pelos cursos de adestramento bacteriológico dos serviços secreto-infecciosos franceses...

13 de setembro

A cadela a que chamamos Negra, a amiga da nossa desaparecida Rubia, apareceu-nos hoje em casa, e no mais inesperado dos sítios: a açoteia. Encontrou aberta a porta da cave que dá para o jardim (saltar o muro, para ela, com as pernas altíssimas que tem, é uma brincadeira de crianças), subiu a escada que dá para o pátio interior (provavelmente, antes disso, deu uma volta pela biblioteca, que na cave está), e dali, pela outra escada, foi instalar-se na açoteia, donde tivemos de suar as estopinhas para fazê-la sair. A pobre é pacífica, não morde, nem sequer ladra, apenas pede que lhe queiram bem. Deitada a um canto, olhava para nós como se estivesse a dizer: "Deixem-me ficar". O mais estranho foi o comportamento de Pepe e de Greta: aproximavam-se dela sem sombra de hostilidade, fungavam, cheiravam-na, depois olhavam-nos: "Que vamos fazer com isto?", pareciam perguntar. Esta Negra, que outro nome há-de ter lá na casa onde mal vive, está a ser o remorso de Pilar. Foi claro que lhe custou vê-la partir, tão magra, tão suja, com a cauda triste, parando de vez em quando a olhar para trás. Qualquer dia temo-la outra vez aí. Não me surprenderia se Pilar, nesse dia, descesse indignada a encosta para ir dizer duas verdades aos donos da cadela. E também não ficaria nada surpreendido se ela viesse de lá, depois do sermão, com a Negra atrás de si...

14 de setembro

Maria Alzira Seixo chegou hoje, vem passar uns dias connosco. De cada vez que vou ao aeroporto esperar um amigo português tenho a curiosa impressão de estar a recebê-lo no próprio limiar da casa, como se toda a ilha de Lanzarote fosse minha propriedade, e não apenas estes dois mil e poucos metros quadrados empoleirados no alto da encosta que desce de Tías até Puerto del Carmen... Mais curioso ainda é o sentimento de responsabilidade que me leva a desejar que o visitante só leve de cá boas recordações, isto é, que, dia e noite, o tempo, o céu, o mar e a paisagem tenham estado perfeitos, que o vento não tenha soprado demasiado, que nenhum turista distraído ou mal-educado tenha atirado ao caminho uma lata de coca-cola ou um invólucro de cigarros vazio, que nenhum residente — canário, peninsular ou estrangeiro — tenha infringido o código não escrito que o manda comportar-se como exemplo de civismo quotidiano, que para isso, acho eu, é que temos o privilégio sem preço de viver neste lugar. Maria Alzira gostou da casa ("Vivida como se já fosse de gerações", disse), surpreendeu-se diante da vista sobre o mar e a ilha de Fuerteventura, e eu mal conseguia disfarçar a emoção de a ver aqui. Aceito que outras casas o sejam tanto, mas nenhuma o será mais do que esta: uma porta aberta de par em par para os amigos, como costuma dizer-se, mas também, em casos como este, igualmente tentada a fechar-se para os reter...

    Ao fim da tarde, entrou-me em casa outro português. Vinha na capa da edição de bolso inglesa do *Manual de pintura e caligrafia*. Não sei de quem foi a ideia de utilizar este autorretrato de João Hogan para rosto do meu livro, pintura pertencente, segundo se informa numa nota introdutória, à coleção de Augusto Capelas Reimão, nem por que vias chegou o quadro ao conhecimento do editor, mas o certo é que tê-lo visto foi a minha segunda grande satisfação deste dia. Há meses, para que não se perdesse, copiei nestes cadernos a apresentação que em tempos escrevi para uma exposição de Hogan, agora veio ele visitar-me a Lanzarote. A vida ata sempre os seus fios, mesmo que para isso tenha de esperar pela morte.

17 de setembro

Fui com Maria Alzira a Timanfaya calculando que iria assistir à repetição de uma manifestação de assombro, que é a reação comum, ainda que expressada diferentemente conforme os temperamentos e as sensibilidades, a que me têm acostumado naquele sítio os afortunados que, por visitar-me, levam esta ilha de presente. Assombrada se mostrou, não podia ser exceção, mas pela primeira vez encontrei-me diante de alguém que viu naquelas extensões de lavas e de cinzas, naquelas crateras que parecem estar à espera de estalar outra vez para abrirem caminho ao fogo, não apenas a visão arrebatadora que se oferece aos olhos de toda a gente, mas a própria morte da terra. A impressão de Maria Alzira foi tal, que teve de resolver-se em lágrimas. Ao princípio não percebi, pensei, estúpido de mim, que se tratava de um mero resfriamento causado pelo ar condicionado do autocarro, mas não tardou que o primeiro e discreto fungar passasse a choro aberto e convulso, que eu não sabia como consolar. Pedi-lhe que observasse como à superfície das montanhas queimadas já os líquenes começavam a fabricar vida, roendo a lava para fazer dela, em duzentos anos, terra fértil, mas ela respondia-me: "Mas tu não vês que a terra está morta *agora*, quero lá saber como será daqui a duzentos anos...". Tinha razão. Contudo, penso que também tenho alguma: não creio que daqui a duzentos anos valha a pena vir a Timanfaya para ver o que pode ser visto em qualquer parte. De todo o modo, já sei que na minha próxima visita aos vulcões tornarei a ouvir a voz desolada de Maria Alzira a chorar sobre a morte da terra...

18 de setembro

Diz-me José Manuel Mendes que "nunca fui tão longe na reiteração de um ceticismo radical" como neste *Ensaio* que está à espera de ver a luz. Assim é, de facto. Em todos os outros meus romances, desde o *Manual de pintura e caligrafia*, mas sobretudo desde *Levantado do chão*, é comum encontrarem-se expressões de ceticismo, em geral veiculadas pelas observações e comentários do narrador irónico, mas em todos os casos tratou-se de um ceticismo localizado, referido só às situações, às intrigas, aos enredos descritos, e que, por assim dizer, deixava ao redor de si como uma balaustrada protetora (de esperança? de ilusão? de ingenuidade?) que deveria poder evitar qualquer desastrosa queda. O ceticismo do *Ensaio sobre a cegueira* é radical porque se enfrenta, desta vez diretamente, com o mundo. Dirão alguns que o ceticismo é uma doença da velhice, um achaque dos últimos dias, uma esclerose da vontade. Não ousarei dizer que este diagnóstico esteja completamente errado, mas direi que seria demasiado cómodo querer escapar às dificuldades por essa porta, como se o estado atual do mundo fosse simplesmente consequência de os velhos serem velhos... As esperanças dos novos não conseguiram nunca, até hoje, tornar o mundo melhor, e o azedume renovado e acrescentado dos velhos nunca foi tanto que chegasse para torná-lo pior. Claro que o pobre mundo, coitado dele, não tem culpa dos males de que sofre. O que chamamos estado do mundo é o estado da desgraçada humanidade que somos, inevitavelmente composta de velhos que foram novos, de novos que hão-de ser velhos, de outros que já não são novos e ainda não são velhos. Culpas? Ouço dizer que todos as temos, que ninguém pode gabar-se de ser inocente, mas a mim o que me parece é que semelhantes declarações, que aparentemente distribuem justiça por igual, mas que não passam, acaso, de espúrias recidivas mutantes do denominado Pecado Original, só servem para diluir e ocultar, numa imaginária culpa coletiva, as responsabilidades dos autênticos culpados. Do estado, não do mundo, mas da vida.

19 de setembro

Em duas suculentas e compactas páginas, com uma caricatura de Levine que me mostra sentado na Península Ibérica como numa barca, com os remos nas mãos, *The New York Review of Books* fala da *Jangada de pedra* e passa em revista os outros romances publicados nos Estados Unidos, a saber, o *Memorial*, o *Reis* e o *Evangelho*. A crítica de David Gilmour é excelente, bem informada e destituída de preconceitos, mesmo quando o autor se refere às minhas convicções de comunista. É sempre útil saber como nos veem *os outros*. Em especial quando não são *os nossos*...

24 de setembro

No tempo das ciências ingénuas, quando as metáforas poéticas já mal podiam resistir à invasão avassaladora das incipientes verdades experimentais, acreditava-se que o Universo estava formado por esferas ocas de cristal, as quais, girando umas dentro das outras, produziam uns sons maravilhosos, transcendentes, a que, escusado seria dizer, se dava o nome de música das esferas. Nunca ninguém teve a fortuna de escutar os miríficos sons, mas, durante muitíssimos anos, esta confiança nas virtudes cognitivas da imaginação ainda continuou a alimentar as inspirações mais fáceis dos poetas e a fantasia de criança que, de uma maneira ou de outra, cada um de nós vai tentando defender e guardar dentro de si.

Não há nos sete céus, no infinito espaço, essa quadrícula temporal a que chamamos as quatro estações do ano. Não há primavera na Cabeleira de Berenice, não há verão na Cruz do Sul, não há inverno no Serpentário. Nem se sabe, entre a estrela Alderamin e a estrela Deneb, o que o outono seja. E, contudo, a música das esferas, por mais prodigiosa que neste momento esteja parecendo a ouvidos doutros mundos, seria para os nossos, provavelmente, rangido e cacofonia, porque lhe falta, e não o conhecerá nunca, o rumor inefável de uns passos humanos caminhando sobre um tapete de folhas caídas, debaixo de árvores que se vão despindo devagar, como alguém que acabou o seu trabalho e procura o lugar onde irá dormir. Esta é, por excelência, a música do outono.

Tinha eu um outro fito, levava outro destino, não esse de caminhar, absorto, sobre folhas secas, mas vi a floresta e entrei nela, era o crepúsculo final da tarde, quando já não resta no céu nenhuma cor de violeta e de rosa, é o instante da primeira sombra noturna, também a terra chegou ao cabo da jornada e deixa cair os braços, suspirando. Ninguém me apareceu a perguntar o que quero dali, não vieram tocar-me nas costas e assustar-me os frios dedos da floresta, nem a expulsão seria justa nem a angústia é merecida. O que faço, inocente de maior culpa, não é senão isto, andar como perdido à roda duma árvore gigantesca, avançar sem guia por entre uma cortina de troncos e um labirinto de névoas, só para ouvir o ruído das folhas que os pés movem, estas duras, secas, encarquilhadas folhas de plátano que o verão queimou por dentro e o outono sacudiu dos ramos. Quando paro, o som para também e fica à espera, calado, como se me espreitasse. Será num destes silêncios que irei ouvir, enfim, nítida e precisa, a primeira gota de chuva.

Também este som faltava à música das esferas. Esparso, leve, como se não pretendesse mais que anunciar-se, o aguaceiro que inaugura o outono ressoa como areia fina salpicada sobre a folhagem alta que ainda se segura aos ramos, depois as gotas hão-de engrossar e farão sobre o tapete vegetal um rumor surdo, semelhante ao rufo de um tambor longínquo, até se transformar num murmúrio líquido contínuo, a água amolecendo as folhas, as folhas empapando a água. Esta abundância só mais tarde virá, por enquanto a chuva é apenas o tranquilo refresco da noite principiada, e eu posso, com os pés metidos nas folhas que brilham no escuro, sentir o que ainda faltava para começar o outono, o odor quente da terra molhada, esse cheiro vertiginoso que faz vibrar as narinas de todos os animais e que nenhumas palavras foram capazes de explicar até hoje. Diz-se que é a terra a chamar-nos. Mais exato seria dizer que somos nós a pedir-lhe que fique, porque nesse relance a reconhecemos plenamente, porque respirámos o seu cheiro mais profundo, o da conjunção criadora do pó e da água, o lodo e a lama, o caldo da vida. E dizer, também, que das quatro estações do ano é esta a mais sábia, porque ela é a que conhece o fazer e o desfazer, o concluir e o recomeçar, o primeiro dos princípios e o último dos fins. E outra vez o princípio, até que tudo acabe.

27 de setembro

Genebra, reunião do comité da seção "Realidade e sociedade europeia" do Prémio Stendhal. Ontem, durante o jantar, Lord McGregor, presidente do comité, homem simpático e cordial, pediu-me, risonhamente, que lhe explicasse os comos e os porquês da minha pontuação... Fiz a habitual preleção sobre as analogias entre o discurso musical propriamente dito e a fala, constituídos ambos, exclusivamente, por sons e pausas, e defendi para o discurso escrito uma construção do mesmo tipo, que tenha em conta mais a voz que dentro da cabeça do leitor diz, do que os olhos que simplesmente veem. Não tenho a certeza de tê-lo convencido, e a quem mais estava, mas divertimo-nos bastante. Menos divertida foi a conversa sobre a situação atual e o previsível futuro da Europa: a inquietação lavra nas hostes comunitárias.

29 de setembro

Tinha prometido a mim mesmo não tornar a falar aqui da Câmara Municipal de Mafra e dos seus procedimentos "democráticos" e "culturais", mas hoje, rebuscando em antigos papéis à procura de uma entrevista que em tempos dei e onde cria haver deixado certo pedacinho de ouro de eloquência, inesperadamente encontrei-me com as duas páginas e meia que li na biblioteca do Convento por ocasião de uma visita que lá fez o presidente da República e à qual fui convidado por motivos que então deveriam ter parecido óbvios a toda a gente. Foram essas páginas que, tempos depois, vieram a servir à vereadora da "Cultura" para denunciar que eu tinha insultado e caluniado o bom povo mafrense e a excelente vila de Mafra. Um vez que sem essas minhas palavras, efetivo corpo do delito, o processo não ficaria completo, aqui as deixo hoje, para edificação e entretenimento daqueles que, apesar de tudo, continuam a ler-me:

"Mafra começou por ser, para mim, um homem esfolado. Tinha sete ou oito anos quando meus pais me trouxeram aqui, de excursão com alguns vizinhos. O esfolado era, e continua a ser, aquele S. Bartolomeu que aí está dentro, segurando com a mão direita, enquanto o mármore durar, a pele arrancada. Lembro-me do comprazimento com que o guia, nessa altura, se alargava em minuciosas considerações sobre a maneira como o escultor reproduzira na pedra a triste flacidez da pele desgarrada e a mísera carne exposta. Como se tal fosse necessário para que não devesse esquecer essa imagem de pesadelo, vim a encontrar, mais tarde, no Museu de Arte Antiga, a que gostava de chamar das Janelas Verdes, o mesmo pobre santo esfolado, desta vez pela mão de um pintor, Luca Giordano, o *Fa Presto*.

"Muitos anos depois, lá pelos forais de 80 ou princípios de 81, estando de passagem por Mafra e contemplando uma vez mais estas arquiteturas, achei-me, sem saber porquê, a dizer: 'Um dia, gostava de poder meter isto num romance'. Foi assim que o *Memorial* nasceu.

"Entre o muito que então li — porque rapidamente me apercebi de que sabia muito menos da época do que começara por crer —, impressionou-me a célebre carta do abade de Tibães, em parte transcrita num livrinho de Camilo, e que mais tarde li na íntegra, na qual o dito abade, convidado a vir assistir à sagração da basílica, se escusou com duríssimas palavras, resumindo as suas razões naquilo que, em seu entender, significavam as cinco letras de Mafra: o M de mortos, o A de assados, o F de fundidos, o R de roubados, o A de arrastados. Assim via aquele abade beneditino os milhares de desgraçados que, mais ou menos de toda a terra portuguesa, a esta obra vieram, forçados pela vontade do senhor D. João v. Não quero, nem por sombras, insinuar que no desabafo desta indignação tão santa tenham pesado ciúmes da Ordem de S. Bento por causa do estupendo edifício de que iam passar a gozar-se os franciscanos...

"Tem o tempo de bom fazer-nos esquecer os sofrimentos, os nossos próprios, felizmente, mas sobretudo os alheios. Daí que não deva surpreender-nos que mesmo as melhores descrições do Monumento de Mafra abundem em informações sobre a quantidade de portas e janelas, de degraus de escada, número de sinos, peso das pedras principais e outras miudezas, e esqueçam os muitos mais de mil obreiros que, por acidente ou doença, aqui perderam a vida e deixaram os ossos. Afinal, não seria benéfico para a saúde do espírito andar todo o tempo com a infinita carga de mortos do passado às costas, como se, cada um deles e todos juntos, devessem ser os juízes das nossas faltas e os carcereiros das nossas liberdades.

"Esqueçamos pois os mortos. Porém, já é mau sinal, e gravíssima enfermidade do espírito, que tanto desejaríamos saudável, esquecer, com a facilidade com que está sucedendo entre nós, o que esses mortos fizeram. Ou, pior ainda, desprezá-lo. A satisfação de estar vivo e de criar durante o pouco tempo que por cá andamos torna-se em autocomplacência mesquinha se de caminho olvidamos ou maltratamos a herança multímoda de quem antes de nós viveu e criou, fossem eles os ignorados operários de Mafra ou o arquiteto que desenhou a obra. O respeito pelo património está, provavelmente, em relação direta com o dom — permito-me chamar-lhe assim — de recordar. A quem acreditar que ao governo e manutenção da vida há-de bastar a memória que cada um guarda de si próprio, podemos compará-lo a um charco de águas paradas. Há vida nesse charco, não se pode negar, mas é uma vida precária, porque nenhuma água, vinda de uma nascente a montante, o estará alimentando, e estará fechada em si mesma, essa vida frágil, porque dali não poderá sair nenhuma corrente que vá fecundar as terras adiante. Queiramo-lo ou não, somos só a memória que temos. Um povo que vai perdendo a sua memória própria está morto e ainda não o sabe, e mais morto ainda se se prepara para adotar, como suas, memórias que lhe são estranhas, tornando-as em estagnado, e também ele mortal, presente.

"O património, se assim posso exprimir-me, é um estado de espírito: vale o que o espírito valer, nem um centavo mais, nem um centavo menos. E o de Portugal, refiro-me ao espírito, claro está, parece valer bem pouco nos tempos que correm e para a gente que somos."

Foi assim que eu caluniei e insultei o povo de Mafra. Desejo à senhora vereadora uma longa vida, pelo menos que o tempo lhe chegue para aprender a perceber o que ouve e compreender o que lê...

Elie Wiesel, nosso presidente na Academia Universal das Culturas, enviou a todos os membros uma carta pedindo que lhe expressassem a sua opinião sobre os ensaios nucleares franceses, de modo a poder manifestar junto de Jacques Chirac uma posição comum da Academia sobre a questão. Na minha resposta, digo não acreditar que a França precise realmente, por razões militares ou científicas, de fazer explodir bombas atómicas nos tempos de hoje, salvo se pretende, desse modo, fazer-se lembrar ruidosamente na orquestra política europeia; digo ser lamentável que tenha escolhido o bombo como seu instrumento; digo ser igualmente lamentável que o governo francês não seja capaz de ver que a França de que a Europa necessita é *a outra*, aquela que, estupidamente, tínhamos imaginado eterna, a da cultura e do humanismo; pergunto se não foi para ser ouvida em Bona que a França experimentou esta bomba, como se o objetivo fosse avisar a Alemanha: "Somos uma potência, queremos ser o vosso parceiro no governo da Europa". Finalmente, remato dizendo, como se o estivesse a dizer Kohl: "Tarde de mais, Marianne...".

30 de setembro

No princípio era o Lápis. Havia também a Caneta, um pauzito fino, cilíndrico, em geral pintado de cor assalmonada, levando na ponta própria o Aparo. Mas a Caneta tinha os seus dias de mau humor, largava borrões inesperados e trágicos, emperrava de propósito nas fibras do Papel, donde de repente se libertava, respingando maliciosa. O Lápis era doutro temperamento, colaborava melhor, e se às vezes acontecia partir-se-lhe o Bico, ficávamos a ganhar a pequena embriaguez de sentir a fragrância da madeira que o Apara-Lápis ia cortando em volutas, e aquele outro odor, o da Plombagina, forte, sensual, anunciador dos pecados futuros. Diga-se, no entanto, por respeito à verdade, que a Tinta em nada ficava atrás nestas titilações da pituitária, e talvez as ultrapassasse, se não é invenção e obra da memória o cheiro ácido que me chegou agora mesmo ao nariz.

Havia os Lápis de Cor e o de Escrita, ou de Escrever, embora não lhe chamássemos assim, era simplesmente o Lápis, por antonomásia. O Lápis tinha números, o Três duro, o Dois macio. Do Um e do Quatro nunca se soube, sem dúvida pertenciam aos domínios interditos do defeito e do excesso, privilégio das classes adiantadas, limiar de maioridades. Além de número, o Lápis tinha nome, chamava-se Faber. Alguns de nós, mais instruídos em factos transcendentes, falávamos, com temerosa veneração, dumas divindades inacessíveis ao comum, cujos nomes — Caran d'Âche, Koh-i-Noor — nos causavam místicos arrepios.

Ora, nesse tempo, acontecia-me sonhar com os Lápis. Eram dúzias deles que se entornavam sobre folhas de papel que eu sabia terem sido escritas por mim e que, no sonho, podia ler, mas que depois não conseguia recordar. Daria hoje muito para conhecer o que estaria nesses imateriais papéis irremediavelmente perdidos, e também algo em troca da resolução deste enigma: se todos aqueles Lápis, supondo que eram da marca Faber corrente, acudiam assim numerosos para compensar-me da frustração de nunca ter possuído um dos outros, ou se, pelo contrário, fui rico sem o saber, rico de Koh-i-Noor e Caran d'Âche, porém sem nenhum proveito: mesmo sonhando, nunca uma só palavra foi escrita com eles. Até hoje.

2 de outubro

Como se esperava, o Partido Socialista ganhou as eleições. António Guterres tem agora a ocasião de mudar de ideias quanto à natureza, função e prática da política: torná-la instrumento da verdade, em vez de gazua de mentiras. Fá-lo-á? Não creio. Os maus hábitos podem muito e o tempo das revoluções acabou. E que não acabasse... Alguém é capaz de imaginar aquela que seria a maior das revoluções, a revolução de dizer simplesmente a verdade?

5 de outubro

José Donoso apresenta hoje em Madrid, na Casa de la America, o seu novo romance *Donde van a morir los elefantes*, que não tive ainda ocasião de ler. O seu e meu editor, Juan Cruz, lembrou-se de pedir-me umas palavras breves para serem lidas durante a sessão, e eis em português o que, na tradução de Pilar, enviei em castelhano:
"No âmbito das circunstâncias objetivas e subjetivas da história social e política do Chile e das suas classes alta e média nos últimos quarenta anos, os livros de José Donoso são um olhar sem complacência, impiedoso, que em nenhum momento se deixa distrair pelas seduções deliquescentes com que costumam enfeitar-se as decadências, sempre facilmente romantizáveis. Embora seja tão apaixonadamente romântico o temperamento do escritor, e acaso também do homem. Creio ser exato dizer que em José Donoso coexistem, e ainda bem que não pacificamente, o realismo de uma razão que se move retamente em direção à fria objetividade e o romantismo convulso de um desesperado sentimento da realidade. O resultado veio a ser a obra transcendente e vertiginosa a que se está prestando homenagem.
"Vertigem e transcendência são, pois, na minha opinião, os fatores valorativos superiores que dão à obra de Donoso o seu caráter eminentemente singular. No entanto, a vertigem, no seu caso, não advém de laboriosas experimentações formais no plano da linguagem, a que efetivamente Donoso não recorre, ainda que se deva assinalar o que há de resolutamente revolucionário no seu trabalho sobre as estruturas externas do romance. Tão-pouco a transcendência deverá ser entendida como uma presença metafí-

sica, explícita ou insinuada, de qualquer tipo. Nos romances de José Donoso não existe Deus, ou existe tanto menos quanto mais o nomeiam ou invocam. Esta vertigem e esta transcendência são só humanas, terrivelmente humanas. A vertigem do homem donosiano é causada pela descarnada observação de si mesmo, a transcendência é o olhar gerado pela consciência obsessiva da sua própria imanência." A comunicação social portuguesa, em particular imprensa e rádio, comportou-se uma vez mais com acendrado patriotismo, apregoando aos quatro ventos as qualidades que exornam aqueles a quem chama, num rasgo verdadeiramente criativo, "nomeados" ou "candidatos" ao Prémio Nobel de literatura. Está visto que se até hoje nenhum escritor português conseguiu embolsar o famoso cheque e dependurar o colorido e dourado diploma na parede do seu escritório, a culpa tem-na a Academia Sueca, e duplamente a tem, porque nem mostra conhecer a literatura que se fez e faz no nosso jardim à beira-mar plantado, segundo a justa e perfumada definição do imortal Tomás Ribeiro, nem cumpre a obrigação elementar de ler os jornais e escutar a rádio de Portugal, os quais, desesperados, veem, em cada ano, lançados ao desprezo os seus patrióticos esforços de informação e persuasão das duras cabeças nórdicas. Desatentos, desagradecidos, os suecos vão dando o prémio a quem muito bem entendem, após lerem, ao longo de cada ano, atentamente, os jornais do país que já tinham na ideia contemplar. No ano passado, por exemplo, sei-o de boa fonte, os académicos de Estocolmo não fizeram outra coisa, de manhã à noite, que ler jornais japoneses... E durante este ano, de boa fonte o soube, todos eles tiveram de frequentar cursos acelerados de língua irlandesa para poderem entender as explicações que as emissoras de rádio da verde Éreann preventivamente iam dando sobre os méritos literários e as virtudes pessoais de Seamus Heaney... De tudo isto há que retirar uma conclusão: escritores, temo-los (sem dúvida magníficos), literatura, temo-la (obviamente estupenda), a nossa pouca sorte é não ter ainda a comunicação social portuguesa encontrado a maneira de se fazer ouvir em Estocolmo. Em todo o caso, acho que devo ser compreensivo com os meus compatriotas que se afadigam nas redações: todos os jornais e rádios do mundo, à compita, fizeram o que puderam a favor dos seus autores, e só os irlandeses é que acertaram. Por que havíamos nós então de ser mais do que os outros?... (Em tempo: foi só para não ofender imerecidamente a província que não usei, em todo este arrazoado, a palavra *provincianismo*.) Em Játiva (ou Xàtiva, como em valenciano se escreve) há um retrato de Filipe v, duque de Anjou e rei de Espanha, que está posto de cabeça para baixo. Tão grave atentado contra o equilíbrio das monarquias tem uma justificação histórica. Durante a guerra da Sucessão, no princípio do século xviii, a cidade, movida não sei por que interesses, decidiu tomar partido por outro pretendente ao trono espanhol, Carlos de Áustria, e veio a sofrer, desastrosamente, as consequências da derrota do seu preferido: o despeitado e rancoroso Bourbon mandou arrasar a cidade. Também não sei de quem foi e de quando data a ideia de pôr o rei a fazer o pino, mas o certo é que desde há muitos e muitos anos é essa a posição da aborrecida efígie. Agora, o alcaide de Xàtiva, certamente estimulado pelos corrupios da última moda nas *passerelles* políticas e religiosas internacionais (a moda de pedir perdão por crimes, atropelos e injustiças cometidos no passado), fez saber que se a Casa Real espanhola quiser o seu antepassado com a cabeça no sítio, terá de lá ir o príncipe de Astúrias, herdeiro da coroa e também Filipe, apresentar, à corporação municipal e ao povo reunido, contritas e formais desculpas. Veremos como se deslindará o conflito. Se a coisa se faz, talvez o precedente possa vir a aproveitar aos tristes habitantes do nosso Castelo Rodrigo, que também têm, mas esses contra vontade, as armas reais invertidas na muralha do castelo: foi o castigo de haverem apoiado Beatriz de Castela contra D. João i. Extintos como suponho que estão os Avises, a dúvida agora é saber quem vai ter de pedir desculpa por esta desconsideração com seis séculos de idade. Fosse eu de Castelo Rodrigo, juro que já teria endireitado as reais armas: sempre queria ver se alguém se atrevia a pô-las outra vez de cu para o ar.

6 de outubro

Todo o discurso, escrito ou falado, é intertextual, e apeteceria mesmo dizer que nada existe que não o seja. Ora, sendo isto, creio, uma evidência do quotidiano, o que ando a fazer nos meus romances é a procurar os modos e as formas de tornar essa intertextualidade geral literariamente produtiva, se me posso exprimir assim, usá-la como uma personagem mais, encarregada de estabelecer e mostrar nexos, relações, associações entre tudo e tudo.

7 de outubro

Confesso que tenho tido alguma dificuldade em perceber a resistência de muitas pessoas a compreender que são, essencialmente, o passado que tiveram. Embora com certa relutância, ainda são capazes de aceitá-lo no plano individual, porque mais ou menos se reconhecem inseparadas e inseparáveis do seu passado próprio, mas, no plano coletivo, procedem como se, em cada momento, só estivessem a viver o presente que cada momento precariamente é, e o passado se constituísse de uma sequência de momentos descontínuos, cada um deles apenas seu próprio presente, com princípio e fim em si mesmo. Ora, nós avançamos no tempo como uma inundação avança: a água tem atrás de si a água, por isso é que se move, e é isso que a move.

8 de outubro

Com o tempo e o uso, até os mais dinâmicos movimentos acabam por transformar-se em sistemas estáticos. Pouco a pouco, de um modo quantas vezes impercetível, vieram transitando da vida ativa e criadora ao fastio e à imobilidade. Só não entraram em definitivo apagamento aqueles que foram capazes de aceitar ou mesmo suscitar, dentro de si, enquanto a lenta desagregação geral decorria, o aparecimento de sinais a que chamarei de negação positiva, e que, exatamente por terem acelerado o processo, puderam salvaguardar ainda as energias necessárias para prevenir e soldar perigosas rupturas, enquanto o novo corpo nascente ia buscando e ordenando as suas próprias configurações, a sua identidade própria.

10 de outubro

Vi na televisão o celebradíssimo *Drácula de Bram Stoker*, de Coppola. Gente sensível e inteligente que conheço caiu de joelhos rendidos diante deste filme, e eu, que creio não ser totalmente destituído de coração e de miolos, descobri-me a reagir com repugnância e irritação a uma história que, em meu fraco entender, não passa duma intelectualização sublimatória da crueldade e do domínio, finalmente justificados em nome de forças interiores a que, nos dias de hoje, só por abuso continuamos a chamar inconscientes.

11 de outubro

Cavaco Silva saiu do PSD e anunciou a sua candidatura à presidência da República. Para não escapar ao nariz de cera de qualquer candidato, tanto dos passados como dos futuros, já foi prometendo que será "o presidente de todos os portugueses". Como quem diz: "O que lá vai, lá vai". Se Portugal não perdeu de todo a vergonha, este homem inculto e autoritário nunca será presidente da República. Mas se, por um absurdo, o viesse a ser, presidente "meu" é que ele não seria, fossem quais fossem as circunstâncias. Em tal caso, exigiria simplesmente dos serviços de secretaria de Belém que retirassem o meu nome dos ficheiros que lá têm. Não quereria ter de vir a recusar a saudação a um presidente que foi primeiro-ministro do governo que exerceu censura sobre um livro. Não cabe nas minhas forças evitar a

existência dos "dráculas", mas nada poderá obrigar-me a apertar-
-lhes a mão.

13 de outubro

José Juan Ramírez e Fernando Gómez Aguilera, da Fundação César Manrique, vieram dar-me conhecimento de um projeto já em estado de elaboração adiantado, ao menos nas suas linhas gerais. Tratar-se-á de um encontro pluridisciplinar sobre cultura portuguesa, a realizar aqui em Lanzarote. A ideia deixou-me comovido, até às raízes profundas de um sentimento de pátria própria e única que o afastamento não fez nem fará diminuir: depois de cinco séculos de ausência, o meu Portugalzinho vai regressar a esta ilha para dizer quem é hoje e o que andou a fazer durante tantos anos. E se os puritanos vigilantes da minha vaidade, sempre zelosos, sempre medindo com o metro da modéstia os excessos do ego saramaguiano, tiverem desta vez a bondade de permitir-me um tudo-nada de presunção, ousarei dizer (por que não?) que alguma parte deve ter este residente em Lanzarote nas razões que levaram a Fundação César Manrique a conceber, sem esperar contrapartidas e muito menos reclamá-
-las, um projeto tão generoso.

16 de outubro

Em Lisboa, para o lançamento do *Ensaio sobre a cegueira* e o mais que se há-de ver. Assinar livros, dar entrevistas, repetir o já redito, perguntar-me uma e muitas vezes se vale a pena, e apesar disso continuar, porque direi a mim mesmo que o devo fazer. Miguel Torga não concedia autógrafos, Herberto Helder não dá entrevistas: quanto a mim, ainda que me pusesse a procurá-las, sei que não conseguiria encontrar razões para não assinar a um leitor o livro que escrevi e para não lhe explicar porquê e como o fiz. É uma fraqueza, reconheço, mas lembro-me do que dizia a minha eterna avó Josefa, a propósito doutras histórias: "O que o berço deu, a tumba o leva", o que, aplicado ao meu berço e ao meu caso, teria de significar que quando nasci, lá naquela rua da Azinhaga a que chamam da Alagoa, já estava fadado para vir a dar autógrafos e entrevistas, coisa em que nem mesmo a dita e confiada avó acreditaria, vendo com que competência eu mudava a palha das pocilgas ou desnocava a nuca aos coelhos com uma pancada seca do cutelo da mão... Ai, os destinos!

17 de outubro

O Círculo de Leitores cumpre 25 anos de vida. Com Inês Pedrosa e Fernando Rosas, fui convidado a ir dizer lá umas palavras sobre a sorte do livro nestas passagens de século e milénio, cercado de informática por todos os lados, diretamente ameaçado pelas internetes. O problema, avisei, não estará em vir a perder-se o livro, mas a curiosidade. Escreveu-se e leu-se em placas de argila, mais em papiros, muito mais em pergaminhos, muitíssimo em papéis, e sempre a curiosidade foi o que levou o ser humano a escrever e a ler. A questão do suporte não é, portanto, decisiva, embora (como não reconhecê-lo?), sendo, como somos, filhos culturais do papel, resistamos a imaginar um mundo que, por cobrir-se de ecrãs de computador, tenha feito desaparecer o livro. Seja como for, sempre será preciso imprimir o que se escreveu, e não consta que a "escrita imaterial" que atualmente manipulamos e consumimos tenha levado a uma diminuição do consumo de papel no mundo: os anúncios de impressoras concorrem em sedução com os anúncios de automóveis...

18 de outubro

A notícia do ano: existem em Portugal cinco milhões e meio de analfabetos funcionais, cinco milhões e meio de pessoas que compreendem mal o que leem, quando o não compreendem de todo, cinco milhões e meio de pessoas incapazes de fazer uma operação aritmética elementar, cinco milhões e meio de pessoas que não conseguem exprimir por escrito uma simples ideia... Que futuro vai ser o nosso?

19 de outubro

Em Ferrol, na Galiza. Uma conferência a que dei um título pouco visto: "Para que serve um escritor?". O que eu quis comunicar (e creio tê-lo feito com alguma clareza) foi que o escritor não deveria servir (com o devido respeito) *apenas* para escrever, que com a escolha de tal ofício se lhe multiplicaram as responsabilidades que já tinha como cidadão, que sendo certo que a ele ninguém o obriga a ser militante de um partido, também não é menos certo que a sociedade necessita algo mais que profissionais competentes nas múltiplas atividades que gerou e que, nos seus diversos níveis, a gerem. "Outra vez o compromisso?", perguntou alguém do público, e eu respondi: "Sim, outra vez o compromisso, se quisermos dar-lhe esse nome. O erro dos escritores (outra vez com o devido respeito), nos últimos trinta anos, foi terem renegado um empenhamento simplesmente social com medo de serem acusados de andar a vender a literatura à política. O resultado, se o jogo de palavras me é permitido, é não termos agora quem nos compre...".

21 de outubro

Com o Sérgio Ribeiro e a Maria José, passeio repousante até ao Zambujal, onde eles têm uma casa. Este Zambujal, um dos muitos lugares do mesmo nome que existem em Portugal (zambujal é mata de zambujeiros ou zambujos, espécie de oliveira brava: recordo-me de que entre os moços do meu tempo, na Azinhaga, ser dono de um pau de zambujo era quase uma aristocracia), este Zambujal, dizia, fica no concelho de Ourém (por apropriação, a meu ver abusiva, de um nome a que só a antiga vila teria direito, deixou de haver Vila Nova de Ourém, agora chamam Ourém a tudo), e é um sítio tranquilo, meia dúzia de casas simples, nas faldas da serra d'Aire. Para satisfazer a curiosidade de Pilar, depois de uma primeira visita que fez há muitos anos, quando era teresiana, fomos ao santuário de Fátima. Pregavam os altifalantes como de costume, e como de costume arrastavam-se de joelhos os pagadores de promessas pela passadeira de pedra felizmente lisa e polida, amparados por parentes ou amigos. Estivesse Jesus ali, e tenho a certeza de que ele lhes diria: "Deus não pode querer isto". E diria mais: "Levantem-se. Não baixem a cabeça. A Deus há que olhá-lo de frente".

22 de outubro

Fomos visitar a jazida de pegadas de saurópodes da Pedreira do Galinha, no flanco oriental da serra d'Aire, a dez quilómetros de Fátima. Estão ali há 175 milhões de anos, quando ainda não havia milagres. As pegadas (copio estas informações de um benévolo folheto) "foram deixadas em sedimentos carbonatados, finos, de grande plasticidade, depositados em meio subaquático litoral de pequena profundidade. A continuação da deposição permitiu a acumulação de grande quantidade de sedimentos calcários que posteriormente foram transformados nas camadas de rocha exploradas na pedreira. Podem observar-se várias centenas de pegadas, muito bem preservadas, organizadas em pistas, uma delas com 147 metros de comprimento, considerada a mais longa pista de dinossáurio conhecida". Das diligências para travar a exploração da pedreira e das dificuldades para o conseguir, falou-nos com emoção e veemência o Sérgio Ribeiro. A Ourém, a estes sítios, a estas paisagens, Sérgio quer-lhes tanto como à menina dos olhos.

23 de outubro

Em Madrid, para a abertura dos cursos da Escuela de Letras. Durante a conferência, improvisada, e sem que o tivesse pensado antes, achei-me a alertar o público de jovens aspirantes a escritor contra uma profissionalização excessiva. Disse mais ou menos isto: "Seria incoerente da minha parte opor-me a que um escritor coma do que escreve, mas já me parece muito mal que continue a escrever quando não tem nada para dizer". Ficou-lhes lá o aviso, que também deixo aqui consignado, para meu próprio governo.

26 de outubro

Colóquio na Biblioteca Municipal de Vila Franca de Xira. Duas estudantes queriam entrevistar-me depois da sessão, julgo que para o jornal da sua escola. Sem quererem atender a razões (saio para Oslo amanhã cedo), argumentavam, em tom cominatório, que outros escritores que lá tinham ido antes lhes haviam concedido entrevistas. Uma delas olhava mesmo para mim com um ar duro, fulminativo, como se eu fosse o último dos últimos. Reprimi o que dantes se designava por resposta torta, e, o mais pacificamente que pude, disse-lhes que, se quisessem, me mandassem as perguntas para Lanzarote. Suspeito que a menina mal-humorada é admiradora de Manuela Moura Guedes e lhe copiou o estilo...

27 de outubro

Em Oslo, para a Feira do Livro. Tempo cinzento, chuvoso, daquele que inclina a reflexões melancólicas, como foi eu ter-me imaginado a conversar com os meus pais, três pessoas de idades parecidas, rugas e cabelos brancos sem diferença, eles a quererem saber em que pessoa me tornei, eu a confessar-lhes que os deixei ir da vida sem os conhecer verdadeiramente. Teria sido a conversa que nunca houve entre pais e filhos desde que o mundo é mundo.

28 de outubro

Odd Karsten Krogh, da editora Cappelen, que me acompanhava na visita à Feira, levou-me a um computador onde se encontrava instalado o cd-rom de uma grande enciclopédia. Amavelmente, para dar-me gosto, pediu à operadora que selecionasse "Portugal", e, ato contínuo, fui contemplado, não só com o mapa, a bandeira e o escudo do meu país, mas também com o hino pátrio, um tanto fanhoso, é certo, mas perfeitamente reconhecível. Será preciso dizer que o provinciano ingénuo da Azinhaga, que no fundo continuo a ser, teve de disfarçar a comoçãozinha que lhe fez cócegas no nariz?

"Contar a vida de todos e de cada um", assim chamei à conferência que vim aqui dar. Retomei para isso algumas ideias simples sobre a relação entre a Ficção e a História, assim arrumadas para a ocasião:

"1. Venho falar-vos de História e de Ficção, venho falar--vos, sobretudo, das ambíguas relações que vêm mantendo nos últimos tempos, uma com a outra, a Ficção e a História, ao ponto de já nos perguntarmos se não estará a haver na História demasiada Ficção e, por outro lado, equilibrando a dúvida, se haverá na Ficção suficiente História. Parecer-vos-á talvez isto um mero jogo de palavras, mas espero, se conseguir levar ao fim os meus raciocínios antes que se acabe a vossa paciência, vir a reunir umas quantas razões que defendam o tema e o absolvam das primeiras suspeitas.

"Consideremos, em primeiro lugar, a História como Ficção. Trata-se de uma proposição aparentemente temerária, que poderia mesmo introduzir de modo sub-reptício a insinuação de que não há diferenças substanciais entre Ficção e História. Concluiríamos, neste caso, provavelmente fazendo nascer um novo caos, que tudo no mundo seria Ficção, que nós próprios não seríamos mais do que produtos sempre cambiantes de todas as ficções criadas e a criar, tanto as nossas como as alheias. Seríamos, simultaneamente, os autores e as personagens (de uma Ficção Universal sem outra realidade que ter-se constituído como uma espécie de mundo paralelo. Embora reconheça existir no que acabo de dizer algo do espírito de paradoxo, tentarei pôr do meu lado alguns argumentos, acaso dignos de atenção.

"Desde logo, de acordo com esta hipótese, a primeira tarefa do historiador seria selecionar factos, trabalhando sobre aquilo que denominarei *tempo informe*, quer dizer, esse Passado a que apeteceria chamar puro e simples se isso não fosse uma contradição em termos. Recolhidos os dados considerados necessários, a segunda tarefa do historiador seria organizá-los de modo coerente, obedecendo ou não a objetivos prévios, mas, em qualquer caso, transmitindo sempre uma ideia de ineluctável necessidade, como a expressão de um Destino. Não esqueçamos que tais seleções de factos se exercem, em regra, sobre consensos ideológicos e culturais concretos, o que faz da História, entre os diversos ramos do conhecimento, o menos capaz de surpreender.

"É indiscutível que o historiador estará obrigado, sempre e em todos os casos, a escolher factos de factos. É igualmente óbvio que, ao proceder a essa escolha, ele terá de abandonar deliberadamente um número indeterminado de dados, algumas vezes em nome de razões de classe ou de Estado, ou de natureza política conjuntural, outras vezes acatando, conscientemente ou não, as imposições duma estratégia ideológica que necessite, para justificar-se, não *da* História, mas *de uma* História. Esse historiador, na realidade, não se limitará a *escrever* História. Ele *fará* História. O historiador, desde que consciente das consequências políticas e ideológicas do seu trabalho, tem de saber que o Tempo que assim esteve a *organizar* vai aparecer aos olhos do leitor como uma lição *magistral*, a mais magistral de todas as lições, já que o historiador surge ali como definidor de um certo mundo entre todos os mundos possíveis. Nesse outro ato de Criação, o historiador decidiu o que do Passado era importante e o que do Passado não merecia atenção.

"Algumas vezes, no entanto, este poder autoritário parece não ser bastante para libertar-nos daquele *horror ao vazio* que, sendo uma das características dos povos primitivos, vem, afinal, a encontrar-se em não poucos espíritos cultivados. Um historiador como Max Gallo começou a escrever romances para equilibrar pela Ficção a insatisfação que lhe causava o que considerava um impotência real para expressar na História o Passado inteiro. Foi buscar às possibilidades da Ficção, à imaginação, à elaboração sobre um tecido histórico definido, o que sentira faltar-lhe como historiador: a complementaridade duma realidade. Não estaria muito longe deste sentimento, suponho eu, o grande Georges Duby, quando, na primeira linha de um dos seus livros, escreveu: *Imaginemos que...* Precisamente aquele imaginar que antes havia sido considerado pecado mortal pelos historiadores positivistas e seus continuadores de diferentes tendências.

"Tenho ouvido que existe uma crise da História, tão grave que ameaça matá-la, ou a matou já... Se assim é — e eu não sou ninguém para ousar pronunciar-me sobre tão transcendente questão —, interrogo-me se tal crise não será causa direta, ainda que não única, do ressurgimento, em condições diferentes e com diferentes resultados estéticos, daquilo a que, a meu ver erradamente, continuamos a chamar 'romance histórico'. E também se não se tratará, afinal, de expressão particular doutra crise mais ampla: a da representação, a crise da própria linguagem como representação da realidade.

"Ora, se a crise existe (a da História, ou outra, geral, de que aquela seria apenas uma manifestação parcelar), se em tudo quanto nos rodeia é possível encontrar conexões com esta impressão de fim de tempo que andamos a sentir — então talvez se torne mais claro por que nos estamos voltando para o romance dito 'histórico', levados por uma ansiedade que decerto faria sorrir com algum desprezo intelectual, se fossem ainda deste mundo, os que, no século passado, fervorosamente acreditavam no Progresso. Olhar-nos-iam com piedade desdenhosa, perguntariam como foi possível que, das sólidas certezas que eles tinham, tivesse nascido esta insegurança que nós temos.

"2. Sou autor de um livro que se chama *Viagem a Portugal*. Trata-se de uma narrativa de viagem, como tantas que se escreveram nos séculos XVII e XVIII, quando a Europa começou a viajar dentro da Europa, e os viajantes descreviam as suas experiências e aventuras, produzindo de caminho alguns documentos literários preciosos, inclusive para o estudo da história das mentalidades. Foi com um espírito afim que viajei por Portugal, foi igualmente com esse espírito que escrevi *Viagem a Portugal*.

"O livro não é, portanto, um roteiro, um guia de viajantes, embora, necessariamente, contenha muito do que se espera encontrar nesse tipo de textos. Fala-se de Lisboa, do Porto, de Coimbra, das cidades do meu país, fala-se das aldeias, das paisagens, das artes, das pessoas. Agora imaginemos que o autor resolveu fazer nova viagem para, terminada ela, escrever outro livro, mas que, nesta segunda viagem, não visitará nenhum dos lugares por onde tinha passado na primeira. Quer dizer, nesta segunda viagem o autor não irá a Lisboa, não irá ao Porto, não irá a Coimbra, não irá a nenhum lugar onde já tivesse estado. Contudo, parece-lhe que, com toda a legitimidade, poderá tornar a dar a esse novo livro o título de *Viagem a Portugal*, uma vez que de Portugal continuaria a tratar-se... Levemos mais longe o jogo e imaginemos que o autor fará uma terceira, uma quarta, uma quinta, uma décima, uma centésima viagem, obedecendo sempre ao princípio de nunca ir aonde foi antes, e que escreverá outros tantos livros em que, por fim, inevitavelmente, deixará de haver qualquer alusão a nomes de lugares habitados, nada a não ser a simples descrição de uma imagem aparentemente sem pontos de identificação com a entidade cultural e histórica a que damos o nome de Portugal. A pergunta derradeira será esta: pode o centésimo livro chamar-se ainda *Viagem a Portugal*? Respondo afirmativamente: podemos e devemos chamar-lhe *Viagem a Portugal*, mesmo que o leitor não conseguisse reconhecer nele, por mais atento que estivesse à leitura, o país que lhe fora prometido no título...

"3. Este jogo, ainda que à primeira vista não pareça, tem muito que ver com a relação que mantemos com a História. A História, tal como foi escrita, ou — repetindo a provocação — tal como a *fez* o historiador, é o primeiro livro. Não esqueço, obviamente, que o mesmo historiador poderá fazer, ele próprio, outras viagens ao tempo por onde antes viajou, esse tempo que, graças à sua intervenção, foi deixando de ser *tempo informe*, foi passando a ser História, e que as novas percepções, os novos pontos de vista, as novas interpretações irão tornando cada vez mais densa e substancial a imagem histórica que do Passado nos vinha sendo dada. Mas é nas grandes zonas obscuras que sempre hão-de existir, mesmo no que supomos conhecido, que o romancista terá o seu campo de trabalho.

"Creio bem que o que está subjacente a estas inquietações é a consciência da impossibilidade duma reconstituição plena do Passado. Não podendo reconstituí-lo, somos tentados — sou-o eu — a *corrigi-lo*. Quando digo corrigir o Passado não é no sentido de emendar os factos da História (não poderia ser essa a tarefa de um romancista), mas sim, se se me permite a expressão, *introduzir* nela pequenos cartuchos que façam explodir o que até aí parecera indiscutível: por outras palavras, substituir *o que foi* pelo que *poderia ter sido*. Argumentar-se-á certamente que se trata de um esforço inútil, uma vez que o que hoje somos não resultou do que poderia *ter sido*, mas do que efetivamente *foi*. No entanto, se a leitura histórica operada pelo romance for uma leitura crítica, essa operação poderá provocar uma instabilidade, uma vibração temporal, uma perturbação, causadas pelo confronto entre o que sucedeu e o que poderia ter sucedido, como se, saudavelmente, os factos começassem a duvidar de si próprios...

"4. São duas as atitudes possíveis ao romancista que escolheu, exclusiva ou ocasionalmente, os caminhos da História: a primeira, discreta e respeitosa, consistirá em reproduzir, a par e passo, os factos históricos conhecidos, sendo a ficção, nesse caso, mera servidora duma fidelidade que se deseja a salvo de acusações de falta de rigor de qualquer tipo; a segunda, mais ousada, levará o autor a entretecer num tecido ficcional que se manterá predominante os dados históricos que lhe servirão de suporte. Num caso como no outro, porém, estes dois vastos mundos, o mundo das verdades históricas e o mundo das verdades ficcionais, aparentemente inconciliáveis, serão harmonizados pela instância narradora.

"Reside aqui, a meu ver, a questão essencial. Conhecemos o narrador que procede de maneira imparcial, que vai dizendo o que acontece, conservando sempre a sua própria subjetividade fora dos conflitos de que é espectador e relator. Há, porém, um outro tipo de narrador muito mais complexo, um narrador a todo o tempo substituível, que o leitor reconhecerá ao longo da narrativa, mas que muitas vezes lhe dará a impressão estranha de ser outro. Este narrador instável poderá mesmo ser o instrumento ou o sopro de uma voz coletiva. Será igualmente uma voz singular que não se sabe donde vem e se recusa a dizer quem é, ou usa de arte bastante para levar o leitor a identificar-se com ele, a ser, de algum modo, ele. E pode, enfim, mas não explicitamente, ser a voz do próprio autor: é que este, fabricante de todos os narradores, não está reduzido a saber só o que as suas personagens sabem, ele sabe que sabe e quer que isso se saiba...

"Graças a esta forma de conceber, não apenas o tempo histórico, mas o Tempo tout court — projetando-o, por assim dizer, em todas as direções —, autorizo-me a pensar que o meu trabalho no campo do romance tem sido capaz de produzir algo como uma oscilação contínua em que o leitor diretamente participa, graças a uma contínua provocação que consiste em negar-lhe, por processos que são sempre de raiz irónica, o que primeiro lhe havia sido dito, criando no seu espírito uma impressão de dispersão da matéria histórica na matéria ficcionada, o que não só não significa desorganização de uma e outra como aspira a ser uma reorganização de ambas.

"5. Admito que a declaração inicial, de ser o historiador um selecionador de textos, pareça demasiado crua e chocante. Direi, então, em termos mais técnicos, citando um teórico da literatura, que 'o historiador realiza uma rarefação do referencial, criando uma espécie de malha larga, perfeitamente tecida, mas que envolve espaços de obscurecimento ou de redução dos factos'. Ora, deste ponto de vista, parece-me bastante pertinente dizer que a História se nos apresenta como um parente próximo da Ficção, porquanto, ao 'rarefazer o referencial', procede a omissões voluntárias de que irão resultar modificações no panorama do período observado, com a forçosa consequência do estabelecimento de relações diferentes entre os factos 'sobreviventes'. Aliás, é interessante verificar como certas escolas históricas recentes começaram a *sentir-se* inquietas quanto ao rigor efetivo duma História como a que vinha sendo feita. Lendo esses historiadores, temos a impressão de estar diante de romancistas dados a temas históricos, não porque escrevam História romanceada, mas porque refletem uma insatisfação tão profunda que, para aquietar-se, teve de abrir-se à imaginação, uma imaginação que manterá como suporte essencial os factos da História, mas que abandonará a sua antiga exclusiva relação com eles, de sujeição resignada ao império em que se tinham constituído. Não faltará quem considere que, por esta via, a História se tornou menos *científica*. É uma questão em cuja discussão não me atreveria a participar. Como romancista, basta-me pensar que sempre será melhor ciência aquela que for capaz de me proporcionar uma compreensão dupla: a do Homem pelo Facto, a do Facto pelo Homem.

"6. Quando olho o Passado, a minha mais forte impressão é a de estar perante um imenso *tempo perdido*. A História, e também a Ficção que busca na História o seu objeto, são, de alguma maneira, viagens através do tempo, percursos, definições de itinerários. Apesar de tanta História escrita, apesar de tanta Ficção sobre casos e pessoas do Passado, é esse tempo enigmático, a que chamei *perdido*, que continua a fascinar-me. Para dar só um exemplo, interessa-me, claro está, a batalha de Austerlitz, mas interessar-me-ia muito mais conhecer as pequenas histórias que vieram a ser consequência dessa História de formato grande, alcançar uma compreensão real das inúmeras e ínfimas histórias pessoais, desse tempo angustiosamente *perdido e informe*, o tempo que não retivemos, o tempo que não aprendemos a reter, a substância mental, espiritual e ideológica de que afinal somos feitos.

"É fácil dizer — eu próprio cedi algumas vezes à comodidade de tão flagrante tautologia — que, sendo certo que nada existe fora da História, toda a Ficção é, e não pode deixar de ser, *histórica*. Mas não têm faltado espíritos sarcásticos para insinuar que um romancista que trabalhe literariamente sobre a História procede assim por necessidade de evasão, por incapacidade de entender o Presente e de se adaptar a ele, do que resultaria ser o *romance histórico* o mais acabado exemplo de fuga à realidade... É uma acusação tão fácil quanto habitual. Pelo contrário, é precisamente uma consciência intensíssima, quase dolorosa, do Presente, que leva o romancista que sou a olhar *na direção* do Passado, não como um inalcançável refúgio, mas para conhecer mais e sobretudo para conhecer melhor. Não estou a dizer nada de original. No seu livro *O Mediterrâneo*, Fernand Braudel escreve, com a simplicidade de uma revelação, algumas linhas que resumem quanto aqui tenho dito: 'A História não é outra coisa que uma constante interrogação dos tempos passados, em nome dos problemas, das curiosidades, e também das inquietações e angústias com que nos rodeia e cerca o tempo presente'.

"Observe-se como tal definição poderia ser transportada, palavra por palavra, para o Romance. Direi igualmente que o *romance histórico*, também ele, 'não é outra coisa que uma constante interrogação dos tempos passados, em nome dos problemas, das curiosidades, e também das inquietações e angústias com que nos rodeia e cerca o tempo presente'. Assim sendo, História e Romance seriam tão-somente expressões da mesma inquietação dos homens, os quais, como múltiplos Janos bifrontes, voltados a uma e a outra parte, e do mesmo modo que tentam desvendar o oculto rosto do Futuro, teimam em procurar, na impalpável névoa do Tempo, um Passado que constantemente se lhes escapa e que hoje, talvez mais do que nunca, quereriam integrar no Presente que ainda são.

"Benedetto Croce escreveu um dia: 'Toda a História é história contemporânea'. É também à luz destas palavras reveladoras que tenho vindo a realizar o meu trabalho de escritor, embora esteja pronto a reconhecer que o Mestre merecia um aluno mais capaz e que a lição teria o direito de esperar frutos mais saborosos."

Assistiram umas cinquenta pessoas, o que, para autor português, e considerando a hora matinal em que o programa me encaixou, não é para desprezar. No final houve perguntas, o que sempre é um bom sinal, e creio que deixei as questões mais ou menos aclaradas, graças, sobretudo, à paciente e competente ajuda dos intérpretes e tradutores, Teresa Olsen, uma portuguesa que aqui vive, e Bard Kranstad, um escritor norueguês.

Visita ao museu de Edvard Munch, com Åase Gjerdrum, diretora do departamento de ficção estrangeira de Cappelen, e Odd Karsten. Munch é conhecido sobretudo pelo quadro *O grito*, mas grito e gemido é a sua pintura toda, povoada de seres melancólicos e sofredores. Nestes quadros chora-se por morrer e por ver morrer. Uma rapariga nua sentada numa cama é a imagem de um desespero e de uma solidão que nunca esperaram remédio. Munch é um Cézanne mais triste, um Van Gogh mais trágico, um Gauguin sem ilusões de paraíso. Depois do almoço, Åase Gjerdrum deixou-nos porque tinha de ir acompanhar um outro autor estrangeiro, e fomos, Odd e eu, ao museu dos barcos viquingues e a um outro onde se mostram a famosa jangada *Kon-Tiki* e o não menos famoso barco de papiro *Ra II*. As negras e esbeltas embarcações do século IX impressionaram-me muito mais, imaginei-as no alto-mar sabendo os seus temerários navegantes tão pouco de ciência náutica e sem terem ninguém de fora, de olho alerta, para lhes deitar a mão em caso de naufrágio. Thor Heyerdahl e os seus companheiros arriscaram-se muito (quem sou eu para dar opinião...), mas tinham meio mundo, pelo menos, a seguir-lhes a viagem. Foi um dia de muita ilustração. À noite, jantámos num restaurante chamado *Kloster* (Convento...), à luz de grossos círios e com imagens da igreja ortodoxa russa nas paredes... Bebemos um vinho português, o Pasmados, que custa na Noruega uma fortuna.

29 de outubro

Antes da partida para Lisboa, passeio pelos arredores de Oslo com Bendik Rugaas, que é o diretor da Biblioteca Nacional da Noruega, um companheiro excelente, discretamente caloroso, como eu aprecio. Contámos as vidas e ficámos amigos. Levou-me à torre de saltos de esqui, uma coisa altíssima que parece tocar o primeiro céu e tem forma de escultura "futurista". Só olhando lá de cima se pode ter uma ideia (só a ideia, nada mais) do que será deslizar por aquela rampa abaixo a uma velocidade de vertigem e lançar-se pelo ar, pairando e caindo sobre a vertente coberta de neve. Tenho visto muitos destes saltos na televisão, mas só agora é que pude *perceber*. Bendik disse com um sorriso: "Esquiar é a nossa religião nacional, e esta torre a catedral".

30 de outubro

Como o romeiro da canção de Elis Regina, que, igualzinho a mim, não sabia rezar, fui mostrar o olhar ao dr. Mâncio dos Santos: Nossa Senhora da Aparecida, para estes casos, não serve. Resultado do exame: terei de mudar de lentes. Apanhei ainda com três ou quatro disparos de laser na lente que está a substituir o cristalino do olho esquerdo, o que foi operado da catarata. Fiquei a saber que, com o passar do tempo, a íris vai perdendo um pouco da sua "pintura" natural, o pigmento desprendido deposita-se sobre a lente e começa a embaciar a visão. O laser resolveu o problema num instante. Mas na próxima vez hei-de lembrar-me de perguntar como se procedia na era da pedra lascada, antes de ter sido inventado este tiro ao alvo sem arco nem flecha.

2 de novembro

Disseram-me que no lançamento do *Ensaio* terão estado presentes entre quinhentas e seiscentas pessoas. De facto, custava a crer no que os olhos viam: aquela sala do Hotel Altis, enorme, completamente cheia de gente amiga, nada mais que para ver e ouvir o autor e o apresentador, que foi, belissimamente, o Francisco José Viegas. "Ora, ora, aquilo é tudo marketing, é propaganda, é publicidade...", rosnaram com certeza os meus inimigos de estimação, como lhes chama Zeferino Coelho. Sim, publicidade, a mesma publicidade, caríssima, sofisticada e avassaladora, que os editores usam desde o *cursus publicus* do imperador Augusto: enviar convites pelo correio. Claro que no meu caso não deve ser esquecida a ação do departamento de *agitprop* do Partido, cuja eficácia mobilizadora, desta vez, até lá conseguiu levar, imagine-se, um primeiro-ministro, António Guterres...

3 de novembro

Ao fim da tarde, Almada, Oficina da Cultura, um espaço desafogado, bem aproveitado, mas onde acaba por tornar-se penoso permanecer muito tempo, por causa do tráfego atroador que corre continuamente na avenida ao lado. Durante mais de duas horas, ali estive a assinar *Ensaios*, uns quinhentos exemplares, segundo me disseram depois, com uma expressão de piedade, quando o último leitor se retirou. Doía-me o polegar e o indicador, doía-me o pulso, creio mesmo que chegou a doer-me, provavelmente por efeito reflexo, a minha velha epicondilite, aquela de que sofri algum tempo quando jogava ténis, há quantos anos isso já vai. A epicondilite, aclaro para quem não sabe, é uma osteíte do epicôndilo, o qual epicôndilo, por sua vez, é a saliência mais externa da extremidade inferior do úmero. Por assim dizer, uma espécie de dor de cotovelo sem ciúmes...

4 de novembro

Regresso a casa. À noite, a televisão dá a notícia: Isaac Rabin foi assassinado. Assassinado por um jovem fanático judeu, a quem as obsessões duma ortodoxia nacional-religiosa acabavam de transformar no criminoso sorridente que fugazmente surgiu na imagem. Não vai faltar, porém, em Israel, gente para aplaudir o ato, como no País Basco são aplaudidos aqueles rapazes e raparigas que gritam "ETA, mata-os!", enquanto insultam e apedrejam os cidadãos pacíficos que se manifestam contra o sequestro de um empresário, José María Aldaya, que foi raptado pela organização terrorista há mais de sete meses. É a substância criminosa dos fascismos que volta a prosperar, é a cegueira da razão que continua. Ao ouvir a notícia, não pude evitar pensar: "Ao menos não foi obra de um palestino. A possibilidade de uma paz no Médio Oriente teria acabado aqui". E mesmo assim...

6 de novembro

Deixei sinal, nestes *Cadernos*, da minha passagem, em abril, pelo Camões Center, o enclave português na Columbia University, como lhe chamei. Escrevi então: "A conversa não foi rápida como esperava, mas apenas porque, quando tenho de falar em público, não costumo fazer diferença entre as dez pessoas que estão e as mil que nunca estariam. Será talvez porque não gosto de ficar a dever. Mas o que não consegui foi evitar a minha própria melancolia: pese à boa vontade de quantos ali se encontravam e ao meu esforço, acho que não valeu a pena". Afinal, talvez tenha valido. Acabo de receber a revista do Centro (*Camões Center Quarterly*, volume 5, nº S 3/4, 1995, Editor: Donzelina A. Barroso) com a transcrição completa da palestra: são oito densíssimas páginas, a duas colunas largas, que me fizeram estremecer: "Falei tanto?". Que irão pensar do interminável arrazoado os outros portugueses que por lá passaram e que saem comigo no mesmo número da revista (Carlos Gaspar, António Nogueira Leite, António Vitorino, Rui Machete, Vítor Martins, Ana Vicente, Roberto Carneiro, António Barreto, Miguel Bensaúde e Helder Macedo), eles que tão sobriamente se manifestaram, como ficou demonstrado no espaço que ocupam? Quero que me conforte a ideia otimista de que em oito páginas de prosa compacta sempre há-de ser possível encontrar algo de jeito e que, portanto, daqueles compatriotas que benevolentemente se derem ao trabalho de ler "o que este tipo disse", algum venha a concluir que não perdeu de todo o tempo. O que seria sinal, finalmente, de que acabei por ganhar um pouco do meu.

7 de novembro

Não há um Camões sem dois. Ontem chegou a revista, hoje veio o prémio. Ao fim da manhã, telefonou de Lisboa o Urbano Tavares Rodrigues, informando-me de que me havia sido atribuído o Prémio Camões, por voto unânime de um júri de que faziam parte, além dele, do lado português, Maria Idalina Resina Rodrigues e Carlos Reis, e do lado brasileiro Affonso Romano de Sant'Anna, Antônio Torres e Márcio de Souza. A alma só não me caiu aos pés porque ainda a trago bem agarrada ao corpo. Há dois anos, em 2 de julho de 1993, nestes *Cadernos*, e na sequência do comentário um tanto irónico que ali fazia às rotatividades obrigatórias do Prémio Camões, escrevi, depois de ter aclarado que não me movia qualquer "desdém, falso ou verdadeiro": "De mais sei eu que não serei nunca citado na hora das deliberações". Disse-o com total sinceridade porque, na verdade, jamais me passara pela cabeça vir a ser, algum dia, objeto de ponderação e consideração por parte dos júris deste prémio. Enganava-me, o impossível tornou a acontecer. Durante todo o resto do dia e pela noite dentro, o telefone não parou de tocar: os amigos, felizes como eu, ou ainda mais, os jornais, a rádio e a televisão a quererem que lhes dissesse como se sentia o premiado, e o pobre de mim, quase sem palavras, e as que conseguiam sair, bastante insignificantes... Presença de espírito só creio tê-la tido para dizer a Manuel Maria Carrilho que os parabéns de um ministro da Cultura a este escritor que sou, depois de ter tido que suportar um Santana Lopes e um Sousa Lara, me soavam a 25 de Abril...

8 de novembro

Não há dois Camões sem três. Ontem à noite, quando, ao telefone, agradecia os parabéns e os abraços de um amigo, ouvi uma mulher que gritava no terreno vago ao lado da casa: "Un perro rabioso, un perro rabioso!...". Saí ao jardim logo que me foi possível, mas Pilar já lá estava. Aos pés dela, havia uma mancha escura com todo o aspecto de ser um cão... Era, e de raivoso, o pobre, não mostrava nenhuns indícios. A mulher dos gritos assustara-se, simplesmente. O cão agitava devagarinho a cauda e levantava a cabeça, a pedir que lhe acudissem. Faminto, sedento, sujo, como qualquer cão vadio. Trouxemo-lo para dentro, pusemos-lhe diante água e comida, mas o medo, como acontece sempre nestes casos, paralisava-o. Pepe rosnava, nada satisfeito com a intrusão, Greta desferia os latidos agudos de que só ela parece ter o segredo. O pelo do recém-chegado, lanoso, tinha tons de cinzento, algo de preto, pardo e castanho, um pouco de amarelo-torrado aqui e além, e, toque inesperado de graça, uma mancha branca no peito, como uma gravata. À primeira vista dir-se-ia um caniche, mas a cabeça maciça, a queixada larga, os olhos oblíquos, e também a altura dos membros, lembravam mais o cão de presa canário, ainda que o seu aspecto lanoso pudesse fazer pensar também num cão-d'água. Pilar fez a pergunta que já se esperava: "Ficamos com ele?". Estava claro que sim, que íamos ficar com o bicho, e ela acrescentou: "Apareceu no dia do teu prémio, vamos chamar-lhe *Camões*". Neste momento em que escrevo, Camões já parece outro: foi ao veterinário, está limpo, tosquiado, desparasitado. A partir de agora, esta será certamente a casa do mundo em que mais frequentemente, todos os dias, se vai dizer o nome do poeta. Seria uma falta de respeito, se não soubéssemos que a ele o trataram muitas vezes pior que a um cão...

    Aquele moço de catorze anos, residente em São Jorge da Beira, que me escreveu há pouco mais de um ano (v. *Cadernos — II*, 10 de outubro), a repreender-me pelo uso, a seu ver inconsiderado, da palavra "putas" no *Memorial do convento*, e a quem me permiti aconselhar a leitura formativa das obras de Gil

Vicente, escreve-me agora para me comunicar que teve a curiosidade de ler alguns livros do autor do *Pranto de Maria Parda*, nos quais "fundamentou", palavra sua, a minha razão. Atualmente, o Nuno Filipe é aluno do Seminário Maior da Guarda, onde suspeito que a aquisição dos indispensáveis conhecimentos evangélicos anda a enfrentar-se com algumas dificuldades, dado que, desta vez, ele vem perguntar-me "o porquê de quatro evangelhos na Igreja". Mais sério do que isto é dizer-me depois, em certa altura da carta, que "não concorda com dogmas porque tudo tem de ter uma explicação"... Para futuro sacerdote, se é essa a sua intenção, não vai nada mal... Enfim, dar-lhe-ei as explicações pertinentes que ao meu alcance estiverem, mas temo bem que, por causa delas, o Nuno Filipe ainda venha a ter uma nota pesadamente negativa nos exames. Animam-me as suas palavras finais: "Espero que me responda às minhas questões e não desanime. Não hesite em escrever aqui para o seminário, porque já não há os regimes antigos de fiscalizar as cartas". Abençoados sejam, pois, os regimes modernos. Farei o melhor que puder.

12 de novembro

Como era de esperar, o prémio acordou alguns ecos na república das letras lusitanas. Vários e desencontrados tiveram eles de ser, porque as cabeças, lá, são muitas, e numerosamente diferentes umas das outras. Houve das concordantes, houve das resignadas, houve das benévolas, houve das despeitadas, houve das estúpidas. Agustina Bessa-Luís achou o prémio "bem atribuído", David Mourão-Ferreira considerou-o "muito justo", para José Cardoso Pires "não foi um erro, embora outros autores não estejam assim tão distantes", Vergílio Ferreira disse que "não tinha comentários a fazer". A palma da vitória, porém, levou-a José Correia Tavares, por uma graça inexplicável do céu vice-presidente da Associação Portuguesa de Escritores, que se escusou a pronunciar-se, alegando a ponderosa razão de que "ele [o premiado] deixou voluntariamente de ser sócio da instituição há pelo menos vinte anos". Contudo, a subtil, a esperta, a sagacíssima criatura, um coral como já se vão encontrando poucos, considerou oportuno e conveniente lembrar ao jornalista curioso que, da mesma Associação de Escritores, tinha eu já recebido uns quantos prémios, a saber: o de Romance, o de Teatro, o "Vida Literária", respectivamente, sublinhou, no valor de dois mil, mil e cinco mil contos. Exposta, assim, à clara luz do dia, a minha (pelos vistos) suspeita contabilidade, opinião pessoal não dava...

13 de novembro

O *Público* investiu contra o júri por não ter lido (com exceção de Urbano Tavares Rodrigues) o *Ensaio sobre a cegueira*. Para aclarar as coisas, Carlos Reis resolveu escrever uma carta ao jornal a explicar que o Prémio Camões não é atribuído a um livro, mas ao conjunto da obra de um autor. (Acrescento, por minha própria conta, que o *Ensaio* tinha aparecido nas livrarias menos de duas semanas antes da decisão...) Até aqui, o caso não sai fora das rotinas da comunicação: primeiro, há um jornal que produz um comentário ou dá uma notícia; segundo, considerando-se direta ou indiretamente visado, alguém escreve ao diretor do periódico para refutar ou para esclarecer. Em geral, estas pequenas guerras são ganhas pelo jornal, não porque acerte sempre, mas porque tem sempre a última palavra, e mesmo quando não lhe restar mais remédio que reconhecer a razão do reclamante, sempre encontrará maneira de a diminuir ou desqualificar. A mim, o que neste episódio verdadeiramente me surpreende é a nota da redação que antecede a publicação da carta de Carlos Reis: diz o *Público*, com gravidade ofendida, que "não concorda com o atual regime legal impositivo do direito de resposta por este restringir a liberdade de imprensa"... Pergunto eu: em que é que um direito de resposta, impositivo ou não, obviamente só exercível a posteriori, poderá restringir a liberdade de imprensa, exercida, não menos obviamente, a priori?... Pode um efeito dissociar-se da sua causa? Pode a causa vir depois do efeito?

15 de novembro

Em Madrid, para apresentar o livro de Fernando García Delgado, *La mirada del otro*, que ganhou o Prémio Planeta. O livro finalista, *Las fuentes de la vida*, de Lourdes Ortíz, foi apresentado por Gonzalo Torrente Ballester. Tarde agradável, amigos reencontrados, dois autores felizes.

16 de novembro

Encontro no gravador de chamadas as vozes de Eduardo Lourenço e de Baptista-Bastos, um a falar de Providence, outro de Lisboa, e ambos dizendo coisas bonitas sobre o *Ensaio*. Não podia desejar melhores presentes de aniversário. E como estes são dos que se devem guardar, aqui ficam, cuidadosamente transcritos. O estilo é de facto o homem: as chamadas são, cada uma delas, o retrato psicológico de quem as fez. Eis o que disse o BB: "É o Baptista-Bastos, para o Zé. Zé Saramago, querido amigo, olha, estou a telefonar-te pelo seguinte: é que escreveste um grande romance. Acabei ontem de ler, com grande cuidado, com grande aprazimento, e escreveste um grandessíssimo romance, e o resto é conversa. É para te dizer isto e dar-te um grande abraço, que as felicitações são para mim porque li um grande romance. Outro grande abraço para ti, Zé, e um beijinho para a Pilar". Do Eduardo Lourenço: "Bom dia, meu caro José. Devo ser o último a dar-te os parabéns pelo Prémio Camões. Já tentei telefonar, mas nunca te apanho. Um prémio mais do que merecido. Vou escrever-te a propósito do livro, do teu livro, que me deixou perplexo e que gostaria de comentar contigo, por carta ou em público. Para já, repito, é um livro de muito impacto e de muita importância. Merecia ser discutido por aquele país, e não só. Um grande abraço,

Eduardo". Obrigado, amigos, obrigado, em nome desta reconfortada alma.

17 de novembro

Há um adepto do Bétis Balompié, conhecido clube de futebol de Sevilha, que sempre aparece nos jogos com uma caixa de cartão, um *tetra-brick*, para usar a linguagem atual. Que teria dentro aquela caixinha tão cuidadosamente trazida e levada, era o que deviam andar a perguntar-se amigos, conhecidos e indiferentes, depois de terem percebido que não se tratava de leite para a úlcera nervosa, nem de água para as grandes securas andaluzas, nem de vinho para celebrar as vitórias ou suavizar os desgostos das derrotas. O mistério foi agora desvendado: a caixa contém cinzas humanas. O adepto do Bétis cumpre, com devoção e pontualidade, o último desejo do seu falecido pai: continuar a assistir aos jogos do querido clube, mesmo não tendo já voz para gritar nem mãos para aplaudir... Diante disto, creio que teremos de concluir que Marx sabia bem pouco do que falava quando filosofou sobre a alienação...

19 de novembro

Para um livro que vai ser publicado, sobre Mário Soares e a cultura, escrevi o seguinte:
"Cinco milhões e meio de analfabetos funcionais num país de dez milhões de habitantes são pesadelos a mais para qualquer governante, e em particular para um presidente da República, uma vez que ele está obrigado a ser, por propósito, quando não por definição, presidente de todos, ou, com mais rigor, presidente para todos. Na hora de deixar por imperativo constitucional a função mais alta do Estado, que durante dez anos desempenhou, o presidente Mário Soares irá provavelmente fazer o balanço da sua magistratura, ponderando os acertos e os erros, os seus pró-

prios, decerto, mas também os do país que é o seu, sem esquecer as ilusões perdidas e as frustrações mais ou menos dolorosas que são a expiação de todo o homem, seja ele presidente ou cidadão comum. Um tal balanço, para ser completo, não poderá ignorar o que foi a ação política anterior de Mário Soares, isto é, desde a revolução que nos trouxe a liberdade e a possibilidade duma democracia até à primeira eleição que o tornou presidente. Em tudo aquilo que é hoje Portugal, encontra-se, mais do que qualquer outra, a marca indelével, positiva ou negativa, em branco ou em cinza, da pessoa de Mário Soares e das suas ideias e práticas políticas, tanto no plano nacional como europeu. Esse balanço político, que ardentemente desejo poder ouvir ou ler, em caso algum deverá representar um adeus à vida pública. Tal como o entendo, representaria, isso sim, a assunção do significado pessoal e público de uma vida que ininterruptamente tem acompanhado, e em não poucos momentos determinou de forma decisiva, o rumo da vida colectiva portuguesa. Representaria, igualmente, o modo mais aberto e generoso de avançar no caminho onde mais me agradaria encontrá-lo a partir do dia em que deixe o cargo de presidente da República e os seus condicionamentos constitucionais, táticos ou apenas prudentes: a luta, como simples e pedestre cidadão, pela sobrevivência cultural de Portugal.

"Por mais que às orelhas nos gritem os pregoeiros da chamada modernização, quase todos eles meros adventícios deslumbrados pelo exercício de um poder afinal mais fácil do que imaginavam, a nossa terra está doente de gravidade, como doente também o está a nossa democracia, tão levianamente invocada quando se trata de chamar ao voto. Aqueles cinco milhões e meio de analfabetos funcionais, conviria não esquecer, são, na sua grande maioria, eleitores. Eleitores que vão votar sem terem percebido com suficiente clareza o conteúdo real das propostas políticas, sociais e económicas dos partidos, eleitores a quem, quantas vezes, porque honestamente não se lhes poderia aplaudir a consciência da opção, baixamente se lhes vai lisonjeando o *instinto*, como se o *não saber* fosse, afinal, uma expressão superior de sabedoria. Não faltam a Portugal problemas, mas o menor não é decerto a questão cultural coletiva, isto é, nacional, diante de cujas dimensões perde algum sentido, por exemplo, a habitual e interminável discussão sobre os dinheiros públicos destinados a subsidiar o teatro, o cinema ou a ópera. A doença está na raiz. As folhas, quando murchas, os frutos, quando desenxabidos, representam somente os sinais mais evidentes do mal profundo que nos está corroendo.

"A cultura portuguesa, aquela que, segundo a gíria tecnocrática destes tempos, se veio processando e desenvolvendo nos níveis superiores da criação artística e literária e da investigação científica, teve sempre em Mário Soares, enquanto presidente da República, não apenas o observador atento a que em todos os casos o cargo estava obrigando, mas a presença calorosa e interveniente de alguém que, por vocação e exercício, é, e foi sempre, um homem de cultura. A partir da hora em que deixar o palácio de Belém, Mário Soares não terá mais de cumprir o dever protocolar, mas para ele sempre grato, de proferir discursos, inaugurar congressos e entregar prémios. Deixará os palcos e as cadeiras de espaldar alto, tornar-se-á num simples cidadão português entre cidadãos portugueses. Rendo homenagem, como escritor que sou, a esse presidente da República para quem a cultura nunca foi palavra vã nem pretexto demagógico. E, como cidadão que acima de tudo me prezo de ser, apelo ao cidadão Mário Soares para que, a partir daquele dia, já liberto de travas institucionais, ponha o seu prestígio pessoal e a sua influência cívica ao serviço da batalha por uma educação e por uma formação seriamente entendidas. É o futuro dos portugueses que está em causa. Por muito importantes que sejam as memórias políticas que Mário Soares venha a escrever, é ainda para o futuro do país que deverá olhar. Será uma maneira também de continuar a ser presidente. A melhor de todas."

21 de novembro

Na televisão, *Il Gattopardo*, de Visconti. O plano imediatamente antes do baile: uma panorâmica tomada de Donna Sfugata, com a câmara movendo-se da esquerda para a direita, a partir da rua onde está o palácio, depois a vila vista de cima, as casas na encosta, o vale, as montanhas, e finalmente subindo até mostrar, no outro lado, uns quantos homens trabalhando no campo, tão rapidamente percebidos que não se chega a saber se estavam a cavar ou a partir pedra. A imagem seguinte, sem transição, é a do salão do palácio de Palermo: um mar de cabeças dançando...

22 de novembro

Paz na Bósnia. Paz na Bósnia?

25 de novembro

Sobre Fernando Pessoa:
"Era um homem que sabia idiomas e fazia versos. Ganhou o pão e o vinho pondo palavras no lugar de palavras, fez versos como os versos se fazem, isto é, arrumando palavras de uma certa maneira. Começou por se chamar Fernando, pessoa como toda a gente. Um dia lembrou-se de anunciar o aparecimento iminente de um super-Camões, um Camões muito maior do que o antigo, mas, sendo uma criatura conhecidamente discreta, que soía andar pelos Douradores de gabardina clara, gravata de lacinho e chapéu sem plumas, não disse que o super-Camões era ele próprio. Ainda bem. Afinal, um super-Camões não vai além de ser um Camões maior, e ele estava de reserva para ser Fernando Pessoas, fenómeno nunca antes visto em Portugal. Naturalmente, a sua vida era feita de dias, e dos dias sabemos nós que são iguais mas não se repetem, por isso não surpreende que em um desses, ao passar Fernando diante de um espelho, nele tivesse percebido, de relance, outra pessoa. Pensou que havia sido mais uma ilusão de ótica, das que sempre estão a acontecer sem que lhes prestemos atenção, ou que o último copo de aguardente lhe assentara mal no fígado e na cabeça, mas, à cautela, deu um passo atrás para

confirmar se, como é voz corrente, os espelhos não se enganam quando mostram. Pelo menos este tinha-se enganado: havia um homem a olhar de dentro do espelho, e esse homem não era Fernando Pessoa. Era até um pouco mais baixo, tinha a cara a puxar para o moreno, toda ela rapada. Num movimento inconsciente, Fernando levou a mão ao lábio superior, depois respirou com infantil alívio, o bigode estava lá. Muita coisa se pode esperar de figuras que apareçam nos espelhos, menos que falem. E como estes, Fernando e a imagem que não era sua, não iriam ficar ali eternamente a olhar-se, Fernando Pessoa disse: 'Chamo-me Ricardo Reis'. O outro sorriu, assentiu com a cabeça e desapareceu. Durante um momento, o espelho ficou vazio, nu, mas logo a seguir outra imagem surgiu, a de um homem magro, pálido, com aspecto de quem não vai ter muita vida para gozar. A Fernando pareceu-lhe que este deveria ter sido o primeiro, porém não fez qualquer comentário, só disse: 'Chamo-me Alberto Caeiro'. O outro não sorriu, acenou apenas, frouxamente, concordando, e foi-se embora. Fernando Pessoa deixou-se ficar à espera, sempre tinha ouvido dizer que não há dois sem três. A terceira figura tardou uns segundos, era um homem do tipo daqueles que têm saúde para dar e vender, com o ar inconfundível de engenheiro diplomado em Inglaterra. Fernando disse: 'Chamo-me Álvaro de Campos', mas desta vez não esperou que a imagem desaparecesse do espelho, afastou-se ele, provavelmente cansado de ter sido tantos em tão pouco tempo. Nessa noite, madrugada alta, Fernando Pessoa acordou a pensar se o tal Álvaro de Campos teria ficado no espelho. Levantou-se, e o que estava lá era a sua própria cara. Disse então: 'Chamo-me Bernardo Soares', e voltou para a cama. Foi depois destes nomes e alguns mais que Fernando achou que era hora de ser também ele ridículo e escreveu as cartas de amor mais ridículas do mundo. Quando já ia muito adiantado nos trabalhos de tradução e de poesia, morreu. Os amigos diziam-lhe que tinha um grande futuro à sua frente, mas ele não deve ter acreditado, tanto que decidiu morrer injustamente na flor da idade, aos 47 anos, imagine-se. Um momento antes de acabar, pediu que lhe dessem os óculos: 'Dá-me os óculos', foram as suas formais e finais palavras. Até hoje nunca ninguém se interessou por saber para que os quis ele, assim se vêm ignorando ou desprezando as últimas vontades dos moribundos, mas parece bastante plausível que a sua intenção fosse olhar-se num espelho para saber quem finalmente lá estava. Não lhe deu tempo a parca. Aliás, nem espelho havia no quarto. Este Fernando Pessoas nunca chegou a ter verdadeiramente a certeza de quem era, mas por causa dessa dúvida é que nós vamos conseguindo saber um pouco mais quem somos."

28 de novembro

Dia de chuva. Ao fim da tarde, o céu entreabriu-se do lado do poente. Tinha uma cor verde-pálida. Depois as nuvens ficaram vermelhas (uma delas era como uma bigorna incandescente) e tornaram violeta o mar.

29 de novembro

E andei eu, por aqui e por aí, a queixar-me da falta de consciência democrática da Câmara Municipal de Mafra... Acabo mesmo agora de saber que o alcaide de Torremolinos, cujo nome, dito fica para ilustração e gáudio dos vindouros, é Pedro Fernández Montes (o de Mafra tem Ministro no apelido), se negou a pôr a uma praça da cidade o nome de Picasso, alegando que o artista "era um comunista que lutava contra o fascismo" e que "paz e luta contra o fascismo não se conjugam"... Têm muita sorte os pobres de espírito: vão todos para o céu.

30 de novembro

Em Sevilha, para a reunião do júri do Prémio de Narraciones Breves Alberto Lista. Que me lembre, nunca, em tantas viagens, em tantas horas de avião, me encontrei com nuvens como as que cobriam hoje uma parte da Andaluzia. Eram cúmulos enormes, altíssimos, que trepavam céu acima e pelo meio dos quais o avião passava como se, lentamente, estivesse a navegar entre fiordes. Visita a uma exposição italiana, trazida de Roma, do Castello Sant'Angelo, sobre um tema muito em voga nestes últimos tempos: "Os anjos". Medíocre, para não ter de dizer pior. Principia com quatro suspeitíssimos vasos gregos onde se mostram uns amores alados, que se insinua serem os antepassados dos anjos da "mitologia" cristã. Depois, quando o menos informado dos visitantes espera ser beneficiado com um percurso histórico e estético que, passando pela arte romana, o levaria até à atualidade, eis que o obrigam a dar um salto por cima de uma quantidade de séculos para ir cair de chapuz num barroco de terceira categoria. Se acreditarmos nesta exposição, o românico, o gótico e o renascentista não existiram, nem sequer angelicamente. Em compensação, para não faltar o toque da modernidade lá apareciam também, fazendo de anjinhos, uns quantos ferros batidos, umas quantas chapas recortadas, felizmente já tocadas de ferrugem. Enlevados, os visitantes passeavam como se tivessem asas eles próprios. Nos entrementes, fui apresentado à madre abadessa do Real Monasterio de San Clemente, que é onde a exposição se mostra: o apresentador teve a prudência de não dizer que o apresentado era o autor do *Evangelho segundo Jesus Cristo*. Graças a essa precaução, pude ser contemplado com o sorriso comprazido e praticamente angelical da excelente senhora.

1 de dezembro

Morreu o Fernando Assis Pacheco. A notícia abalou-me profundamente. Não éramos o que se chama amigos, mas havia entre nós relações muito cordiais, de simpatia e respeito mútuos, e a admiração que sentia por ele não a sinto por muitos. Morreu daquele coração que desde há anos o vinha ameaçando. Morreu

numa livraria, provavelmente o lugar que ele próprio teria escolhido para quando tivesse de sair da vida.
 Ganhou o "meu candidato", se assim posso chamar a alguém de quem não conhecia mais do que o conto que dele havia lido. Curiosamente, esse concorrente tinha começado por não receber qualquer voto dos outros quatro membros do júri. Entrou na roda porque, depois da primeira volta de votação (em que só tinha tido o meu apoio), me lembrei de propor que cada um dos membros do júri pudesse acrescentar, a essa primeira seleção, no caso de dela não constar, o conto que pessoalmente considerasse o melhor. Assim se fez, e, graças a esta proposta, justificada, embora não inocente (*pro domo mea*, como tive o cuidado de prevenir, mas aproveitada igualmente por outro membro do júri), o "meu candidato" veio a triunfar...
 Encontro no hotel um homem com quem me tinha cruzado há oito anos, em Zafra, num restaurante de estrada, pausa obrigatória dos autocarros para almoço e refrigério dos passageiros. Pediu-me então um autógrafo. Eu ia para Sevilha, onde Pilar estava à minha espera, ele seguia para Lisboa, onde, de livro na mão, repetiria os passos de Ricardo Reis... Oito anos depois voltávamos a encontrar-nos, eu com Pilar ao lado, ele com as minhas personagens femininas todas na memória: "Diga-me onde estão elas", pedia-me agora, "diga-me onde está Blimunda, onde está Lídia, onde está Marcenda, onde está Madalena, onde estão as mulheres da jangada de pedra...". E eu respondia-lhe, com a impressão de estar a acreditar realmente no que dizia: "Andam por aí...".

2 de dezembro

 "Cuadernos de Roldán" é um grupo de poetas andaluzes, gente boa, amadora da poesia e militante convicta do culto de Baco, que não costuma sair nas revistas de cultura nem nos suplementos dos jornais importantes. A mim, apesar de já não escrever versos e de ser bastante curto a beber, fizeram-me sócio do grémio, quer dizer, inquilino, que assim é que nos designamos na confraria. Se fôssemos uma academia com assentos privativos, a minha cadeira levaria o número 60. Nasceu o grupo numa taberna de Sevilha, de Roldán chamada, e nela continuam a reunir-se os inquilinos entre nuvens de fumo e copos que não duram cheios, trocando chistes e combinando as próximas ações de campo, porque estes poetas são dos itinerantes: por exemplo, foram a Lisboa na altura da minha elevação ao inquilinato... Publicam uns caderninhos que quase nos cabem na palma da mão, pequenas joias de gráfica artesanal onde saem à luz os poemas que vão escrevendo, quase sempre em louvor dos lugares aonde levam o seu amor popular da poesia: Aljarafe, Lisboa, Onuba, Salamanca, Ronda, Toledo, a própria Sevilha, Triana que está em frente, Úbeda, Guadalupe, Málaga... Outros *Cuadernos* trataram outros temas: *De Trovos y Artes de Todas Suertes*, *Juglaría de Taberna*, *Poetas de San Lorenzo*, *De Ntra. Sra. Manzanilla*, *De Amores*, *Del Arte de Birlibirloque*, *Cântico*, *Primavera-Pasión*, *De Cantes Flamencos*, *Heterodoxos*, *Erotismo*, *Entrefiestas*... O último caderno, lançado nestes dias, está dedicado a Cuba. Pediram-me que dissesse umas palavras na sessão pública de homenagem que hoje se realizou. E houve música, o Coro de Tomás Luís de Victoria, dirigido por José Martos Hierro, interpretou canções espanholas do Renascimento. No fim de tudo fui contemplado com uma saudação pessoal: uma canção portuguesa do século xv, anónima, sobre estes versos simples:

> *Meus olhos vão pelo mar*
> *Mirando vão Portugal*
> *Meus olhos vão pelo rio*
> *Mirando vão Portugal*

Os olhares invisíveis. Museu de Belas Artes de Sevilha. Murillo: *S. Tomás de Villanueva dando esmola*. No canto inferior esquerdo da pintura está uma mulher sentada no chão, tendo diante de si o filho. Enquanto na parte central do quadro se vê o santo a exercer a sua caridade com outro mendigo, o garotinho mostra à mãe a moeda que dele tinha recebido: é impressionante a intensidade do seu olhar — um olhar que não se vê... Caracciolo: *A degolação de João Baptista*. De perfil, mas virando um pouco a face para o interior do quadro, Salomé contempla a cabeça do Baptista. A pálpebra está descida, o globo ocular quase que não se nota, mas percebe-se até que ponto o olhar desta mulher é duro e apaixonado. Fica aqui, com palavras, uma "descrição", mas será preciso lá ir para saber realmente do que se trata. Estas imagens, sim, estas valem mais que mil palavras...

4 de dezembro

José Joaquín Parra Bañón, um arquiteto de Sevilha, veio mostrar-me o seu projeto de tese de doutoramento, cujo tema será, nem mais, nem menos, o que ele designa por "pensamento arquitetónico na obra de José Saramago". Que Monsieur Jourdain (para citá-lo uma vez mais) andava a fazer prosa sem dar por isso dasde que aprendera a falar, já o sabíamos, mas o que eu nunca esperaria era que se pudesse encontrar nos meus livros algo, que não só merecia ser chamado "pensamento arquitetónico" como poderia interessar a um arquiteto, ao ponto de fazer de tal "pensamento" objeto de tese. Cético ao princípio da conversa, acabei por render-me aos argumentos de José Joaquín Parra, e agora o que sinto é uma enorme curiosidade. Mas terei de esperar dois anos...

5 de dezembro

Regresso a casa. No avião, leio que um ex-soldado da unidade checa da FORPRONU (Força de Proteção da ONU) na Croácia, acusado de chorar, e com esse ato "ameaçar a moral militar", pode vir a ser condenado a prisão perpétua: quando se encontrava num posto de controlo militar, rogou, com as lágrimas nos olhos, a uns milicianos sérvios que não o matassem. Por este horrendo "crime" arrisca-se o desgraçado a passar o resto da vida na prisão.

"É um cobarde", acusaram os coronéis checos, "imagine-se que o exemplo pegava e tínhamos aí todo o exército lavado em lágrimas!" De um ponto de vista paisano, acho que não seria uma má ideia: os exércitos do mundo, todos eles, a chorar como madalenas, mesmo não de todo arrependidas, os seus pecados e os seus crimes, mas também as suas humanas cobardias...

6 de dezembro

A propósito de "moral militar", transcrevo do *Avante!*, encontrado à chegada, que por sua vez o aproveitou de *Le Monde Diplomatique*, um excerto da autobiografia do general norte-americano Smedeley Darlington Butler, publicada em 1935. Diz este herói do Novo Mundo: "Passei trinta e três anos e quatro meses em serviço ativo na força militar de maior mobilidade do nosso país: o corpo de *marines*. Ocupei todos os postos de oficial, de alferes a general de divisão, e durante esse período consagrei a maior parte do meu tempo a servir o grande capital, Wall Street e os banqueiros, como homem de mão de alto gabarito. Resumindo, fui um malfeitor a soldo do capitalismo. Foi assim que contribuí, em 1914, para fazer do México, e especialmente em Tampico, um lugar seguro para os interesses petrolíferos americanos. Ajudei o Haiti e Cuba a tornarem-se lugares suficientemente respeitáveis para que os homens do National City Bank fossem lá ganhar dinheiro. Em 1909-12, na Nicarágua, participei na depuração em benefício do banco internacional Brown Brothers. Em 1916, fiz chegar a luz à República Dominicana por conta dos interesses açucareiros norte-americanos. Em 1913, criei as condições para que as Honduras acolhessem as companhias frutícolas dos Estados Unidos. Na China, em 1927, velei para que a Standard Oil se pudesse ocupar das suas atividades sem ser importunada". E o bravo militar (este não era dos que choram) remata assim a sua confissão: "Tenho a sensação de que poderia ter batido aos pontos o Al Capone. Melhor dizendo, ele apenas podia praticar o seu banditismo em três bairros da cidade, enquanto nós, os *marines*, operávamos em três continentes". O general Butler, que em paz descanse, foi modesto ao comparar--se com um gangster: ao seu lado, Al Capone, tão caluniado e perseguido, não passou de um menino de coro...

7 de dezembro

Nos finais de julho enterrei num vaso duas sementes de alfarrobeira. Apesar dos meus cuidados de rega e atenção quotidiana, uma delas viria a perder-se, mas a outra, passado um mês, quando eu já desesperava de ver-lhe assomar os cotilédones tenros, rompeu enfim da escuridão da terra como uma pequena e frágil esperança. Neste momento tem sete folhinhas crespas, verde-escuras, com os seus bordos irregulares e ondulados. De tão lenta, quase não consigo vê-la crescer, mas ela cresce. Quando chegar a primavera, levo-a para o sítio onde irá ser árvore. Um dia terá dez ou quinze metros de altura. Terei, então, provavelmente, perdido a minha...

9 de dezembro

Em bem e em mal, tudo quanto dos editores se conte é sempre menos do que deveria ser contado. Quando um autor, por exemplo, pensa que a sua editora não lhe anda a dedicar as atenções que ele crê merecer, provavelmente haveria que informá-lo de que ela o classificou no oitavo grau de uma escala de consideração editorial que vai de um a dez, e que portanto deverá estar muito agradecido por não ter sido colocado no nono lugar, ou mesmo no último. Sobretudo, evite perguntar por que motivo não é ele o primeiro: arriscar-se-ia a que lhe mostrassem os deprimentes resultados anuais das vendas dos seus livros... Um autor prudente não faz perguntas dessas, resigna-se ao que lhe disserem e ao que lhe pagarem, e se, apesar da prudência, lhe falta a sensatez, resta-lhe o recurso de acreditar na imortalidade para vir a cobrar a diferença.

Pior do que isto, é quando os editores têm opiniões, e muito pior é quando as expressam. Não me refiro já àquelas palavras dolorosas, tantas vezes pronunciadas: "Sentimos ter de comunicar-lhe que o seu livro, que lemos com muito interesse, não tem cabimento nas coleções (ou no espírito, ou na política) da nossa editora". Ao princípio, o autor ingénuo confia na sinceridade deste discurso e guarda no coração o consolo de que a sua obra, ao menos, foi lida "com muito interesse". Imaginemos, porém, que, por fortuna, o livro cabia na coleção, ou no espírito, ou na política da editora: ainda assim, o perigo continua à espreita na pessoa de certos editores, capazes de aproveitar a oportunidade para tornarem público que o autor, simplesmente, não sabe o que faz. A mim aconteceu-me esta humilhação, com Michael Naumann, que, um dia, em sua própria casa, diante de convidados, declarou alto e bom som que o Baltasar de *Das Memorial*, ao contrário do que eu havia escrito, não tinha morrido nas fogueiras da Inquisição e vivia feliz e contente com a sua Blimunda. Tentei explicar que seria impossível a alguém, naquelas circunstâncias, amarrado a um poste e com uma fogueira enorme aos pés, escapar com vida, mas Michael Naumann fitou-me severamente e repetiu: "Se eu digo que não morreu, é porque não morreu!". As pessoas que ali estavam, cultas todas e ilustradas, olharam-me com piedade desdenhosa e viraram costas ao escritor que, tendo podido sobreviver ao exame da crítica, caía fulminado pelo desacordo do editor. Desde então tenho vivido a perguntar-me se de facto não me terei enganado, se realmente me terei esquecido de escrever as linhas que faltavam, aquelas que descreveriam a libertação de Baltasar, a fuga, a felicidade com Blimunda. E confesso que me dá um grande prazer pensar que existe um leitor para quem tudo isto aconteceu: Michael Naumann, o meu editor da Rowohlt.

10 de dezembro

Palavras de apresentação para uma exposição de pinturas cuja venda se fará em benefício de obras sociais de Lanzarote:

A mão esquerda não nasceu com sorte. Por causa desse nome (esquerda, sinistra), é como se fosse ela a culpada de todas as maldades deste mundo, e tão pouco digna de confiança costumam considerá-la que, segundo um dito corrente, no caso de a mão direita dar alguma coisa, convém que a esquerda não o saiba. Em princípio, a intenção do dito é bastante louvável, uma vez que com ele se pretende impedir que as pessoas andem por aí a gabar--se das bondades que pratiquem, mas o certo é que a ninguém ocorreu dizer até hoje que a mão direita não deverá saber o que a esquerda dá... Nenhuma palavra é inocente.

Felizmente que há palavras para tudo. Felizmente que existem algumas que não se esqueceram de recomendar que quem dá deve dar com as duas mãos, para que em nenhuma delas fique o que a outras deveria pertencer. Assim como a bondade não tem por que envergonhar-se de ser bondade, assim a justiça não deverá esquecer-se de que é, acima de tudo, restituição, restituição de direitos. Todos eles, começando pelo direito elementar de viver dignamente. Se a mim me mandassem dispor por ordem de precedência a caridade, a justiça e a bondade, o primeiro lugar dá-lo-ia à bondade, o segundo à justiça e o terceiro à caridade. Porque a bondade, por si só, já dispensa justiça e caridade, porque a justiça justa já contém em si caridade suficiente. A caridade é o que resta quando não há bondade nem justiça.

Pintar é dar a ver. Portanto, dar o que se pintou é dar duas vezes. E se é verdade que em geral se pinta com a mão direita, não é menos verdade que a mão esquerda esteve lá presente, no ato de criação. Quando Miguel Angelo, no teto da Capela Sistina, fez estender a mão direita de Deus para que o homem nascesse, a mão que ele tocou, já humana, foi a esquerda. Chamemos, então, se quisermos, caridade à mão direita, por ser a mais fácil e a mais comum, à mão esquerda chamemos-lhe bondade, por ser tão rara, mas a justiça que a ambas deverá gerir, é na razão que se há-de encontrar. A relação humana terá de ser obra da razão para que possa ser, conjuntamente, caritativa, bondosa e justa.

11 de dezembro

Sem comentários. O filme, ou vídeo, ou lá como se chame (destas mágicas entendo pouco), que João Mário Grilo, em janeiro, veio fazer a Lanzarote sobre o autor dos *Cadernos*, passou finalmente na RTP. O magno acontecimento deu-se há três dias. No programa, a exibição estava marcada para as 20h30, mas, sem aviso, decidiram começá-la às 19h32. Como o vídeo dura uns cinquenta minutos, está claro que quem ligou o televisor à hora anunciada não encontrou o que queria. De Lisboa informam-me que o brilhante feito se deveu à transmissão de um desafio de futebol cuja hora de começo havia sido alterada. Sem comentários.

14 de dezembro

Em Oviedo, para um encontro organizado pela Fundação Municipal de Cultura sobre o tema "50 propostas para o próximo milénio". Os proponentes convidados foram cinco: três filósofos (Gustavo Bueno, Gabriel Albiac e Antonio Escohotado), um economista e urbanista (Luis Racionero) e um romancista (este). Quando, há uns meses, recebi o convite, pus-me a imaginar o que teria sucedido se, no ano de 995, em Oviedo, ou num destes sítios das Astúrias, a alguém tivesse ocorrido a ideia de reunir cinco letrados (certamente todos teólogos, porque filósofos doutros saberes não os haveria então ali, e os economistas, os urbanistas e os romancistas ainda estavam por inventar), com o objetivo de apresentarem propostas para os próximos mil anos. Independentemente da circunstância de por aqueles dias, na Europa, haver sido posta a correr a voz de que o mundo se acabaria daí a cinco anos, e que portanto de nada iria servir quanto ali se dissesse, é mais do que duvidoso que as eminentes cabeças teológicas reunidas em Oviedo acertassem com uma só das suas propostas. Isto me levou a não pensar mais no milénio que está para chegar e a formular propostas apenas para amanhã, quando se supõe que ainda estaremos quase todos vivos. Permiti-me compará-las a uma ponte que, a meu ver, talvez seja necessário começar por construir, se queremos alcançar a outra margem do rio, lá onde, um dia, virão a ser construídos os magníficos palácios prometidos nas propostas dos meus colegas. Limitei-me, portanto, a sugerir: 1. Desenvolver para trás, isto é, fazer aproximar da primeira linha de progresso as cada vez maiores massas de população deixadas à retaguarda pelos modelos de desenvolvimento atualmente em uso; 2. Criar um novo sentido dos deveres da espécie humana, correlativo do exercício pleno dos seus direitos; 3. Viver como sobreviventes, isto é, compreender, de facto, que os bens, as riquezas e os produtos do planeta não são inesgotáveis; 4. Impedir que as religiões continuem a ser fatores de desunião; 5. Racionalizar a razão, isto é, aplicá-la de modo simplesmente racional; 6. Resolver a contradição entre afirmar-se que cada vez estamos mais perto uns dos outros e a evidência de que cada vez nos encontramos mais afastados; 7. Definir éticas práticas de produção, distribuição e consumo; 8. Acabar de vez com a fome no mundo, porque isso já é possível; 9. Reduzir a distância, que aumenta em cada dia, entre os que sabem muito e os que sabem pouco. Na minha décima proposta preconizava um "regresso à filosofia" (apesar de ser leigo na matéria), mas retirei-a quando vi que os meus colegas, felizmente de acordo quanto ao essencial, discordavam resolutamente nos particulares, que é onde as questões realmente se decidem...

16 de dezembro

Na verdade, não sei que pensar. Leio e releio a declaração do primeiro-ministro português na reunião de Madrid, quando se debatia o nome a dar à futura moeda única europeia, arregalo, incrédulo, os olhos, mas as palavras ditas por ele não se movem, imperturbáveis, cada uma está posta no seu lugar, e todas juntas fazem sentido. Sobre o sentido não tenho eu dúvidas. Realmente, seria impossível tê-las quando se lê a declaração de António

Guterres: "De acordo com o euro. Quando Jesus Cristo decidiu criar a sua Igreja, disse a Pedro, para responsabilizá-lo pelo futuro dela, que ele era a sua pedra e sobre ela a fundaria. Tu és euro e sobre este euro edificaremos a nossa Europa". Um espírito cristão, como o de Guterres, católico fervoroso e praticante, só por sarcasmo, naquela situação, para aqueles fins e por aqueles meios, se deveria exprimir assim. Mas foi com a maior seriedade que ele disse o que disse, e eu aqui estou sem perceber que demónio de ideia terá António Guterres, afinal, do que o seu Jesus andou a fazer neste mundo...

17 de dezembro

Interessantes declarações do presidente da República ao *Público*. Considera "fundamental" a construção da União Europeia, mas "não para ser uma Europa dominada pelo Bundesbank ou pelo sistema financeiro internacional". E acrescentou: "Se a Europa não se converter num espaço de solidariedade, em que cada país tenha voz e voto e em que o Parlamento Europeu tenha autoridade e possa representar a opinião pública europeia, então a Europa por que sempre lutei terá pouco sentido". Terá o pior dos sentidos, diria eu. Sem dúvida, Mário Soares foi um bom presidente, mas, pelas mostras, promete vir a ser um ex-presidente ainda melhor...

18 de dezembro

Eduardo Lourenço manda-me a revista *Viragem* (nº 19/20, jan./jun. de 1995), onde vem a comunicação por ele lida, em dezembro do ano passado, na II Semana Social do Movimento Católico de Profissionais. Envia-ma, diz ele, "por mera curiosidade, mas também porque de algum modo as minhas elucubrações têm algo que ver com o mal-estar crítico da tua ficção". Eis o que lhe respondi:

"Daqui por uns anos (não me atrevo a imaginar quantos: cinquenta? cem?), um coca-bichinhos literário (se ainda restar algum exemplar da espécie), encontrando, sabe Deus como, a tua intervenção em Coimbra, sentirá curiosidade de averiguar que efeitos ela teria produzido na sociedade portuguesa dos 90. Encontrará umas notícias de imprensa, umas citações ao gosto do jornalista de serviço, talvez ainda umas imagens do orador falando, e pouco mais. Quer dizer: o que não encontrará será precisamente aquilo que procurava: os *efeitos*. Se for um ingénuo, ficará surpreendido: "Como é possível? Isto foi dito, e nada mudou?". Depois, olhando o seu próprio tempo, de duas, uma: ou a mudança se deu entrementes, e essa seria a sua sorte grande, ou não houve mudança nenhuma, nem agora, nem então, e tanto azar teve ele neste jogo como o temos nós hoje.

"Eu sei que um deserto onde uma voz clama já deixou de ser um deserto. De certo modo, só de certo modo. Porque se não houver lá orelhas que a ouçam, o deserto, mal a voz se cale, torna a ser o deserto que era. Terá aquele país remédio? Haverá maneira de os políticos virem alguma vez a entender as tuas palavras? Em privado, com as portas fechadas, o mais certo é que te deem razão, mas depois irão fazer precisamente o contrário, alegando (se nisso ainda perdem tempo) que não podem, pobres deles, por si sós, contrariar a marcha do mundo. Mas estão contentes por existires, aplaudem-te, lisonjeiam-te, condecoram-te, trazem-te nas palminhas. O que não farão nunca é arriscar a sua própria segurança ousando levar ideias como essas à política. À minha ilha chegaram naquele dezembro alguns ecos da tua intervenção. Registei-os nos *Cadernos* do dia 6. Agora, lido integralmente o teu magnífico e corajoso texto, sinto-me feliz por não ter deixado passar em silêncio esse grito aos surdos ouvidos da pátria. Penso que às vezes te sentirás desesperado. Se te serve de consolo, digo-te que o jardim desta casa, à noite, debaixo do céu oceânico, costuma ser o meu lugar de desabafos. Em voz alta, para que eu próprio os ouça."

20 de dezembro

Luz Caballero, uma das simpáticas professoras do Coletivo Andersen, de Las Palmas, trouxe a Lanzarote, a este *pueblo* de Tías onde vivo, vinte e um *niños e niñas* entre os 12 e os 14 anos de idade, que, durante algumas semanas, sob a sua orientação, trabalharam em duas crónicas minhas, *História para crianças* e *O lagarto*. Além de as terem transformado, como era de esperar, em bandas desenhadas (que irei guardar com o mesmo carinho que dedico ao livro organizado pelos estudantes da Escola Secundária Carlos Amarante, de Braga, em março do ano passado), fizeram, em direto, pela rádio, uma leitura dramatizada do *Lagarto*, a que não faltaram os efeitos sonoros ambientais... Durante hora e meia, na biblioteca municipal, conversei com crianças que me olhavam de frente e perguntavam com inteligência. Disse-me depois Luz Caballero que a maior parte destes *niños* vive em meios sociais e familiares difíceis, com todas as consequências conhecidas. Não sei como eles serão daqui a dez anos: hoje gostei deles.

22 de dezembro

Carmélia, que veio com a mãe passar as festas connosco, trouxe-nos o último número do *Jornal de Letras*, dedicado, em parte, a Fernando Assis Pacheco. Leio os poemas dele que lá vêm, inéditos, e irresistivelmente penso que Tolentino, se vivesse neste tempo, teria por força de escrever assim. Espero que se encontrem muitos mais inéditos como estes nos papéis que o Assis Pacheco deixou: há obras tão fecundas que continuam a crescer depois da morte do seu autor. Veja-se este soneto, por exemplo, que só agora *foi escrito*:

O corpo mal talhado em cujo abdómen
cresceu um aneurisma durante anos
que por fim o condena à cirurgia
vascular de emergência transportado

com terror de sirenes por dois homens
de bata branca amáveis que procuram
tocar pra frente a dura traquitana
vai ver sr. Pacheco é só um susto

chega a Santa Maria gracejando
mas à vista da sala fica mudo
onde o afeitam já sumariamente

vinte minutos mais e o ascensor
leva o pobre do corpo até à faca
não pensa noutra coisa: o seu enterro

Afinal, a comarca galega de Xinzo de Lima não é fronteira à nossa província do Minho, como por lapso escrevi em 27 de novembro do ano passado (*Cadernos — II*, p. 240), mas à de Trás-os-Montes. Assim movem esclarecer um leitor, José Enes Gonçalves, natural do concelho de Montalegre e residente no Porto, que, não satisfeito com pôr o certo no lugar do errado, me envia fotocópias de duas brochuras sobre a história e as gentes do Coto Misto: *Interesante historieta del Coto Mixto con una Digresión Político-Social-Religiosa*, por Delfín Modesto Brandón, ex-juez civil y gubernativo de dicho Coto, Imprenta de "Tierra Gallega", La Coruña, 1907; e *Povoações mistas da Raia Transmontano-Galaica segundo o Inquérito de 1876. Comunicação apresentada à 7ª secção do Congresso Luso-Espanhol do Porto — 1942*, por J. R. dos Santos Júnior, professor extraordinário da Faculdade de Ciências do Porto, Imprensa Portuguesa, Porto, 1943. (Prova de que o erro, como é comum dizer-se do espírito, sopra onde quer, temo-la ali, na insolente gralha que se exibe no frontispício do livrinho de Santos Júnior: 1876 em vez de 1786...) Há um ano pedi a historiadores e romancistas para irem ao Coto Misto: como era de esperar, ninguém se apresentou. Ao enviar-me agora estes folhetos, o leitor está, evidentemente, a sugerir-me que pegue eu no assunto. É, por assim dizer, uma encomenda, e eu gosto de encomendas, mas o mais certo é não (poder) aceitar esta. Necessitaria viajar àquelas paragens distantes, passar lá duas ou três semanas, ou mais, rebuscar nos arquivos, compreender as mentalidades, perceber o que haja de herança perene nas mudanças de gerações, inventar uma intriga plausível. Em todo o caso, nunca ninguém diga desta água não beberei... Também não tinha pensado nos anabaptistas de Münster, e escrevi *In Nomine Dei*. Tão-pouco o meu querido Azio Corghi tinha pensado neles, e compôs *Divara*.

23 de dezembro

Hoje, procedente do Funchal, desembarcou, uma vez mais, a linha descendente da primeira família que formei: a filha Violante, os netos, Ana, que ainda traz fresca a tinta do seu diploma de engenheira informática, e Tiago, onze anos vivíssimos que prometem, além do genro Danilo. Vieram juntar-se aos da casa e aos amigos chegados de Portugal para celebrarmos estes dias. No significado mais exato e direto da palavra, vamos *fazer* a festa. Nenhum dia é festivo por ter já nascido assim: seria igualzinho aos outros se não fôssemos nós a *fazê-lo* diferente.

26 de dezembro

Violante e os seus deram-me, como presente de Natal, um cavalo de pau, de corpo esbelto e pernas articuladas. Mais parece um poldro brincalhão apanhado nos prados, ainda terá muito que crescer, mas, do chão à ponta das orelhas, já vai passando de dois palmos de altura. Irá fazer boa companhia aos seus semelhantes que, a pouco e pouco, têm vindo a invadir-me a casa. De barro, de madeira, de couro, de ferro, de bronze, de prata, de latão, há aqui de tudo. Vieram da índia, do Usbequistão, do Canadá, do Brasil, de Cabo Verde, de Marrocos, do Alentejo, de um sítio qualquer de África... Por que tenho estes cavalos? Nem eu próprio sabia, até ao momento em que comecei a tomar apontamentos para o que um dia há-de ser *O livro das tentações*. A ocasião é boa para deixar aqui adiantadas as linhas que relatam o caso e a descoberta:

"E os cavalos? A história dos cavalos é mais triste. Uma tia minha, de nome Elvira, irmã de minha mãe, foi casada com um Francisco Dinis que era guarda da herdade do Mouchão de Baixo, parte do Mouchão dos Coelhos, na margem esquerda do Tejo (terei de escrever um dia como se fazia a travessia do rio na barca do Gabriel, ou Garviel, uma espécie de gigante de cabelos brancos, corpulento como um S. Cristóvão, vermelho de sol e aguardente). Ser guarda de herdade era pertencer à aristocracia da lezíria: espingarda de dois canos, barrete verde, cinta encarnada, sapatos de prateleira. E cavalo. Em tantos anos — são muitos, se os contarmos dos oito aos quinze — nunca aquele tio me fez subir para a sela, e eu, suponho que por orgulho, nunca lho pedi. Um belo dia, não me lembro já por que vias e pretextos (talvez conhecimento de uma outra irmã de minha mãe, Maria da Luz, que servia em Lisboa, em casa dos Formigais da Rua dos Ferreiros, à Estrela), alojou-se no Casalinho, que assim se chamava a casa dos meus avós maternos, nas Divisões, uma senhora, 'amiga', como então se dizia, de um comerciante qualquer de Lisboa. Que estava fraca, que precisava de descanso, e ali estava a gozar dos bons ares da Azinhaga, melhorando, com a sua presença e o seu dinheiro, o passadio da casa. Com esta mulher, cujo nome não sou capaz de recordar, tinha eu umas brigas e uns jogos de forças que sempre acabavam atirando-a eu (devia ter, nessa altura, uns catorze anos) para cima da cama, peito contra peito, púbis contra púbis, enquanto a avó Josefa, de sabida, ou de inocente, ria e dizia que eu tinha muita força. A mulher levantava-se esbaforida e corada, afirmando que se fosse a sério não se deixaria vencer. Parvo fui eu, ou rematadamente ingénuo, que nunca ousei pegar--lhe na palavra... A ligação dela com o tal comerciante era coisa assente, estável, como se provava com a filha de ambos, uma garotita de uns seis anos, também a ares com a mãe. Meu tio Francisco Dinis era pequenino, empertigado, assaz marialva em casa, mas a docilidade em pessoa sempre que tivesse de tratar com patrões, superiores e gente da cidade. Não era de estranhar, portanto, que rodeasse de atenções especiais a visitante, porém de uma maneira que a mim me parecia muito mais servil que simplesmente respeitosa. Um dia, este homem, que em paz descanse, querendo demonstrar o bem que queria às visitas, pegou na tal menina, pô-la em cima do cavalo e, como palafreneiro de uma princesa, passeou-a por diante da casa dos meus avós, enquanto eu, em silêncio, sofria o desgosto e a humilhação. Anos depois, numa excursão de fim de curso, montei num daqueles melancólicos cavalos do Sameiro, esperando que ele pudesse devolver-me o que eu tinha perdido, e apenas posso imaginar: a nervosa alegria de uma aventura. Demasiado tarde: o rocinante do Sameiro levou-me aonde quis, parou quando lhe apeteceu e não voltou a cabeça quando me deixei escorregar da sela, tão triste como naquele dia. Hoje tenho imagens de cavalos por toda a casa, quem as vê pergunta-me se sou cavaleiro, quando a verdade é sofrer eu ainda os efeitos da queda de um cavalo que nunca montei."

31 de dezembro

Foi um bom ano. E não encontro melhor maneira de dizê-lo que recordar o que aqui escrevi num dia de julho de 1993: "Que boas estrelas estarão cobrindo os céus de Lanzarote? A vida, esta vida que, inapelavelmente, pétala a pétala, vai desfolhando o tempo, parece, nestes dias, ter parado no bem-me-quer...".

1ª EDIÇÃO [1997] 2 reimpressões
2ª EDIÇÃO [2023]

ESTA OBRA FOI COMPOSTA PELA SPRESS EM TIMES E IMPRESSA EM
OFSETE PELA GRÁFICA BARTIRA SOBRE PAPEL PÓLEN SOFT DA SUZANO S.A.
PARA A EDITORA SCHWARCZ EM MARÇO DE 2023

A marca FSC® é a garantia de que a madeira utilizada na fabricação do papel deste livro provém de florestas que foram gerenciadas de maneira ambientalmente correta, socialmente justa e economicamente viável, além de outras fontes de origem controlada.